두 번째 종교개혁과
작은교회 운동

두 번째 종교개혁과 작은교회 운동
— 종교개혁 500년 以後, 기독교의 한국적 재주체화를 위하여

2017년 10월 18일 인쇄
2017년 10월 23일 발행

지은이 | 이정배
기   획 | 현장(顯藏)아카데미
펴낸이 | 김영호
펴낸곳 | 도서출판 동연
등   록 | 제1-1383호(1992년 6월 12일)
주   소 | 서울시 마포구 월드컵로 163-3
전   화 | (02) 335-2630
팩   스 | (02) 335-2640
이메일 | yh4321@gmail.com

Copyright ⓒ 이정배, 2017

ISBN 978-89-6447-377-1 93200

이 도서의 국립중앙도서관 출판예정도서목록(CIP)은 서지정보유통지원시스템 홈페이지
(http://seoji.nl.go.kr)와 국가자료공동목록시스템(http://www.nl.go.kr/kolisnet)에서
이용하실 수 있습니다.(CIP제어번호: CIP2017026944)

종교개혁 500년 以後, 기독교의 한국적 재주체화를 위하여

두 번째 종교개혁과 작은교회 운동

이정배 지음 | 현장(顯藏)아카데미 기획

동연

이 책을 종교개혁 500년 以後 시대를 사는 후학들에게 바친다.

종교개혁 500년 以後의 교회와 신학
: '한국적', '작은', '교회'를 말한다

　필자는 2010년부터 10년간을 한국교회가 구태를 벗고 새로워 질 수 있는 마지막 기회라고 생각해왔다. 2013년에 열린 10차 세계교회협의회(WCC) 부산대회, 2017년 종교개혁 500주년 그리고 기독교가 주축 되었던 3.1 독립선언이 발표된 지 100년 되는 2019년이 바로 이 기간 중에 있기 때문이다. 우선 2013년 WCC대회를 통해서 교파, 교리에 찌든 자폐적인 한국교회가 세계 교회들의 문제의식, 즉 지구적 차원의 우환 의식을 배울 수 있기를 바랐다. 그 배움을 통해 2017년 종교개혁 500주년을 맞아 한국교회가 스스로를 개혁하기를 소망한 것이다. 이런 교회의 변화가 항차 3.1 정신을 진일보 시켜 민족 최대 과제인 평화 통일을 위한 초석을 놓을 수 있다고 믿었다. 그러나 필자의 교회 사랑 아니 교회에 대한 기대가 과했던 모양이다. 한국교회는 불행스럽게도 하늘이 준 역사적 기회를 첫 단추부터 옳게 사용치 못했다. WCC 대회를 돈 잔치로 타락시켰고, 교리 논쟁을 초래하여 한국교회의 추한 모습만 세계 교회에 각인시켰을 뿐 아니라 배울 기회를 스스로 차버렸다. 이는 오로지 성장 신화에 눈먼 대형 교회들의 권력욕, 교만 탓이었다. 교회 정치에 휘둘린 한국교회협의회(NCCK)의 책임도 결코 작지 않다. 엄청난 비용을 지불했으나 실효를 거두지 못한 한국교회는 종교 개혁 500년을 맞는 2017년 역시도 헛되이 흘려보내고 있다. 종교개혁 지 방문을 미명삼아 숱한 목사들이 해외로 나갔지만 정작 무너지기 직 전의 교회 현실을 직시하지 않는다. 힘든 삶을 사는 교우들에게 재정적 으로 오히려 큰 짐을 안기고 있을 뿐이다. 촛불혁명으로 세상(정치)은 바뀌고 있으나 교회의 추락은 날개 없는 천사처럼 끝이 없다. 그러면서 도 과거 자신들이 개혁의 주체였음을 자랑하고 있으니 하늘도 웃을 일 이다. 이런 기독교, 개신교로는 의당 2019년, 3.1 독립선언 100주년 역사 앞에 머리를 들 수 없다. 그때의 정신을 계승시켜 사드 배치로 전 쟁의 기운이 감도는 한반도, 외세가 만든 이 땅의 휴전협정을 평화협정 으로 만들 역사적 뜻도, 힘도 잃었던 탓이다. 본래 민족을 위한 기독교 였으나 종북/좌빨 이념을 확대 재생산하는 개신교는 오히려 민족 앞날 에 방해거리로 여겨질 것이다. 이렇듯 개신교가 온갖 추태를 부리며 자 기 유지에 급급하니 민족이 교회를 비웃고 거부하고 있는바, 이는 개신 교가 하늘이 준 역사적 기회를 스스로 차버린 결과라 하겠다.

이런 정황에서 필자는 나름 2010년 초부터 2017년 종교개혁 500 년 이후를 생각하며 수차례 글을 썼다. 바젤의 스승 부리 교수의 말처럼 종교개혁을 계속하는 것이 이를 기념하는 본뜻이라 여겼기 때문이다. 이 책에서 충분하게 발전시키지 못했으나 필자는 500년 이후의 기독교 로서 기존의 가톨릭은 물론 개신교와도 다른 모습을 상상했다. 여기에 는 몇 가지 이유가 있었다. 첫째는 종교개혁 당시 개신교가 가톨릭교회 를 자극했듯이 '이후(以後) 기독교' 역시 이들 기독교에게 충격과 자극이 될 수 있겠다 생각한 것이다. 물론 여전히 기존 기독교가 대세이겠으나 극소수의 의견으로서 새로운 유형의 기독교가 종교개혁 500년 시점에 역사에 등장해도 좋겠다 싶었다. 아우슈비츠 비극에 견줄 세월호 참사를 겪은 탓에 우리 역시도 신학에 대한 근본적인 질문이 필요했던 것인데, 필자는 '역사유비'란 신조어를 갖고 기독교를 한국적으로 재(再)형상화했다. 본 책에서 필자는 이를 '이후 기독교'라 칭했고 이를 통해 개혁을 넘어 기독교의 아시아적 개벽(開闢)을 꿈꿨다. 비록 소수의 생각이겠으나 앞선 두 유형의 기독교—'존재유비'(가톨릭)와 '신앙유비'(개신교)—와 논쟁하면서 '이후 기독교(신학)'가 더욱 정교하게 다듬어질 수 있기를 기대한 것이다. 다음으로 필자는 '이후 기독교'의 실상으로서 '작은'교회의 등장에 주목했다. 기존 담론에 저항하는 대안문화가 대세인 정황에서 소위 '작은'교회 운동이 시사하는 바가 크고 많다는 판단에서였다. 예외 없이 종교들이 자본의 힘에 굴복되는 현실에서 탈(脫)성장을 외치며 스스로 '작은'교회임을 선포하면서 교회 본질을 찾고자 힘쓰는 이들이 생겨난 것은 축복이다. 이웃 종교인들마저 기독교 내의 이런 변화를 예사롭지 않게 여기는바, 정작 대형 교회들이 이를 비웃고 있으니 시대의 징조를 꿰뚫지 못하는 영맹(靈盲)이자 생태맹(生態盲)들이다. 본 책에서 필자는 '작은'교회 박람회(한마당)를 통해 발견한 다수의 '작은'교회들을 유형화했고 그 뜻을 드러냈다. 한마디로 획일화된 기성교회들에 비해 이들 '작은'교회는 다양했고 파격이었으며 이천년 역사를 거슬러 예수운동과 잇대어 있다. 작기에 열려있고 탈교리적이며 운동(정치)력이 있어 '작은교회'론은 '역사유비'적 기독교의 단면이라 해도 좋겠다. 마지막으로 앞선 두 작업을 위해서 필자는 종교개혁 3대 원리라는 3개의 '오직'(Only) 교리에 대한 메타 비판에 주력했다. 따라서 필자가 논한 '이후' 기독교는 루터에게로 돌아가는 것을 답이라 여기지 않았다. 오히려 역사적 예수 연구가들의 지적대로 루터 밖에서 새로운 기독교를 상상코자 했다. 심지어 예수를 논함에 있어서도 창조적 상상력을 요청하였다. 이것을 '자기 십자가를 지고 나를 따르라'는 예수 말씀의 본뜻이라 여겼던 까닭이다. 이 모두는 종교 시대는 갔고 영성의 시대가 도래했다는 시대 인식 탓이었다. 이를 위해 희랍적 사유 대신 유대적 사유가 다시 중요했고 아시아적 사유가 재발견될 필요가 있었다. 달리 말하면 유대적 사유로 재구성된 기독교와 아시아적 세계관과의 조우(遭遇)라 할 것이다. 이 과정에서 믿음, 은총 그리고 성서에 대한 이해가 주류 신학과는 전혀 달리 해석되었다. 행위와 믿음의 불가분성, 원죄보다는 원 은총—하느님 의(義)로서의 은총— 그리고 자연, 이웃 종교로의 성서의 지평 확대 및 '제소리'의 강조 등이 본 책에서 수차례 강조되었던 것이다. 이런 세 가지 특징들을 종교개혁 500주년을 맞는 기독교의 '이후'적 특성으로 생각했다. 즉 '역사적 유비', '작은'교회론 그리고 종교개혁 3대 원리에 대한 메타 크리틱을 바로 '이후' 기독교의 구체적 실상이라 일컫은 것이다. 이를 동시에 필자는 '기독교의 재주체화'라고도 했다.

본 책의 많은 내용들은 이런 세 가지 관점을 갖고 복합적으로 쓰여졌다. 한마디로 '이후' 기독교는 '역사적 유비'에 터한 한국적 작은교회에 대한 소고(小考)라 해도 좋겠다. 충분하게 전개시키지 못했고 반복이 심한 경우도 있으나 지향성만큼은 적시했고, 논거의 명확성도 일정 부분 제시되었다고 생각한다. 아쉽고 부끄러운 부분이 많으나 향후 더욱 차분하게 정리할 것을 약속하며 남은 과제들을 예시하는 것으로 출판의 변을 마무리 한다. 우선 '역사적 유비'란 개념을 앞선 두 기독교의 유비론과 비교, 성찰하며 철저하게 논리화할 것이다. 이를 위해 아우슈비츠 이후 신학(정치신학)과 그의 논리적 기초가 된 W. 벤야민의 역사철학에 대해 많은 공부가 필요하다. 이들 사유에 잇대어 동학의 '후천개벽'설을 '역사유비'의 관점에서 정교하게 재구성하는 일 역시 필자의 몫일 것이다. 다음으로 '한국적'이란 말과 '작은'이란 개념에 대한 문명사적 성찰이 필요하다. 한국적 '작은'교회가 '역사유비'적 기독교의 가시적 실상으로 명명한 이상 이들 두 개념, '한국적'과 '작은'의 의미가 더없이 중요해진 까닭이다. 우선 '한국적'인 것을 필자는 동서양을 회통하는 통섭(通涉)적 의미로 수용한다. 서구적 통섭(Consilience, 統攝), 곧 큰 그릇 속에 작은 그릇이 담기는 러시아 인형의 형태가 아니라 소금이 물에 녹아 맛은 있되 형체가 없는 소금물 형태가 바로 한국적 통섭이다. 우리들 옛말을 빌리자면 접화군생(接化郡生)이 이에 해당될 듯싶다. 과거와 현재, 이곳과 저곳이 만나 시공간을 풍성토록 하되 하나로 관통하는 힘이 바로 이 땅 정신의 원류였다. 이 정신, 곧 풍류에 유·불·선(儒佛仙)이 녹아내렸고 각기 종교를 대표하는 정(情), 한(恨 혹은 흔) 그리고 흥(興)이 하나로 통섭되었으니 이것이 오늘 한류(韓流)의 근원이다. 이런 과거의 영성이 현재적 문명을 특이하게 재활성화시킨 것을 오늘의 한류라 할 것이다. 이런 정신은 항차 그의 역사적 형태인 시천주 동학의 개벽설과 유대적 사유의 핵인 메시아사상과의 통섭도 이룰 것이다. 우리들 과거와 현재의 혼종성(Hibridity)이 낯선 세계와의 혼종 역시 수용할 수 있도록 돕는 탓이다. 이렇게 해서 생겨난 새로운 기독교, 곧 '이후' 기독교는 토착(土着)을 넘어 토발(土發)된 형태라 말할 수 있다. 이런 기독교는 대한민국을 '흥'(興)한민국으로 바꿀 책임이 있다. 내외적 요인으로 생긴 억압된 한의 감정을 정으로 극복하여 흥을 회복시켜 모두를 품는 하나, 곧 '흔'의 공동체를 일구는 것이 '이후' 기독교의 과제이다. 여기서 말하는 공동체는 협소한 의미의 교회가 아니라 민족적 차원을 담보한다. 3.1 독립선언서에 명시된 평화를 꿈꾸며 휴전협정을 평화협정으로 바꿔 통일된 조국을 일구는 일이 '역사적 유비' 신학, 곧 '이후' 기독교의 할 일인 것이다. 이를 위해 '이후' 기독교는 자본주의와의 치열한 싸움을 피하지 않고, 이념 논쟁의 종식을 위해 노력한다. 기존 기독교, 주류 신학 담론들과의 갈등도 감내할 생각이다. 이 과정 속에만 기독교가 말하는 '구원'의 참뜻을 발견할 수 있다고 믿는 탓이다. 이는 "JPIC 문제가 해결되지 않는 한 기독교 정신(구원)은 아직 실현되지 못했다"라고 말한 봐이젝커의 말과 맥락이 같다.

그래서 우리는 '작은'이란 개념을 다시 주목하게 되었다. 한을 정으로 극복하여 흥한 하나(흔)의 공동체를 옳게 복원시키는 것이 기독교의 과제이기에 복음의 의미를 다시 묻게 된 것이다. 이미 가톨릭교회의 수장은 『복음의 기쁨』이란 책자에서 복음의 의미를 '가난'과 '문화'의 두 개념으로 풀어냈다. 가난한 이들의 편에 서는 일과 문화(종교)적 다양성을 존중하는 것이 복음을 믿고 지키며 사는 일이라 한 것이다. 더구나 문화 다양성이 지켜져야 종(種)의 다양성이 지켜지는 상황에서 그의 생태칙서 역시 크게 주목받고 있다. 21세기 문명의 화두가 '단순성'(Simplicity)이란 것도 크게 고려할 사안이다. 이 점에서 복음의 본질에 속하는 '작은'의 작음은 다음의 뜻을 가져야 옳다. 첫째는 자발적 가난(脫성장)이며, 둘째는 그 힘으로 세상(恨)에 저항하는 일이고, 셋째는 세상과의 소통을 위해 열려야할 것이며(脫배타성, 脫가부장성), 넷째는 획일적이지 않고 다양해져야만(脫성직)하고, 마지막으로 지역에 뿌리(생태적)를 내리는 일이어야만 한다. 아무리 선한 일을 하더라도 배타성을 견지할 때 그 일이 하느님 일이 될 수 없는 법이다. 이렇듯 '작음'의 견지에서 교회의 본질을 되묻는 것이 '이후' 교회의 핵심이자 '역사유비 신학'의 근간이다. 신적 축복과 물질 욕망을 등치시키는 기독교는 결코 복음과 유관할 수 없다. 세월호 참사에 유독 마음을 보냈고 유족들 곁이 되어 준 교회들은 거지반 '작은'교회들이었음을 유념할 일이다.

그렇다면 '교회'란 무엇인가? 그리스도의 몸이란 비유가 떠오를 것이나 그보다 앞서 교회는 '복음의 정치학'이란 말을 생각하는 것이 옳다. 전혀 다른 방식으로 세상과 관계하겠다는 뜻의 결사체(Sein in Christo), 이것이 바로 컨스탄티노플칙령 이전의 기독교 교회의 본 모습이었기 때문이다. 이것을 그들은 믿음의 공동체라 일컬었다. 하지만 그리스도의 몸은 지금껏 현실이 아니라 이상(理想)으로만 존재한다. 예수 이래로 그리스도의 몸은 깨어졌고 상처투성이가 되어버린 탓이다. 그렇기에 흥(興). 한(恨). 정(情)의 관계 회복, 큰 하나(흔, 不二)의 이상이 그리스도의 몸을 상징한다. 여기서 필자는 복음서가 증언하는 그리스도의 몸 이야기들, 옥합을 깨트린 여인과 혈우병 걸린 여인의 이야기를 주목한다. 예수의 몸을 위해 자신의 모든 것을 거룩하게 낭비한 여인(One for All)의 이야기와 자신의 몸에서 힘이 빠져나간 것을 알았던 예수(All for One)의 이야기에서 그리스도의 몸 비유가 다시 독해되면 좋을 것이다. 흔 공동체의 상징으로서의 예수의 몸은 우리에게 모든 것을 요구하나 그 몸 역시 우리를 위해 아낌없이 베풀고 있다. 최후의 십자가 죽음은 가감 없이 하느님의 정을 우리에게 보여준 사건이다. 그 하느님 정을 가슴에 품고 흥한 세상을 만들라는 묵언의 명령이었다. 공감의 시대를 살고 있는 우리들에게 '정'을 베푼 예수의 십자가는 지금 하늘 뜻(흥)을 담은 공동체를 만들라고 명한 것이다. 본 책에서 언급한 수많은 '작은'교회들은 지금 그 명을 받들고 있는 중이다. 자생(발)적으로 생겨난 뭇 '작은'교회들, 이들 모임은 지금 흥겹다. 흥은 평화의 다른 말로서 의(義)가 있을 때 비로소 가능한 개념이다. 그래서 우리는 생명과 평화가 구원임을 선포했다.

정리하자면 '작은'교회로서 초대 교회는 새로운 세상을 꿈꿨던 다양한 해석의 공동체였고 여기에는 의당 복음의 정치학이 공통분모였다. 주지하듯 제국 로마의 교회가 되면서 획일화되었고 복음의 정치학이 실종되고 그 자리에 교회(성직)의 정치권력화가 생겼다. 500년 전 루터의 종교개혁은 이를 거부하며 성도의 공동체로 재탄생된 것이었으나 봉건 제후들과 결탁하에 정교분리를 내세움으로써 교회를 또다시 권력기관으로 변질시켰다. 이 와중에서 복음의 정치학이 상실된 것은 크나큰 비극이다. 근대의 여명을 열었다 하나 루터에게로 돌아가는 것이 결코 능사가 아닌 이유가 바로 여기에 있다. 이제 종교개혁 500년 '이후'를 맞아 교회는 다시 정치적 공동체가 되어야 한다. 여기서 '작음'은 비폭력적(情)인 교회 정치성의 실상이다. 작음의 가치만큼 이 시대, 곧 교회와 세상을 향한 정치적 메시지는 없다. 필히 '이후' 교회는 정(情)으로 한(恨)을 치유하여 흥(興)을 돋우는 세상을 만드는 '흔'(不二)의 공동체, 즉 개벽의 세상을 열어야 할 것이다.

이제 펴내는 글을 마쳐야 할 시점이 되었다. 새해 초 필자는 2017년 한 해가 참으로 분주할 것이라 예견했다. 아직 그 끝이 많이 남았음에도 일이 끝나지를 않는다. 하지만 본인 스스로 그리 계획했고 작정한 것이니 피하지 않고 즐기려 했다. 종교개혁 500년 역사 앞에서 두려움 없는 교회들을 보면서, 거짓을 거룩으로 포장하며 세상보다 더 세속적인 성직자들에 절망할수록 필자는 글을 쓰고 책을 만드는 일에 열중했다. 글로써 세상을 흔들 수 있다는 한 지성인의 말을 믿었기 때문이다. 그것이 바로 필자가 몇 년 앞서 학교를 떠난 이유이기도 했다. 그렇다고 책상 앞에 앉아 있었던 것만은 아니다. 지난 4월까지 촛불 혁명을 광장에서 경험했고 독일 '교회의 날' 행사를 경이롭게 체험했다. 또 종교개혁 500주년을 맞는 지금은 5차 '작은교회 한마당' 준비위원장이 되어 동분서주하고 있다. 그럼에도 성주, 광주, 안산 현장을 자주 찾지 못해 수고하는 이들에게 면목이 없다.

종교개혁 500주년을 맞아 필자는 본 책 이외에도 네 권의 책을 기획하여 결과물을 만들고자 힘겹게 하루하루를 보내고 있다. 필자의 장인 이신 이신(李信) 박사님의 초현실주의 신학을 종교개혁 차원에서 재조명하는 책, 일아(一雅) 변선환 선생님 제자들을 중심하여 아시아적 시각에서 종교개혁의 길을 찾는 작업, 〈생명평화마당〉에서 '한국적 작은교회론'을 공동으로 집필하는 일 그리고 마지막으로 NCCK 신학위원회 위원장으로서 에큐메니칼 신학차원에서 종교개혁 관련 책자를 펴내는 일 등으로 8, 9월이 한없이 분주하다. 그래도 이 열심과 정성으로 더위를 이길 수 있었으니 감사하다. 함께 마음을 합해준 분들에게도 고마운 인사를 전한다. 무엇보다 지난 4월 우리 가족의 일원이 된 손주 신서(信恕)의 탄생으로 마음이 기쁘다. 그만 보고 있으면 마음이 절로 정화되니 하늘이 준 선물임이 틀림없다. 이렇듯 과부하가 걸린 삶을 헤쳐 나갈 수 있었던 것은 이은선(李恩選) 교수 덕분이었다. 때론 잔소리로 때론 격려로 내 삶에 큰 영향을 미치고 있다. 생각을 나눌 수 있는 친구가 되었으니 참으로 고마운 일이다. 부인의 입장에서 본다면 참 재미없는 남편일 것이다. 앞으로 얼마나 달라질지 모르겠으나 흥겨운 삶을 위해 최선을 다할 것이다. 잘 성장해서 연극 연출가와 의사로서 제몫을 감당하는 경성(敬誠)과 융화(融和)에게도 감사한 마음뿐이다. 신서 엄마가 된 며느리 귀숙(貴淑)도 귀한 사람이 되었다. 엉망진창 된 모교 감신의 제자들 얼굴을 떠올릴 때면 한숨만 터져 나온다. 그래서 늘 기도한다. 학창시절까지 근 45년 몸담은 모교 감신이 여전히 나와 분리될 수 없기에 자주 가위 눌리는 꿈도 꾸는 탓이다. 바닥까지 몰락하면 거기서부터 새로운 기운이 솟구칠 것을 믿으며 그리움과 안타까움을 접는다. 본 책을 만들어 준 도서출판 동연에 감사한 마음을 전한다.

얼마 전 유발 하라리의 『호모데우스』를 정독했다. 호모사피엔스의 몰락을 예견하며 이들이 만든 종교들 역시 사라질 수 있다고 했다. 이야기꾼인 호모사피엔스의 상상력 대신 사이보그의 등장, 곧 인간 욕망이 맘껏 표현된 슈퍼(超) 인간이 소위 데이터교(敎)를 출현시킬 수 있다는 탓이다. 하지만 이렇듯 신처럼 된 인간, 호모데우스의 시대가 되었다 한들 인류가 지금 경험하는 불평등은 더욱 골이 깊어질 것이다. 호모데우스로의 변신은 오로지 소수에게나 가능하기 때문이다. 이 책을 읽으며 종교개혁 '이후' 신학을 논하는 필자의 노력이 헛될 수도 있다는 무력감이 들었다. 호모사피엔스의 종교 자체를 허무는 새로운 시대의 도래가 공상으로 치부될 수 없었기 때문이다. 하지만 지금처럼 그 때도 자본주의 모순이 해결되지 않을 것이라 했으니 본 책의 시도가 무익하

지만은 않을 듯싶다. 그럼에도 『호모데우스』를 읽으며 한 가지 배운 것
이 있다. 기독교를 비롯한 호모사피엔스의 종교가 사라질 수도 있다는
것이 이 책의 요지이다. 그렇다면 '이후' 기독교의 변신은 아무리 급진
화되어도 무죄라 할 것이다. 그래서 필자는 종종 개혁을 넘어 개벽(開
闢)이란 말을 썼다. 실로 이제는 개벽을 생각할 시점에 이르렀다. 물질
이 개벽하니 정신을 개벽하자는 이웃 종교의 말이 더욱 여실하게 다가
온다. 기독교도 이 땅에서 사라질 수 있다는 생각으로 종교개혁 500년
'이후'의 종교를 치열하게 생각해야만 한다. 데이터교가 우리들 미래라
면 삶이 너무 허무하다. 그런 세상이 오지 않도록 하려면 기독교는 통째
로 달라져야 할 것이다. 세상과 소통할 수 있는 예수 정신 하나만 빼고
일체를 버리는 기독교로 탈바꿈할 것을 감히 선포한다. 이제 종교개혁
500년 이후를 한국적으로, 탈자본화된 방식으로 즉 다른 기독교인으
로 우리 모두를 재(再)주체화하자.

2017년 8월 25일
부암동 현장아카데미에서
이정배 삼가모심

차 례

종교개혁 500년과 대선을 맞는 2017년
: 사회, 생태적 영성으로 종교와 정치를 개혁하라

종교개혁 500주년과 이 땅의 운명을 가를 대선이 치러진 중대한 시점, 2017년이 끝을 향해 나가고 있다. 과거 종교개혁이 교황권을 분리, 약화시켜 군주의 정치적 통치를 정당화했고 이후 의회주의를 발전시켰다면 오늘 이 나라는 제왕적 대통령의 전횡과 그에 침묵, 동조하는 대형 교회 목사들로 인해 '이것이 국가인가?'를 물어야 될 만큼 그 기강이 흔들리고 있다. 그렇기에 탄핵판결을 받은 박근혜 정권에 대해 지난 4년간 사자성어로 표현된 민심은 참혹했다. 도행여시, 지록위마, 혼용무도를 거쳐 군주민수의 실상에 이른 것이다. 지난 연말 10차에 걸친 천만의 촛불이 정권의 거짓과 무질서, 만행을 견디다 못해 배를 뒤엎는 거센 파도를 만들어 세상의 주목을 받았다. 교회들이 켰던 대강절의 촛불과 거리의 촛불이 중첩되어 기다림과 변화의 갈망을 더해 준 것이다. 하지만 이렇듯 뜻깊은 촛불이었으나 그것이 정권을 바꾸고 정책들을 달리 펼치는 결과를 만들 수 있을지 외신들은 반신반의했다. 누적된 경험 탓이겠으나 온정주의로 인해 사생결단의 의지가 박약한 민족이란 평가를 받고 있는 까닭이다. 그러나 우리는 해냈다. 촛불에 태극기로 맞서며 군대가 나서기를 바라는 왜곡된 애국주의, 반기문을 내세운 영호남, 충청의 지역연합, 뭇 개헌론 자들, 대형 교회를 중심한 구국기도, 감리교단까지 합세한 한교연의 활동으로 국론을 분열시키는 작태가 기승을 부렸으나 2017년 대선은 우리 민족의 저력을 맘껏 보여주었다.

국내적 요인들 못지않게 대외적 변수 역시 그 어느 시점보다 위태롭고 불확실한 것이 걱정스럽다. 무엇보다 자국보호에 앞장 선 트럼프 정권의 등장이 그것이다. 중국과의 무역 갈등을 감수하고 자국 내 소수자들을 적대하면서, 사회보장시스템을 무력화시키고, 금리 인상 및 환율 변동 폭을 크게 함으로써 2017년 세계를 불확실성의 시대로 몰아갈 공산이 큰 탓이다. 이 경우 한국은 실물경제에 있어서나 주식가치에 있어 큰 손실이 예상된다. 중국과의 관계에서는 한반도 사드배치가 관건일 것이다. 경제보복을 앞세워 그 철회를 요구하는 중국의 역풍은 우리가 쉽게 감당할 수준이 아닐 수 있다. 독도문제를 비롯해 소녀상 협상을 두고 발생한 한/일간의 갈등 역시 봉합되기 어렵다. 박근혜 정부와 불가역적 조약을 체결했다고 믿기에 새 정부 탄생 이전 기정사실화하려 들 것이다. 한/일간에 기습적으로 체결된 군사정보 협정은 미국 묵인하에 추동된 한반도 선점계획의 일환이겠다. 개성공단을 철폐한 이후 사사건건 자존심을 건드리며 대립각을 세워온 탓에 북한과의 관계 또한 복원되기 어려울 만큼 파괴된 것도 걱정스럽다. 대화 통로 자체가 실종된 위험스런 상황이 지속되고 있는 중이다. 더욱이 핵무기 개발을 멈추

게 할 어떤 명분도 없고 대책도 통하지 않는 상황에 이르렀다. 그럴수록
미국에 의한 북한 선제공격 가능성도 거듭 회자되고 있으니 큰일이다.
한마디로 2017년 대한민국은 주체성을 잃고 외세에 의존한 결과 이 땅
의 운명을 한 세기 이전 사태로 되돌려 놓았다. 당당함을 잃었고 균형감
각을 유지하지 못한 탓이다. 외세에 휘둘릴 개연성만 커졌다고 볼 수
있다. 박근혜-최순실 게이트로 인해 유사 이래 국격(國格)이 조롱받았
으니 새로운 정부가 들어섰어도 쉽게 회복되기 어려울 것이다. 이런 이
유로 2017년 대선 이후 정국은 이 땅의 미래를 위해 그 어느 때보다
중요했다. 민심을 집약시켜 쓰려진 배를 다시 일으켜 세워야 하기 때문
이다. 천 만의 촛불로 생겨난 탄핵과 대선을 정치인들의 잔치로 만들어
줄 수 없는 노릇이다. 개헌논의조차도 촛불 민심에서부터 시작되어야
옳을 것인바, 정치인들의 당리당략 차원은 이쯤에서 멈춰서야만 한다.
정권교체만이 우리들 목표가 아닌 탓이다. 이것이 국가인가를 물었던
이들이었기에 본래 우리가 꿈꿨던 세상, 정의로운 세상을 창조하길 원
한다. 이를 위해 촛불의 힘이 지속적으로 필요하다. 오늘의 탄핵정국이
광장에서의 직접민주주의의 산물이었기에 정당은 물론 국회 역시 대선
이후까지 촛불의 영향력하에 두는 것이 필요하다. 그만큼 2017년에도
지속될 우리들 촛불은 순수했고 필요, 절박했으며 전후를 나누는 사건
이었다. 향후 3-4년 내에 우리들 민족사에 다가올 아주 중대한 역사(사
건)를 기억해 보자. 2018년 대한민국 정부수립 70년, 민주공화국 헌법
을 도입한 3.1 운동 100주년이자 임시정부 수립 100주년의 해인 2019
년, 4.19 혁명 60주년이자 광주항쟁 40년이 되는 2020년이 그것이다.
종교개혁 500주년과 맞물린 2017년 정권교체가 중요한 이유가 바로
여기에 있다. 그렇기에 광장의 촛불은 '처음부터' 다시 시작하기 위함이

자 '처음처럼'의 꿈을 포기하지 않았다는 반증이다. 내년이 러시아 혁명 100년, 최적 공화국을 꿈꾼 『유토피아』가 출간된 지 500년이란 사실도 광장 촛불의 의미를 더해준다. 나아가 체제 안에서 체제 밖을 상상한 것이 예수의 하느님 나라 운동이었음을 생각할 때 촛불항쟁은 하느님 나라 운동의 일환이라 할 것이다.

한 정치학자는 촛불의 의미를 다음처럼 정리했다.[1] 물론 여기에는 필자 자신의 의견도 보태어 졌음을 밝힌다. 광장(직접)민주주의를 상징하는 금번 촛불항쟁은 첫째로 국가 공공성 확보의 계기가 되었다. 소수가 독점한 나머지 사사화되었고 견제와 균형을 상실한 권력기구(입법-사법-행정) 일체를 수정하여 개혁할 수 있게 된 것이다. 둘째로 정경유착의 오랜 고리를 끊을 수 있는 여건을 마련했다. 전경련해체를 비롯하여 검찰개혁, 언론, 정당개혁의 가능성을 열어 놓았다 할 것이다. 셋째로 국민의 뜻을 의회가 받아 대통령 탄핵을 이룬 것은 헌법정신에 의거, 정부로부터 주권을 돌려받은 사건이었다. 한마디로 헌법 운영 권리가 국민의 몫이 되었다는 뜻이다. 넷째로 촛불 항쟁은 미완의 과제였던 '아래로부터의 혁명들'—3.1 운동, 4월 혁명, 광주 및 6월 항쟁 등—을 완결지어야 할 역사적 과제를 지닌다. 다섯째로 무엇보다 사적 개인에서 공적 개인에로의 시민의식 고양이다. 국가 및 역사의 주체가 시민이라는 뭇 세대의 자기 학습은 향후 대한민국의 가장 큰 자산이 될 것이다. 자유, 참여, 연대, 평등, 공공성, 평화의 가치들을 시대적 정신이자, 보

---

1 이하 글은 연세대 박명림 교수가 2016년 12월 29일 필자가 공동대표로 있는 '열린 포럼'에서 발표한 미간행 논문의 내용 중 일부를 요약 재정리한 것이다. 당시 제시한 짧은 글의 제목은 다음과 같다. "금번 광장민주주의, 촛불항쟁의 6대 의미와 교훈 및 정신"

편 이성으로 체화시킨 탓이다. 여섯째로 광장 촛불이 지닌 세계적 차원의 의미이다. 주지하듯 브랙시티, 트럼프당선, 테러리즘, 극우진출에서 드러나듯 장벽 쌓기의 시대에 그를 역전시켰으니 말이다. 지역주의를 무너트렸고 보수정당의 아성(37%)을 깨트렸던 것이다. 이 힘으로 광장의 촛불은 최소한 동아시아의 평화연대를 이끌 책임이 있다. 마지막으로 촛불 속의 신학적 맥락, 메시아적 종말론이다. 이 경우 종말은 세상 끝의 이야기가 아니라 우리들 과거(의 폐허)를 온전하게 기억하는 일이다. 아픈 과거가 치유되지 않는 한 우리에게 마지막은 없다. 세상 안에서 세상 밖을 꿈꿨기에 당했던 뭇 사람의 고통과 절망을 지속적으로 이야기하는 것이 신학의 과제이다. 구원이 필요함을 역설해야만 한다. 그럴 때 광장의 촛불은 성취, 성공(성장)에 목매지 않고 오히려 고통스런 현실을 밝혀주는 메시아적 사건으로 독해될 수 있다.

따라서 지금 광장의 촛불은 희망을 말하지만 고통스런 절규이기도 하다. 그곳서 삶과 죽음의 갈림길에서 살고자 하는 이들의 탄식이자 신음을 들어야 옳다. 단순한 축제가 아니라 고통을 삼키고 있는 이들의 절규인 것이다. 하지만 외형적으로 드러난 대한민국의 지표는 참으로 대단하다.[2] 인구는 5천만 뿐이나 GDP 세계 11위(15위), 무역량 세계 8위, 수출물량 세계 7위, 외환 보유고 세계 8위, 군사력 세계 12위, 국방비 지출 세계 12위, 인구 100명당 무선 인터넷 가입 수 세계 1위 등이 바로 그 실상이다. 한마디로 대한민국은 초고속으로 물질(자본)을 발전시킨 세계 유일한 나라가 된 것이다. 하지만 국민을 위한 국가의

---

2 이하 내용 역시 박명림 교수의 미간행 논문(12쪽)에서 발췌 정리했다. "사회적 영성: '사회'의 내면적 구성과 '내면'의 사회적 구성", 그러나 이것은 완결된 논문이 아니었고 논문을 위한 얼개를 제시한 것이었다.

역할 면에서 우리는 또다시 '이것이 국가인가?'를 묻지 않을 수 없다. 국가 역할 지표가 OECD 가입 국가 중 최하위 상태인 탓이다. 특히 빈곤률, 국가의 공공지출, 국가의 고용비중이 그러하다. 이뿐 아니라 공교육 지출 비율과 노조 조직률은 최하이고 비정규직 비율과 자영업 비율은 추정을 불허할 정도로 높다. 한마디로 사회 갈등지수가 세계 1등인 국가인 것이다. 이런 정황에서 사회적 죽음 비율 역시 높아질 수밖에 없다. 출산률 최저, 자살률 최고, 이 둘은 사실상 동전의 양면과 같은 것인바, 함께 움직일 수밖에 없다. 산업재해 사망률, 직계 존속 살인비율 역시 세계 최고라고 한다. 이라크 전쟁 기간 중에 죽은 병사들 수보다 이 땅에서 사회적 죽음을 당한 이들의 숫자가 더 많다고 하니 어찌 국가의 존재 의미를 묻지 않을 수 있을까? 이런 불행의 이면에 박근혜-최순실 그리고 이들 부역자들인 권력 실세들이 있었으니 5%의 기득권자를 제외한 모든 이들이 촛불을 들었던 것이다. 이런 국가일수록 인간 욕망 지수 또한 높아지는 것이 당연하다. 한편이 이렇듯 죽음으로 내몰릴수록 다른 한편에서는 성형수술, 명품, 성적 판타지를 요구했고 산천을 개조하고 물 흐름을 뒤바꿔 자연의 터 무늬(地文)를 지울 정도로 욕망의 노예로 전락하고 있었다. 종교 역시 이런 욕망을 축복하는 사적 기관으로 전락한지 오래되었다. 자신의 공공성을 잊었고 공교회성을 상실한 탓이다. 미국의 한 신학자는 이를 두고 '영적 파산'이라 했고 필자는 이를 '영적 방종'이라 달리 일컬었다. 그렇기에 강남의 몇 교회들이 자기 욕망을 위해 수천만 원을 헌금한 국정농단의 주범 최순실을 축복할 수 있었다. 하지만 최순실의 욕망은 여기서 끝나지 않았다. 교회의 축복만으로 부족하여 점쟁이를 찾기도 했던 것이다. 욕망의 수레바퀴에서 내려오지 못하는 군상들과 죽음으로 내몰리는 사회적 약자들이 가장 극렬하게 공존하는 세상, 바로 이것이 2017년, 이 땅의 실상이다. 그럴수록 우리에게 필요한 것은 사회적 저항 영성이자 단순성을 추구하는 생태적 영성이다. 이 둘의 시각을 통해서만 다른 세상을 꿈꿀 수 있고 2017년 대선 이후 세상을 기대할 수 있다. 촛불의 염원을 새로운 정치를 통해 이룰 과제가 우리들 시간 속에 남겨져 있다. 실상 기독교만큼 이런 힘을 줄 수 있는 종교가 없을 듯싶다. 하지만 어느 종교치고 사회적, 생태적 영성을 말하지 않겠는가? 3.1 운동 당시 종교들이 힘을 합쳐 민족 독립을 외쳤듯이 2017년 바닥을 친 우리들 국격을 함께 살려낼 일이다. 탄핵정국, 개헌정국, 대선정국으로 이어지는 과정에서 공조하는 일이 더없이 중요해졌다. 민주공화국을 최초로 도입, 선포한 3.1 선언 정신을 대선 및 그 이후의 과정을 통해 완성해야만 할 것이다.

　하지만 한국교회는 아직 준비되지 않았다. 교회 복음화 없이 세상 복음화 없다는 말처럼 한국교회는 대선을 치를 준비도, 개혁 500주년을 맞을 채비도 못하고 있는 상태이다. 박근혜- 최순실 제거 대가로 보수층 결집을 노리는 정치가들의 간계에 휘둘려 국정을 망칠 경우, 교회는 촛불의 힘과 염원을 무력화시킨 장본인으로서 시민사회의 질타를 받을 것이며 고립되는 속도를 가중시킬 것이다. 다행히도 촛불 시민들 덕분에 그런 위기는 넘겼으나 위험은 항존한다. 목하 한국교회를 지배하는 소위 사영리(四靈理) 신학이 실상 사회적 영성과 생태영성 나아가 낯선 타자들과 공존하는 열려진 사유가 부재한 탓이다. 광장의 촛불을 보며 분노의 영성이라 칭했던 어떤 목사도 있을 정도였다. 세월호 참사를 사고라 했고 천국 갔으니 잊으라 했던 순진한 신앙인들 중 시시비비가 가려지지 않았음에도 박근혜 정권을 벌써 용서하라고 말하고 있다. 그리스도의 사랑이란 이름하에서 말이다. 그렇기에 필자는 종교개혁

500주년을 기념하는 방식이 과거 루터로의 회귀가 아니라 "종교(기독교)개혁은 계속되어야 한다"는 명제를 갖고 앞으로 나가는 일이라 역설하였다.

　루터 신학은 보편보다 개체를 앞세우는 유명론 전통에 서있다.3 이성보다는 의지를 중시하는 프랜시스 계통과 유사하며 궁극적으로는 인간의 전적 타락을 말하는 어거스틴 사유와 깊이 연루되었다. 이 와중에서 아리스토텔레스, 토미즘 계통의 자연신학 전통을 완전 실종시켰다. 달리 말하면 루터의 종교개혁은 인간 본성에 대한 깊은 고뇌로부터 시작되었다. 이는 자신의 정체성 위기로서 인간에 대해 긍정적인 당대 인문주의와 토마스주의와의 갈등을 뜻한다. 신의 길을 인간 이성을 통하여 자각할 수 있다는 에라스무스의 주장을 루터는 〈의지의 굴레〉라는 글에서 완전히 털어냈다. 대신 인간은 육욕적이고 불합리하며 속박 받고 비참하며 병들어 죽은 상태로 존재한다고 생각하였다. 인간의 의지(자유의지)가 항시 죄악의 굴레에 덧입혀 있기에 인간은 본성상 사악한 일을 행할 수밖에 없는 존재로 운명 지워져 있다고 믿은 것이다. 루터가 어거스틴의 원죄론을 수용한 것도 바로 이 대목에서이다. 이로부터 루터는 신의 양면성을 주장했고 독일 신비주의 전통에서 비롯한 "숨어계신 하느님"(Deus Absconditus)을 앞세웠다. 말씀이나 예배를 통해 알려질 수 있으나 실상은 어떤 것으로도 포착 불가능한 숨어계신 존재란 것이다. 이렇듯 숨어 있는 신은 인간의 과거나 미래까지도 예지한 절대자였다. 모든 것에 우연은 없고 신의 예정에 의한 필연만이 있다고 했다. 루

---

3 이하 내용은 캔턴 스키너/박동천 역, 『근대 정치사상의 토대 2. 종교개혁의 시대』(한국문화사, 2012) 제 1부(37-246) 내용을 창조적으로 재구성한 것이다.

터는 시편(31편)을 통해 이런 하느님을 새롭게 발견하였다. 하느님은 당대의 이해와 달리 인간의 죄악(본성)을 심판, 정죄하지 않고 오로지 자비를 베푸는 존재라는 것이다. 어떤 공로 없이도 인간을 구원하는 하느님상(像)을 루터는 예수 그리스도에게서 보았다. 루터의 십자가 신학은 바로 이런 하느님 이해의 소산이었다. '구원하는 은총(십자가)'에 의해서 타락한 인간 본성이 즉각적으로 정화되어 구원의 길을 열었다고 확신한 것이다. 하지만 이는 ─물론 칼빈에 이르러 더욱 강조되었으나─ 구원받도록 예정된 사람들에게 해당되는 말이었다. 공로(행위)와 무관하게 은총을 허락받는 것은 오로지 하느님의 섭리 때문이다. 이로부터 그 유명한 이신칭의(以信稱義), '오직(sola) 믿음'이란 신조가 출현했다. 인간 본성의 타락에 근거하여 루터는 이렇듯 당대의 인문주의는 물론 가톨릭 공로사상과 유대인의 율법을 일순간에 정복했다. 루터의 유대인 혐오는 야고보서의 부정 및 폄하 그 이상으로 혹독했다. 그럼에도 루터는 두 왕국설을 통해서 '이신칭의' 이후 성화되어야 할 과정이 남아있다고 보았다. 〈두 종류의 의로움〉에 대한 설교에서 한 순간에 죄를 해결할 수 있으나 국가라는 제도 속에서 살아가기에 점진적인 성화 과정 역시 필요하단 것이다. '의인이면서 죄인'이란 말이 바로 이 맥락에서 등장한다. 세상(국가)이 깨끗해질 때 까지 인간은 결코 의로울 수 없다는 뜻일 수도 있겠다. 모두가 자유(義)로울 수 있을 때까지 누구도 자유(義)롭지 않다는 의미이기에 사회적 영성의 중요성을 일깨운다. 하지만 후술하겠으나 루터 신학은 본 주제를 적극적으로 진척시킬 수 없었다.

　　루터의 십자가 신학과 칭의론은 교회와 국가의 상관성을 말하는 두 왕국설로 자연스럽게 귀결되었다. 그에게 교회는 '신의 이름으로 모인 신앙인들의 집합체'(*Congregatio fidelium*) 그 이상일 수 없었다. 이는 신약성서 에클레시아를 '회중'(會衆)이라 번역한 것으로서 제정일치 역할을 수행해온 중세 가톨릭교회와 크게 변별된다. 오히려 루터는 두 왕국설을 통해 세상에 대한 교회의 통치 권한을 포기토록 종용했다. 사제(성직자) 역시 신의 말씀을 따라 사는 사람, 곧 하느님 백성 중 하나일뿐이라는 만인제사직도 여기서 비롯했다. 교황, 주교, 사제, 수사 등 종교적 신분 자체에 의미를 두지 않았던 것이다. 신앙심을 얻고 배울 수 있는 한에서 그곳이 교회이고 그 일을 하는 이는 세속인이라도 사제라한 것이다. 여기서 핵심은 신앙을 지닌 개인이었다. 개인을 구원하는 신앙, 이것이 지금껏 지속된 루터 신학의 골자인 바, 이 점에서 루터 신학은 사회적 영성으로 발전함에 있어 한계를 갖는다. 오로지 개인 차원의 신앙, 하느님과 개인의 관계에 집중한 까닭이다. 본래 이것은 성직자를 독자적으로 계급화시킨 중세가톨릭 신학에 대한 일종의 반발이자부정이었다. 하지만 루터의 두 왕국론은 신앙을 교회 내부의 일로 축소시켜 버렸다. 두 왕국론은 하느님이 세상을 세속정치와 영혼의 왕국인교회를 통해서 다스린다는 어거스틴류(類)의 사유형태이다. 교회는 전적으로 그리스도에 의해서 통치되는 정신적 영역이나 세상(군주)에겐성화되지 못한 사람들을 위해 권력(칼)이 주어졌다는 것이다. 그렇기에 루터는 로마서 13장, 모든 권력은 하늘로부터 왔다는 언설에 동의했다. '의인이면서 죄인'인 인간의 성화를 위해 세속적 권위의 필연성을명백히 했고 그 권위를 다음처럼 확장시켰다: "신앙심 두터운 군주가사용하는 칼(권력)에 복종하기." 이를 일컬어 두 왕국설의 결론이라 해도 과하지 않을 만큼 말이다. 이로써 세상과 교회의 중세적 갈등은 종식되었다. 올바른 세속적 권위가 더없이 중요했기에 그를 거듭 옹호했던 결과이다. 종교개혁을 편들어준 당대 영주들에 대한 높은 존경심의 발로라고도 볼 수 있다. 세속 군주의 일체 명령을 신적 선물로서 수용할 것을 종용할 정도였으니 말이다. 물론 이 경우 군주는 반드시 백성들에게 헌신하는 존재여야 한다는 단서가 있다. 신앙을 육성하고 평화로운 삶을 유지시킬 책무가 있는 탓이다. 따라서 의인이자 죄인인 신앙인의 성화는 교회가 아닌 군주의 몫이 되고 말았다. 혹자는 이를 근대국가의 발생과정에서 시대 적합했던 일로 여긴다. 국가에 힘을 실어주었기에 근대가 발현했다는 이유로 그렇게 말할 수도 있다. 하지만 오늘의 현실은 당시와 너무도 다르다. 지금 우리는 '이것이 국가인가?'를 물어야 되는 시대에 살고 있는 것이다.

루터 역시도 당대 현실에서 신앙심 두터운 군주를 찾기 어려웠다. 신이 미치광이를 통치자로 세웠다고 절망한 적도 수차례 있었다. 그래서 그는 〈세속적 권위〉 말미에서 군주가 틀렸다면 그를 따를 의무가 없다고 단언했다. 그럼에도 루터는 '모든 권력은 하늘로부터 온 것'이란 자기의 신학적 전제를 포기하지 않았다. 사악한 통치자에게 복종치 말라 하면서도 적극적으로 저항하지 말 것을 요구한 것이다. 아무리 불의한 일을 당할지라도 수동적으로 감수하라고 가르쳤다. "폭정은 견뎌내는 것이지 저항해서는 아니 될" 일이라 여긴 것이다. 이런 루터의 한계들이 지금 정통, 보수라는 이름하에 한국교회 속에 그림자처럼 숨겨져 있다. 농민전쟁 시 고민하던 루터가 결국 영주들 편에 선 것도 이런 이유에서였다. 물론 근대 여명기에 살았던 루터로선 질서가 더 소중한 가치였을 것이다. 하지만 오늘의 상황에서 두 왕국설을 앞세운 그를 시금석 삼는 것은 어리석다. 이미 루터파 신학자 본회퍼는 두 왕국설의 한계를 여실히 통찰했고 신실한 회중들의 사적 상태로 축소된 루터의 '오직 믿음'을 추종하지 않았다. 하지만 루터는 어거스틴에 의존했고 오독한 바울의 로마서를 최종 권위로 삼았기에 시종일관 동일한 입장을 견지했다. "인민들의 죄악(원죄) 때문에 통치자의 권위는 존중받아야만 한다." 이렇듯 신의 말씀(로마서)에 기초한 루터 신학은 한 종교사회학자의 말처럼 그 스스로 올무에 갇힐 수밖에 없었다. 자연법사상조차도 허용치 않았기에 변화하는 현대 세계상과의 조우 내지 열린 대화를 어렵게 한 것이다. 실제로 루터 사후 200년간 개신교회는 신조와 교리를 추종하는 구(舊)정통주의 시대를 맞을 수밖에 없었다. 목하 다수 한국교회 역시 이런 아우라 속에서 허우적거리고 있다. 따라서 사회적 타살이 만연되고 과한 욕망으로 자연이 붕괴되는—'새로운 가난한 자'(new poor)로서의 자연— 현실에서 사적 개인(신앙)에로 축소, 제한된 탓에 현실정치에 소극적이었던 루터 신학은 이제 우리에겐 극복의 대상이 되었다. 그렇기에 역사적 예수 연구가들은 종교개혁자들의 로마서 오독을 경계했고 그들 시각으로부터 자유할 것을 권면했다. 또한 신앙의 개인적 차원을 강조한 종교개혁자들로 인해 기계론적 자연관과 성장을 추동하는 자본주의가 득세했다는 과학사가(史家)들의 엄중한 평가도 귀담아 들을 필요가 있다.

지금껏 루터 신학을 말한 것은 일반 정치학자들조차 사회적 영성, 생태영성의 필요성을 말하는 시점에서 한국교회의 폐쇄적인 이유를 설명키 위함이었다. 루터의 신학원리를 문자적으로 지나치게 내면화(四靈理)시킨 탓에 세상과 무관한 탈(脫)맥락적 집단이 되었다고 말할 수 있다. 실상 원죄설(어거스틴), 두 왕국설, 심지어 이신칭의론 역시 당대의 문제를 해결할 목적에서 생겨난 것으로서 문자 그대로 추종할 이유는

없다. 이런 신학, 신조로는 시대가 갈급해하는 영성을 결코 공급할 수가
없는 탓이다. 오늘의 영성은 상호 이질적(차이)인 것들이 만나서 낯설고
새로운 세계를 펼치는 과정에서 드러난다(Connection & Unfolding).
광장이 교회가 되고 물질적인 것이 정신적인 것—최소한의 물질로 사
는 것은 정신적인 삶이다—이 되며 영성이 정치와 만나고 진리와 평화
가 모순되지 않는 삶의 현실 속에서 사회적, 생태적 영성이 솟아오를
수 있을 뿐이다. 예컨대 명목상 법 앞의 평등이란 것이 실상은 모든 불
평등의 기초라는 사실을 감각하는 것이 우리 시대가 요구하는 영성의
일면일 수도 있겠다. 갈등지수가 가장 높은 이 땅에서 사람들 간의 화해
와 일치, 평등을 위한 일인 까닭이다. 그럼에도 루터 종교개혁 신학은
의회 제도를 추동하여 국가를 성립시켜 근대를 열었다고 긍정적으로
평가할 부분이 있다. 종교개혁이 정치(제도)개혁으로 이어졌기 때문이
다. 따라서 서구 유럽인들은 지난 천 년 역사 속에서 가장 위대한 인물
로 루터를 꼽는데 주저치 않는다. 기독교 시대였던 당시와 기독교 이후
시대를 사는 지금, 시대적 정황은 다를 것이나 종교와 정치의 상관성만
큼은 필히 공유될 사안이다. 하지만 이것조차도 보았듯이 루터 신학의
원리 탓만은 아니었다. 대응종교개혁에 나선 가톨릭교회와의 선한 경
쟁이 없었다면 불가능했던 결과였다. 동시대 계몽주의자들의 개혁의지
때문에 얻어진 공과이기도 했다. 그렇기에 예나 지금이나 세속 이념은
물론 이웃 종교인들과 더불어 선한 경쟁(사랑하는 싸움)을 하고 협력하
는 것은 개신교 자신을 위해서도 충분히 유익한 일이다. 그러나 현실
교회들 다수는 종교와 정치를 분리시켜 교회를 세상과 격리된 영적 자
폐의 공간으로 만들어 버렸다. 세상에 영향을 주지도 받지도 않으려는
영적 불감증에 걸린 탓이다.

대선 이후 정국을 사회적 영성의 주제로 승화시키기 위해 성서를 읽는 기본 시각을 달리 할 필요가 있다. 필자가 속한 〈생명평화마당〉[4]은 이미 '오직 믿음'을 '오직 생명과 평화(정의)로만'으로 무게중심을 이동시켰다. 아우슈비츠, JPIC 그리고 세월호 이후를 사는 우리는 종교개혁자들 시각과 의당 변별되어야만 할 것이다. 시대 문제를 옳게 직면하여 풀어내려면 말이다. 성서의 말씀이 사회적 타살의 시대를 극복치 못한다면 하느님 말씀일 수 없을 것이다. 먼 훗날로, 천국으로 우리들 책임을 면피할 수 없는 노릇이다. 세계 내에 JPIC문제가 산적해 있는 한 기독교의 구원은 아직 실현되지 못했다는 것이 발의자 봐이젝커의 말이었다. 그럴수록 이런 시대적 요청을 성서 말씀과 더불어 씨름해야 할 존재들이 바로 우리들 교회이자, 목사들이라 생각한다. 교회를 섬기되 바르게 섬기기 위해서, 우리들 구원을 위하여 교우들과 성서를 고쳐 다시 읽는 지난한 과정이 반드시 필요하다. 목사와 교우들 모두가 성서 이해를 공유할 수 있을 때 비로소 교회 개혁이 시작될 수 있는 탓이다. 우선 노아 홍수 이후 하느님의 새로운 계약을 생각해 보자. 처음 창조 시(時)보다 더 큰 축복을 약속하며 하느님은 두 가지를 요구했다(창 9장). 사람들 눈에서 억울한 눈물을 흘리게 말 것과 동물을 피(생명) 채 먹지 말라는 것이었다. 신앙인이라면 누구나 이런 근원적(절대) 한계, 곧 우리 표현으론 사회적 영성과 생태적 영성을 갖고 살아야 옳다. 이것이 희년사상이 되었고 하느님 의(義)의 본질이었으며 예수 탄생의 뜻으로 이어졌다고 봐도 좋겠다. 성서는 이렇듯 하느님의 급진적 명령과 문명이란 이름으로 이를 거부하는 인간들의 실상을 다룬 기록이었다. 이/저런 이유로 절대 한계를 넘어선 이스라엘 민족을 향한 하느님의 의는

---

4 이후 〈생평마당〉이라 칭한다.

가혹하게 작동했다. 제국의 통치에 자기 백성의 운명을 맡기기도 했다. 하지만 예언자들에 이어 묵시론자들이 등장했고 환상을 통해 고통의 뜻을 풀어주고자 했다. 묵시록은 세계 파멸(종말)을 예고한 책이 아니라 제국 통치로부터 벗을 길을 제시하는 내용이다. 이것을 썼던 사람들이 서기관(신학자)들이었다는 사실이 최근 밝혀졌다. 제국의 올무를 벗기 위해 당시 신학자인 서기관들이 하느님 의를 깊게 생각했던 결과물이었다. 예수 역시도 이런 영향사(史) 속의 인물이었다. 예수 당시 이스라엘은 당대 가장 큰 제국인 로마의 통치를 받고 있었다. 따라서 종교개혁자들이 선호했던 로마서 역시 가톨릭적 중세가 아닌 이런 제국의 정황에서 읽혀져야 했다. 세상 안에서 세상 밖을 보았던 예수의 하느님나라 운동처럼 바울은 로마서에서 제국 안에서 제국과는 다른 삶의 방식을 제시했기 때문이다. 로마서 속에 가장 많이 언급된 '그리스도 안의 존재'(Sein in Christo)란 말이 바로 그것이다. 이는 분명 하느님 의에 사로잡힌 자를 일컫는다. 그가 말한 믿음 또한 예수 안에 나타난 하느님 의에 대한 믿음이었다. 예수 십자가 사건 속에 하느님 의가 나타났기에 그를 믿으라 한 것이다. 이를 근거로 바울은 유대인과 이방인, 유대인과 그리스도인 그리고 유대적 그리스도인과 이방적 그리스도인 모두를 하나로 엮고자 했다. 폭력 제국인 로마적 삶의 양식들(노예제, 가부장제)을 거스르면서 말이다. 오늘 우리 현실에서 이것은 사회적 타살을 종식시키는 사건일 수 있겠다. 자신이 세운 교회공동체를 통해서 하느님 나라를 원했던 바울처럼 우리 교회도 촛불이 소망하는 새 역사의 주인공이 되란 것이다. 이를 위해 2017년 한 해를 제국에 맞선 바울의 심정으로, 예루살렘을 향한 예수의 걸음으로 살아야 한다. 인간 의식까지를 포함한 근본적이고 총체적인 변화를 강력히 원하는 까닭이다. 지금 우리는 가난할지라도 홀로 슬프지 않는 세상, 수천만 마리의 생명체가 생매장되지 않는 세상, 세월호 참사의 진실이 밝혀지는 세상을 간절하게 소망하고 있다.

그렇다면 어찌 이 길을 갈수 있고 얻을 수 있을까? 이런 시각에서 종교개혁 신학(원리)을 고쳐 다시 읽는 것이 교회의 우선적 과제이다. 이제 3가지 형태의 '오직'(Only) 교리는 다음처럼 달리 이해되어야 옳다.[5] 처음 '오직'은 우선 '행위 없는 믿음'만의 강조가 아니라 오히려 역으로 '믿음 없는 행위'의 실상을 고발, 경고하는 것이다. 믿음이 하느님 의에 대한 믿음이기에 믿음은 행위와 처음부터 불이(不二)적 관계하에 있다. 따라서 행위가 없다는 것은 믿음이 없다는 반증이다. 교회는 많으나 세상이 이처럼 망가진 것은 교회가 복음을 실종했다는 증거라 하겠다. 이 경우 믿음은 죽임문화의 실상인 제국에 반하는 삶의 양식(Sein in Christo)일 것이다. 그렇기에 〈생평마당〉은 거듭, 계속 '오직 생명과 평화(정의)로만'을 외쳤다. 이것이 JPIC 이후이자 세월호 이후의 신학이며 종교개혁 원리를 창조적으로 잇는 일이다. 루터가 인문주의(이성)를 거부하고 가톨릭 자연신학을 부정한 것은 가톨릭교회 자체의 잘못도 컸지만 율법에 대한 오해의 산물이었다. 단언컨대 행위 없는 믿음이란 없다. 오히려 우리들 행위가 '믿음 없음'으로 인한 것인지를 늘 살펴야만 할 것이다. 교회와 교우들에게 사회적, 생태적 영성을 요구하는 일도 여기서 비롯할 수 있다. 다음으로 '오직 은총'은 더 이상 인간의 존재론적 원죄성(어거스틴)을 전제한 개념일 수 없다. 이것은 인간성의 보편적 이해에도 어긋날 뿐 아니라 성서에 대한 왜곡에 기초한

---

5 이 주제에 대해 필자는 수편의 글을 썼다. 본 책의 여러 장에서 이에 관한 내용이 소개될 것이기에 상세한 각주는 생략한다.

다. 인간이 하느님 앞에서 죄인이란 것과 인간의 원죄성은 비슷한 듯 보이나 결코 동일하지 않다. 후자는 교회가 로마(제도)화되는 과정에서 성직자 우선주의에 입각한 첨가물이었다. 주지하는바, 지금껏 '오직 은총'은 인간 이성이나 자유의지와 차원이 전적으로 다른 개념이라 여겨졌다. 루터가 '숨겨진 하느님'과 십자가의 신학을 강조한 것도 결국 인간 자유의지의 무력함을 고지할 목적에서였다. 그것이 결국 두 왕국설로 귀결되었고 약자들에게서 정치적 저항력을 앗았던 것을 앞서 보았다. 또한 우리는 각 종교가 말하는 진리보다 세상의 평화가 더 중요한 시대를 살고 있다. 자본주의 폐해로 그 체제마저 흔들린다는 말이 나돌 정도로 격차가 큰 현실을 경험하고 있는 중이다. 이에 세상의 법 역시 이런 수탈 체제를 암묵적으로 뒷받침하고 있다. 법이 돈으로 사고 팔리면서 약자들을 목 죄는 역할을 하는 탓이다. 백남기 씨의 경우가 그렇듯 법이 오히려 더 많은 범법자를 양산하고 있다. 바울이 하느님 의를 갖고서 제국과 로마법에 맞섰고 예수의 하느님 나라가 체제 밖 사유인 것을 생각할 때 '오직 은총'은 세상 법을 능가하는 하느님의 의라 칭해도 좋다. '오직 은총'을 이성과 자유의지가 아니라 세상 법과 대립되는 개념으로 보는 것이 더욱 성서적이다. 본래 히브리적 사유에서 은총과 이성의 구별이 존재치 않았음을 기억하라. 아시아적 사유 역시 이렇듯 이분화되지 않았다. 세상 법보다 하느님 의가 크고 옳다는 것이 우리에겐 은총이다. 그 은총으로 우리는 세상과 맞설 수 있고 이를 옳게 이끌 수 있을 뿐이다. 개헌정국, 다시 민주정국을 맞으면서 실정법을 능가하는 하느님 의를 더욱 앞세울 일이다. 이제 마지막으로 '오직 성서'를 고쳐 설명할 차례이다. 성서 속에서 하느님(활동)을 만날 수 있으나 성서 자체가 하느님 말씀과 같지 않다는 것은 이미 루터에 의해서도 확인되었다. 하지만 성서문자주의, 근본주의가 기승을 부리면서 성서 이해가 근대 이전으로 회귀되고 있다. 성서가 중요한 것은 하느님을 말하고 있기 때문이다. 그러나 성서 66권 안에 하느님 계시가 온전히 드러나 있다고 믿는 것이 옳을까? 루터도 앞서 '숨어계신 하느님'을 통해 문자로 담을 수 없는 경지를 남겨 놓았다. 이는 오늘의 진화론적 세계상(우주론)과도 공명(共鳴)할 수 없다. 그래서 이런 제사장적 확신을 일컬어 어떤 신학자(T. Altizer)는 우리 시대의 가장 큰 미신이라 하였다. 이 점에서 루터가 자연법(신학)을 버린 것은 큰 실책 중의 하나일 것이다. 우주 자연이 하느님을 알 수 있는 지평이 되었기 때문이다. 기독교가 로마화되는 과정에서 제외시킨 문서들도 다시 읽혀져야 옳다. 정경화 기준이 지금 당시와는 달리 적용될 필요도 충분히 있다. 성서 안에서 하느님 의를 찾고자 할 경우 이웃 종교와의 대화, 협력 역시 중요할 것이다. "불교를 몰랐다면 기독교도가 될 수 없었을 것"이라 말한 유명한 신학자(P. Knitter)의 말도 떠오른다. 세계관의 차이로 언표양식은 다를 수 있어도 지향하는 뜻을 얼마든지 공유해도 좋다는 말이다. 구원과 열반 그리고 대동 세계는 같지 않겠으나 서로를 풍요롭게 할 수 있는 것이다. 이 점에서 유영모와 함석헌의 가르침이 중요한 바, 다음처럼 거칠게 정리해 보겠다. "유교와 불교 역시 하늘로부터 받을 것은 다 받은 계시종교들이다. 후발 주자인 기독교는 이들 종교들과 협력하여 민족으로 하여금 '뜻'을 발견토록 상호 협력해야 한다." 이런 가르침은 '종교개혁 이후' 신학의 한 단면으로서 이웃 종교 및 시민사회와 대선정국을 함께 논할 수 있는 기독교적 에토스로 자리할 여지가 크다. 필자는 이상에서 언급한 세 가지 '오직'(only)을 종종 '믿음의 눈', '의심의 눈' 그리고 '자기 발견의 눈'의 역할로서 이해해 왔다. 이 세 가지 눈으로 종교개혁 500년 전통과 맞설 때에 시대를 흔들 수 있는 힘(동력) 역시 생겨날 것이라 믿기 때문이다. 그래서 이 세 눈이 고독, 저항 그리고 상상과도 맥을 같이 하는 개념이라 생각하고 있다.

이렇듯 촛불로 인해 야기된 광장 민주주의가 의회를 비롯하여 혼동에 빠진 정치권을 이끈 아름다운 이 땅의 경험이 전 세계를 감동시켰다. 탄핵정국을 정치적 유/불리로 판단하여 개헌과 대선을 하나로 엮어 자신들 활로를 찾는 정치권의 이합집산이 시작되고 있다. 여전히 친/종북 패러다임을 부추길 것이며 태극기를 내세워 촛불이 허문 모든 장벽을 다시 쌓고자 기를 쓸 것이다. 경제위기를 고조시키는 것도 기득권자들의 전형적 수법이었음을 기억할 일이다. 여하튼 총체적으로 대선 이후 개헌이 변수가 될 것이고 그 호/불호에 따라 정세가 요동칠 상황에 이르렀다. 국회에도 이미 개헌 특위가 만들어져 가동되었다. 하지만 박근혜의 개헌 제안을 촛불이 무력화했듯이 국회 차원의 논의역시 촛불과 함께 진행시켜야 옳다. 개헌의 필요성을 국민에게 먼저 묻는 것이 도리(예법)이며 개헌을 하더라도 '시민 참여형' 개헌 구조를 만들라는 것이다. 대통령 탄핵 후 국민들에게 헌법운영권리가 생겨났다고 한 정치철학자는 조언했다. 군주민수란 말이 적시하듯 정부로부터 국민이 주권을 회수했기 때문이다. 따라서 개헌 특위에 뭇 당의 대표들과 상응하는 동수의 시민들이 반드시 참여해야 할 것이다. 이/저도 아니라면 시민사회 쪽에서 먼저 촛불의 민심을 담은 개헌안을 별도로 숙의하여 의회와 협상하는 방식도 있다. 목하 결선투표제를 비롯하여 선거연령 낮추는 문제가 이런 구조 속에서 진행되고 있는 줄 안다. 두세 번 이상 선거에 참여치 않을 시(時), 선거권 자체를 제한하는 조항이 헌법에 명시된 나라도 있다고 들었다. 항차 제왕적 대통령(청와대)뿐 아니라 언론, 정당, 재벌, 방송, 검찰 그리고 국정원 개혁을 위한 적실한 요구를 합리적으로 토론하고 제안하며 결정하는 지난한 과정이 필요하다. 이를 위해 여전히 꺼지지 않는 촛불의 힘이 요구된다. 적어도 이 촛불이 대선 이후에도 동일한 수준에서 유지되어야 한다는 목소리가 많다. 이 점에서 기독교 대선운동 역시 한국교회를 대상으로 이 점을 강력히 호소, 설득할 일이다. 종교개혁 500년을 맞아 종교와 정치 모두를 개혁하자는 강력한 모토를 제시하면서 말이다. 촛불의 민심과 공명치 못하는 교회는 더 이상 교회라 말하기 어렵다. 자폐증 환자처럼 자기 세계에 갇혀 영적 방종을 일삼는 참으로 무익한 제도로만 존재할 뿐이다. 지금까지 어떤 이념, 철학도 시장 아주머니까지 변화시킬 정신을 탄생시키지 못했다. 하지만 금번 촛불항쟁에서 철학자 도올의 발언보다 부산 자갈치 시장 아주머니의 몸에 밴 생각이 돋보였고 대구 여고생의 호소가 힘이 있었으며 어느 지방의 청년 노동자의 절규에 우리 모두는 함께 울 수 있었다. 기독교 영성은 이런 광장 민주주의와 접촉해야 옳다. 대강절 교회들이 밝혔던 촛불보다 거리의 촛불에서 우리는 기다림의 의미를 여실히 배우고 느꼈기 때문이다. 대한민국을 바꾸기 위해 교회는 광장과 소통해야 하고 삶을 통해 자신의 신앙을 증명해야 할 것이며 범법자들 양산하는 실정법의 횡포를 하느님 정의로 맞서야만 한다. 정치권이 만든 틀을 홀연히 벗겨내고 오히려 우리들 종교인이 만든 전혀 다른 프레임을 그들에게 건넬 때가 되었다. 좌우파, 성장/분배, 진보/보수의 프레임이 아니라 '공공'과 '사사로움'이란 틀이 바로 그것이다. 사실 공공(公私)의 치열한 문제의식은 이 땅에 먼저 온 유학과 동학의 지난한 과제였다. 이들과 함께 교회는 3.1 독립 운동 시(時) 그랬듯이 함께 이 틀을 갖고서 이 땅을 바꾸는 일에 공조해야만 할 것이다. 흔히 때가 무르익은 사상만큼 무서운 것이 없다고들 한다. 분명 2017년 촛불 민심은 되돌릴 수 없는 민족사적 사건이자 세계사적 의미가 되었다. 불확실성의 시대에 가야할 방향을 제시했던 까닭이다. 기독교가 이런 정신에 역행한다면 이 땅에 존재할 이유도, 자격도 없다.

 글을 정리하겠다. 루터 종교개혁(신학)은 교황권을 해체시켜 정교분리를 제도화했다. 이 와중에서 교회는 단순히 '신앙인들의 모임'이 되었고 이 범주 속에 교황을 비롯한 일체의 성직이 내포되었다. 신앙공동체로서 교회가 교황이나 성직보다 더 큰 외연이 된 것이다. 하지만 이 과정에서 교회는 세상 통치를 군주에게 일임했고 저항권을 상실했다. 목사에겐 설교와 축소된 의례집행 기능만이 모든 것이 되고 말았다. 후일 민족교회로 발전되면서 교회의 국가예속화는 더욱 심해졌다. 그럼에도 루터의 새로운 교회관은 의회 제도를 발전시킴에 있어 상당히 공헌했다. 물론 이런 공(功)은 당대 계몽주의와 대응 종교개혁과 나눌 일이지만 말이다. 이제 촛불은 의회 제도를 넘어 직접 민주주의를 열망하는 징표가 되었다. 대한민국의 통치권이 국민(시민)으로부터 나온다는 사실이 새롭게 자각된 것이다. 이런 촛불의 에토스와 오늘의 교회가 공명할 수 없다면 '신앙인들의 모임'이란 개신교 공동체(교회)는 중세의 그것처럼 계토화되고 말 것이다. 제국적 상황에서 집필되고 편집된 성서, 심지어 묵시록을 비롯 예수의 하느님 나라 사상 역시도 현실을 비판하는 일종의 체제 밖 사유의 표현이었다. 오늘 우리 식으로 말한다면 박근혜 속에 재현된 박정희의 잔재들을 하느님 의를 통해 소멸코자 하는 몸부림이라 할 것이다. 여기서 저항권을 상실한 교회, 정권에 길들여진 교회는 무용지물도 전락한다. 이명박, 박근혜로 이어지는 정권심판을 넘어 하느님 의가 실현되는 생명평화의 새 시대를 열어젖힐 수 있도록 성서가 말하는 사회-생태적 영성을 이 땅의 교회에게 전해야 할 것이다.

| 1부 |

두 번째 종교개혁에로의 길

두 번째 종교개혁의 교회적 과제

：교회가 쌓아야 할 공적功績으로서의 교회 복음화

들어가는 글

위 주제를 생각하며 떠오른 글감이 '교회 속 대들보'이다. 남의 눈속의 티는 보면서 자기 눈 속의 들보를 보지 못하는 화석화된 바리새인들을 비판하는 예수 말씀을 상기한 것이다. 자신에게는 한없이 관대하면서 남을 비판, 부정하는 데 익숙한 이 땅의 기독교, 그를 대신하는 교회 실상을 맘껏 비판하고 싶었다. 오늘의 기독교가 자신이 부정했던 옛적의 유대교를 빼닮았기 때문이다. 따라서 예수 마음을 잊고 바리새인들의 율법종교로 변질된 기독교의 실상을 드러내 볼 작정이다. 하지만 그간 이런 주제를 다룬 글들이 적지 않았을 터인데 이를 다시 쓰고 말하려니 마음만 무겁다. '불편한 진실'로 여겨 누구도 이 주제와 정직하게 마주하지 않는 탓에 쓰는 일 자체가 흥겹지 않고 필자 스스로도 예외일 수 없기에 주저하게 된다. 그럼에도 이런 글감이 떠올려진 이유를 거듭 생각해 본다. 왜 우리는 이런 글감을 갖고 말하고 써야 하는 것인가? 그것은 한마디로 '때'가 이른 까닭이다. 세상이 지금 대전환을 바라고 있고 거창하지만 서구 문명의 끝이 보이기 때문이다. 그 한가운데 기독교가 있고 이 나라가 있으며 이 땅의 교회가 있다. 시대 징조조차 가늠 못 한 채 오로지 저세상을 믿으라 했고 하느님조차 자신들 욕망에 맞게 길들이고 있는 기독교에 대한 철저한 반성, '다른 기독교'가 요청되고 있다는 말이다.

때마침 종교개혁 500년이 눈앞에 있다. 대략적으로 500년을 주기 삼아 한 종교가 태어났다 사라지고 새로운 종교가 역사 속에 등장했다. 이 땅의 유불선(儒佛仙) 종교가 그런 주기를 반복하며 이 땅에 존재했었다. 기독교 내부에서도 500년의 역사는 존재방식(패러다임)의 급격한 변화를 요구받는 충분한 시간이다.[1] 근대로 접어들며 중세적 방식의 기독교가 시대 적합성을 잃었을 때 프로테스탄트로 불리는 개신교, 새로운 기독교가 태동되었다. 하지만 작금의 세상은 신교라 불리는 개신교가 구교인 가톨릭에 비해 더 낙후했고 보수적이며 시대거역적이라 비판한다. 아시시의 성자 프란시스를 자기 이름으로 택한 교종과 그 행적으로 세상이 가톨릭을 주목하니 이들을 반목, 불신하는 개신교의 위상이 더없이 초라해졌다. 자신들 역사 속에서 개혁 대상이 되어 보았기에 가톨릭교회는 자신 속 들보를 보는 일에 우리보다 더 익숙하다. 반면 가톨릭교회에 대한 개신교의 시각은 아직도 16세기 초엽, 루터시대에 머물고 있는바, 개혁 대상으로 바뀐 자신들 현실을 애써 부정하고 있다. 중세의 가톨릭교회보다 더 부패한 개신교의 실상이 곳곳에서 밝혀지고 있음에도 말이다. 자신들 속 들보를 끝까지 감추고 싶은 것이다. 교인 수와 교회 숫자는 줄고 있는데 성직자들의 수만 증가하는 기(奇)한 현

---

1 필자는 여기서 한스 큉의 *Theologie im Aufbruch*(돌발 속의 기독교)를 생각해 본다. 여기서 저자는 기독교 2000년 역사를 6개의 패러다임을 통해 살폈다.

상을 애써 숨기고 싶어 한다. 자신들의 비참한 현실, 곧 교회가 주려는 물에 누구도 목말라 하지 않은 실상을 정확히 파악해야 미래가 있고 희망을 나눌 것인데, 눈을 감고, 귀 막혀 있으니 그 끝을 가늠할 수 있을 듯하다. 이 첫 장의 글 한 편이 얼마 전 방영된 JTBC 연속극 〈송곳〉의 역할이 되어 교회 현실을 아프게 찌를 수 있었으면 좋겠다. 최근 교종은 교회를 비판하고 사회를 개혁하려는 해방신학자 소브리노를 향해 '계속 쓸 것'을 격려했다. 필자 역시도 송곳과 같은 이런 글을 '계속 쓰라'고 용기 주는 교회 지도자들을 만나고 싶다.

본 글은 다음 순서를 따라 진행될 것이다. 첫째는 하늘나라 선포로서 복음을 실종시킨 교회의 전반적 모습을 적시할 것이며 이어서 신(神)이 인간에게 준 씨앗들, 묻는 힘, 사랑하는 힘 그리고 상상하는 힘을 말하되 이어진 각 장을 통해 이를 말살시키는 돌짝밭 같은 교회의 실상을 논할 것이고 결론에서는 시대의 대전환에 부응하여 교회가 쌓아야 할 공적(功績)을 생각해 볼 것이다. 여기서 작은교회 운동의 가치와 단면을 지면이 허(許)하는 대로 언급해 보겠다.

1. 교회에 복음이 있는가?: 교회의 복음화가 우선이다

하늘의 은총과 축복, 하느님의 전권을 독점한 듯 말하며 행위하는 교회에게 정작 그 속에 복음이 부재하다고 말하는 것은 참 불경스런 일이다. 그럼에도 첫 장을 불경스럽게 시작할 수밖에 없는 고통스런 현실이 있다. 세상과 교회가 단 1%도 다르지 않다는 한 평신도 지도자의 절규를 들은 탓이다. 어느 날 두 사람의 장로급 평신도들이 미국에서 한국 오는 비행기 안에서 만난 적이 있었다. 한 사람은 역사와 전통을 자랑하는 교회의 수석장로였고 다른 이는 평신도 교회를 지향하는 한 독립교회의 리더였다. 긴 대화 끝에 앞의 장로가 나중 분에게 이렇게 말하였다 한다. "당신은 기성 교회의 문제를 51% 비판했기에 뛰쳐나갔고 나는 아직 49%이기에 이곳에 머물고 있을 뿐이다." 성격이 전혀 다른 교회에 소속되었으나 자신들 차이는 정작 2% 밖에 되지 않는다는 실상을 고백한 것이다. 밖으로 절망이 표출되지 않았을 뿐 현실 교회는 이렇듯 곪아 터지기 직전에 이르고 있다. 교단을 뛰쳐나간 교회와의 1-2% 차이로 기성 제도 교회가 힘겹게 유지 존속되고 있다는 말이다. 하지만 세상사의 영향이 더욱 교회를 압도하는 탓에 조만간 교회는 자신의 공적의미를 잃고 사적인 구원기관(제도)로 몰락할 지도 모르겠다. 교회가 하느님 나라를 선포하지 않고 하느님을 길들여 자신의 몸체를 키웠던 결과이다. 부동산 매물 사이트에 수십억에 사고 팔리는 대형 교회들의 숫자가 늘어나는 것이 그 실상 중 하나이다.

주지하듯 세상을 지배하는 것은 자본주의, 더욱이 천민(賤民)자본주의이다. 돈의 힘(金力)으로 무엇이든 할 수 있다고 믿는 것이 바로 그의 핵심이다. 본래 근면 정신(에토스)을 근간으로 자본주의를 태동시킨 것은 개신교였다. 하지만 과거 로마(제국)가 기독교를 받아들여 기독교화 되지 않고 오히려 로마(제국)를 굳게 했듯이 개신교의 아들인 자본주의가 개신교를 종 삼는 역전된 현실을 야기했다. 따라서 목하 기독교의 존재 방식 자체가 자본주의화 된 것을 말해야만 한다. 가톨릭교회와 달리 개(個)교회주의에 터한 개신교는 70-80년대 이후 선교의 주제로서 자본주의의 기조인 '성장'을 기본 가치로 삼았다. 복음과 성장이 본래 함께 굴러갈 수 있는 동전의 양면일 수 없음에도 말이다. 이는 하느님 신앙이 돈에 대한 신뢰로 대치된 결과로서 신(神)은 여기서 종종 돈을 위한 작업가설 내지 수단으로 전락되었다. 이처럼 하느님마저 길들였고, 수단화했던 교회는 인간 또한 성장 신화의 희생물로 곧잘 이용했다. 성서의 말씀처럼 안식일(제도)을 위한 존재로 사람을 길들여 온 것이다. 이 땅의 기독교는 지금 사람(민중)의 종교가 아니라 교회를 위한 종교로 변질되었다. 수백, 수천 억짜리 교회를 짓고 유지키 위해 목사의 설교는 헌금을 위한 수단이 되었고 따라서 인간의 내적 성숙을 위한 고민보다 자본주의에 적합한 인간상(像)을 길러내는 것을 목적했다. 신앙 역시 자본주의 시대를 충족히 살 수 있는 축복의 도구이자 통로로 여겨진 것이다. 여기서 헌금은 의당 더 큰 축복을 위한 일종의 보험과 같은 것으로 여겨졌고 그렇게 믿도록 강요되었다. 30배를 넘어 100배의 축복을 받기 위한 복권의 심리를 닮았으며 따라서 그것은 사사화(私事化)된 욕망을 위한 종교적 행위와 변별력을 잃었다. 그럴수록 성직자들은 세속의 대기업 이미지로 교회를 포장코자 큰 건물을 짓고 그를 축복과 권능의 상징으로 여겼으며 살아서도 축복이요 죽어서도 영광인 교회 생활을 역설하였고 그렇게 모아진 사람 숫자를 성공적 목회의 표준으로 삼았으며 교회의 크기를 목사의 크기로 여긴지 오래되었다. 이로써 이 땅의 교회는 하느님 나라를 위한 도구가 아니라 스스로 그를 빙자한 자본의 왕국이 되어 버렸다. 물론 대형 교회를 두고 일컫는 말일 것이나 다수가 이를 지향하고 있으니 문제이다. 이런 교회들을 향해 무늬만 교회일 뿐 자본의 힘에 절대 의존하는 일종의 종교 기업이라 말하면 지나친 것일까? 서울 인근의 한 대형 교회 목사의 증언을 현장에 있었던 동료 교수를 통해 전해들은 적이 있었다. 정확하게 옮긴 말인지 모르겠으나 당시 그는 일천여 명의 목사들을 향해 "교인들에게 윤리적으로 살 것을 가르치지 마십시오. 그러면 교인들이 교만해져서 교회에 헌금을 내지 않습니다. 맘껏 죄 짓게 내버려 두세요. 그래야 마음이 불편하여 1, 2억씩 교회에 돈을 가져다 바칩니다"라고 강단에서 버젓이 설교했다고 한다. 농(濃)삼아 한 이야기일 수도 있겠으나 언중유골(言中有骨)이란 말이 있듯 그 속에 진실(마음)이 담겨질 수밖에 없다. 목사들 사이에서 이런 이야기가 회자된다면 교회는 인간의 죄, 나약함을 빌미로 구원을 팔아 돈을 거두는 시장터와 견줄 수도 있겠다. 세상과 변별된 기독교 고유한 생명문화의 창출은커녕 용서와 구원이란 종교적 이름하에 자본주의 생리와 폐해를 확대, 지속시키고 있는 탓이다. 이 점에서 자본주의와 기독교 간의 구조적 유사성이 재차 강조된다. 죄의 자본주의적 이름이 빚이며 빚의 종교적 이름이 죄란 말이다. 빚 없이는 자본주의 존속이 힘겹기에 지속적으로 빚을 만드는 것이 자본주의이듯 죄 없이는 기독교(교회) 역시 존재할 수 없기에 죄를 강조한다.[2] 죄에 기생하는 기독교, 이것은 교회에 복음이 없다는 명백한 증거로서 다시 개혁을 말할 명백한 이유일 것이다.

교인 수 증가에 힘입어 자본화된 교회는 급기야 스스로 종교 권력이 되었다. 권력을 버리고 종의 길에 나섰다는 성직자들이 세상맛을 본 탓이다. 자신을 섬기는 자로 여겼던 예수, 그의 추종자들이 맘몬의 힘을 갖게 된 후 예수를 죽인 세상 권력과 짝했고 그 권세를 영적 능력이라 포장하며 막강한 권력을 행사하고 있다. 죽을 각오로 예루살렘에 입성

---

2 문광훈, 『가면들의 병기창- 발터 벤야민의 문제의식』(서울: 한길사, 2014), 2014, 313-323.

하는 예수를 보며 당시 제자들 역시 헛된 권력, '누가 높은가'를 꿈꾸고 있었다. 3년이란 긴 시간을 함께 했고 예수와 마지막 일주일을 함께 지내면서도 그들에겐 예수의 죽음, 십자가가 그려지질 않았던 것이다. 성서 기자는 이런 제자들을 눈먼 장님이라 여겼고 눈을 떠 '우리들 중에 섬기는 자'로 온 예수를 바로 보라 하였다.[3] 장로 대통령을 세운 후 종교인들의 권력 지향성은 도를 넘어섰다. 청와대와의 핫라인을 놓고 서로 경쟁했으며 수만의 교인을 추동하여 지역구 의원의 당락을 결정했고 세상 법정에 선 목회자들의 불법을 무마시키더니 최근에는 종북/좌빨의 정치적 이념을 생산하는 진원지로 스스로 변해가는 중이다. 예컨대 MB 정권 시절 4대강 사업을 공공연하게 지지했고 박근혜 정권하에서는 교과서 국정화 문제를 옹호했던 것이다. 세월호 참사 시(時)에도 진실규명을 바라는 유족들 곁에 머물기보다 경제를 앞세우는 정부 논리를 지지했고 전파하는 일에 적극적이었다. 재정을 담당하는 한 슈퍼 대형 교회 장로가 목숨을 끊었음에도 정작 담임목사는 법으로부터 자유로웠고 변칙 세습마저 완료시켰으니 세간으로부터 '법을 능가하는 종교 권력'이란 칭송(?)을 받고 있다. 외형적으로 정교분리를 주장하나 교회를 출입하며 신앙을 통해 이득을 보려는 뭇 정치인들로 인해 대형 교회는 오히려 정치 공간으로 변질되고 말았다. 고위 공직자가 출입하는 교회에 정치 지망생들은 물론 돈 냄새 맡은 장사꾼들이 꼬였고 그 핵심에 성직자가 있으니 지배 권력과의 결탁을 피하기 어려운 구조가 만들어진 것이다. 선한 뜻을 갖고 신앙인이 되려는 이들보다 대형 교회를 발판삼아 출세하고픈 이들 숫자가 적지 않은 상황에서 말이다. 여의

---

3 이에 대해서는 보그와 크로산이 공저한 마가복음서 연구서인 『예수의 마지막 일주일』을 보라.

도 국회의사당 내 기독교를 배경한 국회의원 숫자를 보면 크게 놀랄 것
이다. 이들을 앞세워 개신교는 종교인 과세 의무를 다시금 무력화시키
고자 한다. 이처럼 교인 숫자를 앞세운 대형 교회의 성직자들과 그를
정치적으로 이용하려는 정치, 경제인들의 공조가 장로 대통령 이래로
무소불위의 종교권력을 태동시켰다. 주요 언론매체들조차 종교비리를
쉽게 파헤치지 못하는 상황이다. 성도수가 일천 명을 넘을 경우 들쑤셔
좋을 것 없다는 언론사 지침(?)까지 있다하니 이 시대의 기독교는 그
대형화로 인해 보수화 흐름과 맞물리며 명실공히 무소불위의 권력자가
되었다. 기독교가 로마를 기독교화한 것이 아니라 실상은 로마가 기독
교를 로마화한 것이라는 말뜻을 충분히 실감하고 있다.

경제적 위기로 불안과 공포가 몰려올 때 정치적 파시즘 체제가 생겨
난다고들 한다. 하여 이 땅의 정치적 현실을 히틀러 시대의 파시즘과
견주는 이들도 생겨났다.[4] 미래가 불안하고 현실을 두렵게 느낄수록 사
람은 독재자의 권위에 맹종하며 언론에 안주하는 방식으로 자유를 유
보(留保)하며 살아간다. 종교 역시도 불안과 공포로부터의 좋은 도피
처라 할 것이다. 그래서 한 소설가는 사이비 종교를 이렇게 정의했다.
"종교란 신(神)이 없다고 확신하는 이가 신(神)이 있을지도 모른다고
생각하는 사람들을 상대로 벌이는 사기극이다."[5] 종교를 인간 욕망의
투사나 아편이라 보았던 종교비판가들의 말이 이 지점에서 다시 떠올
려진다. 물론 기독교를 이렇듯 사이비 종교의 틀에서 이해하는 것 자체

---

4 소설가 장정일은 2014-5년에 이르는 동안 우리나라에 히틀러 관련 책들이 10종 가깝게
  출판된 것도 이런 분위기를 감지한 결과라고 보았다.
5 이 말은 김한길이 정치가로 변신하기 전 소설가로 활동하던 때 한 신문칼럼에서 언급했던
  내용 중 일부이다.

가 옳지 않을 것이다. 하지만 종북/좌빨의 공안통치가 가열 차게 진행
될 경우 교회 역시도 분명 더 큰 권위 —지젝의 개념으론 '대타자'6—
곧 신(神)을 내세우며 사적 자유를 희생시킬 수 있다. 앞서 말했듯 작금
의 교회가 '편' 가르기 논쟁의 진원지로 부상한 것이 그 실상이다. 여기
서 신, 곧 대타자는 어느 '한 편'을 대변하는 권위라 할 것이다. 결국 이
런 신은 교회, 나아가 성직자와 일치될 것이며 이런 역학관계는 세상
권력과의 결탁을 쉽게 만든다. 어느 해 신년 초 근처 교회를 찾았다. 새
해 첫 예배를 위해 평소 전통 있는 교회라 여겼기에 가족들과 함께한
것이다. 설교를 통해 목사는 하느님의 절대적 권위를 맘껏 강조했다.
이어서 교회가 하느님의 그 권위와 일치되는 것이라고 논리를 이어갔
다. 급기야 설교는 하느님의 권위를 목사에게 덧입히고 있었다. 하느님
을 믿듯이 교회 안에서 목사를 전적 신뢰하라는 것이다. 이렇듯 목사
권력을 위해 하느님조차 이용하는 것은 비단 시내 한 복판의 한 두 대형
교회의 모습만은 아닐 듯싶다. 하지만 설교를 통해 종교가 이념으로 둔
갑되는 일이 향후 더 잦아질 것 같아 걱정이다. 기쁜 소식이 변질되어
이렇듯 사람들 가슴에 무거운 돌덩이로 전해질 것이니 말이다. 종교와
권력, 서로 어울릴 수 없는 두 단어가 결합된 이상, 그 맛에 취한 성직자
들이 있고 정치적 파시즘이 지속될 것이기에 신학은 이런 실상을 큰 눈
부릅뜨고 지켜봐야 할 것이다.

---

6 토니마이어스, 『누가 슬라보예 지젝을 미워하는가?』(파주: 문학동네, 2014), 67 이하
　내용 참조.

2. 교회 복음화를 위한 첫 과제: 지속적으로 묻기(智)

2016년 10월부터 상당 기간 광화문 교보빌딩 벽에 다음과 같은 글귀가 적힌 그림 한편이 걸려있었다. "광활한 우주가 우리들 인간에게 준 선물 두 가지, 묻(질문하)는 힘과 사랑하는 힘"이란 말이 그것이다. 여기서 우주란 하늘일 것이며 하느님이라 해도 잘못된 것 아닐 듯하다. 묻는 힘과 사랑하는 힘, 앞의 것은 머리와 관계된 것일 터, 인간의 이성적 능력을 일컬으며 나중 것은 가슴의 일로서 공감하는 힘이라 볼 수 있겠다. 여기서 필자는 이 둘에 더해 하늘이 우리에게 준 또 다른 능력 하나를 보태고 싶다. 그것은 상상하는 힘일 것인데, 믿음의 영역에 속한 것이라 하겠다. 일찍이 러시아 사상가 베르댜에프는 인간 상상력을 하느님 형상의 실상이라 여겼으니 잘못된 판단은 아닐 듯싶다.[7] 그렇다면 묻는 힘, 사랑하는 힘 그리고 상상력은 지성, 인성 그리고 영성이란 말로 치환할 수 있을 것 같고 지(智), 정(情), 의(意)라 일컬어도 좋을 듯싶다. 이를 다석(多夕)의 말로 바꾼다면 하늘이 인간에게 준 바탈, 곧 위로부터 **받아서** **할** 것을 지닌 인간본성(天命之謂性)이라 할 것이다. 그렇기에 묻고, 사랑하며 꿈꾸는 일은 인간으로서 포기할 수 없는 본질에 속하는 것이자 또한 백사천난(白死千難)의 과정을 통해서라도 이뤄야 할 사명이라 하겠다. 다석에게 바탈(얼)이 성령과 동일시되는 것도 이런 연유에서이다. 따라서 기독교 복음은 상술된 세 차원과 결코 무관치 않으며 오히려 이들을 통해서 의미화 되어야 옳다. 그렇기에 여기서 복음화의 첫 과제로서 묻는 힘(智)에 관한 논의를 펼쳐 볼 생각이다.

---

7 필자는 베르댜에프의 말을 다음 책에서 인용했다. 이신/이은선·이경 엮음, 『슐리얼리즘과 영의 신학』(서울: 동연 2011), 11.

이는 물음을 허락하지 않는 풍토에 대한 저항으로서 묻지 않으면 답도
없음을 알리고자 함이다.

필자는 여러 논문을 통해서 '예수가 대답이라면 무엇이 문제인가?'
를 수차례 물었다. 심지어는 이를 책 제목으로까지 내건 적도 있었다.
기독교인이란 의당 예수를 자신들 삶에서 대답이라 여기는 사람을 일
컫는다. 하지만 이런 대답을 하는 사람일수록 일상에서 직면하는 문제
가 무엇이며 마땅히 물어야 할 질문이 어떤 것인지에 대해 철저해야 옳
다. 이전 신학은 알기 위해서 무조건 믿으라 했으나 지금은 믿기 위해서
먼저 알아야만 한다고 말하는 탓이다. 전자를 '위로부터 아래로의 경
험'(Up-down experience)이라 한다면 후자는 '아래로부터 위로의 경
험'(Bottom-up experience)을 강조한다. 한마디로 신학 함에 있어 연
역적 사유만큼이나 경험적 차원 역시 중요하다는 것이다. 여기서 물음
이란 생각하는 힘이다. 생각하며 살지 못하면 사는 대로 생각하게 된다
는 말이 있듯이 사유, 곧 생각하는 힘은 옳게 사는 지름길이다. 하지만
우리 시대는 생각하지 말 것을 요구한다. 정부도 그렇고 교회 역시도
생각을 버릴 것을 강요한다. 생각하지 않아야 믿음이 있는 것이며 생각
을 버려야 좋은 신도가 된다고 가르치고 있는 탓이다. 온갖 불의와 잘못
을 저질러 놓고도 정부는 백성들에게 '가만히 있어 줄 것'을 요구하고
있다. 더구나 정치적 파시즘이 지배하는 정치와 종교들 영역에서의 사
유(생각)란 위험천만하다.[8] 생각 없이 믿고 살아야 —이를 일명 자유로
부터의 도피라 한다— 무탈한 시대가 되어 버린 것이다. 이런 차원에서
한나 아렌트는 생각하는 능력, 묻는 힘이야말로 인간 능력 중에서 가장

---

8 한겨레 신문 2015년 1월 21일자 토요일 판에 실린 "박성민의 2017 오디세이아–대한민국
  의 공포'를 보라.

연약한 것이라 했다. 사유할 수 없는 시대, 그러나 하늘과 우주는 묻는 힘을 주었고 그것이 우리들 '바탈'이 된 것을 부정할 수 없다. 물론 신앙이 합리 이상이란 것을 모르지 않는다. 하지만 초(超)합리와 비(非)합리는 하늘과 땅 차이만큼 크다. 묻고 생각하는 힘이 부정되었기에 비합리를 신앙이라 여기는 범주오류가 교회의 실상이 되고 말았다. 옛적 어느 시기 특별한 공간에서 쓰인 성서의 한 구절을 움켜잡고 절대화시켜 오늘을 판단하고 세상을 정죄하는 식의 성서 이해는 종식되어야 한다. 교회 강단의 설교 역시도 이데올로기 비판의 과정을 거쳐야 할 것이다. 뿐만 아니라 사용되는 뭇 예화들, 더구나 이 땅의 소재도 아닌 서구 것들을 오남용 하는 것 역시 삼갈 일이다. 신학자 본회퍼가 말했듯 영적으로 설교하되 반드시 성서 비평작업이 전제되어야만 한다.[9] 설교에 대한 성도들의 인내가 임계점에 이른 것에 대한 목회자들의 경각심이 필요하다. 목사 설교에 대한 성도들의 비평이 결코 예사롭지 않다. 제 소리는 없고 온통 남의 소리로만 가득 찬 설교는 이제 신뢰받기 어렵다. 신학자들에 의한 설교 비평이 반드시 필요한 상황에 이른 것이다. 설교자체가 묻고 대답하는 과정이 되기 바라서이다. 주변에서 교리를 수호하겠다는 이들의 말도 종종 접하고 있다. 하지만 교리 수호는 묻지 않고 믿겠다는 것, 물음의 힘을 포기하겠다는 것으로서 종교개혁 이전으로의 회귀를 뜻한다. 성서와 전통을 자신들 삶의 자리에서 이성과 경험을 통해 주체화시킬 것을 말한 종교개혁의 배반인바, 역사를 근대 이전, 중세로 되돌리는 오류이다. 본래 예수의 언어는 교리가 아닌 비유였다. 하늘나라 비유만 보더라도 참으로 다양한 방식하에 언표되었다. 문자

---

9 본회퍼 목사는 모든 비평과정을 소화한 후(後) 예수와의 동시성 회복을 위해 영적인 해석으로 자신의 설교를 마무리 지었다.

가 아니라 그 속에 담긴 뜻의 중요성 때문이었을 것이다. 이것이 바로 문자는 죽이고 영은 살린다는 성서 말씀의 본뜻이자 문자란 달을 지시하는 손가락과 같은 것이라는 동양적 지혜와 통할 수도 있다. 이 점에서 성서무오, 교리수호를 앞세워 물음 자체를 부정하는 신앙 양태는 교회 공동체의 미래를 빼앗는 일이 될 것이다. 용인 죽전지역 모 교회 목사의 출판 기념식에 수많은 정치, 종교 지도자들이 함께했는데 늦게 도착한 전직 대통령을 축하하느라 예배를 드리다 말고 기립박수를 했다는 보도를 접했다. 이렇듯 예배마저 타락시키는 종교권력자들을 보며 이들에 대한 비판이 교회를 옳게 만드는 첩경임을 새삼 실감하게 된다.

이 지면을 통해 진짜 하고픈 말은 정부 주도하에 만들어진 종편방송들의 횡포에 대한 것이다. 주지하듯 MB 정권시절, 정부 나팔수 내지 애완견 역할을 자처한 방송국들이 생겨났다. 소규모 자영업이 대세를 이룬 오늘의 경제체제하에서 종편이 온종일 백성들의 귀와 눈을 사로잡고 있는 지경이다. 사실(fact)에 대한 관심보다는 온갖 억측과 부풀린 정보에 의거하여 여론을 호도하고 있는 탓이다. 일간 신문이나 정규 방송으로도 부족하여 정부는 이처럼 종편을 통해 사실을 조롱하고 정치를 폄하하며 일상을 온통 가십거리로 만들어 갔다. 미장원, 음식점, 문구점 심지어 교회 안에 이르기까지 사람들은 종편이 전한 담론에 솔깃하여 그를 퍼나르며 믿고 따르고 있다. 백성을 생각하는 존재로 만들기는커녕 생각할 틈도 주지 않기에 그를 주도한 여론에 자신들 자유를 유보하며 살고 있다. 후술하겠지만 교회는 이런 상태를 강화시켰다. 백성들의 우민화가 묻는 힘 자체를 부정하는 교회에 의해 확대 재생산되었다면 지나친 평가일까? 세월호 참사에서 경험하였듯, 정부와 (대형)교회들은 오로지 사실(fact)을 묻고 찾고자 하는 유족들과 시민들에게 '그만 할 것'을 종용했다. 세월호 1주기 날에 한 종편에서는 김동길 등 지난 인사를 내세워 '잊는 것이 축복'이라며 기억하려는 유족들과 각을 세운 적도 있었다. 이것은 분명 유족들에 대한 심각한 폭력이라 할 것이다. 이렇듯 사실을 묻은 채 그에 대한 상이한 의견(Opinion)들을 앞세워 이념 논쟁으로 몰아간 것은 정부며 불행하게도 교회였다. 다수의 유족들이 교회를 떠날 수밖에 없었던 것도 신앙으로 포장한 교회들의 정치적 행보에서 비롯하였다. 연극 예술영역에서조차 세월호 아이를 연상시킨다는 이유로 사전 검열을 통해 공연 중인 연극을 도중하차시킨 기막힌 경우도 발생했다. 우리가 아는 바 성서 속 예수는 언제든 '예/아니오'를 분명하게 할 것을 요구했다. 교과서 국정화를 강행하며 국론을 분열시켰고, 사드배치를 놓고 미국 눈치를 보는 현 정부를 예수와 성서의 눈으로 판단할 책임이 우리에게 있다. 개인적 유/불리 차원이 아닌 예수의 눈으로 세상을 읽고 물을 때 사실이 밝혀지고 '예/아니오'의 결단 역시 가능할 수 있다. 따라서 종편이 떠드는 소리에 정신을 놓고 자유를 포기한 채 언론에 안주하는 것은 결코 신앙인의 도리일 수 없다. 법(法)이 법이 아닌 시대에 살고 있는 것도 큰 불행이다. 돈으로 산 법(法)에 의해 사실이 뒤바뀌는 경우가 교회(교단) 내에서도 다반사가 된 것이다. 사실을 불법화하고 불법을 옳다 만드는 것이 법을 갖고 장사하는 율사들의 짓거리가 된 탓이다. 교회(혹은 교단) 내 송사를 통해 배불리는 율사들, 다수가 장로들인 그들의 행태는 용서될 수 없다. 비록 이런 정황일지라도 법에 순응한 채 사실을 묻지 않고 여론에 묻혀 자유를 포기한다면 그 폐해는 개인 차원을 넘어서까지 미친다. 물음을 그치는 순간 우리들 역시 체제 속 존재가 되어 진리, 곧 예수를 죽이는

사람들 편에 설 수 있는 탓이다. 아무리 부정해도 부정될 수 없는 '사실'
이 있기에 우리들 물음은 멈출 수 없다. 종교인, 더욱이 십자가에 달린
예수를 좇는 기독교인들이기에 사실을 포기하는 것, 이에 대한 물음을
포기하는 것은 실상 예수를 포기하는 것과 다르지 않다. 모두가 사실을
포기하고 내팽겨 치려할 때 적어도 우리는 세상에 대한 책무를 위해 거
듭 '사실'을 되물어야 할 것이다. '예/아니오'에 대한 명백한 답을 위해
서라도 사실에 대한 열망은 우리들 몫이어야만 한다. 진리만이 우리를
자유케 한다는 것이 부활 신앙의 골수(骨髓)이기 때문이다. 실상 정부
는 물론 법 그리고 경제 역시 모두가 '사실'에 관심 없다. 정권욕, 경제성
장, 허울 좋은 안정을 이유로 '사실'을 은폐시킬 생각뿐이다. 하지만 그
것은 하느님의 창조 질서를 허무는 여우 짓에 불과하다. 하늘이 주신
'바탈'로서 묻는 힘을 통해 이 땅의 미래는 물론 세상의 복음화가 시작
될 수 있음을 이제는 교회가 받아들여야 할 때가 되었다. 묻는 힘을 포
기, 부정하는 교회로부터 세상은 아무 것도 기대하지 않을 것이다. 필
자는 이것을 세상을 위해 교회가 새롭게 쌓아야 할 첫 번째 공적(功績)
이라 생각한다. 앞서 필자는 묻는 힘을 지성이라 했고 처음 '지'자를 '知'
가 아닌 '智'로 표현했었다.[10] 알 '知'에 날 '日'이 더해진 것을 바로 '智'라
한 것이다. 묻되, 매일 묻기를 바랐고 철저하게 묻기를 원해서 택해 쓴
말이다. 이 경우 '智'는 판단력이라 일컬을 수 있겠다. 왜냐면 지(智)는

---

10 이은선, "다른 유교, 다른 기독교-지성, 인성, 영성의 통섭에 대하여", 강화 양명학 국제
학술회의(205년 10월 17일), 1-20. 특히 1-6까지를 보라. 여기서 저자는 지(智)를 판
단력, 곧 지성주의에 반하는 행동하는 힘이라 풀었다. 필자가 본고에서 묻는 힘, 사랑하
는 힘 그리고 상상하는 힘이라 표현한 것을 이은선 교수는 지성, 인성, 영성이라 달리
언표 했던바, 내용에 있어 일치하는 바가 크다. 단지 영성을 지속하는 힘(誠)이라 푼 것
은 필자와 변별되는 부분이라 할 것이다.

머리를 넘어 마음에 닿을 수 있는 능력으로서 행위를 가능케 하는 힘이기 때문이다. 이 점에서 생명외경의 신학자 A. 슈바이쩌가 믿음을 '사유필연적인'(denknotwendig)인 것으로 보았던 것에 유념할 필요가 있다.11 사유필연적인 행위로서의 믿음 그것이 슈바이쩌에게 있어 매사에 있어 생명 나아가 평화를 우선시하는 판단력 그 자체였던 것이다.

3. 교회 복음화를 위한 두 번째 적공積功: 사랑하기

하늘이 준 두 번째 선물 '사랑의 힘'을 언급할 차례가 되었다. 사실 우리가 속한 교회만큼 이 단어를 오남용하는 집단도 없는 듯하다. 사랑이 일상적, 보편적 용어가 되었음에도 말이다. 하지만 기독교가 말하는 사랑은 세상의 그것과 같으면서 다르다. 고린도전서 '사랑 장(章)'에 언급되었듯이 사랑은 자기를 버려 유익을 얻기에 인과율을 훌쩍 넘어서기 때문이다. 따라서 기독교인이란 이런 사랑의 극치를 예수에게서 본 사람들로서 우리 역시도 고통당하는 이웃의 얼굴에서 하느님의 얼굴을 보려고 힘써야 마땅하다. 성전 세를 바치지 못한 죄목으로, 로마와 맞섰다는 이유로 그리고 배고파 안식일에 밀 이삭을 먹었다는 죄 탓에 공동체로부터 내몰린 '땅의 사람들'(암하렛츠)을 품으셨고 그들에게 하느님 자녀란 존재감을 부여한 이가 바로 예수인 것을 기억한다면 말이다.

---

11 A. 슈바이쩌에게 있어 생명외경이야말로 '사유필연적인 것'(denknotwendig)으로 신앙의 다른 이름이었다. 칸트를 연구한 종교철학자로서 슈바이쩌에게 있어 생명외경은 판단력(智)의 뜻과 크게 다르지 않을 것이다. 이런 시각에서 슈바이쩌는 바울을 연구했고 그를 일종의 사유 필연적 신비주의 사상가로 칭했고 신비주의의 핵심에 생명외경이 자리했다고 보았던 것이다.

그의 가슴 속엔 율법의 이름하에 정죄될 수밖에 없던 세리와 창기들 역시 자리할 수밖에 없었다. 따라서 성서 속 예수는 당시 인습적 가치에 맞서 자기식의 식탁공동체를 원했다. 누구도 배제하지 않고, 누구라도 함께할 수 있는 사랑의 시공간을 만들고자 한 것이다. 신분과 이념, 성별 그 어느 것도 그의 식탁 공동체를 방해할 수 없었다. 누구와 밥을 먹느냐에 의해 신분이 결정되는 사회에서 예수는 가치를 달리한 새 공동체를 시작했던 것이다. 이 땅의 교회가 제도로서가 아니라 예수의 제자직(職)을 위해 존재한다면 이런 공동체 회복에 목숨을 걸어야 지당하다. 바울 공동체들 역시도 질적으로 변별된 세상을 위해 로마(제국)적 가치와 맞선 집단인 것을 유념할 일이다. 로마법이 아닌 하느님 의(義)로 화해된 새 세상을 원했기 때문이다. 여기서 하느님 의는 '사랑'의 또 다른 이름이라 해도 좋겠다. 믿음 또한 역사 속에 새롭게 드러난 이런 하느님 의에 대한 신뢰라 할 것이다.

로마가 지배하던 당시 유대교는 자신의 본질을 잃고 제도종교로서의 유지, 존속을 위해 신적 거룩함을 강조했고 그 방편으로서 율법을 강화시켰다.[12] 제사장들은 거룩한 하느님을 종교적 권위를 보장받는 수단으로 이용했고 율법 또한 백성들 삶을 옥조이는 멍에로 작동되던 것이다. 이처럼 종교는 자기 안녕을 위해 제도화되었고 이 과정에서 죽어가는 것은 백성들이었던바, 실제로 무수한 죄인들이 양산되었고 예수는 이들을 품고자 했으니 그들과의 갈등은 필연적이었다. 이렇듯 당시 유대교는 '거룩함'의 표상에 근거, 철저하게 이원론적 차등주의 가

---

12 이하 내용은 마커스 보그의 『예수 새로 보기』의 핵심 요지를 필자 나름으로 재구성하여 서술한 것임을 밝힌다..

치관을 확산시켰다. 안식일과 일상을 나눴고 성전과 여타의 공간을 분리시켰으며 유대인과 이방인을 차별했고 남녀 구별 역시 신적 질서라 여겼던 까닭이다. 당대 제사장 집단들은 이런 분리 의식을 통해 신적 거룩성이 지켜질 수 있다 믿은 것이다. 하지만 예수의 하느님은 달랐다. 의로운 자나 악한 자 모두에게 햇빛과 비를 주시는 분이었고 알곡과 가라지를 추수 때까지 기다려 주는 분이었다. 예수의 하느님은 '거룩' 대신 '자비'(사랑)의 존재였던 것이다. 따라서 이원적 차등주의에 반해 예수는 일원적 상대주의의 시각을 견지할 수 있었다. 한마디로 성직자들의 분리 의식 일체를 허물어 버린 것이다. 안식일을 사람을 위한 날로 여겼고 어디든 성전이 될 수 있다 했으며 계급, 인종, 성별 간의 차이를 무화시켰다는 말이다. 이것은 예수의 하느님이 사랑이고 자비이기에 가능했던 것인데, 이런 하느님을 일컬어 온전한 분이라 했고 우리 역시 그리될 것을 바랐다. 이에 견줄 때 오늘의 교회는 예수의 하느님 대신 오히려 화석화된 말기 유대교 종교(성전)체제에 익숙하다. 이 땅의 교회들 모습이 이원적 차등주의에 입각한 무너지기 직전의 유대교 성전을 닮았다는 사실이다. 사랑은 없고 교리만 난무하며 믿음을 대신한 율법만이 머릿속을 메우고 있는 탓이다. 얼마 전 서울 모 연회 장로들 모임에 초청된 적이 있었다. 필자에 앞서 한 장로의 강의를 들으며 내 순서를 기다려야 했었다. 회장 장로였던 그는 강의를 통해 반드시 정장을 하고 다닐 것, 상의의 단추를 꼭 잠글 것 그리고 구두는 항시 반짝거리게 닦을 것, 그로써 장로란 직분이 여타 다른 직분과 다르다는 사실을 드러내야 할 것을 역설하였다. 교회 장로들이 모여 이런 이야기밖에 할 수 없는 현실이 기막혔다. 이들 평신도 역시도 목사들 이상으로 권위적이며 율법적 존재로 변질되었음을 직감할 수 있었다. 사랑하며 섬기는 힘을 잃고 자신의 '역할'을 '존재(신분)'로 과시하려는 의식구조에 큰 충격을 받았다. 한국교회의 평신도 수준이 이 정도라면 ―물론 목사들 탓이겠으나― 예수 공동체의 실종을 염려치 않을 수 없다. 여기서 신학자 본회퍼의 "성도나 교인으로 머물 뿐 제자를 만들지 못하는 교회는 예수를 한갓 이념이나 신화로 만들 뿐이다"라는 말이 거듭 떠올려진다. 그의 말대로라면 지금의 교회는 영지주의 공동체든지 아니면 한갓 이념집단에 불과한 상태일 수밖에 없다.

이렇듯 이원적 차등주의에 토대한 교회는 출입하는 성도들에게 사랑의 힘을 빼앗고 만다. 이 말을 가장 많이 입에 담고 사는 공간이지만 하느님 이해의 틀이 '거룩'에서 '자비'로 바뀌지 않는 한 우리들의 종교성은 사랑을 담보하기 어렵다. 타자부정을 통하여 자신을 긍정하려는 이분법적 사고틀이 교회를 통해 확대 재생산 되고 있는 탓이다. 세간(世間)에서 지적하듯 교회가 대립의식을 조장하는 담론의 진원지가 된 것도 바로 이런 연유라 하겠다. 아무리 신앙의 이름으로 적대한다 할지라도 그 자체가 기독교의 존재 이유가 되지 못한다. 그것이 결코 사랑이 아닌 까닭이다. 목하 교회들이 내건 근본주의 가치는 세상과의 갈등을 초래할 뿐 아니라 예수 정신을 배반하는 일이라 할 것이다. 사랑 앞에서 기독교 자체도 부정될 수 있어야 옳다. '신앙유비'(Analogia fidei)란 개신교 원리가 적시하듯 교회가 아무리 중요해도 하느님 말씀, 성육신의 신비와 결코 동격화될 수 없는 탓이다. 가시적 교회 역시도 하느님 말씀 앞에서 부정될 대상이란 것이 개신교의 '신앙유비' 속에 담겨져 있다. 따라서 '교회밖에 구원이 없다'는 설(說) 역시 옳게 판단해야 할 것이다. 잘못된 협소한 이해가 교회를 사랑의 공동체와 무관한 이익집단으로 변질시킬 수 있는 까닭이다. 이웃 종교의 성상(聖像) 훼손과 땅 밟기를 통해 드러난 정복적 사유, 악의 축(軸)이란 타자 부정적 발언 등이 기독교 교회를 개독교로 만들고 있는 중이다. 본래 시프리안 교부의 이 학설은 제국의 박해로 인해 교회를 떠난 교우들에게 신앙적 권면을 위한 것이었다. 모진 핍박 탓에 교회를 떠났으나 그의 구원 사역을 믿고 다시 교회로 돌아 올 것을 요청하기 위한 말이었다.[13] 따라서 오늘 우리가 생각하듯 교회와 반교회를 나누는 이원적 틀로서 오용되어서는 아니될 일이다. 교회지상(우월)주의는 고린도서 내의 사랑 장(章)의 뜻과 일치될 수 없다. 교종이 말했듯 오늘의 교회상은 방주와 같지 않고 야전병원과 같은 모습이어야 하기에 더더욱 그렇다. 세월호 참사를 통해 우리는 광장이 오히려 교회인 것을 실감했다.

그렇다면 성서는 우리들에게 사랑하는 힘을 어떻게 가르치고 말하고 있는 것일까? 사마리아인의 비유와 옥합을 깨트린 여인의 이야기를 통해 성서의 답을 찾아보고자 한다. 우리가 세상의 빛이고 소금이기에 빛과 소금되라 하였듯이 사랑의 힘을 주셨기에 사랑할 수 있다고 믿기 때문이다[14]. 주지하듯 기독교 사랑의 극치는 신(神)이 인간되었다는 성육신 사상에서 드러난다. 이반일리치란 신학자는 이 교리를 사마리아인(人) 비유를 통해서 '최선이 타락하면 최악'이란 화두를 통해 옳게

---

13 필자는 이 말을 파리 가톨릭 신학대학교 교수이자 대주교인 제롬 갓 신부로부터 직접 들었다. 수원 가톨릭 대학교에서 '복음과 선교'를 주제로 열린 국제학술대회(2015년 1월 28일-29일)의 자리에서 였다. 당시 필자도 개신교를 대표하여 논문을 발표했고 그와 함께 토론했다. 필자가 발표한 논문 제목은 개신교 내 작은교회 운동에 관한 것이었다.

14 빛이 되라는 것은 윤리의 영역일 것이나 '빛이라'는 선언은 그자체로 복음적이며 종교적이다.

풀어냈다.[15] 하늘에서 일어난 성육신을 이 땅에서 구체화시킬 수 없는 것 자체가 최선을 최악으로 만드는 일이라 본 것이다. 선한 사마리아인의 비유로 알려진 이 이야기 속에서 강도 만난 현장과 마주치는 세 사람의 각기 다른 행보가 언급된다. 우선 제사장으로서 성전 예배를 위해 현장을 서둘러 지나친 이가 있었고 이어 레위인은 피를 불결하게 여기는 율법을 지키고자 죽어가는 사람을 피해 지나갔다. 마지막으로 유대인과 조상 때부터 원수지간인 사마리아인이 현장에 달려가 그의 생명을 구했다. 이 비유를 통해 예수는 우리에게 '누가 이웃인가?'를 물었다. 이 이야기는 선행(善行)의 차원을 넘어 영생(永生)의 물음을 구하는 유대인 관리를 위한 답이었다. 여기서 일리치는 사마리아인 역시 앞선 두 사람처럼 죽음의 현장을 지나칠 수도 있었다고 했다. 성전과 율법을 위해 바쁜 걸음을 옮겼듯이 사마리아 사람 또한 평생 원수지간인 탓에 지나쳐도 잘못되지 않을 것이란 말이다. 하지만 원수관계라는 두터운 장벽을 뚫고 현장으로 발길을 옮긴 사마리아인에게서만 오직 화육(化育)의 신비가 재현되었음을 일리치는 믿었다. 오히려 성전을 위해서 율법을 지키고자 현장, 곧 이웃을 버린 것이 최선을 최악 되게 한 일이라 여겼다. 신(神)이 인간 되었듯이 인간 역시 마땅히 이념, 종교, 가치들을 뛰어넘어 고통 받는 이들의 현실에 삶의 우선성을 두어야 하는 까닭이다. 얼마 전 우리 곁을 떠난 기독교 사회 활동가 오재식은 바로 현장(現場)이 자신에게 꽃이 되었음을 고백한 분이었다.[16] 기독교인에게 있어 하늘이 준 사랑의 힘은 이렇듯 성육신의 신비에 기인한다. 인간이

---

15 필자는 이반일리치의 이 말을 근자에 출간된 박노해의 시집 『그러니 그대 사라지지 말아라』에서 찾아 읽었다.

16 오재식은 자신의 자서전 제목을 『내게 꽃으로 다가온 현장(現場)』 (서울: 기독교서회 2011)이라 하였다. 그분 생존 시 필자는 이 책의 서평을 한 적이 있다.

만든 일체의 울타리를 부수고 확장시켜 고통의 현장에 다가 서도록 하늘은 우리에게 길을 보였다. 그러나 이 땅의 기독교는 스스로를 가두는 장벽, 울타리가 되어 현장을 외면하고 있으니 성탄절이 되어도 육화(肉化)의 신비를 재현시킬 수 없는 종교가 되어 버렸다. 살고자 목청 높인 농민, 노동자들을 테러집단(IS)이라 매도하는 정치인들을 성탄을 맞는 교회들이 과연 어찌 대응할지 두고 볼 일이다.

옥합을 깨트린 여인의 이야기 역시 기독교인의 존재 방식을 일깨워 준다. 사실 이 사건은 예수 생애의 마지막 일주일 중 수요일에 일어났다. 3년간 예수의 공생애를 경험했으나 제자들은 이 순간까지도 예루살렘 입성 후 누가 높은 위치에 이를지를 관심할 뿐이었다. 예수의 가르침은 물론 더욱 그의 죽음을 마지막 시점에 이르기까지 상상조차 할 수 없었다. 앞서도 언급했듯이 마가는 이런 제자들을 한마디로 소경이라 일컬었으며 눈떠 예수를 바로 볼 것을 주문하였다.[17] 이런 중에 예수는 제자들을 향해 자신의 정체성을 '섬기는 자'로서 재차 확언했다. 옥합을 깨트린 사건 역시 이런 맥락에서 읽을 필요가 있다. 실패한 제자들과 이 여인을 대비시킬 목적에서이다. 옥합에 기름을 모으며 자기 인생을 견뎌온 한 여인이 있었다. 사람대접 받지 못했지만 그녀는 쌓이는 기름을 보며 자기 인생을 지켜왔을 것이다. 오늘의 우리가 학식, 재능, 경제력을 쌓으며 인생을 버티듯 살고 있는 것처럼 말이다. 전혀 새로운 예수의 눈길과 마주치며 그녀는 지금껏 자신의 전부였던 옥합을 열었다. 아

---

17 역사적 예수 연구가들은 예루살렘 입성을 앞둔 예수의 고뇌를 알지 못하고 '누가 더 높은가'를 두고 갈등하던 제자들을 향해 마가가 눈먼 장님이라 했음을 강조했다. 한 소경의 이야기를 바로 이 대목에 설정한 마가의 편집의도가 바로 그것을 적시한다는 사실이다.

니 급하게 깨트렸다. 그것을 예수의 발에 붓고 자신의 머리로 닦았다고 성서는 말한다. 밭에 보물이 발견되면 자신의 모든 것을 팔아 그 밭을 사는 농부처럼 말이다. 진리를 발견한 자의 기쁨을 성서가 그리 언표했던 것이다. 스스로 높고자 하는 제자들과 달리 이 여인은 십자가의 길로 나서는 예수에게 자신의 모든 것을 바쳤고 스스로 한없이 작은 자가 되었다. 바로 여기서 우리는 진리를 만난 자의 기쁨과 달라진 삶의 태도를 볼 수 있다. 예수에 대한 사랑, 십자가에 대한 헌신이 어떤 것인지를 이 여인을 통해서 배운 것이다. 어떤 신학자는 이 여인을 부활 이전에 존재했던 최초의 기독교인이라 칭했다. 이 여인을 통해 보듯 사랑의 힘은 진리를 발견한 자의 몫이어야 한다. 여전히 실패한 제자들의 삶(종교권력)을 따르고 있는 이 땅의 성직자들, 기독교인들은 이 점에서 여전히 눈먼 장님일 뿐이다. 그들에겐 십자가 없는 예루살렘만 보이는 탓이다. 성직 역시 자신들 보신(保身)을 위한 삶이었기에 사랑의 힘을 발아(發芽)시킬 수 없다. 얼마 전 막 내린 세월호 주제의 '연극 비포/에프터'는 타인의 고통과의 교감이 삶 속에서 연습될 수 있는지를 진지하게 물었다.[18] 종교가 잊었던 과제를 연극이 풀고자 했던 것이다. 금번 수능 날 함께 시험에 응했어야 할 세월호 학생들 250명의 가방을 광화문 광장에 전시한 것도 바로 연극인들이었다. 이렇듯 교회는 아픔에 대한 공감력, 곧 사랑조차 다른 영역에 빼앗길 운명에 처했음을 깊이 성찰할 일이다. 교회가 행할 일들을 세상이 모진 고통 감내하며 담당하고 있다.

---

18 두산 아트센터에서 이경성 연출로 2016년 10월 중순에 시작하여 11월 7일에 막을 내렸다. 2016년 최고 연극 중 한편이라 평가되었다.

4. 교회 복음화를 위한 또 다른 적공: 상상想像하는 힘

앞서 언급했듯이 상상력, 꿈꾸는 힘, 곧 환상을 인간 속의 하느님 모상(模像)으로 생각하는 신학자가 있을 정도로 상상하는 힘, 종교적으로 '믿음'은 대단히 중요하다. 성서의 말대로 믿음은 바라는 것들의 실상이자, 보이지 않는 것의 증거인 탓에 이를 인문학적으로 '상상하(꿈꾸)는 힘'이라 달리 말해도 어긋나지 않는다. 하지만 오늘 자본주의 욕망을 종교적 축복과 동일시하는 이 땅의 교회들 속에서 세상을 달리 꿈꾸는 상(환)상을 찾기 어렵다. 한 때는 '불가능은 없다'라는 심리적 최면으로 복음(福音)을 대신하더니 이제는 세상에 교회만 있는 듯이 그곳에 안주하여 살기를 추동한다. 하느님이 교회를 통해서도 말씀하나 밖에서 돌들이 소리치는 소리도 들어야 함에도 노골적으로 귀 막고 살라고만 했다. 그렇기에 꿈꾸고 달리 생각할 여지 자체를 불경한 것으로 여길 만큼 제도적인 종교적 삶에 길들여졌다. 현실을 달리 생각하고 상상할 수 있는 여지를 은총을 독점한 제도교회가 앗아 간 것이다. 기독교의 구원을 오로지 사적인 내세 신앙으로 대체시키면서 말이다. 교회가 내세를 보장하며 완결된 은총을 독점한 제도인지는 거듭 되물어야 사안이다. 교회 밖 구원을 부정하기 전에 교회 속의 구원 유무(有無)를 점검할 시점에 이른 까닭이다. 아무리 이단 대책을 논해도 교회 자체가 그와 변별력이 없게 된 이상 사이비 기독교는 앞으로도 지속적으로 생겨날 수밖에 없다. 진정한 이단 방지 대책은 교회가 옳게 꿈꾸며 존재하는 일 뿐이다. 몇 해 전 필자는 〈나눔 문화〉 이사장 자격으로 그 단체 후원의 밤 행사에 참여한 적이 있었다. 그곳에서 들은 박노해의 강연 내용 일부가 기억난다. 우리 시대 성직자들이 정작 해야 할 이야기, 교회에서 나눌 지혜를 시민단체를 이끄는 시인(詩人)을 통해 들었으니 마음 한 편이 많이 시렸다. 그는 돈이 없어도 살기 어렵겠으나 돈이 있어도 '삶'이 없는 것을 동시대를 사는 우리들의 난제라 여겼다. 교회가 교인 수 격감 탓에 돈 없음을 걱정하고 있는 현실에서 한때 사노맹에 몸담았던 시인은 오히려 꿈이 우리들 삶을 달리 만들 수 있다고 가르쳤다. 꿈이 없는 삶이 오히려 심각한 문제란 것이다. 성장이 끝난 시대, 성장을 더 이상 말할 수 없는 이 시대를 반성하는 삶, 이런 삶이야말로 어떤 성자(聖者)의 삶보다도 귀한 것이라 하였다. 성자의 사랑보다도 정직한 '현실 공부'가 오히려 중요하단 뜻이다. 언제든 사실 적합한 현실 인식으로부터 옳은 상상력이 발아(發芽)할 수 있는 탓이다. 땅 속의 씨앗들은 실상 상처투성이의 상태로 존재한다. 춥고 어둡고 습하며 답답한 밑을 뚫고 오르느라 성한 곳이란 한 곳도 찾을 수 없을 만큼 그렇게 말이다. 이렇듯 온갖 상흔을 갖고 밑에서 오른다 하여 믿음이란 순 우리말이 생겨났기에 이 경우 믿음은 체제 밖 사유, 곧 현실을 넘고자 하는 상상력과 다르지 않다. 어둔 현실 속에서 상처투성이로서 그 밖을 바라보는 일, 이것이 꿈이자 환상일 것이며 믿음의 본뜻일 것이다. 예수가 우리에게 하늘나라를 비유로 가르쳤던 것도 비참한 현실에서도 그 '밖'의 세계를 볼 것을 바랐기 때문이었다. 현실에 묻히지 말고 다른 세상을 상상하는 힘을 가르쳐 지키도록 하는 것이 우리를 하느님 자녀로 부른 이유이다. 현실에 묻혀 절망하거나 하늘의 별을 잡을 수 없다하여 별 보기조차 포기하는 이들에게 고개 들고 당당해 지라는 것이 바로 복음일 것이다. 하지만 현실의 교회는 상처받기를 원하지 않으며 오로지 체제 속에 평안히 안주할 생각뿐이다. 내세신앙을 교리로 대체하며 화려해진 제도(건물) 속에서 신(神)을 대리하는 권력자가 되고픈 것이 고작이다. 교우들의 묻고 바라는 힘들을 불신앙이라 정죄하면서 말이다. 하지만 이 순간에도 가톨릭 교종은 주교들에게 제도 밖으로 나갈 것을 계속 주문하고 있다. 세간(世間)의 사람들이 가톨릭교회에 매력을 갖는 이유라 할 것이다. 현 시대를 사는 기독교인들의 가장 큰 문제는 꿈과 환상이 지나치게 작아졌다는 점이다. 꿈 없는 집단으로 몰락했기에 교회는 시민단체보다 못한 초라한 위상을 갖게 되었다. 상상력을 잃은 교회에 대한 불신 탓에 기독교 자체가 그 운(運)이 다한 종교로 평가되고 있는 중이다. 20년 안에 개신교인 숫자가 절반으로 준다하니 과장은 아닐 것일 터, 급기야 예수마저 초라하게 만들 것 같아 염려가 크다. 교회가 주는 말에 전혀 목말라 하지 않게 되었으니 말이다. 교회를 교회답게 하려면 상상하는 힘, 꿈꾸는 능력이 있어야 하는바, 종교개혁 500주년을 앞둔 지경에서 성서 속 하늘나라 비유에 깊이 관심할 것을 제안한다. 하늘나라 비유야 말로 일종의 '체제 밖 사유'[19]로서 우리에게 상상하는 힘을 회복시킬 수 있는 까닭이다.

이 글을 쓰고 있는 지금 페이스 북에 '헬조선'이라 불릴 수밖에 없는 사실적 자료들이 회자되고 있다. OECD 국가 중 자살률을 비롯해 못된 것 중 1위에 오른 것이 50여 개나 된다는 것이다. 가계부채, 노인빈곤(률), 최저임금, 온실가스 배출, 사교육비, 저출산(률), 낙태율, 실업증가율 등이 여기에 속한다. 그렇기에 세상과 세상속 사람들은 지금 우리 사회의 대전환을 요구하고 있는바, 교회, 아니 기독교는 이를 위해 어

---

19 이런 생각의 단초를 필자는 벤야민, 아감벤, 지젝, 데리다 그리고 바디유 등의 철학자, 좌파 신학자들을 통해서 얻었다. 『바울의 정치신학』을 쓴 타우베스 역시 필자에게 도움이 되었다. 이하 내용은 이들 사유를 필자 나름대로 풀어낸 것이다.

떤 공적을 쌓을지 묻지 않을 수 없다. 이렇듯 산적한 과제를 방치하고 천국신앙으로 도피할 수는 없는 노릇이다. 이는 앞서 말했듯이 돈이 없어서가 아니라 삶이 부재한 탓이며 삶속에 꿈을 잃었던 결과라 하겠다. 예나 지금이나 어려움은 항시 존재했고 피할 수 없는 일일 것이다. 어려움 없이 살아 본 사람은 아무도, 누구도 없다. 하지만 언제든 문제는 꿈이고 이상이며 환상이자 상상력, 곧 믿음이다. 오늘 기독교가 '헬조선'이라 불리는 이 나라에 꼭 필요한 것이 바로 '체제 밖' 사유를 가르친 예수의 비유라 할 것이다. 비유를 통해 전해진 하느님 나라는 당시 백성들에게 있어 바라는 것의 실상을 적시했다. 이런 하느님 나라가 바울에게서 로마법과 율법에 맞서는 하느님 의(義)라 달리 언표된 것 또한 앞서 수차례 강조하였다.

주지하듯 역사적 예수의 삶을 가장 많이 담고 있는 것이 비유(Parable)이며 그중 하느님 나라 비유 속에 그 흔적이 깊게 배어있다. 고통하는 현실 속 백성들에게 예수는 체제 밖의 실재를 상상케 함으로써 체제에 길들여지는 대신 그를 넘을 수 있는 소망을 갖게 하였다. 따라서 하느님 나라 비유들은 오늘 우리에게도 상상하는 힘의 보고(寶庫)라 할 것이다. 여기서는 두 가지 비유를 예로 삼아 설명할 생각이다. 무엇보다 일터로 불린 시간 차(差)와 무관하게 하루 살 품삯을 준 농부의 비유를 통해 예수는 하늘나라를 꿈꿀 수 있게 했다. 우리 시대처럼 그렇게 일이 없어 생계를 걱정하는 이들이 마을 내 많았던 상황에서 말이다. 농부는 수시로 그들을 불러 일을 시켰고 저녁녘에 임금을 나눴다. 늦은 시간에 온 일꾼의 품삯을 보며 이른 아침 온 사람들은 내심 많은 돈을 기대했을 것이다. 하지만 모두에게 동일한 품삯이 공유되었다고 성서는 기록했고 이 비유 속에서 하느님 나라를 상상토록 했다. 이런 이야기는 지금 우리를 길들여온 천민(賤民)자본주의 체제 속에서 납득하기 어렵다. 오히려 체제 전복적인 사유의 맹아(萌芽)를 품고 있다 할 것이다. 비정규직이 일천만 명에 육박하는 이 나라 노동계 현실을 생각할 때 체제 내 사유에 익숙한 우리들에게 이 비유는 엄청난 도전이다. 당시 율법이나 로마법은 체제 속의 안주를 의롭다했겠으나 예수는 하늘나라 비유를 통해 그와는 다른 세상도 있다고 가르친 탓이다. 달리 상상할 수 있는 세상이 있다는 것은 언제든 소망의 이유가 된다. 오늘의 교회가 안식일을 지키라 하지만 실상 일(노동)을 빼앗긴 사람에게 안식일은 결코 축복의 날이 될 수 없다. 일이 있어야 안식(일) 역시 유의미해질 뿐이다. 바로 이것이 사람의 안식을 위해 있지 않고 오히려 안식일의 주인인 것을 선포한 예수의 본뜻이리라. 하늘나라를 되갚을 능력이 없는 이들을 초대하여 잔치를 베풀라는 것도 하늘나라 비유의 핵심내용 중 하나다. 일상 속 사람들은 누구나 인과적 삶에 철저하게 길들여져 있다. 되로 주고 오히려 말로 받고 싶어 하는 것이 인간의 욕심이자 현실이다. 하지만 성서는 인과율을 초극하는 다른 세상이 있다고 가르쳤다. 그런 세상을 이 땅에서 만들 수 있다는 것이 바로 믿음이었다. 비유를 통해 새 세상을 상상하고 그를 현실화시키라 했던 것이다. 성서의 예수는 이런 꿈을 실종시킨 세상을 탄식했고 상상력을 빼앗긴 존재를 오히려 하느님 자녀라 일컬었다. 자신들 '바탈' 속에 다른 세상을 꿈꿀 수 있는 힘을 깨닫게 할 목적에서이다.[20] 이 점에서 하늘나라의 또 다른 비유인

---

20 사자후(獅子吼)란 말이 생각난다. 양과 염소의 우리에서 그들처럼 먹고 노닐던 사자 새끼가 자신을 부르는 어미의 울부짖음을 듣고 자기의 본성을 깨쳐 우리 밖으로 뛰쳐나갔다는 이야기이다. 이 점에서 예수의 말씀(복음) 역시 우리를 하느님 자녀라 일컫기 위한 사자후라 해도 좋을 것이다.

'겨자씨 이야기' 역시 새 시각을 제공한다. 빠르게 자란 겨자씨, 상상력의 확장을 통해 일궈진 새로운 세상 탓에 인습화된 기존 체제가 불편해질 수도 있다는 경고일 수 있겠다. 체제 밖 사유로써 세상을 불편하게 만들라는 말이다. 금수저/흙수저, 갑(甲)질/을(乙)질란 말이 아프게 회자되는 현실에서 태생적 차이를 극복하고자 '순수증여'를 경제적 성령론이라 일컫는 것도 체제 밖 사유의 일면(一面)이라 하겠다. 우리들 모두는 각기 자기 십자가를 지고 예수를 따를 운명에 처한 존재들이다. 서양 경우처럼 단순히 예수모방(Imitatio Christi)차원을 넘어서 창조적으로 예수를 상상하라는 것이 자기 십자가의 의미라 생각해도 좋겠다. 이 점에서 우리들 기독교가 향후 더욱 철저하게 한국적이 될 수 있어야 할 것이며 교회 역시도 그리 되기를 바랄 것이다.

짧은 마무리

이 땅 기독교 현실에 대해 송곳 역할을 해보았다. 남을 부정하기 전에, 교회 속 들보를 먼저 정직하게 들여다보자는 취지에서이다. 더욱이 종교개혁 500년을 앞둔 시점이었기에 회피하고 싶은 마음을 애써 접었다. 이 과정에서 필자는 걸레질하는 심정으로 글을 썼다. 교회의 부정적 모습을 열거할수록, 목사들 세계의 위선(僞善)을 깊이 알아 갈수록 마음속에선 정작 그런 모습을 지우고 싶었고 지워져 갔기 때문이다. 아픈 이야기를 내뱉는 동안 오히려 교회를 향한 사랑의 마음이 솟구쳤고 내 자신 또한 어쩔 수 없이 교회의 사람이란 생각을 떨칠 수가 없었다. 하지만 그럴수록 하늘이 준 세 가지 힘에 더욱 의지해야만 되었다. 묻는 힘, 사랑하는 힘 그리고 상상하는 힘, 즉 우리 속의 '바탈'로 주어진 이들 힘을 통해 교회 속 들보를 힘껏 빼내야 우리 미래가 소망 있을 것이기에 말이다. 이제 2017년이 찾아왔는데 자기반성과 성찰 없이 이때를 스쳐 지나가 버린다면, 하늘이 주신 세 힘을 소생시킴이 없이 이 상태로 500 주년의 해를 맞는다면 우리들 죄가 하늘을 찌를 것 같다. 예수 믿기를 넘어 하늘나라를 상상하는 기독교의 재(再)탄생, 곧 두 번째 종교개혁을 아기 예수를 기다렸던 그때, 그 마음 되어 간절히 소망해야만 될 것이다. 자신에 대한 반성적 성찰이 성자(聖者)의 사랑보다 위대하다는 시인의 말을 재차 깊게 새기며 우리 모두 2017년을 보냈으면 좋겠다. 이 점에서 필자가 제안한 '작은교회가 희망이다'란 화두는 '다른 기독교' 를 위한 2017년의 의제로서 우리들 교회의 철저한 반성의 결과라 믿고 싶다. 하지만 이런 '다른 기독교'는 더욱 한국적이라야 할 것이다.

두 번째 종교개혁의 사회적 과제
: 탈脫자본적 영성으로 자본주의적 기독교 넘어서기

들어가는 글

한국 개신교의 양극적 실상을 노출시킨 2013년 10월 이 땅 한반도에서 열렸던 WCC 10차 총회와 견줄 때 바티칸 공의회(1963년) 50주년을 기리는 축하모임에서 한국 가톨릭교회가 보여준 자기 성찰은 성숙했고 돋보였다. 우리들 모임에 비해 상대적으로 조용히 치러진 그들 대회에서 가톨릭측은 "교회의 복음화 없이 세상의 복음화란 불가능"하며 교회 복음화를 위한 최대 방해거리가 실상은 밖이 아니라 성직자 자신들에게 있음을 반성했던 까닭이다.[1] 주지하듯 저들이 말하는 복음화는 WCC의 기본 정책과 크게 다르지 않고 다를 수도 없다. 그럼에도 복음화를 분명 '기독교화'와 달리 보는 면에서 오히려 개신교에 속한 우리보다 진일보한 측면도 엿볼 수 있다. 자본주의 체제를 거론하며 가난의 구조적 모순을 비판하는 프란치스코 교황의 최근 언사와 행보가 이

---

1 서강대학교 신학연구소, 「철학과 신학」, 22호(2013년 봄), 154-155.

를 잘 적시한다.[2] 이처럼 비판의 칼날을 오히려 자신들 내부로 향했던 그들과 세상의 뭇 질타에도 불구하고 과시적 욕망의 잔치였던 WCC 실상이 대조되는 듯싶어 아쉬움이 크다. 지난 2014년은 갑오경장과 동학 혁명이 일어난 지 120년이 되는 시점이었다. 하지만 두 사건의 성격은 전혀 달랐다.[3] 그것은 오늘 우리에게 교회가 개혁의 대상일 것인지 아니면 스스로 그 주체가 될 것인지의 결단을 요구할 것이다. 더구나 세월호 사태로 인해 한국의 총체적 부실과 허상이 만천하에 알려진 현실에서 한국교회 역시 이전과는 달리 자신을 성찰할 일이다. 침몰한 세월호를 정의롭지 못했던 교회의 자화상이라 여겨야 옳지 않겠는가?

일찍이 함석헌은 『뜻으로 본 한국역사』에서 이 땅에 들어온 기독교마저 성직자의 종교로 변질된 것을 크게 안타까워했다. 뿌리 깊은 사대주의, 숙명주의, 계급주의를 난파시켜 씨알을 생각하는 주체로 불러 세워 평화를 위한 역사적 과제를 자각케 하는 것을 기독교 본연의 과제라 여겼기 때문이다.[4] 하지만 성직이 새로운 (종교)계급이 되었고, 믿음이 오히려 생각을 단절시켰으며,[5] 교회가 자신들만의 폐쇄공간으로 변질된 것이 어느 종파를 막론한 오늘의 슬픈 실상이다. 허물어져 가는 미국 교회만을 바라보는 것도 옛적의 사대주의와 빼닮았다. 무엇보다 교회

---

2 나눔 문화 편, 『하느님께 온 마음을 열다 - 프란치스코 교황과의 대화』 2014, 4. 이 소책자의 내용은 본래 〈참사람 되어〉(2013년 11월)에 실려 있다.

3 주지하듯 '경장'은 일본에 의해 조선이 강제 구조조정당한 것이고 '혁명'은 이 땅을 새롭게 하려는 농민들의 자발적인 봉기였다. 오늘 한국교회도 개혁하지 못하면 사회로부터 개혁당하는 꼴을 경험할 것이다. '경장'이 될 것인지 주체적으로 '혁명(개혁)'을 이룰 것인지를 고민해야 할 카이로스적 시점에 이른 것이다. 신년사에서 박근혜 대통령이 2014년을 동학 혁명이 아닌 갑오경장의 맥락에서 그 120년의 역사를 의미화 한 것은 이 점에서 안타까운 일이 아닐 수 없다.

4 함석헌, 『뜻으로 본 한국역사』(한길사, 1997), 317.

5 이 점에서 '오직 믿음(은총)'은 새로운 운명론자를 양산했다고 보아도 과하지 않다.

와 성직자가 씨알 민중을 위해 존재하는 것이 아니라 역으로 그들이 교회 조직을 위해 필요한 도구(수단)가 된 것이 걱정스럽다. 신학대학들의 경우도 결코 다른 상황에 있지 않다. 대학의 유지, 생존을 위해 학생의 질보다 숫자를 걱정하는 처지가 되었고 사람을 낚을 사명을 지닌 목회자의 자질, 곧 영성, 품성, 인성에 대한 관심이 학위과정을 앞세우는 정책 탓에 뒷전으로 밀려나 있는 탓이다. 목회(교회)가 거룩(사명)을 빌미삼아 명분을 이어가곤 있으나 전반적으로 세속적 직업과의 변별력을 잃은 지 오래며 그렇기에 신학교는 이미 목사 되는 직업학교로 전락했고 신학생의 경우에 있어서도 부모의 기득권을 발판삼아 생계를 잇는 수단으로 목사직을 생각하는 경우가 다반사가 되어 버렸다. 결국 사람을 위한 종교가 아니라 안식일을 위한 자신들의 종교를 만들고 있는 교회(성직자), 신학교(교수)들이 예수 정신, 곧 복음화의 장애물인 것을 부정할 수 없게 되었다. 그러나 이렇듯 우리 사회가 알고 비판하는 일을 정작 교회가, 성직자들이 그리고 신학대학이 외면하고 있으니 참으로 큰일이다.[6]

대다수 교회들은 예산과 신도 수 때론 교회 크기에 따라 분류되며 자립/미(未)자립의 기준으로 대별된다. 교파마다 다르겠으나 대략적 통계에 의하면 한국교회 70-80%정도가 년 예산 3천5백만 원에 못 미치는 미자립교회라 한다.[7] 아무리 사력을 다한다 해도 이 비율에 해당되는 목회자들의 경우 세속적 용어로 영원한 비정규직의 운명에 처할

---

6 기독교사상 2014년 5월호에 '기로에 선 한국 신학교육'이란 특집하에 신학대학 총장들의 기고문과 좌담회 내용이 실려 있다. 저마다 신학교육에 대한 걱정과 염려 그리고 전망을 시도하나 이런 실상을 정직하게 고백하지 않고 화려한 언사로 회피한 듯 보인다. 신학대학이 오늘의 현실을 더욱 솔직하게 직시할 필요가 있다.
7 감리교단의 경우, 부유하다고 평가되는 서울연회 소속 교회들조차 반수 훨씬 이상이 미자립 상태에 있다.

수밖에 없다. 이런 추세가 반전되기는커녕 향후 개신교인 숫자가 더욱 줄 것이란 어두운 미래에 처해 있는 것이 우리의 실상이다. 그럴수록 목회자들 세계에선 20%에 속하는 안정된 길을 위해 세속보다 추한 경쟁이 일상이며 그를 위한 정치가 다반사이고 그럴수록 성직은 기능직으로 인식되어 그 본래적 자존감을 지키며 사는 이를 찾기 어렵다. 이런 현실에서 영성신학을 말하고 그에 합당한 목회를 실험한다는 것은 연목구어(緣木求魚)와 같은 공허한 일일 수밖에 없다. 대다수 목회활동, 즉 예배, 부흥회 심지어 새벽기도회조차 모두가 경영마인드의 바탕에서 이뤄지는 탓이다. 이렇듯 양극화되고 자본주의에 침식당한 교회의 구조적 개혁 없이 영성목회를 논하는 것은 분명 백사천난(白死千難)한 일이겠다. 그럼에도 교회가 의당 교회다워야만 한다는 것은 포기할 수 없는 진실이다. 세상 한가운데 있으나 세상 밖을 살아야 할 운명을 걸머졌기에 본회퍼의 말처럼 체제 밖을 살아내는 수도원 운동—신앙의 동시성—을 지금 여기서 펼쳐야 한다는 것이다.8 그래야 교회도 살고 예수도 살며 기독교의 미래도 있을 것인 바, 성직자의 존재이유도 다시 소생할 수 있다. 종교개혁 500주년을 눈앞에 둔 우리가 신학과 목회를 통해 교회를 새롭게 하는 일에 전력투구해야 할 이유가 바로 여기에 있다. 2013년 종교개혁의 달에 '작은교회가 희망이다'란 주제하에 최초로 대안적 교회를 향한 작은 열망이 표출된 것은 결코 가볍게 넘길 사안이 아닐 것이다.9 탈성장, 탈성직 그리고 탈성별의 세 개의 '탈'(脫)을

---

8 이 점에서 본회퍼는 루터 종교개혁의 한계를 간파했다. 하지만 새로운 수도원 운동은 현실 가톨릭 수도원에로의 복귀를 뜻하지 않는다. '神 없는 현실에서 神 앞에 서는 삶'의 새 모습을 기대할 뿐이다.

9 2013년 10월 17일 〈생명평화마당〉 주관으로 감리교신학대학에서 70여 개의 작은교회들이 모여 첫 박람회를 개최했다. 기독교 안팎의 저널에서 이를 기독교적 대안 운동으로

통해 하느님 나라에 합당한 새로운 공동체로의 '향'(向)을 목적했던 까닭이다. '탈'(脫)과 '향'(向)의 이런 변증적 여정 속에서 세월호와 닮아있는 교회를 허무는 기독교적 영성을 찾는 일이 본고의 핵심과제일 것이다. 이를 위해 탈세속화 시대가 직면한 자본주의 현실을 조망하고 종교가 영성으로 대치되는 탈현대주의 실상의 공과 화, 그 양면을 비판적으로 조망할 것이다. 다음으로 기독교 영성의 특징이자 본질로서 고독, 저항 그리고 환(상)상을 논하고 이를 세 가지 유형의 해석학적 눈과 관계 시켜 볼 생각이다. 마지막으로 자본주의로 채색된 교회의 양극적 실상을 초극할 수 있는 가능성을 목회적 차원에서 생각해 볼 것인 데, 이는 초대교회로 돌아가자는 운동과 맥을 같이 하게 될 것이나 인습적 개념과는 전혀 다른 방향에서이다. 결국 본고는 후반부에서 다룰 소위 작은교회 운동과도 깊게 연루된 내용으로서 이론적 토대라 하겠다. 결론에서는 한국적 교회(목회)론의 가능성도 최근 회자되는 한류의 영성과 관계 지어 짧게나마 성찰할 작정이다.

1. 탈脫세속화 시대의 영성 – 포스트모던 사조를 넘어

어느 경우라도 신학은 자신들이 살고 있는 시대에 대한 성찰과 무관할 수 없다. 본고의 주제인 영성신학이란 것도 시대 인식의 산물이자 그로부터 비롯된 결과물인 것이 분명하다. 그럼에도 영성신학이란 개

평가해 주었다. 당시 발표된 필자의 소논문을 참조하라. 이정배, "서구 기독교를 한국에서 꽃피우자– 한국적 교회론이 가능한가?", 〈2013년 교회론 심포지엄〉, 생평마당 신학위원회 2013, 9.24, 19-23.

넘은 뭔가 어색하다. 역'前'앞과 같이 동어반복적인 느낌을 지울 수 없기 때문이다. 신학은 본래 영성과 불가분리적 차원으로 얽혀져 있어야 마땅하다. 따라서 '영성'이 신학 앞에 생태, 여성, 민중 등과 같이 덧붙여져야 할 이유가 애당초 없어야 옳다. 그럼에도 불구하고 '영성'신학이 말해지는 것은 통용되는 신학의 제역할 못함을 반증하는 것이자 역으로 그것이 시대의 절실한 요구인 것을 보여준다. 한마디로 영성의 잦은 회자는 체제, 교리로서의 종교가 삶의 내면(심층)과 접촉치 못하며 실재(하느님)와 공명치 않을 뿐더러 현실과도 동떨어져 있다는 현실의 투영이자 반증이다. 종교가 삶을 달리 만들 수 있는 힘(수행적 진리)을 상실했고 신학 또한 자기 논리에 갇혀 세상과 옳게 소통치 못함에 대한 항거이자 이견 표출이라 하겠다. 그러나 한편 영성에 대한 지나친 요구 역시 달리 생각될 부분이 있다. 영성이 체제 밖의 사유로 확장되지 못한 채 체제 속에 함몰되었거나 그와의 어색한 공존으로 머물 위험성을 항시 소지한 까닭이다. 현실 교회들이 그러하듯 영성이 감성적 차원의 위로와 개인적 치유등과 같이 협의로 이해될 경우 그 실상은 자본주의 체제 모순을 유지, 존속시키는 일과 결코 무관치 않다. 실제로 자본주의는 탈현대적 정서와 결합하여 자신들 과오를 덮고 체제를 유지할 목적 하에 달콤한 치유책을 신앙처럼 전파해 왔었다. 한국교회에 만연된 영성 신드롬이 아편처럼 역할 할 수도 있다는 경고에 주목할 때가 된 것이다. 이 점에서 복음의 사회적 차원을 망각한 채 인간 내면만을 치유하려는 작금의 상담(영성)중심의 신학사조 및 목회이론에 대한 노(老)신학자 J. 캅 교수의 분노가 표출되었다.[10] 세상을 개혁할 목적으로 존재해

---

10 J. Cobb, *Spiritual Bankruptcy*, Abingdon press 2010. 참조. 이 책은 박만 역으로 기독교
   연구소에서 출판되었다. 한글 제목은 "영적인 파산-행동을 요청하는 예언자의 외침"이다.

야 할 교회가 영성을 빌미로 자기 안정성을 도모해온 까닭이다. 얼마
전 한국 땅을 밟았던 바디유와 지젝 같은 사상가들 역시 진정한 희망(종
교)을 위해서라도 예수가 하느님 나라를 선포했듯 (자본주의)체제 밖을
사유하고 '예외적 사건'(예외자)에 주목할 것을 신학에게 요구했다.[11] 함
께 자본주의 체제를 넘는 세상을 꿈꾸자고 기독교에게 손 내민 것이다.

여하튼 우리 시대에 대한 성찰의 결과물로서 영성과 관계된 다수 개
념들이 지금 혼재된 상태로 사용되고 있다. 공히 '영성(의) 신학'을 언급
하지 않을 수 없을 만큼 영성에 대한 깊은 이해들이 속출하고 있는 것이
다. 인류의 역사가 신앙(중세)과 이성(근대)의 시대를 지나 '공감'의 시
대에 이르렀다 하며 그것을 영성의 표증이라 여긴 이론도 있고[12], 종교
의 세속화를 필연적이라 여겼던 과거를 돌이켜 그 속에서 오히려 성스
런 것의 재발견을 영성과 연루시키는 견해[13]도 생겨났다. 또는 존재유
비(Analogia entis)나 신앙유비(Analogia fidei)로 대변되는 기존하는 가톨
릭, 개신교 신학의 두 유형을 넘어 초자연과 자연과의 새로운 종합(범재
신론)을 시도하는 범경험적 영성[14]도 그 의미를 더하고 있으며 분화되
었던 일체 종교들을 재결합시키는 '두 번째 차축시대'의 도래를 영성의
중핵이라 여기는 종교학적 발견도 영향력을 과시 중이다.[15] 한 가톨릭
생태 신학자는 자신 안에서 우주를 발견하고 우주 속에서 인간자신을
발견하는 것을 영성이라 정의하였고 신생대(인간중심주의)를 넘어서 생
태대로의 인류의 진입을 역설한바 있었다.[16] 최근 인간의 의식을 통해

11 알랭 바디유·슬라보예 지젝/민승기 역, 『바디유와 지젝, 현재의 철학을 말하다』(서울:
   도서출판 길, 2013), 25.
12 J. 리프킨/이경남 역, 『공감의 시대』(민음사, 2010).
13 H. 콕스/김창락 역, 『종교의 미래』(문예출판사, 2010).
14 D. 그리핀/김희연 역, 『위대한 두 진리』(서울: 동연, 2011).
15 C. 암스트롱/정영목 역, 『축의 시대-종교의 탄생과 철학의 시기』(교양인, 2010).

무의식(서구 심리학)과 초의식(동양종교)을 매개하려는 통합심리학[17]
이 새로운 영성의 보고(寶庫)로서 평가받는 것 역시 전혀 낯설지 않다.
이렇듯 시대적 통찰에 기인하는 뭇 영성이론, 새로운 종교성에 대한 성
찰은 각기 시대 적합한 '영성신학'과 목회를 위해 큰 역할을 할 수 있을
것이다. 하지만 여기서 필자는 이들 모두를 가치 다원적 차원에서 그리
고 자본주의를 넘고자 하는 열망하에 '탈세속화 시대의 영성'이란 이름
으로 통칭할 생각이다. 이들은 각기 표현은 달랐으나 무시되고 탈각된
진리를 존재론적으로 새롭게 복원시키려는 시도였기 때문이다. 즉 저
마다 신죽음 이후의 신학, 포스트모던 이후의 종교, 비종교적 기독교,
기독론의 성령론적 지평확대, 자연의 재활성화, 탈인간중심주의 그리
고 탈자본화의 이름하에 차이를 횡단하며 전체를 아우르는 새 차원의
보편성을 추구했던 것이다. 이렇듯 인간의 내외적 조건을 재결합시켜
진리를 복원하고 그것으로 거짓(불의)과 맞섰던 보편성을 '탈세속화'시
대의 신학 혹은 영성이라 말할 수 있다.[18]

주지하듯 여기서의 탈세속화란 의당 근대 이전에로의 신앙양식의
복귀와 무관하며 탈현대 사조(포스트모더니즘)와도 크게 변별될 수밖에
없다. 우리 시대에 자행되는 근본주의 폐해 역시 과거로의 회귀라기보
다 '개방적' 탈세속화의 한 부정(역행)적 현상이라 보는 것이 좋을 것 같
다. 그를 변화(혁)에 대한 일종의 두려움의 표현이라 볼 수도 있기 때문
이다. 이보다 중요한 것은 탈세속화가 동일성 철학을 부정했던 포스트
모던처럼 차이를 소중히 여기나 결코 보편적 가치를 포기치 않는다는

---

16 토마스 베리/김준우 역, 『신생대에서 생태대로』(에코조익, 2006).

17 켄 윌버, *Integral Sprituality: A Startling New Role For Religion in the Modern and Postmodern*, Boston and London: Integral Books 2006.

18 필립 클레이튼/이세형 역, 『신학이 변해야 교회가 산다』(신앙과 지성사), 3부 참조.

점이다. 따라서 탈세속화는 탈현대 '이후'(Post-postmodernism)란 말
로 달리 개념화 되어야 마땅하다.[19] 이는 차이 내지 개별화의 이름하에
개인을 사사화(私事化)시키는 탈현대 사조와 달리 사적 개인을 인류가
감당해야 할 공통의 난제 앞에 세우는 까닭이다. 이 점에서 오늘 한국교
회가 영혼(내세) 구원에 무게중심을 두고 지나칠 정도로 개 교회 중심
주의를 지향하는 것은 시대적 흐름을 역행하는 사사화된 영성의 면모
일 것이다. 누구나 인정하듯 우리 시대는 지금 인간을 포함한 전 지구적
가난을 부추기는 자본주의, 곧 영토를 갖지 않은 제국(Empire)의 폐해
속에 노출되어 있다.[20] 한국 사회가 전반적으로 안녕치 못한 사회가 된
것도 바로 초국적 형태를 띤 비가시적 제국의 횡포 탓이 크다. 자유와
평등 양대 이념간의 투쟁에서 평등이 사라진 후 홀로 남은 자유가 신자
유주의라는 괴물로 진화되어 사회적 약자들의 고통을 가중시키는 보편
적 이념으로 변질된 결과다.[21] 그 결과 자연 또한 모든 것을 약탈당해
'새로운 가난한 자'(new poor)란 이름을 얻게 된 것도 목하 현실이다.
프랑스 원작인 '설국열차'란 영화가 만들어져 주목된 배경도 이런 총체
적 난국에 대한 공감의 표현이었을 것이다. 여기서 우리는 사람보다 돈
이 중하며 공생보다 효율성을 선호한 결과로서 성숙 없이 성장한 자본
주의란 괴물의 진면목을 보았다. 이런 이유로 우리 시대는 파국으로 몰
아가는 '제국'이란 보편이념에 맞설 새로운 보편적 영성(보편윤리)을 절

---

19 이정배,『켄윌버와 신학- 홀아키적 우주론과 기독교의 만남』(시와 진실, 2008), 67
 이하의 글.
20 A. 네그리 · M. 하트/윤수종 역,『제국』(이학사, 2001), 198-199.
21 A 바디유/현성환 역,『사도바울: 새로운 보편주의 윤리를 찾아서』(새물결, 2008), 13.
 이런 바디유의 해석을 뒷받침할 수 있는 책으로는 M. 보그와 크로산이 공동으로 집필하
 고 김준우가 번역한『바울의 첫 번째 서신들』(기독교연구소, 2010), 특히 46-68을 보라.

대적으로 요청한다. 재차 강조하는바, 차이에 안주하지 않고 그것을 가로지르는 보편적 가치가 정언명령이 될 만큼 중요한 시점에 이른 것이다. 서구철학자들이 성서적 가치들, 예컨대 예수의 하느님 나라 사상과 바울의 회심에 주목했던 것도 차이들 간의 위계를 논함이 없이 즉 그들 상호 간의 관용적 평등성을 통해 거짓된 보편(자본)과 맞설 수 있는 '영성적 힘'을 얻기 위함이었다. 예수의 하느님 나라(神國) 사상은 로마의 제국신학과 성전종교 그 이상을 적시했고 바울의 세계주의 역시도 헬라의 지혜와 유대인의 율법을 아우르며 넘어섰기에 말이다. 이렇듯 체제 밖을 사유할 수 있는 새(新) 보편성을 낳는 무수한 차이들 간의 소통을 '새로운 오순절 사건'[22]이라 칭해도 과하지 않을 듯하다. 더구나 성서의 핵심인물들을 우리와 같은 동시대인으로 소환하고 기독교적 특수성(언어)을 보편적(비종교적) 방식으로 전달하는 것 역시 성령의 역사(役事)이자 탈세속화적 영성의 본질에 속한다고 보아도 좋다. 이렇듯 새보편성은 존재의 취약성에 근거한 '공감'의 결과이자[23] 일체의 경계를 부수는 하느님 영의 활동이며 그리고 범경험주의에 터한 관계적 유신론의 근본 취지 등과도 너무 잘 부합한다는 것이 필자의 확신이다.

---

22 이정배, 『고독하라, 저항하라 그리고 상상하라- 2017년 종교개혁 500년을 앞둔 한국교회를 향한 돌의 소리들』 (동연, 2013), 102-103.

23 여기서 필자는 로마서 8장 17절 이하의 말씀에 주목한다. 성령의 역할이 탄식하는 자를 대신하여 탄식하는 일이란 것이다. 그렇기에 이곳에서의 탄식 소리를 듣는 것이 바로 성령체험일 것이며 그를 공감이라 부를 수 있다고 생각한다.

2. 보편적 영성으로서의 기독교적 가치
: 고독, 저항 그리고 환(상)상[24]

이상에서 필자는 제국(자본)의 힘에 맞서기 위해 차이를 횡단하는 보편성을 영성의 새 이름이라 했고 기독교의 특수성을 탈자본화를 위해 시대가 공감하는 보편적 언어로 치환하는 것이 탈세속화 시대에 걸맞는 에토스인 것을 역설하였다. 이를 토대로 기독교가 자본주의 체제 하의 뭇 예외자 편에 서고 체제 밖 희망을 바랄 수 있도록 그들을 불온케 하는 것이 탈세속화 시대의 영성의 과제라 생각한 것이다. 이것은 민족을 '생각하는 백성'으로 만들고자 애썼던 함석헌 씨알사상의 본질과 잇대어 있는 부분이기도 하다. 하지만 여기서 필자는 기독교적 영성을 탈세속화 시대에 합당한 언어들, 즉 앞서 본 대로 '고독', '저항' 그리고 '환(상)상'이란 말로서 재개념화할 생각이다.[25] 이 세 표현들은 향후 영성신학과 목회의 골자가 될 것인바, 성서적 영성을 통/공시적 차원에서 재활성화하는 힘을 지녔다 믿는 까닭이다. 본 개념들로 인해 성서와 우리 시대의 동시성은 물론 이웃 종교들과도 혼종 되어 기독교가 세상을 살리는 보편적 영성의 모습으로 재구성될 수 있다.

무엇보다 '고독'은 기독교적 영성의 근본 에토스를 지칭한다. 성서는 하느님(진리)을 사랑하는 까닭에 부모와 자식 심지어 자신까지도 버릴 것을 요구하는 지독한 고독의 종교임이 틀림없다. 처녀 잉태란 거친 부름에 호출당하면서도[26] 성탄의 첫 주인공이 된 마리아의 삶에서부터

---

24 이정배, 앞의 책, 1부 첫 논문(55-95)을 참고하라.

25 여기서 고독, 저항 그리고 환(상)상은 각기 키에르케고어, 본회퍼 그리고 李信에게서 배운 개념들이다. 상상력이란 개념은 오래전 G. 카우프만으로부터 얻은 것이기도 했다. 이신, 『슐리얼리즘과 靈의 신학』(동연, 2011), 155-169.

광야로 불리어진 예수의 시험, 제자들의 배반, 겟세마네 동산에서의 누혈(漏血)의 기도, 제 뜻 버려 하늘 뜻 구한 예수의 십자가 죽음 등 예수의 생애 전체를 '고독'이란 한 마디로 풀어낼 수 있을 정도다. 하지만 예수의 고독(신앙)은 닫힌 외로움(loneliness), 고립이 아니라 세상을 향해 열려져(loneness) 있었다. 그렇기에 그의 고독은 탈세속화 시대의 보편 영성으로 공히 재현될 수 있다. 본래 고독을 탈세속적 영성으로 풀어낸 학자는 카푸토란 사람이었다.[27] 그는 그것을 '불가능한 것을 향한 열정'으로 재해석했다. 진리(말씀)에 대한 순종, 제자 됨의 다른 표현일 것이다. 하지만 목하 기독교는 대중성에 묻혀있고 관료화 되었으며 인간적 취향을 우선하는 사적 공간의 형태로 변질되어 이런 에토스와 무관한 집단이 되었다. 루터가 오늘의 사람이라면 '오직 믿음'이란 말을 거뒀을 것이라며 대중성에 길들여진 덴마크 교회에게 불가능성에 대한 열정을 환기시켰던 한 신학자의 외침이 영원히 제도 속에 묻힌 탓이다.[28] 분명 고독은 우리에게 역사적 예수를 향한 믿음의 눈을 선사한다. 예수와의 동시성—예수살기—을 회복, 발생시키는 사건인 까닭이다. 따라서 믿음의 눈, 이것은 결코 교조화된 '오직 믿음'과 같은 차원일 수

---

26 존 스퐁/이계준 역, 『예수를 교회에서 해방시켜라』 (기독교출판사, 2008). 필자는 이 책에서 '거친 호출'이란 말을 배웠다. 이 말은 다음과 같은 문맥에서 나온 것이다. "…교회가 박물관으로 끝장나지 않도록 그리고 성직자들이 우스꽝스런 만화의 주인공이 되지 않도록 우리는 재차 이 '거친 호출'에 우리 자신을 헌신하게 되기를 바랍니다. 그것은 우리를 보다 안락한 생활에서 벗어나도록 만들어 철저하게 진실을 말하는 일로 이끌어간 호출이었습니다. 어떤 교리도 두려워 말고, 지적으로 정직하며 감정적으로 만족시키며 사회적으로 중요한 종골르 추구하는 일에서 우리가 서로를 지지하게 되기를 바랍니다."

27 J. 카푸토/최생렬 역, 『종교에 대하여』 (동문선, 2003), 66-67.

28 S. 키에르케고어, *Attack upon Christentum* (Boston: Beacon Press), 1966, 45. 이 말은 키에르케고어의 말인 동시에 본회퍼 신학의 골자였다. 성서신학자들도 종교개혁가들의 신학을 바울 오독의 결과라 보았다. M. 보그·크로산, 앞의 책, 16-17.

없다. 믿음의 신조, 율법화가 대세이며 세속적 기복이 은총을 대신하고 있으나 '고독'을 사랑하는 종교로서 재탄생되어야만 기독교가 산다. 기독교는 고독을 사랑해야만 미래가 있는 종교가 분명하다. 진정한 에큐메니즘 역시 고독을 사랑함에서 비롯하는 결과물인 것을 숙지하면 좋겠다. 교회 밖 구원을 부정하기 전에 자신 속 구원의 실상(Reality)을 정직하게 묻는 것이 고독한 자의 태도(모습)일 것이다.[29]

분명한 것은 고독하지 않으면 저항도 없는 법이다. 자신의 내면을 정직하게 성찰치 못했기에 거짓된 사회와 국가 체제를 제대로 보지 못했다. 기독교가 저항의 영성을 잃었고 개신교가 프로테스탄트답지 못한 것 역시도 고독의 부재 탓이다. 역으로 예수가 당시 제국 신학과 성전 종교에 저항하며 씨알 민중의 종교를 탄생시킨 것을 하늘 아버지에 대한 철저한 신뢰, 제 뜻 버려 하늘 뜻 구한 고독의 열매라 볼 수 있겠다. 오늘의 교회는 자본에 먹힌 자신의 현존 방식에 항거하고 사적 공간으로 전락시킨 자신들 공동체에 대한 그릇된 관습에 저항해야 할 적기에 이르렀다. 더 이상 지체한다면 우리가 부정했던 전통종교들처럼 역사에서 잊힐 수도 있다. 이를 위해 그 옛날 로마가 기독교를 로마화했듯 자본주의가 기독교를 자본주의화하는 현실에 대한 정직한 고백을 앞세워야 한다. 이를 당연시하며 살았던 삶에 대한 거룩한 분노가 우리 속에서 치밀어야만 할 것이다. 이처럼 저항의 영성은 의심의 눈(해석학)에서 비롯한 선물이다. 고독해야 남의 '티끌'이 아닌 자기 속의 '들보'를 볼 수 있는 까닭이다. 체제 속의 인습화된 가치관으로 인해 교회는 동시

---

29 이 점에서 '교회 밖에는 구원이 없다'는 교부 시프리안에게 연원을 둔 명제는 새롭게 해석되어야 마땅할 것이다. 이 말은 본래 성직자의 존재(위상)를 강조할 목적으로 사용되었었다.

대를 사는 뭇 예외자들(여성, 장애인, 성소수자들), 예외적 사건들에 대해
생명의 빵이 되기는커녕 돌덩이를 안겨준 경우가 허다했다. 욥의 세 친
구들처럼 성서에 기록되었다는 이유만으로 정답이라 강요할 수 있는
시대가 아니다. 오히려 예수를 대답이라 고백한다면 도대체 우리의 문
제(물음)가 무엇인지를 철저히 고민해야 마땅하다. 누구나 졸지에 예외
적 존재로 내몰릴 수 있다는 것이 현실을 사는 우리의 걱정일 것이다.
누가 장애인이 되고프고 거리로 쫓겨나기를 바라겠으며 스스로 동성애
자로 살려했겠는가? 하지만 이런 현실에 몰린 사람들이 있는 것이 사실
이고 예수는 체제 밖 사유를 이들을 위한 저항 영성이라 보았다. '포도
원 일꾼의 비유', '천국 잔치의 비유'가 바로 그것을 적시한다. 일용할
양식을 위해 노동시간에 관계없이 동일한 품삯을 주었고 되갚을 능력
없는 자들을 위한 잔치자리가 천국의 실상이자 동시에 체제에 반(反)한
저항 영성이었다. 이처럼 체제 속 절망을 체제 밖을 꿈꿔 넘어서라는
것이 예수의 저항 정신이자 시대가 요구하는 보편적 영성인 것이다. 본
회퍼 목사는 히틀러 정권이 루터의 두 왕국설에서 비롯했다고 비판하
면서 당시 교회에게 정치적 차원을 넘어 이렇듯 급진적인 저항 영성을
이렇게 요구했다. "교회가 새 출발을 하려면 전 재산을 궁핍한 사람에
게 나눠주어야 한다."[30] 이는 교회 뿐 아니라 기독교 신앙을 지닌 개인
에게도 해당되는 주제이다. 부와 가난이 세습되는 자본주의 현실에서
자신의 재산을 처리하는 방식에 변화가 있어야 한다는 것이다. 참으로
지난한 일이겠으나 이는 교회(종교)이기에, 불가능한 열정, 곧 신앙을
지녔기에 할 수 있고 해야 될 과제라 하겠다. 최근 대가없는 순수한 증
여를 경제학적 성령론이라 일컫는 기독교윤리학적 관점도 생겨났다.[31]

---

30 D. Bonhoeffer, *Widerstand und Ergebung*, Meunchen 1970, 315

이질적 경제양식으로서 순수한 증여란 자본주의 체제 속에 있으면서
그것을 극복하는 방식이기에 내재적 초월이라 명명되기도 한다. 여하
튼 이를 수용하고 연습하는 일이 바로 탈세속화시대에 걸맞는 영성이
자 신앙의 형태라 생각한다. 단 한두 사람, 교회라도 이런 삶을 표출할
수 있다면 종교가 개벽하고 자본주의 병폐는 축소되고 세상은 살만해
질 것이다.

　　이런 저항은 실상 환상, 혹은 창조적 상상력 없이는 불가능하다. 역
으로 고독과 저항이 전혀 낯선 환상을 창조할 수 있다고 해도 틀리지
않을 것이다. 저항이 환상을 통해 힘을 얻고 고독 속에서 성장하는 것이
기 때문이다. 예수의 하느님 나라 비전 역시 전승된 부분이 있겠으나
동시에 고독을 통한, 저항을 위한 창조적 상상의 결과라 보는 것이 옳
다. 그의 죽음은 당시 종교인들에게 낯선 하느님 나라를 상상했고 그를
열망했던 결과였다. 여하튼 환상, 창조적 상상은 기독교 영성의 절정으
로서 탈세속화(자본화) 시대의 보편적 가치라 하겠다. 여기서의 환상은
의견이 분분하나 후기 유대교의 묵시적 환상이 기독교의 모체였다는
주장과 맞닿아 있다.[32] 시대를 앞선 종교개혁자 이신(李信)은 이런 묵
시적 환상을 변증법적 전환을 위한 '영적 양극성'의 상태라 하였고 그의
궁극성이 현실 부정이 아닌 미래를 위한 역사 변혁에 있다고 말했다.[33]

---

31 이혁배, "나카자와 신이치와 경제적 성령론", 「신학사상」 163집(2013, 겨울), 한국신학
　　연구소, 155-157 참조. 자본주의(교환)를 넘는 방식으로 순수한 증여가 대안으로 제시
　　되었다.

32 E. Kaeseman, *The Beginning of Christian Theology* (Philadelphia: Fortress press
　　1969), 102. 하지만 이런 생각도 최근 역사적 예수 연구가들에 의해 비판되나 필자는
　　묵시문학적 영향사를 일정부분 동의하고 싶다. 성서의 예수상을 지혜 문학서와 지나치
　　게 연루시키는 것은 기독교의 역동성(종말성)을 약화시킬 위험이 있는 탓이다.

33 李信, 앞의 책, 133-136.

이런 근원적 의식(환상)이 오늘 우리들 모두의 의식이 되어야 한다는 것 역시 그가 역설하는 바다. 그에게 종교적 타락이란 눈이 있어도 보지 못하고 귀가 있어도 듣지 못하는 우리 의식의 둔화 내지 퇴화를 일컫는 다. 환상이 부재하기에 사회와 교회를 부정할 의지도 잃었고 원형(하느 님 나라)의 상실이 역사의 목표(공동체)를 흐릿하게 만들었던 것이다. 이는 모두 신앙을 전통(교리)의 고수나 모방으로만 생각했던 노예적 병 폐의 결과였다. 그렇기에 '제 십자가를 지고 따르라'는 예수의 명령은 이제 원형을 재생산하되 창조적으로 그리 하라는 말로 해석될 일이다. 성육신 역시 말씀이 육신이 되었으나 그 육신을 다시 영(창조)적인 것 으로 만드는 일이라 하겠다.[34] 기도 또한 자신의 삶을 창조하는 과정일 뿐 제 욕심 채우는 일과는 거리가 멀다. 인간의 타락은 단지 속죄만으로 해결되지 않고 창조적 활동에 의해서 극복될 수 있다는 말도 귀담아 들 을 필요가 있겠다. 이는 오늘 우리 기독교인들에게 '자기 발견의 눈'(아 시아적 주체성)을 요구한다. 기독교 전통 밖, 더구나 영성의 보고(寶庫) 인 아시아에서 진리 찾기를 게을리 말라는 것이다. 이 땅의 한류 역시 이 땅의 문화를 통한 혼종성의 산물인 것을 부정할 수 없다면 말이다.[35] 하지만 당시 예수가 탄식했듯 지금 성직자의 의식이 돌처럼 굳어졌고 구원을 독점한 교회는 하느님을 성전에 가두어 버렸다. 믿음의 율법화, 축복의 물질화로 인간 의식을 마비시킨 기독교 교회의 죄악이 하늘을

---

34 위의 책, 154.

35 한국문화신학회 편, 『한류와 K-Christianity: 한류로 신학하기』(동연, 2013). 필자의 첫 논문 참조. 지난 WCC 10차 대회 마지막 날 폐회예배 설교에서 남아공에서 온 두 손 을 정치적 탄압으로 잃은 한 흑인 목사는 이 땅의 종교들, 영성을 배우지 못하고 돌아간 것을 뉘우친다는 설교를 하였다. 정작 한국 기독교인들이 성서 무오설, 배타적 구원론을 강변한 것과는 너무도 대조된다.

찌르는 중이다. 신앙 독점주의, 종교적 전체주의가 생각을 멈추고 상상을 거둔 인간을 만들 때 세상이 얼마나 악해질지 두고 볼 일이다. 오늘날 교회의 타락은 환상 없는 상상력 부재의 결과인 것이 틀림없다. 그럴수록 '천국은 침노하는 자의 것'이란 예수의 말씀을 정말로 믿고 그리워하는 사람들이 많아야겠다.

3. 초대 공동체와 '복음의 정치학': 영성신학의 원형

앞에서 살핀 내용은 탈세속화 시대의 정조에 합당한 기독교적 영성에 관한 것이었다. 고독, 저항 그리고 환(상)상 이 셋을 통/공시적으로 소통되는 기독교의 핵심 에토스라 보았던 것이다. 이들을 통해 기독교가 자신의 근본을 되찾고 안팎에 저항하면서 스스로의 미래를 개척해 나갈 수 있다고 믿었고 동시에 전 지구적 가난을 초래하며 안녕치 못한 현실로 치닫는 우리 사회(국가)를 치유할 수 있다고 생각했다. 지금껏 교회가 영혼구원을 위한 죄 용서에 초점을 둔 반면 이제 영육을 아우르고 개인과 사회를 통전시켜 공히 '오이쿠메네'의 차원을 회복해야 마땅하다. 어원적으로 구원(Salvation), 거룩(Holiness), 전체(Wholeness), 건강(Healthy)이 같은 뿌리에서 나온 것이란 사실이 이런 논지를 충분히 뒷받침한다. 고독, 저항, 환(상)상이 영성신학의 골자라 한다면 그에 터한 목회는 구체적으로 어떤 모습을 지녀야 할 것인가? 이 물음을 위해 먼저 우리는 당연시 혹은 이상시했던 초대 교회의 실상을 재검토 할 필요가 있다. 우리가 막연히 추측하는 초대교회상과 실제의 그것 간의 차이를 아는 것이 현실 교회의 껍질을 벗길 수 있는 첩경일 것이란 판단에서다.

성서에 의하면 임박하게 기다리던 하느님 나라 대신에 이 땅에 세워
진 것이 유대인 회당과 비견되는 교회였다. 따라서 교회는 하느님 나라
와 등가는 아니나 상응하는 가치와 권위를 지녀야 했다. 그러나 정작
중세 가톨릭 시대를 거치면서 교회 자체를 존재론적으로 우상화시키는
것에 항거하며 '회중(신도)들의 모임'이라 소박하게 정의한 것이 종교
개혁자들이었다. 물론 지나치게 거룩의 의미를 부여하는 것도 문제겠
으나 그 존재 양태가 자본주의를 빼닮고 있는 오늘의 세속적 현실이 더
욱 절망스럽다. 방주와 같은 고립된 이미지 역시 '에클레시아'(흩어짐)
의 본뜻에 역행하며 복음의 전령사란 말 또한 우리 시대에 합당치 않은
모양을 하고 있다. 혹자는 교회를 일컬어 세상 안에서 세상 밖을 사는
사람들의 공동체라 했고 '불가능한 열정'을 실험하는 새로운 수도원 운
동과 같은 모습이 되기를 바라고 있다.[36] 예수와 동시성을 사는 제자들
을 만들어 내지 못하는 현실 교회를 향해 기독교를 이념 혹은 신화로
만들고 있다고 일갈한 본회퍼도 이와 같은 마음인 듯싶다.[37] 향후 20년
이내에 개신교 인구가 현재의 절반으로 줄어들 것이란 냉혹한 자본주
의적 진단만이 두렵고, 예수를 이념화시키고 기독교를 가현설로 전락
시켰다는 준엄한 신학적 경고를 가볍게 여긴다면 영성신학과 목회란
말은 원초적으로 성립 불가능하다. 목사의 크기를 교회의 크기와 연루

---

36 유물론적 신학을 주창하는 지젝 같은 이는 교회를 '성령 공동체'라 이름하며 예수 죽음이
   후 탄생한 교회만이 기독교의 모든 것이 되었다고 보았다. 하지만 이 공동체에게 인간을
   새로운 주체로 만들어 기존 담론을 극복하는 역할이 주어졌음을 강조하였다. 예외자를
   만드는 이 시대에 스스로 예외자가 됨으로 예외자를 만드는 정치체제를 전복시키기 위
   함이다. Adam Kotsko, *Zizeck and Theology*, T&T Clark 2008, 126-127
37 D. Bonhoeffer, *Act and Being* (Newyork: Harper & Raw, 1956), 107; 이정배, 위의
   책, 67참조.

시키는 한, 영성은 더 이상 교회 내 언어로는 회자되어서는 아니 될 일
이다.

　이런 이유로 우리는 종종 성서에 기록된 초대 교회로의 회귀를 열망
하고 있다. 하지만 주변에 만연된 초대교회에 대한 오해부터 바로잡는
일이 중요하다. 초대교회가 분열된 오늘의 교회 상과 대조되는 단일한
모습(형태)일 것이라는 환상이 우리 뇌리 속에 가득한 탓이다. 또한 초
대 교회가 현실 교회처럼 동일한 믿음을 지닌 신조(교리) 공동체였다는
굳은 믿음 역시 변함이 없다. 하지만 콘스탄티노플 이전까지의 초대 교
회는 실상 이런 두 모습과는 거리가 한없이 멀었다. 이 시기 교회들은
저마다 각기 다른 경전을 텍스트 삼아 다양한 신학과 삶의 양식을 지닌
해석공동체로서 성장했던 탓이다.38 무엇보다 당시 지배체제의 가치관
을 전복시킬 만큼 정치적으로 급진적(radical)이었던 것도 이후의 교회
와 명백히 구별될 일이다.39 이처럼 당시 교회들도 오늘처럼 무수히 달
랐으나 지금과 다른 것은 오로지 뿌리 정신, 곧 그들이 기억하는 예수의
삶에 대한 헌신이 있었다. 오늘 우리에게 초대교회란 이렇듯 소위 '언더
그라운드 교회'로 통칭되는 콘스탄티노플 이전의 교회 상을 적시한
다.40 이후 제국의 종교가 된 기독교는 통일된 신조를 갖고 '하나'의 교
회를 이뤘으나 그것은 로마를 위한 정치 이념적 색체를 띨 수밖에 없었
다. 여기서부터 초대교회의 본유적 에토스가 상실 되었고 해석 공동체
로서의 교회의 역할과 사명이 흐릿해졌다. 지금 현실의 교회가 콘스탄
티노플 '이전' 시대를 망각하고 '이후'의 모습만을 기억하며 세속적 제도

---

38 로빈 마이어스/김준우 역, 『언더그라운드 교회』(한국기독교연구소, 2013), 91-94.
39 위의 책, 13. 여기서 예수는 자유주의자도 보수주의자도 아닌 '체제 정복자'로 묘사되고
　있다.
40 위의 책, 107 이하 내용.

(기관)로서 안주하는 것은 참으로 불행한 일이다. 고독, 저항 그리고 환(상)상, 곧 탈세속적 기독교 영성, 세상 밖을 꿈꾸는 일이 결코 가능할 수 없는 때문이다.

당시 이런 언더그라운드 교회에는 '복음의 정치학'이란 것이 존재했다.[41] 이는 오늘날 우리에게 익숙한 '목회' 활동의 토대이자 그 내용을 규정하는 핵심용어(Keyword)라 말할 수 있다. 주지하듯 복음의 정치학은 당시 체제를 불편하게 했고 체제 자체를 위협할 수 있는 내적 권위를 지녔다. 체제가 요구하는 현상유지(*status quo*)의 상태를 넘어서고자 했기 때문이다. 복음의 정치학은 하늘의 정의를 이 땅에 심고자 했던 예수를 기억했기에 때론 과격했다. 예수가 제국신학과 성전종교에 늘 불편한 존재였듯이 그들 역시 당시 정황에 낯설 수밖에 없었다.[42] 당시 세례란 당연시 되던 노예를 거부하고 평화주의자가 되며 가난한 이들을 환대하는 삶을 살겠다는 의지표명이었다.[43] 지금처럼 행위가 실종된 '오직 믿음'만을 말할 수도 없었고 말하지도 않았던 것이다.[44] 당시는 사도직이란 개념 역시 충분히 발달되지 않았었다. 남녀를 막론하고 주어진 카리스마들만 존재할 뿐 오늘과 같은 수직(계급)적 성직제도는 아주 후대의 산물이었다.[45] 이는 결국 예수운동(예수살기)의 실상들로서 반제국주의적 색체를 지닐 수밖에 없는 삶의 양식들이다. 그들에게 예수가 주님이란 것은 의당 제국신학에 대한 거부였고 그들 죽임의 방식에 맞서는 오로지 대안적 삶의 실천으로 표현될 뿐이었다. 이런 지난

---

41 위의 책, 161-163.
42 위의 책, 79-80.
43 M. 보그 · 크로산, 앞의 책, 57.
44 당시 이들은 '믿음 없는 행위'를 걱정한 것이지 '행위 없는 믿음'을 염려한 적이 없었다.
45 로빈 마이어스, 앞의 책, 78-79.

한 삶을 지탱한 것은 일치된 신조가 아니라 오늘 우리에게 부재한 예수를 추종하는 진정한 제자도였다. 오늘의 정황에서 목회란 이런 복음의 정치학을 새롭게 실험하는 일이다. 세상을 달리 만들고자 하는 꿈을 나누는 일이 바로 목회의 본질이란 것이다. 이를 위해 필요한 것이 바로 고독, 저항 그리고 환(상)상으로서의 기독교적 영성이다. 당시와 같은 제국주의는 없으나 '자본'이란 제국이 전 지구를 황폐케 하고 인간 삶을 노예화시키며 대형 교회를 통해 기독교 제국주의를 꿈꾸며 시대를 역주행하는 교리주의자들이 대세인 정황에서 영성목회란 이런 추세를 거스르려는 저항이자 창조적 대안을 꿈꾸는 일이어야만 한다. 영성이란 말이 자주 회자되고 강조되나 체제 유지적 담론을 보완 내지 강화 시킬 목적이라면 그것이 약이 아닌 독이 될 것이란 신학적 판단은 옳다. 물론 일상에 지친 회중들이 요구하는 메시지의 성격을 모르지 않으나 그리 마음(방향)을 정한다면 하느님 나라를 닮은 교회, 하늘 뜻이 땅에서 이뤄지는 교회는 찾을 수 없다. 제 뜻 버려 하늘 뜻 구했으며 '체제 밖 사유'(하느님 나라)를 통해 씨알 민중들에게 희망을 주었고 세상의 중심은 약자에 있다고 외친 예수, 그가 행한 '복음의 정치학'이 흔적 없이 사라질 경우, 기독교는 이념이 되고 현실 부재한 가현(假現)의 종교로 타락할 비극적 운명에 처하고 말 것이다. 우리의 삶 전체가 뭇 약자들과 함께 엮어낸 '공통체'(Common wealth)[46]임을 증거하는 것이 결국 복음의 방편으로서 영성목회를 실험하는 이유이리라. 이는 다시금 거짓된 보편(제국)과 맞서는 일로서 고독, 저항, 환상이란 통공시적 영성을 필요로 한다.

---

46 A. 네그리 · M. 하트/정남영 외 역, 『공통체』 (사월의저서, 2013).

4. 영성목회의 화두: '작은교회가 희망이다'

화두란 잡기가 힘든 것이지 얻었다면 그것과 치열하게 사투를 벌려
야 할 주제이고 사안일 것이다. 목회 앞에 '영성'이란 말이 붙어 그 뜻을
이루려면 그것은 결코 평탄하게 이뤄질 일이 아닐 것인바, 삶의 방향과
가치관을 달리 하는 결단과 동행할 일이다. 동서양의 어떤 수행이나 명
상을 방편 삼는 것―그것 역시도 필요한 일이겠으나―을 갖고 영성 목
회라 자족하기 어렵다는 말이겠다. 앞서도 말했듯 영성이란 탈(脫)과
향(向)의 변증적 과정을 성사시키는 뿌리 힘(根氣)으로서 고독, 저항,
환(상)상이 그 핵심 내용(본질)일 것이다. 이를 통해 초대 교회가 지녔
던 다양성, 삶-지향성, 가치의 급진성 등을 동시대에 구체화시켜 교회
의 존재위상―세상 안에서 세상 밖을 지향하는―을 높이고 존재 이유
를 명백히 할 필요가 있다. 체제 밖(하느님 나라) 사유를 갖고 희망을 전
하고 누구라도 예외자를 만들지 않으며 모두를 공적 존재로 불러내 보
편적 악과 마주하는 삶을 꿈꾸게 하는 것이 목회적 사명이다. 이를 위해
교회 및 성직자들에게 근본적이나 급진적으로 가치관의 역전이 요구된
다.[47] 그것이 바로 종교개혁 500년을 앞두고 우리(생평마당)가 붙잡은
화두, '작은교회가 희망이다'란 것이다.[48] 여기서 작다는 말은 종래와

---

47 'Radical'이란 말 속에 '근본'과 '급진'의 양면이 있음을 기억하라.
48 본 운동을 주창할 목적으로 필자가 썼던 첫 번째 박람회(2017년부터 박람회 대신 한마
   당으로 말을 바꾸었다)의 취지문을 다소 길지만 다음처럼 소개할 생각이다. 이하 내용
   은 본 취지문의 내용을 정리한 것이다. "목사의 크기가 교회의 크기에 좌우된다는 말이
   회자된 지 이미 오래다. 이 말에 저항하고 싶으나 그리 할 수 없는 것이 가슴 아픈 현실이
   다. 어느 교단 이건 70-80%에 이르는 교회들이 미자립 상태이니 그들을 지원하는 대형
   교회의 위상을 부정하기 힘겹다. 이 땅을 찾은 WCC 관계자들마저 한국 초대형 교회들
   을 기웃거렸다하니 그 위세를 충분히 가늠할 만하다. 상황이 이렇다보니 목회를 꿈꾸는

젊은이들이 저마다 대형 교회를 이루려 하며 그들처럼 되고자 한다. 신학대학조차 이렇
듯 성장을 위한 목회기술을 가르치는 곳으로 변질 중이니 더더욱 걱정스럽다. 하지만
지난 몇 년 경험하듯, 다수 초대형 교회들의 도덕적 타락과 지향성의 왜곡으로 전체 기독
교가 한국 사회로부터 뭇매를 맞고 있다. 하느님 신앙보다 돈에 대한 신뢰가 교회의 근간
을 이루면서 저마다 최고가 되려는 욕망에 사로잡혀 교회가 아닌 바벨탑을 쌓아 왔던
것이다. 하여, 사회, 언론으로부터 세습으로 야기된 종교권력에 대한 비난이 극에 이르
고 있다. 작으나 건강한 교회들조차 이들로 인하여 선교 자체를 할 수 없는 지경에 이르
게 되었다. 주위를 살피면 교회를 등졌거나 혹은 원치 않게 유배당한 교우들의 숫자도
적지 않은 상황이다. 자본의 힘에 굴복한 한국교회는 신도를 양산했으나 예수 제자들을
키울 수 없었다. 일찍이 제자 없는 교회를 향해 본회퍼 목사는 기독교를 이념과 신화로
만든 탓이라 일갈했다. 이념과 신화로 전락한 기독교로는 세상을 섬길 수도 구원할 수도
없을 것이다. 그럼에도 언제부턴가 이런 현실을 아파하되 실망치 않고 제자의 삶을 살기
로 작정한 건강한 목회자들과 평신도들이 생겨났고 그런 교회들이 이 저 곳에서 눈에
띤다. 이미 권력이 된 기성교회, 정작 생명을 주지 못하면서 구원기관, 제도로 전락한
안정된 교회를 지향키보다 예수 삶을 좇아 소외된 이들과 함께하며 세상과 소통하고 현
장의 소리를 청취하는 소위 예수 살이 공동체를 소망한 것이다. 이는 제도와 조직으로서
의 교회에 안주하지 않고 교우들 간의 인격적 만남을 중시하며 교리가 아닌 삶을 나누고
세상 안에 있되 세상 밖을 사는 대안적 신앙 양식을 창출하기 위해서이다. 이처럼 대교회
목회가 아니라 예수 제자직을 감당하려는 교회들이 적지 않건만 이들 대다수는 기성교
회에 묻혀 알려지지 않았고 오히려 현실 교회로부터 곱지 않게 평가되었다. 처음부터
인습화된 교회관을 따르지 않았기에 교우들 역시 선뜻 마음을 주기 어려웠고 오늘의 모
습에 이르기까지 지난한 과정을 겪어내야만 했다. 세상을 사랑하되 우환의식을 갖고 그
를 바라보았기에 세상적 가치에 동화되는 것이야말로 이들이 먼저 염려해야 할 사안이
었다. 이처럼 작은교회, 대안적 가치를 지향하는 소수의 교회와 목회자 그리고 평신도들
이 WCC 부산대회를 앞두고, 더 멀리는 종교개혁 500주년이 되는 2017년 시점을 염두
에 두면서 '작은교회가 희망이다'란 화두를 내걸고 대안적 가치를 추구하는 작은교회들
의 박람회를 개최하기로 결의하였다. 한국 사회가 초대형 교회들의 존재 양식을 거부하
는 상황에서 예수정신에 입각한 작은교회들이 모여 기독교의 존재 이유를 한국 사회에
새로운 방식으로 천명할 목적에서다. 거듭 말하지만 여기서 '작다'는 것은 숫자적 의미보
다 대안적 삶의 물음과 더욱 직결된 사안이자 주제이다. 이것은 성장이 아니라 성숙이
한국교회가 직면한 최대 과제가 되었음을 적시한다. 목사로서, 그리고 기독교인으로서
의 자신의 정체성, 자존감을 교회의 크기가 아닌 예수 정신의 유무, 즉 사회 및 자연에
대한 우환의식에서 보려는 첫 시도인 것이다. 물론 이들 교회들도 아직은 부족하고 더욱
달라져야 할 과제를 안고 있을 터, 그렇기에 행여나 작은교회 박람회가 대형 교회를 비판
하는 이념적 투쟁의 형태로 비쳐지지 않기를 소망한다. 단지 공통된 고민을 갖고 자신들

같은 기형적(자본화된) 성장을 거부하는 것이자 좀 더 다양해지는 것(카리스마 공동체)이며 역사적 뿌리에 충실한 것(언더그라운드 교회)이고 종국에는 치열하게 대안적 신앙양식을 창출하는 것을 함의한다. 본 화두와 씨름키 위해 최소한 세 개의 '탈'(脫), 탈(脫)성장, 탈(脫)성직, 탈(脫)성별이 필요했고 그것은 자연스레 동수의 '향(向)', 즉 성숙, 평신도 그리고 여성성을 앞세워야 했다. 정작 생명의 빵을 주지도 못하면서 허울 좋은 구원기관(제도)로 전락한 안정된 교회를 지향하는 대신 힘겹지만 상대적 약자를 대변하며 현장의 소리를 청취하는 '예수 살이' 공동체로 거듭날 목적에서였다. 요컨대 교회의 존재 양식 자체를 탈자본주의화함으로써 교회를 교회답게 하는 일 그리고 세상을 향한 사랑, 곧 우환의식이 '작은교회가 희망이다'란 화두가 품었던 본뜻이다.

백사천난(白死千難)의 과정이겠으나 세 개의 '탈'(脫)과 '향'(向)이 복음적이고 생명적인 초대 교회의 실상과 정확히 중첩되는 가치라 믿

공간에서 새로움을 창조했던 교회들로부터 상호 배움과 자극을 얻기 위함일 뿐이다. 오랜 세월 남달리 특색 있는 카리스마 공동체를 일궈 왔을 터, 그들 삶의 흔적들이 유배당한 기독교인들에게 한줄기 희망의 빛이 되기를 바라는 마음 간절하다. 무엇보다 금번 기회를 통해 힘겨웠을지라도 제자의 삶을 살고자 했던 이들 교회와 목회자 그리고 평신도들이 함께 만나 힘을 주고받으며 관계망을 형성할 수 있었으면 좋겠다. 이를 통해 한국 교회의 미래를 달리 만들 수 있는 계기가 마련된다면 이보다 기쁜 일이 어디 있을 것인가? 금번 박람회가 첫모임이니 만큼 부족한 부분이 많을 것이라 생각된다. 하지만 이런 취지에 공감하는 교회와 목회자 그리고 평신도들의 헌신적 참여로 난관이 극복될 것이란 확신도 없지 않다. 하여 본 취지에 마음을 합할 수 있는 교회들, 혹은 이런 교회를 지원하고 뒷 배경이 되어줄 많은 신앙인들이 생겼으면 좋겠다. 미약한 시작이지만 이런 시도가 작은 날갯짓 되어 세상을 변화시킬 수 있는 동력이 될 수 있다는 것이 본 대회를 준비하는 이들의 믿음이자 확신이다. 이번 기회를 통해 감춰졌던 작은교회들이 세상에 널리 알려져 '작은교회가 희망'이란 메시지를 한국교회와 사회에 각인시키는 계기가 되길 바라며 작은교회 박람회의 취지를 전한다.

기에 이는 고독, 저항 그리고 상상을 통해 실현되어야 마땅한 일이다. 이들 세 '탈'과 '향'의 의미를 좀 더 상세히 언표하자면 다음과 같다. 우선 탈성장은 성숙을 지향하는바, 획일성보다 다양성을, 믿기만이 아닌 살기를 소수의 대형 교회가 아닌 다수의 작은 카리스마 공동체를 선호한다. 지난해 말 작은교회 박람회(지금은 한마당)를 통해 드러났듯 이미 여러 형태의 공동체 모습들이 존재하고 있었다. 모든 것을 지닌 백화점식 교회가 아니라 자기 고유한 역할을 지닌 교회들이 의외로 많았다. 앞으로도 작은 공동체들이 상이한 은사 공동체 형태로 많아지기를 소망하는바, 현 신학생들의 미래도 이런 가치관을 실현시키는 방향으로 나가야 할 것이다. 또한 초대 공동체들이 보여준 성서해석의 다양성 역시 긍정될 사안으로서 교리지상주의를 내걸고 하나의 획일적 가치만을 선호하는 기존 교회들이 오히려 제국의 기독교를 닮아 있음을 반성할 일이다. 이런 카리스마 공동체는 의당 탈성직의 사안과 연루된다. 종교개혁 원리 중 지나쳐서 문제가 된 것도 있으나 '만인제사직론' 같은 것은 제대로 시작조차 못했다. 지금 한국 사회 안에서 기독교를 포함 종교의 이름을 걸고 생활하는 성직자의 수가 너무 많은 것이 사실이다. 생활이 어려워 대리운전 같은 험한 일을 병행하는 이들 숫자가 적지 않다. 숫자가 많다보니 경쟁원리가 도입되어 성직자들 중 스스로 거룩타 하며 신비화하고 때론 위압적 방식으로 권위를 행사하여 종교가, 성직자들이 사회문제를 야기하고 있다. 이런 정황에서 평신도 교회들이 탄생했고 힘겹게 실험하는 교회도 제법 늘어나는 중이다. 이를 위해 향후 성직자와 평신도가 수직적 계급 차원이 아닌 동반자 관계로 협력할 수 있는 구체적 방안들을 더욱 찾아야 할 것이다.[49] 탈성별 역시 기독교

---

49 실제로 목사의 일로 여겨진 활동을 평신도들이 맡아 수행하는 경우가 늘어나는 추세이다.

성숙의 잣대이자 민주사회의 역량을 반영하는 지표라 하겠다. 기독교 이후 시대를 살고 있는 우리는 교회 구성원이기도 하나 동시에 이웃 종교인과의 공존을 배우는 시민사회의 일원이기도 한 것이다. 더욱이 기독교 교회는 여성을 종종 자신들이 보유한 마지막 식민지 사람들처럼 관계한다. 어느 교단을 막론하고 교회를 대표하는 여성 비율이 현저히 낮을 뿐 아니라 여성 목회자들에 대한 인식 및 처우가 대단히 열악한 상황이고 교회 안팎 궂은일은 여전히 여신도들의 몫으로만 남아있다. 향후 민주사회 속에서 교회가 양성평등 가치에 익숙할 수 없다면 여성들의 급격한 일탈을 허탈하게 바라보고만 있게 될 것이다. 이미 로마서 안에 기록된 바울의 동역자들 중 과반수 정도가 여성이었다는 사실을 직간접적 성폭력에 익숙한 남성 목회자들이 두렵게 생각할 일이다.[50] 교회 공동체 안에 만연된 수없는 가부장적 언어에 대한 수정 역시 강력히 요청된다.

이상과 같은 세 개의 '탈'과 '향'은 바로 '작은' 속에 담겨진 대안적 가치로서 탈세속화 시대를 사는 예수 제자들이 걸머져야 할 과제가 되었다. 자본주의에 젖은 대형 교회들이 감당할 수 없는 가치들이다. 무엇보다 성숙 없는 성장이 어떤 결과를 가져 올 것인지, 말했듯 그것이 세월호 참사를 가져온 것은 아닌지를 자문해야 할 것이다. 이는 깊은

---

50 M. 보그 · 크로산, 앞의 책, 68-74. 특별히 바울이 로마교회 교우들에게 보낸 서신을 가지고 로마교회를 찾았던 바울의 메신저가 여성(뵈뵈)이었던 것을 생각해 볼일이다. 당시 그 여성은 바울을 대신하여 어려운 신학적 토론을 감당할 만큼 능력자였다. 더 근본적으로는 부활의 첫 증인이 여성이었던 것도 기독교 역사에서 중요한 성찰을 준다. 가롯 유다를 대신하여 12제자의 반열에 위치했었으나 이후 가부장제로 치닫던 기독교의 제도화 과정에서 마리아 복음서는 정경에서 제외되었다.

고독이 우리의 영성이 되어야 할 필연적 이유를 적시한다. 하느님과 인
간 간의 일체 장벽을 허문 이가 예수였건만, 그 예수를 빌미삼아 성직
(목사, 장로) 자체를 특권화시킨 기독교의 제도적 허물을 인정해야만 할
것이다. 오늘의 목회가 사람을 위한 종교가 아니라 종교(성직)를 위한
존재로서 그들을 수단화시켜 온 것을 용서받을 일이다. 이를 위해 먼저
성직자인 우리들 자신들에 대한 저항이 요구된다. 자신의 삶에 대한 저
항(부정)없이 악의 보편성과의 싸움에서 승리를 기대할 수 없다. 향후
여성의 시대가 도래할 것이며 여성적인 것만이 구원을 이룰 수 있다는
말 역시 곳곳에서 회자된다. 이 땅의 민중 종교들의 의지처인 후천개벽
사상 역시 天地(양음) 비(否)괘가 地天(음양) 태(泰)괘로 바뀌는 과정
에서 비롯하였다. 선천 시대 억눌렸던 여성적 상상력이 후천의 시대를
맞아 만개할 때가 된 것이다. 꼭 그럴 필요는 없으나 환(상)상의 영성을
여성들의 몫으로 남겨두는 것도 인류의 선한 미래를 위해 바람직한 일
일 수 있겠다. '여성적인 것이 세상을 구원할 것'이란 말을 기대하며 지
켜볼 일이다.[51]

콘스탄티노플 이전까지의 교회 공동체가 예수 삶에 초점을 둔 탓에
당시 세상을 불편하게 만들었듯이 오늘의 교회 또한 작은교회 운동을
통해 인습화된 이념을 뒤집는 대역전의 삶을 준비해야 옳다. 하지만 이
는 본래 평등적 질서로 세상을 위협했던 예수운동이 어느덧 위계질서
를 지닌 폐쇄적 조직, 신조를 강조하는 율법공동체, 혹은 값싼 은총공

---

[51] 몇 해 전 옛 기무사 자리에 국립현대 미술관이 개장되었다. 오픈 기념으로 전시된 기획의
주제가 'Connection and Unfolding', 즉 '연결과 펼쳐짐'이었다. 동과서, 남과 여, 물질
과 정신, 인간 내외면의 상호 연결성을 통해 창발 되는 새로운 펼쳐짐을 여러 작품을 통
해 보여주고 있다. 이들 예술가들의 작품 속에 표현된 아방가르드(前衛) 정신이야 말로
'여성적인 것'이라고 생각할 수 있겠다.

동체로 변질되어 세상(제국)에 길들여져 있는 것에 먼저 소스라치게 놀라야 가능한 일이다. 지금 교회는 겨자씨 비유가 말하듯 세상(제국)을 불편하게 하기는커녕 이/저 세상을 두루 누리겠다는 종교적 탐욕을 전하는 값싼 복음 전령사가 되고 말았다. 하여 혹자는 종교개혁의 원리 중 하나인 '오직 은총으로만'이 중세의 면죄부보다 기독교의 현실적 타락을 더욱 방조하고 있다는 무서운 말도 서슴지 않고 있다. 이런 모습으로 2017년 종교개혁 500주년을 맞을 생각을 하니 하늘이 두렵고 무서울 뿐이다. 오늘 우리가 꿈꾸는 영성신학, 영성목회는 바로 자본주의적 가치체계에 깊게 물든 기존의 종교적 틀과 판을 달리하려는 치열한 현실인식에서 비롯해야 절실해질 수 있을 것이다. 하여 작은교회가 정말 희망일 수 있는지, 희망이라 생각하는지를 스스로 정직하게 되물어 볼 일이다. '작다'라는 말 속에서 복음의 순수성과 교회 공동체의 카리스마(은총)적 특성이 회복되며 체제 전복적 힘을 기대할 수 있다는 것이 필자가 생각한 탈세속적 영성, 곧 고독, 저항 그리고 상상을 통해 얻은 결론이다.

짧은 마무리

마지막에 이르러 이렇듯 영성신학과 그에 근거한 목회 활동을 위해 이 땅의 종교들, 즉 한국적 영성이 기여할 수 있는 여지 여부를 묻고 싶다. 지젝 같이 유물론적 신학을 주창하는 사상가는 이런 시도 자체를 자본주의 체제에 안주하는 미봉책이라 평하지만 꼭 그리 볼일도 아닐 것이다.[52] 서구 내 불교 열풍을 두고 염려하는 방식이겠으나 서구 유물

론자의 한 시각일 뿐이다. 그럼에도 현실을 지탱하며 선악의 근거가 되
는 기존 이데올로기(the Real), 즉 자본주의 자체를 비판하며 넘어서려
는 그의 문제의식에 얼마든 마음을 보탤 수 있다. 본 사안은 추후의 과
제로 남겨둘 것이다. 여기서 중요한 것은 한국 내지 아시아의 종교성이
기독교 영성만큼이나 중요하고 기독교 자신을 위해서도 가치 있다는
사실이다. 아울러 기독교 영성의 마지막 차원, 곧 환(상)상으로서 일명
자기 발견적 눈이자 아시아적 주체성이라 불리는 것의 역할 역시 높게
평가 될 일이다.53 환(상)상이 때론 낯설고 이질적인 것을 자신 전통과
합류시키며 나아가 부재한 것조차 복원할 수 있는 창조적 힘을 지녔기
때문이다. 이런 혼성화(Hybridity) 과정은 종교가 본래 명사(실체)로
존재치 않고 형용사적 날것(生物)임을 보여준다. 따라서 이 땅의 종교
역시 유불선이란 고유명사로 불리기보다 특수성(차이 언어)을 횡단하
는 보편적 가치(영성)로서 달리 언급될 일이다. 실제로 이 땅의 샤머니
즘, 유교 그리로 불교는 지금 미학자들에 의해 각기 저마다 흥(興), 정
(情) 그리고 한(아우름)의 미감(美感)으로 재언표되고 있다.54 이들을
세계와 소통하는 작금 한류의 원류(原流)라 명명하는 학자도 있을 정도
다. 지면상 약술하면 '흥'(興)이란 여기서 당신이 지은 창조 세계를 보며
'참 좋다' 하신 하느님 마음과 공명한다. 세상을 흥(興)의 공동체로 만들

---

52 Adam Kotsko, 앞의 책, 139-140.

53 필자는 고독, 저항, 환상을 종종 '믿음의 눈', '의심의 눈' 그리고 '자기 발견의 눈'이라는
  해석학적 관점으로 달리 표현하여 사용한다. 해석학적 시각에서 이렇게 풀어 사용될 수
  있다는 것이 필자의 생각이다. 또한 이를 실존적 대화, 변증법적 대화, 대화적 대화란
  말로도 치환하여 사용한다. 이정배,『선한 벗들과 신학하기 - 철학, 과학, 종교 간의 간학
  문적 대화』(한들출판사, 2000), 100-127

54 한국문화신학회 편, 앞의 책, 44-56. 이외에도 심광현,『興한민국』, 현실문화연구,
  2005. 그리고 신은경,『풍류-동아시아 미학의 근원』(보고사, 1997) 등을 보라.

고자 하는 것이 하느님 나라 비전이었고 복음의 핵심이 아니겠는가?
'정'(情) 역시 누구도 홀로 기쁘거나 슬프지 않고 이들을 함께 공감하는
'공통체'의 성립을 돕는 민족 고유한 에토스이다. 이는 누구도 배제되지
않는 예수의 식탁공동체를 상상토록 한다. 끝으로 '한'(아우름) 또한 일
체 갈등(限)을 아우르며 경계를 넓히는 일에 기여한다. 세상 안에서 세
상 밖을 살고자 하는 것도 실상은 한(아우름)의 종교성의 산물일 것이
다. 이렇듯 탈경계를 지향하는 한의 종교성은 불고 싶은 대로 부는 성령
과도 닮아 있다. 여기서 흥(興)을 근원적인 생명의 환희로, 정(情)을 정
의의 감각으로 또한 한(아우름)을 공공적 평화의 마음으로 풀어낸다면
이들은 이 땅에서 열렸던 WCC의 주제, '생명의 하느님, 저희를 정의와
평화로 이끄소서'의 정신과 명확히 중첩될 수 있을 것이다.[55]

　　이렇듯 자기 발견의 눈, 창조적 상상력을 근거로 흥(興), 정(情), 한
(아우름)을 기독교 영성에 접목(합류)될 수 있다면 영성신학의 지평 확
대는 물론 틀 자체를 달리하려는 목회적 구상에 큰 도움이 될 수 있다는
것이 필자의 생각이다. 이에 더해 루터의 종교개혁이 독일적 정신 풍토
의 산물인 것이 일정부분 사실로 밝혀졌고 그 신학적 한계가 노출되는
현실에서 흥, 정, 한을 통해 복음을 재해석하여 희랍적 '가톨릭(존재유
비)', '독일적 개신교(신앙유비)'를 넘어 한국적인 제3의 '다른 기독교'를
꿈꿔 보고도 싶다. 필자에게 종교개혁 500년은 이런 의미로 다가오고
있다. 하지만 이 역시 차이(특수)를 횡단하는 새로운 보편성(문화담론)
이 요구되는 탈세속화 시대에 인간을 사적 개인으로 붕괴시켜 보편적
악(제국)의 희생제물 만드는 사악한 실체(자본주의)를 향해 어떤 영성
으로 맞설 것이며 어떤 가시적 결과를 만들 것인가에 대한 고민의 한

55 한국문화신학회 편, 위의 책, 67-70.

표현일 것이다. 이에 대해 답하는 것이 영성신학의 과제이자 한국적 목
회의 방향성이 아닐지 곰곰이 생각해 본다. 이 점에서 본고의 마지막을
상상력과 환상(자유)의 철학자인 러시아 사상가 베르댜에프의 말로 맺
는 것이 적절할 듯싶다. 기독교 신앙의 요체를 탈인습(도그마)화된 방
식으로 표현하기 때문이다.

> 인간의 노예상은 인간의 타락과 죄를 말해주는 것으로서, 이 타락은 특
> 이한 의식구조를 갖고 있어 단순히 회개하고 속죄하는 그것만으로 극
> 복될 수 있는 것이 아니라 인간의 모든 **창조적 활동**에 의해서만 극복될
> 수 있는 것이다.56

---

56 N. Berdyaev, *Slavery and Freedom* (Newyork: Charles Scribner's, 1923), 119.

두 번째 종교개혁의 신학적 과제
: 종교개혁 신학의 3대 원리(세 개의 '오직sola' 교리)에 대한 메타 비판

들어가는 글

종교개혁 500주년이 되는 2017년이 바로 지척이다. 필자가 아는
바 기독교 단체들 몇 곳에서 이 해를 크게 기념할 준비를 하고 있다[1].
개신교가 여기서 비롯했으니 숫자가 주는 의미를 맘껏 축하할 일이다.
하지만 이는 '종교개혁이 계속되어야한다'[2]는 명제와 당위로부터 그리
해야 옳다. 루터의 종교개혁이 개신교의 마침표가 아니란 것이다. 더구
나 한국적 상황에서 사회의 문젯거리가 된 개신교는 자기비판과 개혁

---

1 필자 보기에 크게 3가지 흐름이 감지된다. 첫째는 한국교회의 성장을 과시하려는 그룹
   둘째는 루터를 비롯한 종교개혁 신학자들의 저서를 번역 출판하려는 집단 그리고 마지막
   으로는 루터의 '以信稱義'론을 비판하며 종교개혁 신학을 넘고자 하는 시도 등이다. 여기
   서 필자는 마지막 그룹에 속하되 나름 변별된 의견을 갖고 있다.
2 이 말을 필자는 바젤의 스승 프릿츠 부리 교수의 소책자 *Die Reformation geht weiter*
   (Paul Haupt Verlag 1957)에서 배웠다.

이 화급하다. 세월호 참사에 대한 보수 개신교회들의 안일한 신앙적 태도가 뭇매를 맞고 있다. 세월호 기억을 지우는 일에 정부와 공모했던 탓이다. 하여 세월호 사건으로 정작 기독교가 침몰했다는 말도 회자된다. 그럼에도 타자부정과 희생양을 만들어 현상유지에 급급한 것이 작금 개신교의 실정이다. 교회매매는 물론 편법세습, 교단정치, 성직자 성추문 및 돈 선거가 지속됨에도 이슬람을 악마시하고 동성애자를 정죄하는 방식으로 오히려 자신들 추한 몰골을 가리며 합리화시키고 있다. 가톨릭교회에 대한 시각 역시 루터 당시 16세기라는 시점에 고정되어 있는 것도 문제이다. 대응종교개혁의 실상을 알지 못했고[3] 세상과 소통했던 바티칸 공의회에 둔감했으며 그리고 목하 프란시스 교종의 개혁적 목소리역시 의도적으로 폄하하고 있다. 이는 과거시점에 사로잡혀 자신을 개혁과 심판의 주체라 여길 뿐 개혁대상으로 성찰치 못한 결과였다. 그럴수록 '교회가 복음화 되지 못하면 세상의 복음화 없다'[4]는 명제 하에 자본주의 화된 교회를 비판했던 가톨릭교회가 더욱 개신교답다 하겠다. 이웃 종교들과 성소수자, 이민자 그리고 가난한 이들에 대한 교종의 최근 발언들이 오히려 그리스도교 자체를 복원시키는 힘(動力)이 될 듯싶다. 당시 루터의 역할을 지금 교종이 하고 있다는 생각

---

3 일반적으로 개신교내부에서 반(反)종교개혁이라 불리나 대응종교개혁이라 불러야 옳다. 퀜틴 스키너/박동천 역, 『근대 정치사상의 토대 2, 종교개혁의 시대』(한국문화사, 2012), 2부(241-370쪽) 참조.

4 이는 가톨릭교회를 개혁하려는 프란치스코 교종의 시종일관된 입장이다. 관련된 자료를 소개한다. 서강대 신학연구소 편, 〈새 복음화와 한국 천주교회-제 2바티칸 공의회 50주년 기념 심포지엄〉, 2012, 11. 한국 천주교주교회의 편, 『복음의 기쁨-현대 세계 복음 선포에 관한 교황의 권고』, 천주교중앙회의, 2014. 서강대학교 신학연구소 편,〈철학과 신학〉, 22호(2013년 봄). 이정배, 『신학, 타자의 텍스트를 읽다』(모시는사람들, 2015), 1부 2장(61-92) 내용 참조.

이다.

최근 들어 중세기 면죄부 사건보다 개신교의 '오직 믿음'으로 대표
되는 개신교 신학원리의 오용과 타락을 염려하는 학자들이 생겨나고
있다. 근본주의 옷을 걸친 타자부정적인 개신교의 이면에 종교개혁의
핵심원리였던 세 개의 '오직'(only) 교리—'오직 믿음, 오직 은총, 오직
성서'—가 자리했고 역할 했음을 비판적으로 성찰하기에 이르렀다. 사
실 루터 당시부터도 이런 우려가 있었고 조짐역시 없지는 않았었다. 루
터 생전 봉건제후들 편에 서서 농민운동을 제압하는 일들이 발생했으
며 사후 그의 칭의론을 비판했던 경건주의 사조를 비롯하여 루터에 반
(反)한 개신교 내 여러 종파가 생겨났던 것이다.5 사실 구원비용이 가
톨릭교회에 비해 상대적으로 적게 든다는 경제(실용)적 이유로 개신교
로 이적한 사람들 숫자도 적지 않았었다. 이런 연유로 루터 파에 속하는
20세기 신학자 본회퍼는 덴마크 신학자 키에르케고어를 따라 대표되
는 '오직 믿음'에 이의를 제기하였다.6 루터가 이 시대에 살았다면 '오직
믿음'이란 말을 거뒀을 것이라 한 것이다. 루터가 말한 '두 왕국설' 역시
비판의 대상이 되었다. 목하 개신교의 병폐로서 나타난 종교개혁 신학
의 보수성과 배타성이 모두 이에 근거했다고 보았던 탓이다. 비록 정교
가 일치된 중세기적 상황을 극복함에 있어 면죄부 판매를 야기 시킨 '공

---

5 실제로 루터 死後 개신교는 구(舊)정통주의라 불릴 만큼 교리주의를 표방하며 과거로
회귀했었다. 그래서 17세기 초 중반 경건주의자들은 '루터의 칭의(稱義)는 거짓이며 자
신들이 강조한 중생(重生)이 진실'이라며 루터를 비판하였다.

6 D. 본회퍼, 『저항과 복종』, 236-237. "오늘은 종교개혁일입니다. 바로 우리 시대와 같은
현실에서 시사하는 바가 큰 날입니다. 루터의 행위로부터 나온 결과 왜 그가 원했던 것과
정반대의 것이 되어버렸고, 그의 말년을 황폐케 하였으며 평생 역작마저도 의심스럽게 만
들었는지 의문으로 남습니다…. 키에르케고어는 이미 100년 전 루터가 이 시대에 살고 있
다면 당시 말했던 것과는 정반대의 것을 주장할 것이라 했습니다. 그것은 옳습니다."

로' 사상의 폐해를 극복하는 과정에서 그 의미와 역할이 작지 않았겠으나 루터 신학의 근간을 이루는 신학원리들 역시 우리 시대의 정답이 될 수는 없는 법이다. 이 점에서 신학의 방법론으로 '문제사적'(problem-geschichtlich) 시각7을 설(說)하며 종교개혁을 지속된 과제로 인식했던 것은 참으로 유의미하다. 신학이란 본래 시대가 직면한 문제를 풀고자 시공간의존적일 수밖에 없고 조건과 상황이 달라지면 신학 역시 달라질 수밖에 없는 바, 목하 상황이 종교개혁 당시와 많이 달라진 탓이다. 신학의 언어를 '그렇지만, 그렇지 않는'(it is but, it is not)의 이중성을 띤 은유(Methaphor)8로 보는 것도 일정부분 동일한 이유에서다. 따라서 탈현대, 즉 기독교 이후 시대를 살고 있는 현실 더구나 비서구적인 아시아적 정황에서 무엇보다 개신교회는 물론 '신학'자체의 패러다임 변화가 요구되는 현실에서 16세기 루터가 선포한 종교개혁 3대원리가 불변적 답일 수는 없는 노릇이다. 필자가 본고의 제목을 종교개혁 신학에 대한 '메타(meta)비판'이라 명명한 것도 이런 연유에서다.

주지하듯 종교개혁 신학은 중세기를 극복하는 과정에서 비롯했다. 일천 년 이상 지속된 중세 가톨릭신학이 동터오는 근대적 세계관과 조우할 수 없었던 탓이다. 물론 루터의 종교개혁 역시도 돌발적인 사건은 결코 아니었다. 교회 건축을 위한 면죄부 판매가 도화선이었으나 오캄

---

7 이 역시 스승 프릿츠 부리 교수의 교의학 서술 방법론이다. 필자는 이 방법에 근거하여 19세기 신학자를 연구하여 박사논문으로 제출한 바 있다. 이런 방법론으로 저술된 부리교수의 교의학 전 3권은 스위스 베른 소재의 Paul Haupt 출판사에 간행되었다. *Dogmatik als selbstverständnis des Glaubens*, 1(1956) · 2(1962) · 3(1978).

8 S. Mcfague/정애성 역, 『은유신학: 종교언어와 하느님 모델』(다산글방, 2001). 바젤의 신학자 H. 오트 역시 신학은 '역사성'과 '공간성'의 산물임을 역설했다. 그것이 베드로 전서 3장 14절 이하에서 말하는 신학 함에 있어 온유한 길이라 한 것이다.

등 유명론자들에 의한 토미즘 사조에 대한 도전에서 비롯했고 그 결과
들이 응축되었기에 가능했던 일이었다.9 자연보다 인간 의지(아우구스
티누스)가 더 중요했고 보편보다 개체가 더 소중해진 시대 인식과의 만
남의 결과라 할 것이다. 나아가 히브리적 풍토에서 생겨난 초자연적 신
관이 아리스토텔레스의 자연관과 결별하고 독일 신비주의 풍토에서 토
착화된 것이라 말할 수도 있겠다. 하여 종교개혁의 원리였던 3개의 '오
직' 교리 무엇보다 '오직 은총'이 자연을 수동적으로 여기는 기계론적
세계관을 강화시켰다는 말도 틀리지 않다.10 따라서 루터의 종교개혁
이 개신교를 반(反)생태적 종교로서 자리매김하는 결정적 근거를 제공
했다 할 것이다. 말했듯이 두 왕국설에 근거한 정교분리 역시 개신교를
영육(靈肉)이원론적 종교로서 비(非)정치화시킴에 있어 크게 일조했
다. 후기 칼빈 신학에 이르러 다소 달라지나 이 땅의 다수 개신교 신학
은 여전히 4영리(四靈理)에 터해 있으며11 국가 권력에 순응하는 방식
으로 정치적 보수성을 자신들 정체성으로 삼고 있다. 정치적 현안을 종
북/좌빨의 논리로 조망하며 이념분쟁을 확대 재생산하는 집단이 개신
교 교회인 것도 놀랍지 않게 되었다. 이런 정치적 보수성에 더해 종교적
배타성 역시 개신교의 아이콘이라 할 것이다. 예수(이름) 이외에는 구

___

9 길희성, 『신앙과 이성사이에서』(세창 출판사, 2015), 112 이하 내용 참조.
10 R. 호이카스, 『종교개혁과 과학혁명, 솔로몬 1992. D. 린드버그/이정배 외 역, 『神과
　자연- 기독교와 과학 그 만남의 역사』상권 (이화여대 출판사, 1994), 255-267 참조.
11 한인철, "종교개혁에 터한 한국 개신교 신앙양식의 허와 실", 기독자교수협의회, 2012년
　11월 16일(금) 미간행 논문. 3. 四靈理의 원리를 요약하면 다음과 같다. 1. 하느님은
　당신을 사랑한다. 2. 사람은 죄에 빠져 하느님을 떠나있다. 3. 예수 그리스도만이 사람의
　죄를 해결할 수 있다. 4. 누구든 예수 그리스도를 구주로 영접해야 구원받을 수 있다.
　이 글은 최근 출판한 저자의 책 속에 편입되었다. 『예수, 선생으로 만나다』(청송,
　2016), 20-25 참조.

원이 없다하며 교회만을 은총의 기관이라 믿은 채, 문자(성서)적 근본
주의에 함몰되어 반(反)이성과 초(超)이성 간의 전(前)/초(超)오류를
거듭 발생시키는 탓이다. 기독교 밖 종교를 악의 축(軸)이라 여기는 정
서 역시 우리 사회의 걱정거리가 되고 있다. 소위 기독(자유)당을 창당
하여 개신교인들의 결집을 호소하는 정치 행위가 공공연해졌기 때문이
다. 나아가 자본주의를 잉태한 기독교가 오히려 자본주의에 잠식당한
현실이 너무도 위태롭다. 목사의 크기가 교회의 크기로 평가될 만큼 교
회는 성장주의에 빠졌고 복음을 자본주의적 논리로 재탄생시켰다.[12]
죄를 용서받는 믿음이 돈(헌금)과 유관하게 되었으니 개신교의 믿음이
중세의 면죄부와 다를 수 없게 되었다. 제 종교 중 성직자들 간의 분배
문제가 불균형한 집단 역시 개신교인 것도 부정할 수 없을 듯싶다. 과거
가톨릭교회가 로마를 복음화하지 못하고 오히려 로마화되었듯이 개신
교 역시 자본주의를 복음화하기는커녕 자본주의로 덧입혀졌으니, 더구
나 이 일이 개신교 신학 원리와의 유관함이 밝혀졌던 탓에 종교개혁 신
학원리가 재(再)사유되는 것은 지당할 수밖에 없다.

　이처럼 개신교를 탄생시켰던 3개의 '오직' 교리는 그 부작용으로 인
해 다시 검증되어야 마땅하다. 종교개혁(신학) 역시도 시대의 산물인
탓에 당대의 물음에는 답이었겠으나 기독교 이후 시대(Post christian
Era)에 이른 지금 인간 이해를 비롯하여 자연, 정치 영역에서 그 역할을
잃었다. 포스트모던 철학자들이 말했듯 현실에서 실패한 이념은 아무
리 위대해도 역사 속에서 높게 평가되기 어려울 것이다. 개신교를 역사
의 퇴물로 만들지 않으려면 500주년을 맞는 이 시점에서 자신의 존재

---

12 이와 관련된 책으로 다음을 보라. 이후에도 많이 인용될 자료이다. 성정모/홍인식 역,
　『시장, 종교, 욕망』(서해문집, 2014), 1장(신학과 경제)을 보라.

기반을 허물고 재구축해야 옳다. 그렇기에 이 시점에서 개신교회는 자신이 처한 상황을 바르게 이해해야 한다. 과거 루터 신학이 천 년을 지속한 중세 가톨릭교회의 타락상과 맞서 이룬 결과라면 목하 지금의 상황은 그 칼날을 자본주의에 함몰된 자기 내부로 돌려야 마땅하다. 이를 위해 당시 상황에서 로마서를 독해한 종교개혁자들의 시각으로부터 개신교 신학은 해방될 일이다.13 중세 가톨릭교회의 병폐를 치유할 목적으로 3개의 '오직' 원리가 만들어졌고 이것 모두가 아우구스티누스로부터 루터에 이르는 소위 종교개혁가들에 의한 로마서 독해의 결과였기 때문이다. 16세기 정황에서 로마서가 그리 읽힌 것은 당연한 일이겠으나 500년이 지난 지금 그것을 그대로 답습할 이유가 없다. 그것이 16세기의 해답일 수는 있겠으나 우리 시대를 위한 답이 될 수는 없는 노릇이다. 오히려 자신들 처한 문제 상황(Context)에서 예수가 답인 이유를 철저하게 되묻는 것이 신학의 본질이자 사명이기 때문이다. 종교마저 삼키는 초국적 자본주의 체제하에서 로마서는 당시와 달리 정치적으로 해석될 필요가 있다. 인류 역사를 24기간으로 축약할 시(時), 현재로부터 59초 전에 발생한 자본주의가 인간과 자연을 황폐화했고 종교마저 변질시킨 현실에서 반(反)유대(율법)적이며 내면적이고 사(私)적인 로마서 독해는 충분치 않을 뿐더러 정당치도 않다.14 그럴수록 역사적 예수 연구가들의 바울 해석, 즉 하느님 의(義)에 대한 정치적 독해가 요청되고 있다. 이 시대의 제국인 자본주의 체제를 넘어설 목적으로 로마서의 주제인 칭의(稱義)를 정의(正義)의 차원에서 달리 이해하라는 것이

---

13 마커스 J. 보그·존 도미닉 크로산/김준우 역, 『첫 번째 바울의 복음』(한국기독교연구소, 2010), 211 이하 내용.
14 앞의 책, 9-10. 150-151.

다.[15] 바울의 칭의론이 예수의 하느님 나라(하느님 義) 사상과 맞물려야 될 주제란 말이다. 로마서가 유대적 전통(구약성서)과의 연장선상에서 당대 '제국' 현실과의 정신적일뿐 아니라 정치적 투쟁의 책으로 읽혀져야 한다는 뜻이다. 이처럼 역사적 예수 연구가들은 로마서가 자본주의와 맞설 수 있는 정치 신학적 시각을 제공할 수 있다고 보았고 그로써 자본주의와 담론 투쟁을 시도했다. 그렇기에 이들은 종교개혁 500주년을 맞으면서 종교개혁자들의 로마서 이해로부터 자유할 것을 주장하였다. 역사적 예수의 삶이 그랬듯이 바울 역시도 성전 및 제국신학에 맞설 목적으로 그리스도 담론을 성립시켰다고 보았기 때문이다. 루터가 시편 연구를 통해 하느님 의를 발견하여 로마서를 반(反)율법(유대)적으로 읽었다면 루터 교회에 속했던 본회퍼가 시편 명상을 통해 하느님의 법(法)자체를 은총이라 여기며 루터를 넘고자 한 것은 흥미로운 대조라 할 것이다.[16] 하느님의 의가 세상과 하느님 왕국을 양분했던 종교개혁가들의 시각 즉 칭의의 관점에서만 이해될 경우 개신교는 사영리가 적시하듯 정확히 사적, 내면적, 반(反) 정치적 색조를 벗을 수 없고 정교(政敎)분리하에 자본주의에 기생, 공존하는 운명으로부터 출애굽할 수 없을 것이다. 이상과 같은 전이해를 근거로 본고는 다음 순서에 의거, 각 주제를 정교하게 구체화시킬 생각이다. 우선 이어지는 글에서는 두 번째 종교개혁이 맞닥트려야 할 실체로서 자본주의 실상을 적시하고 그와 중첩된 개신교의 교리 체계를 살펴볼 것이다. 특별히 해방신학의 관점을 빌어 부르주아적 종교가 된 개신교의 타락상을 드러낼 것

---

15 A. 바디유/현성환 역, 『사도바울-새로운 보편주의 윤리를 찾아서』(새물결, 2008).

16 D. 본회퍼/김찬종 역, 『시편 명상』(열린 서원 2005), 123-124. 본 책에 실린 시편 119편에 대한 주해전체를 참고할 것.

이다. 이어서 3개의 '오직' 교리의 재구성을 통해 이런 개신교의 실상을 극복할 여지를 논할 생각이다. 무엇보다 '오직 믿음'이란 말의 어원과 뜻의 고찰을 통해 칭의(稱義)를 정의가 이뤄지는 화해(평화)의 지평으로 확장시킬 수 있다고 믿는다. 나아가 '오직 은총'을 종래처럼 자유의지, 이성 등과의 반대 개념으로서가 아니라 세상 법(法)에 대한 하느님 義(정의)의 우선성으로 이해코자 한다. 이를 위해 원죄론에 대한 비판이 중요하다. 여하튼 자본주의를 부추기며 그에 기생하는 실정법에 대한 비판이 본 항목의 주요 내용이 될 것이다. 마지막 '오직 성서'를 다루면서 필자는 자본주의적 욕망을 부추겨왔던 근본(문자)주의에 대한 비판은 물론 성서의 범주 자체를 확장시킬 생각이다. 성장(축복)지향적인 자의적 성서해석을 의심의 눈(觀)으로 비판함은 물론 하느님 계시를 이웃 종교는 물론 우주 자연의 영역에로까지 살펴서 읽고자 한다. 칭의를 정의(正義)의 차원과 연루시켜 JPIC 신학을 실현시킬 목적에서이다.[17] 본고의 마지막 장에서는 지나쳐서 문제가 된 3개의 '오직' 원리와 달리 역사 속에서 옳게 실행된 적 없었던 '만인제사직'론에 근거하여 교회의 급진적인 변화 가능성을 제기할 생각이다. 탈성직은 물론 탈성별 나아가 금수저/흙수저 논란이 가시화된 현실에서 탈계급의 주제 역시도 교회론의 중요 과제로 여길 일이다. 이렇듯 3개의 '오직' 교리에 대한 메타비판을 통해 정작 묻고자 했던 것은 '교회란 무엇인가?'라는 주제로서 그 형태 또한 얼마든지 달라질 수 있고 달라져야 한다는 것이 개신교 신학자로서 필자의 소견이다. 하지만 이미 대형 교회들에게 만연된 3

---

17 칼 폰 봐이젝커/이정배 역, 『시간이 촉박하다』(기독교서회, 1987). JPIC를 제안하여 성사시킨 공로로 봐이젝커는 바젤대학교 신학부에서 명예박사학위를 받았다. 이 자리에서 봐이젝커는 "분배문제의 불균형, 핵무기의 과다보유 그리고 생태계 파괴 등의 문제가 해결되지 않는 한 기독교의 구원, 즉 기독교 정신은 아직 요원하다"라고 진술했다.

개의 '오직' 교리는 자신의 성장 욕망을 위해 지켜야 될 보루이지 비판의 대상일 수 없다. 자본주의 체제하에 머물며 사영리식의 신앙관을 그와 짝하는 도구로 삼을 뿐이다. 이 점에서 '작은교회가 희망이다'라는 말은 이에 명백히 반(反)하는 것으로서 결코 허황된 구호일 수 없으며 새로운 공동체가 되겠다는 열망의 표현인바, 작고 다양하며 각자의 카리스마를 지닌 교회 공동체를 이 땅에 가시화시키는 수단(동력)이라 할 것이다. 이 점에서 3개의 '오직' 교리의 비판적 재구성은 탈성장, 탈성직, 탈성별 나아가 탈계급을 지향하는 시대 적합한 '작은교회론'의 신학적 배경이 될 수 있을 것이다.

1. 개신교가 직면한 21세기 한국적 현실
: 자본(주의)화된 기독교, 기독교화된 자본(주의)

자본주의 체제 밖에서 산다는 것은 현실적으로 불가능한 듯 보인다. 자본주의 체제를 비판하는 사람들조차도 그 틀에서 허우적거리며 살고 있으니 비판은 가능한데 대안 찾기가 어렵다는 것이 중론이다. 무수한 이념들이 역사 속에서 실험되었으나 자본주의는 인간 욕망을 부추겨 종교들마저 삼켜 버렸다. 무엇보다 자본주의를 잉태한 개신교가 철저하게 자본의 종교로 변질되었으니 개신교의 죄가 작지 않다. 나아가 이것이 국가의 경계마저 허무는 초국적 이념이 된 탓에 민족의 생사여탈권 역시도 이들 손아귀에 놓일 정도가 되었지만 주류 개신교 집단은 영혼 구원을 강조한 채 자본주의와 동행하고 있다. 자연을 해치는 4대강 사업을 적극 지지했고 자본에 좌초당한 세월호 비극에 침묵한 주류 개신교회의 현실이 바로 그것이다. 이는 본래 민족의 개화, 독립 그리고 민주화를 위해 이 땅에 존재했던 개신교 본연의 본분과 역할이 망각된 결과이다. 남북대화(협력)에 바탕한 통일에 가장 적대적 세력 또한 개신교인들이란 사실도 우리들 절망을 부추긴다. 개성공단을 폐쇄하고 북한 고립정책을 외교 성과로 치부하는 그 이면에도 시장 자본주의에 대한 과신이 숨겨져 있다. 하지만 빈부격차를 극한 상황에 이르게 했고 중산층마저 무너트리는 금융자본주의에 대한 분노와 저항이 교회 밖에서 세계적으로 시작된 것은 참으로 다행한 일이다.[18] 자본주의 체제에 안주하지 않고 그 밖으로 탈주하려는 숭고한 뜻이 이/저곳에서 실험되고 있다. 정작 그런 시도와 조짐이 개신교계 밖에서 시작된 것이 안타깝지만 그 기운이 점차 우리들 개신교 내부에 스며들어 '작은교회가 희망이다'란 말을 할 수 있게 되었으니 늦었으나 고무적이다. 예수가 선포한 하느님 나라 역시 당시로선 '체제 밖' 사유라 할 것인바, 그때처럼 지금도 하느님 나라 운동이 오히려 교회 밖에서 시작되고 있는 셈이다. 재론하지만 개신교가 대적할 상대는 이슬람교나 동성애자가 아니라 자신이 잉태했으나 인간과 자연을 희생양 삼았으며 급기야 기독교마저 붕괴시킨 자본주의 체제여야 한다. 그렇기에 개신교는 이런 '체제 밖' 대안적 사유를 억압하거나 무시할 수 없고 오히려 적극 권장해야 옳다. 예수 당시 제국(로마)신학에 동조했던 성전신학, 오늘의 말로는 '자본화된 종교'로부터 스스로를 해방시키라는 말이다. 예수 죽음에 동조한 성전신학에로의 변질을 개신교는 크게 두려워해야 마땅하다. 이런 맥락에

---

18 김동진, 『피케티 패닉-21세기 자본론을 둘러싼 전 세계 논쟁지도』(글 항아리, 2014). 안재욱 외, 『피케티의 '21세기 자본' 바로읽기』(백년동안, 2014). 장하성, 『왜 분노해야 하는가?- 한국 자본주의 2』(헤이북스, 2015).

서 필자는 본고 첫 장의 내용을 다음 3단계로 채우고 싶다. 첫째는 자본
주의의 발흥을 개신교와의 연관 속에서 살필 것이고[19] 둘째는 목하 자
본주의가 스스로 종교화되어 개신교를 잠식시키는 구조를 볼 것이며[20]
마지막으로 자본주의가 초래한 지구적 차원의 생태계 파괴 및 세계적
규모의 불평등에 대한 이 땅의 분노와 저항을 두 번째 종교개혁의 주제
로 수용해야 할 정당성을 약술코자 한다.[21] 종교개혁 500주년을 맞는
개신교의 과제가 자본화된 기독교, 기독교화된 자본주의와의 싸움인
탓이다.

　개신교와 자본주의와의 상관성은 막스 베버의 저서『개신교 윤리와
자본주의 정신』을 통해 널리 알려져 있다. 물론 본 주제는 종교개혁자
루터보다는 칼빈 그리고 이후 청교도 운동과 더욱 밀접할 것이나[22] 이
들 간의 유사성에 주목, 개신교로 통칭하여 자본주의와의 상관성을 정
리할 수 있겠다. 목하 한국교회의 다수가 루터주의보다 예정론에 입각
한 칼빈주의의 지대한 영향력하에 있는 것도 사실이나 그의 예정론이
오히려 3개의 '오직' 교리를 강화시킨 탓에 그리해도 무방할 것이다. 주
지하듯 베버는 예정설과 금욕주의 그리고 만인제사직에 연원을 둔 직
업적 소명을 근대자본주의의 출현의 에토스라 여겼다.[23] 믿음으로 구
원을 얻는다 했으나 실상 인간은 자신의 구원을 갈급해하며 그 불명료
성에 고통하는 존재이다. 현실 속 자신의 모습을 보면 예나 지금이나

---

19 R. H 토니/고세훈 역,『기독교와 자본주의의 발흥』(한길사, 2015) 참조.
20 이에 관해서는 성정모, 위의 책『시장, 종교, 욕망』을 참조하여 재(再)서술할 예정이다.
21 이에 관해서는 장하성의 위의 책『왜 분노해야하는가?』을 참조하여 서술할 것이다.
22 R.H 토니, 위의 책, 30
23 앞의 책, 30-31, 192.

구원받았다는 것을 보증할 수 없는 까닭이다. 이것이 대상적(*fides quae*) 신앙을 주관적(*fides qua*) 신앙으로 전향시킨 개신교적 운명이자 현실이 었다. 루터가 이를 오직 은총의 결과로 본 것에 비해 칼빈은 예정론을 통해 인간 구원의 확실성을 강화시켰고 그 결과가 세상 속 '성취'로서 나타난다고 가르쳤던 것이다. 이 경우 세속적 성취는 자신만이 아니라 근원적으로 자신을 선택한 신(神)을 위한 것이었다. 그럴수록 세속적 성취를 위해 인간은 자신의 직업을 소명(召命)이라 여겼고 낭비를 적 으로 볼만큼 금욕적 삶을 살아야 했다. 이런 종교적 에토스로 인해 자본 주의가 탄생되었다는 것이 베버의 중론이었다. 자신을 은총으로 선택 (예정)한 신에 대한 의무가 세속적 직업을 소명으로 알고 자신의 의무 를 완수하는 일과 동일시되면서 노동은 신성시되었고 일체 상업 활동 역시 영적 가치를 지닐 수 있었다.[24] 그렇기에 근면과 절제로 인한 부의 축적을 도덕적으로 정당화했고 세속적 성공 역시 신에 의한 선택의 일 차적 징표로 여겼으며, 반면 이웃을 위한 선행(善行)은 자신의 구원을 증명하는 부차적인 매개물이 되었다. 감리교 창시자 웨슬리가 "가능한 한 많이 벌어 저축하되 그 부(富)를 남과 나누라"고 말한 것도 맥락이 같다.[25] 이처럼 개신교는 은총과 예정론에 의거해 구원의 확실성을 경 제적 관점과 강력히 연계시켜 자본주의를 발흥시켰다. 개신교의 내면 적 가치가 자본주의 정신을 구축한 탓에 자본주의는 실제로 개신교 신 학의 사회적 대응물로 자리 잡았다. 그렇기에 자본주의는 본래 오늘과 같은 탐욕의 이념은 아니었다. 하지만 사적 이익 추구가 인간 본성으로

---

24 앞의 책, 31. 이정배, "노동의 철학적 신학적 기초", 『현대이후주의와 기독교』, 이은선, 이정배 공저 (다산글방, 1993), 66-69
25 앞의 책, 288. 이곳에 인용된 감리교 창시자, J. 웨슬리의 논문 '돈의 사용'을 보라.

이해되면서 기존 종교적 덕목이 현실에 상응치 못했다. 이로써 자본주의 역시 달리 발전, 진행될 수밖에 없었으나 개신교는 정작 이를 계도(啓導)할 힘을 잃고 말았다.[26] 교회가 주변화되는 계몽주의적 상황과 맞물리면서 자본주의가 초래한 구조적 문제들에 신학적으로 대응치 못한 결과였다. 한국교회 현실이 그렇듯 자본주의의 구조 변화에 대응할 수 있는 신학적 틀을 만들지 못한 것이다. 오히려 당시 교회는 개신교를 사적(개인적) 종교로 이해하여 사회경제적 주제들과 절연(絶緣)시키는 오류를 범했다.[27] 이는 종교개혁 이후 개신교 신학의 첫 번째 타락이자 왜곡이라 칭(稱)할 수 있다. 하지만 이런 경향성이 종교개혁 원리 속에 이미 내재해 있었다고 보는 것이 옳다. 3개의 '오직' 교리가 인간의 수동성을 부추겼고 중세의 유기체성을 해체시켜 심신 이원론에 기초한 기계론적 자연관을 추동시켰기 때문이다.

이처럼 경제와 종교가 별개의 주제가 되면서 부에 대한 욕구, 소유에 대한 탐욕이 자본주의의 본질처럼 여겨졌다. 경제가 종교 법정으로부터 자유롭게 된 탓에 경제적 이기심 그 자체가 도덕적 법칙이 되어버렸기 때문이다. 당대 교회들 역시 이성의 빛에 의거, 최대의 이익을 추구하는 것을 신적 법칙이라 여길 정도였다.[28] 아담 스미스가 말한『국부론』의 핵심 개념, '보이지 않는 손' 역시 바로 인간의 이기적 본성을 긍정하는 논리로 오용되었다. 하지만 이 과정에서 소수의 풍요가 다수의

---

26 앞의 책, 32.

27 앞의 책, 38. 여기서 저자 R.H. 토니는 영적 유기체성에 토대한 중세기독교 정신에로의 회귀를 말하나 필자는 이에 동의하지 않는다. 중세기적 세계관이 자본주의 폐해를 극복할 대안이 될 수 없다고 판단하기 때문이다. 일전에 저자는 필자가 공동대표로 있는〈열린 포름〉에 초대되어 이런 입장을 표명했었고 필자와 이를 주제로 논쟁하였었다.

28 앞의 책, 376.

빈곤을 전제로 한다는 역설을 발생시켰다. '보이지 않는 손'에 의해 움직여지는 시장이 정작 다수의 고통을 만들어 냈던 것이다.[29] 경제적 이기심이 모두에게 동일한 열매를 가져다줄 수 없다는 반증이었다. 부와 소득의 지나친 편중을 고발한『21세기 자본론』의 저자 피케티의 최근 주장은 이를 여실히 증명해 주었다.[30] 하지만 이런 모순에 대해 개신교는 해결할 능력을 잃었다. 이미 오래전에 사(영)적 종교로 전락해 버린 탓이다. 그럴수록 역설적이게도 개신교 역시 하느님 신앙 대신 돈(富)을 숭배하고 신격화하는 욕망의 노예로 변해갔다. 자본주의에 기생하는 과정에서 어느 순간 종교(개신교)와 자본주의와의 구별 자체를 실종시킨 것이다. 근본적으로는 자본주의 자체가 종교(개신교)처럼 기능한 탓일 수도 있겠다. 이는 개신교 타락의 다른 일면으로서 두 번째 종교개혁의 과제를 제공한다. 본회퍼가 지적했듯 ─칼빈의 경우는 다소 다르겠으나─ 세상을 상대화시킨 루터의 두 왕국설에 실상 근원적 책임이 있다.[31] 교회와 국가, 신앙과 정치 등, 나눌 수 없는 것을 분리시켰으나

---

29 장하성, 위의 책, 301.

30 김동진, 위의 책, 19. 이 책에서 피케티는 전 세계 차원에서 0.1%와 99.9%의 소득(자본) 불균형을 말하고 있다. 한마디로 초부유층의 사회포획 현상을 비판적으로 적시했고 이런 현상이 지속될 경우 자본주의 체제 자체가 붕괴될 것이라 하였다. 피케티 역시 자본주의 체제 자체를 부정하고 있지는 않았으나 EU를 탈퇴한 영국의 경우에서 드러나듯 초부유층이 사회포획 현상이 멈춰지지 않을 시 인류 전체가 위기를 맞을 수 있다고 경고하였다.

31 박준철, "유럽사에서 종교개혁의 의미와 한계-루터파를 중심으로", 기독자교수협의회, 2012, 12.6(금), 미간행논문, 6-9. 근대 역사학의 아버지라 불리는 랑케는 서양사에서 가장 영향력을 미친 성서구절로서 누가복음 20장 53절-하느님의 것은 하느님에게, 가이사의 것은 가이사에게'-를 꼽았다. 이것을 종교개혁가들은 국가와 종교 간의 이상적 관계로 삼았다. 류장현, 종교개혁 이후 신학자들의 종교개혁 비판", 기독자 교수협의회, 2012년 12.6(금), 미간행 논문 1-6. 여기서 저자는 종교개혁을 민족주의적 부르주아 혁명, 사회개혁에 미온적인 보수적 신학운동, 배타적 폭력성을 예로 들며 비판했다. 루

결국에는 처음 것을 위해 나중 것을 희생시켰기 때문이다. 마르크스의
'종교비판'과 그것을 해방신학적으로 풀어낸 남미 신학자들의 작업이
이 과정을 명료화했다. 일찍이 마르크스는 자본주의가 잉태한 불평등
을 '노동 소외'라 칭(稱)했고 경제와 종교를 동일 시각에서 비판하였다.
"神을 풍부하게 하기위해 인간은 가난해야 하며 그로써 神은 모든 것이
되고 인간은 無가 된다"[32]라는 포이에르바하의 명제를 다음처럼 뒤집
었다. 즉 "노동은 부자(자본가)에게 많은 기적을 만들어 주나 노동자들
에겐 빈곤을 가져온다"[33]라고. 이로써 경제(자본)와 종교가 결국은 인
간 소외의 두 양상이란 것을 말할 수 있었다. 그렇기에 종교(신)의 폐기
와 자본가가 축적한 사유 재산의 폐기 역시 맞물려 있다. 하지만 마르크
스에겐 언제든 경제적 소외의 극복이 종교적 소외 극복을 위한 선결과
제였다. 남미 해방신학 역시 이런 분석을 따르면서도 자본화된 종교 내
지 종교로서의 자본이란 개념에 주목하였다. 양자 간의 선후보다 한걸
음 나아가 동시성 혹은 동일구조에 초점을 둔 것이다. 이미 신/구교를
막론한 기독교 전체가 자본주의의 옷을 입고 세상을 공멸시키고 있다
는 판단에서였다. 해방신학은 기독교와 자본주의를 다음처럼 중첩시켜
이해했다.[34]우선 인간 욕망을 부추겨 빚내 돈을 쓰도록 만드는 금융 자
본주의가 죄 없이는 존재할 수 없는 개신교적 구원시스템과 비교되었
다.[35] 빚 없이는 자본주의가 유지될 수 없듯이 아우구스티누스 이래로

터교회는 결국 귀족과 중산층의 이해관계를 대변하는 종교로 변질되었다는 것이다. 이
점에서 본회퍼가 '두 왕국'설을 비판하며 기독교인에겐 하나의 현실만이 있다고 본 것은
탁견이다. D. 본회퍼, 『윤리학』, 52.

32 L. Feuerbach, *Samtliche Werke*, hg. v. W. Bolin, Bd. 6(Stuttgart 1961), 32.
33 *Marx-Engels-Werke, Ergaenzungsband* 1. (Berlin: Dietz Verlag, 1968), 512-513
34 성정모, 위의 책, 152-165
35 실제로 필자가 속한 감리교단의 경우 교회 건축을 위해 진 빚이 총체적으로 2조가 넘는

원죄(原罪)사상은 교회 존재의 필연조건이었던 것이다. 이런 과정에서
자본주의는 불가피한 희생을 당연시했고 개신교 역시 이분법적 도식에
근거, 죄인을 양산해 왔다. 죄(빚)가 많은 곳에 은혜(돈)가 더한다고 가
르치면서 말이다. 이와 함께 예수 죽음이 대속적인 결정적 희생이었듯
이 자본주의 역시도 시장 자율성으로 일체 난관을 해결할 수 있다는 환
상을 심어 주었다. 이는 분명 개신교의 구원이 시장체제의 초월성으로
둔갑된 결과였다. 시장의 이름하에 희생을 요구하는 자본주의가 기독
교적 구원 시스템 속에서 작동했다는 말이다. 따라서 신자유주의 체제
하의 경제학자들이 기독교적 가치(구원)를 이용하고 있는 것은 결코 우
연일 수 없다.[36] 개신교 신학구조 자체가 자본주의 체제 모순을 은폐,
극복할 수단으로 오용될 여지를 남긴 탓이다. 이로써 기독교 역시도 시
장을 위해 봉사하는 지경에 이르렀다. 이런 의미에서 해방신학은 일종
의 '신학의 해방'[37]으로서 개신교적 입장에서 볼 때 새로운 종교개혁이
라 일컬을 만하다. 필자가 가톨릭 교종을 우리 시대의 루터라 여기는
것도 이런 연유에서다. 이 경우 두 번째 종교개혁은 일차적으로 가난한

다고 한다. 이를 위해 매달 지불되는 이자만도 수백억에 이르니 교회가 돈을 욕망하지
않을 수 없고 그럴수록 죄와 구원이 자본의 논리와 연루될 수밖에 없을 것이다. 교회 헌
금이 곧바로 빚의 이자로 사용되는 현실이 종교와 자본의 상관성을 여실히 보여준다.
이를 감당 못해 매물로 나온 교회 수가 수백 개에 이른다는 것도 같은 맥락에서 이해될
수 있겠다.

36 성정모, 앞의 책, 158.

37 이 점에서 한국 신학계와 교회에서 목회(심리)상담에 집중하는 현실이 비판되어야 한
다. 이런 현상은 일정부분 신학의 해방에 오히려 역효과를 낼 수도 있다. 심하게 말해
자본주의와 공모하는 학문이라 칭할 수 있겠다. 이런 현상을 신학자 존 캅은 '영적 파산'
란 말로 이해하기도 했다. 교종은 『복음의 기쁨』에서 이를 영적 세속성이라 일컬었다.
존 캅, 『영적인 파산』, 박만 역 (한국기독교연구소, 2014), 25-30. 이정배, 『신학, 타자
의 텍스트를 읽다』, 73-74.

자, 극단적 불평등 구조에 내몰린 사람(희생양)을 양산하는 자본주의 체제에 대한 거부이자 이를 작동시켜 면죄부를 주는 기존 신학에 대한 부정을 일컫는다. 이미 교종이『복음의 기쁨』을 통해 신/구교를 막론한 정통/이단의 결정적 기준으로서 '가난한 이들 편들기'라 한 것을 기억할 일이다.38

이로써 본장의 세 번째 주제에 이르게 되었다. 목하 한국 사회는 '피케트 페닉'란 말이 나올 만큼 그의 책『21세기 자본』에 열광했었다. 그에 앞서『정의란 무엇인가?』란 M. 샌들의 책이 그 어느 나라에서보다도 많이 읽혀지기도 했다. 이는 불평등 구조에 대한 분노가 임계점에 달했다는 반증일 것이다. 삶을 달리 꿈꿀 수 없게 만드는 자본의 횡포에 더 이상 굴복치 않겠다는 의지 표현이기도 했다. 이 글을 쓰는 시점에도 흙수저로 태어난 이 땅의 가난한 청년의 안타까운 죽음에 대한 공감대가 확산되고 있다.39 돈 때문에 수백의 생명을 수장시킨 세월호 참사에 대한 분노가 이를 계기로 다시금 확산된 결과라 하겠다. 이렇듯 미국 월가에서 시작된 반(反)자본(시장)주의에 대한 여파가 이곳까지 미쳐 불평등을 심화시킨 자본주의에 분노, 저항할 것을 지적으로 호소하는 학자들도 생겨났다.40 강요된 자본의 틀이 자신을 피해자이자 가해자로 만드는 현실인 것을 여실히 자각하라는 것이다. 체제에 순응하는 긍정적 노예가 되기보다 새로운 세상을 꿈꾸라 한 것이다.41 즉 잉여세대

---

38 한국천주교회 주교회의 편, 위의 책, 158. 이는 '가난' 그 자체가 신학범주인 것을 천명하고 있다.
39 그 대표적 사례가 구의역 참사라 할 것이다. 비정규직 청년의 안타까운 죽음에 대한 애도와 추모의 글들을 보라. 장례 후 별도로 모아 보관한다고 하니 다행한 일이다.
40 장하성, 위의 책, 9장 참조.
41 앞의 책, 393.

라 자조하지 말고 N포라는 슬픈 선택을 하는 대신 왜 불평등해졌는가
를 정확히 묻고 세상을 바꾸라 명령했다. 본래 성서가 말하는 하느님
나라 사상 역시 '체제 밖' 사유였다. 후술하겠으나 제국과 성전 중심의
가치체계와는 다른 삶의 양식이 있다는 낯선 가르침이었다. 따라서 세
상을 달리 만들려는 젊은이들에게 기독교, 즉 성서의 가르침이 반드시
작동 되어야만 했다. 하지만 영적 구원을 강조한 채 자본주의가 추동하
는 모방욕구에 부응하는 성장 지향적 개신교 교회로서는 격세지감이
크다. 청년들이 교회의 가르침에 목말라 하지 않고 오히려 개독교로 칭
할 정도가 되었다. 한국의 경우 자본 대물림에 더해 비정규직과 하청노
동이란 구조적 요인 탓에 불평등의 심화 정도가 세계 최고가 되었음에
도 교회는 소리조차내지 못한다.[42] 비정규직을 가장 많이 고용한 대기
업 회장이 연간 몇 백억을 헌금하는 대형 교회 장로라는 것도 기막히다.
그렇기에 정부와 대기업, 나아가 개신교가 삼위일체가 되어 구조 아닌
개인을 탓했고 분배가 아니라 성장을 논했으며 그리고 사회구원이 아
니라 사적(영적) 구원을 역설한 결과이다.[43] 이로써 한국 개신교는 결
국 자본주의 구조 속에 함몰되고 말았다. 하느님 나라에 반(反)하는 체
제순응적인 가치체계로 작동한 결과였다. 자본(주의)의 종교화와 종교
의 자본(주의)화가 동전의 양면처럼 교회 속에서 상호 얽혀졌던 결과
다. 종교개혁 당시 면죄부를 파는 가톨릭교회보다 '오직 믿음'으로, 구
원비용을 적게 한 탓에 사람들이 개신교로 전향했다는 말이 전적으로
옳지는 않겠으나 일리가 있다. 하지만 성장에 목마른 개신교가 지금 오

---

42 앞의 책, 23-28.

43 J. 리프킨/이정배 역, 『생명권 정치학』(대화출판사, 1996). 2부(157-234) 참조. 이
  책에서 근대 서구는 군대와 기업 그리고 기독교(선교)를 삼위일체로 삼아 아시아, 아프
  리카를 서구에 인클로징시켰다고 비판하였다.

히려 과거 가톨릭교회보다 죄를 강조하며 돈을 바라고 있다. 구원비용의 과다 요구로 신도들의 현실적 고통을 가중시켰다. 돈 없이는 눈치보여 교회 나갈 수 없다는 이 시대의 가난한 자(貧者)들의 말을 두렵게여길 일이다. 교회들의 존재이유가 자본주의적 욕망에 면죄부를 주고그 찌꺼기를 치우는 일이 된 것도 반박할 수 없는 말이 되었다. 이런상태에서 개신교회에게 자본주의를 탈(脫)하라는 말, 즉 탈(脫)성장이란 가치는 연목구어(緣木求魚)일 것이다. 성장에 눈먼 개신교회들의 생태적 불감증(生態盲) 역시 도를 넘어섰다. 개신교회가 생태맹이 된 것은 자본주의에 혼을 빼앗겼다는 반증이다. 성장이 끝난 마지막 시대에살고 있다는 문명 전환적 인식자체가 부재한 탓이다. 신생대로부터 생태대로의 전환을 요구받을 정도가 되었으나 4대강을 파헤치고 설악산에 케이블카를 설치하며 올림픽을 위해 수백 년 된 산림을 파괴하는 일에 오히려 적극적이다.44 과거 노아처럼 미래적 대안을 위한 생태적 감수성이 필요 막급한 현실이 되었음에도 말이다. 이처럼 개신교는 자신들 신학(교리)으로 오히려 자본주의를 옹호하며 그 단맛에 길들여져 있다. 욕망지수가 가장 높으나 삶의 질이 최하위의 나라가 이 땅이란 사실역시 자본과 짝한 이 땅 종교들의 무능함의 실상이다. 그럴수록 모두가행복하지 못한 현실에 대한 책임을 개신교를 비롯한 종교에게 물어야옳다. 이 점에서 개신교는 '체제 밖 사유'를 통해 이제 자본주의 체제와맞서야 한다. 예수 제자를 만들지 못하는 교회는 예수를 이념이나 신화

---

44 토마스 베리/김준우 역『신생대에서 생태대로』(에코조익, 2006). 이 책은 이런 식의
정책을 생태맹(生態盲)의 결과라 하였다. 신생대에서 생태대로의 의식전환을 통해 생
태맹이 되어버린 인간을 구원코자 한 것이다. 여기서 말하는 생태대는 기독교적 애니미
즘의 전거로서 대단히 중요한 개념이다. 이정배,『생태영성과 기독교의 재주체화』(동
연, 2010), 52-61, 93-109

로 만들 뿐이라는 본회퍼의 말을 기억하는 탓이다.[45] 그러나 기존 신학 체계를 갖고서는 본 과제는 넘을 수 없는 산이다. 여타 종교들처럼 자본 주의 앞에서 종교개혁 신학의 '오직' 교리 역시 옳게 역할할 수 없었다. 자본과 짝할 수밖에 없는 직간접적인 내적 논리를 자체 속에 담지했던 탓이다. 따라서 두 번째 종교개혁은 개신교마저 삼켜버린 자본주의와 의 투쟁에서 시작되어야만 한다. 이를 위해 역사적 예수연구가들의 말 처럼 종교개혁자들의 시각에서 성서(로마서)를 해방시킬 일이다.[46] 성 서가 집필된 당시 제국(로마)의 정황에서 로마서를 독해할 때 오늘의 제국인 자본주의와 맞서는 대안적 사유 또한 가능하다는 그들 생각에 공감을 표한다.

2. 칭의稱義에서 정의로
: '오직 믿음'에 대한 화해론적 이해[47]

3개의 '오직' 교리를 갖고 종교개혁을 이룬 루터의 신학적 공헌은 아 무리 강조해도 지나치지 않는다. 하지만 루터의 신학적 작업은 이미 중 세 후기 스콜라철학 내부의 논쟁과 맞닿아 있었다. 구텐베르크 활자의 발견과 독일을 중심한 민족의식의 발흥이란 시대적 배경이 '논쟁'을 '개 혁'으로 성사시킨 결정적 도화선이라 할 것이다. 외형적으론 면죄부 사

---

45 이정배, 『고독하라, 저항하라 그리고 상상하라 - 2017년 종교개혁 500년을 앞둔 한국교 회를 향한 돌의 소리들』 (동연, 2013), 67. 본회퍼의 책 *Act and Being*(Harper&Row 1956) 106에서 재인용

46 M. 보그 · 존 도미닉 크로산, 위의 책, 213.

47 앞의 책, 225 이하 내용

건이 원인되었으나 종교개혁은 이성과 신앙의 조합을 추구했던 토미즘 신학체계를 붕괴시킨 것으로서[48]그 시작은 루터보다 2세기 남짓 앞선 둔 스코투스와 윌리암 오캄, 즉 이들 간의 실재론/유명론 간의 논쟁에서 비롯했다. 더욱 소급하자면 중세 후기에 이르러 주지주의(主知主義) 전통의 도미니크 수도회(토마스 아퀴나스)와 주의주의(主意主義) 입장을 따른 프란치스코 수도회(아우구스티누스) 전통 간의 신학적 갈등의 산물인 것이다. 물론 스코투스와 오캄 모두 프란치스코 수도원 소속 신부였으나 본질주의 형이상학을 극복함에 있어 후자가 전자보다 급진적이었고 철저했다. 이성(지성)에 기초한 형이상학적 실재론을 붕괴시킨 오캄의 유명론(Nominalism)과 종교개혁 신학 간의 유사성도 여기서 찾을 수 있다. 주지하듯 보편대신 개체를 앞세운 오캄의 유명론은 신과 인간 이해에 있어 종교개혁 혹은 근대성의 맹아(萌芽)였다. 개별자로서의 신적 의지를 강조함으로써 보편 본질로부터 신을 자유케 했으며 인간 역시 보편규범인 토미즘적 자연법에서 자유한 의지적 존재로 이해했던 까닭이다. 한마디로 신과 인간을 모두 의지적 존재라 했기에 양자를 엮는 토대역시 오로지 의지뿐이었다. 단지 신은 자기 이외의 무엇에도 종속되지 않으나 인간은 절대 자유한 하느님 뜻에 복종할 존재였다. 이처럼 보편적 실재내지 규범을 뒷전으로 물렸고 대신 신의 무한 의지와 개체 인간의 자유를 앞세운 오캄의 사유는 루터 신학의 자양분이 되었다. 자연법을 중시한 존재유비(*Analogia entis*)의 신학, 곧 토미즘 철학과의 철저한 단절이 신앙유비(*Analogia fidei*)라는 신학 원리로 나타난 것이다. 따라서 오캄적 사유는 신학을 객관성, 즉 이성적 합리성과 절연시켰고 동시에 전통, 교리 및 교회적 관습으로부터 해방시켰던바,

---

48 길희성, 위의 책, 100-111.

200여 년 이후 면죄부 사건을 빌미로 3개의 '오직' 원리라는 종교개혁 신학으로 발전되었다. 여기서 면죄부 사건이 중요한 것은 교회 타락의 실상을 드러낸 탓도 있겠으나 더욱 본질적으로 그것이 도덕, 이성 그 무엇이든 간에 아래로부터 신에 이르는 길, 자연법과 연장선상에 있었던 탓이다. 아울러 당시 논쟁하던 율법 중심의 유대주의와의 결별 선언이기도 했다. 여하튼 신앙 우위의 '주의'(主意)적 사유가 이성과 신앙의 종합체계(자연신학)를 허무는 과정에서 면죄부 역시 더욱 강력한 비판의 대상이 될 수 있었다. 여기서 중요한 것은 신학과 현실이 동전의 양면처럼 존재했다는 사실이다. 면죄부가 중세 신학체계 속에서만 가능한 발상이었기 때문이다. 물론 그렇다 해서 토미즘 신학체계가 결코 부정될 수는 없다. 오히려 가톨릭 신학의 '유비'(패러독스)가 개신교의 '변증'보다 더 소중할 수도 있을 것이다.[49] 메타 크리틱의 대상이 된 3개의 '오직' 이론도 역시 동일선상에서 다뤄질 사안이다. 당시 정황에서 종교개혁 원리의 긍정성은 아무리 강조해도 지나칠 수 없다. 하지만 이들 모두가 자본화된 개신교 현실의 이론적 빌미가 되었다는 점에서 공히 함께 비판받아야 옳다. 그렇기에 현실서 실현되지 못한 이념은 비판, 해체되어야 마땅하다는 포스트모던주의자들의 지적을 종교개혁 신학 역시 두렵게 여길 일이다.

불행히도 오감적 사유 한계가 루터의 종교개혁 신학에도 여실히 반영되었다. 신을 이성으로부터 자유케 했던 것은 옳았으나 신비란 이름하에 절대적 자유를 부여한 탓에 신적 전능성, 타자성이 지나치게 강조

---

49 슬라보예 지젝·존 밀뱅크/배성민 외 역,『예수는 괴물이다』(마티 2013), 174-175, 250-251. 여기서 유비는 대립하는 것의 일치를 뜻하는바 패러독스와 동의어로 사용된다.

된 것이다.[50] 신정론 물음조차 성립되지 않을 만큼 그렇게 말이다. 거듭 말하지만 과거 교회와 전통으로부터 탈(脫)하여 신앙의 권위를 신적 의지와 관계시킨 공헌은 부정할 수 없다. 전통보다는 개인적 신앙에게 우선권을 준 것도 신학함에 있어 큰 전환이었다. 하지만 동시에 루터는 역설적으로 신앙과 이성의 이분법을 강화시켰고 세속화를 촉진시켰다. 근대 기계론적 세계관과 종교개혁 신학 간의 상관성이 논해지는 것도 동일한 이유에서다. 이렇듯 무소불위한 신의 전능성이 데카르트의 독아론(獨我論)적 사유의 근간되었던 것도 논외로 할 수 없다. 정치적인 측면에서 교회와 세상을 분리시킨 루터의 두 왕국설 역시 이에 대응, 중첩시킬 수 있는 주제라 할 것이다. 이로부터 루터의 종교개혁 신학은 신앙의 주관화를 초래했다.[51] 개체화된 주체성이 합리성을 난파시켜 주관화된 신앙을 개신교회에 확산시켰던 것이다. 이후 개신교 내에 수많은 교파들이 생겨난 것도 보편적 합리성 대신 주체적 의지가 신앙의 요체가 된 탓이다. 그럼에도 종교개혁자 루터를 주관주의자로 매도하는 것은 결코 옳지 않다. 오히려 루터는 이런 난점을 보완하기 위하여 은총과 성서, 곧 주체적 신앙의 토대이자 객관적 보증으로서 이들을 강조했다.[52] '오직 은총'과 '오직 성서'가 '오직 믿음'의 자의성을 구원할 수

---

50 길희성, 위의 책, 110-111 이로부터 역설적으로 오캄식 사유는 루터를 경유하여 오히려 철학의 세속화과정을 반대급부로 추동했다 종교와 과학의 이분법적 분리도 이로부터 야기된 결과라 할 것이다.

51 앞의 책, 1장 내용. 이 점에서 길희성의 『신앙과 이성 사이에서』는 오히려 가톨릭의 합리주의로의 회귀를 강조한 책이라 할 것이다. 무신론적 진화론이 판치는 현실에서 신적 의지에 기초한 주관주의적 신앙의 무력함을 토로했다. 류장현, 위의 글에서도 종교개혁이 신앙의 객관적 요소를 약화시켰다고 비판했는데 이글에서도 강조되었다. 하지만 필자의 생각은 다르다. 오히려 종교개혁이 더 철저하게 개인화과정으로 나가기를 바랐기 때문이다. 이런 반론에 대해서는 울리히 벡/홍찬숙 역, 『자기만의 신』(도서출판 길, 2013)을 보라.

있는 방패막이였던 것이다. 물론 이 경우도 중세와 다른 점이 있었다. 특히 '오직 성서'를 말할 때도 루터는 성서 자체가 하느님 말씀이 아니라 그 속에 하느님 말씀이 있다'고 말했기 때문이다. 중세 가톨릭교회가 취했던 성서무오설을 인정치 않은 것이다. 행위를 강조한 야고보서에 대한 루터의 저(低)평가가 이를 증명한다. 그럼에도 여기서 우리는 루터 종교개혁 신학에 있어 기계론적 세계관과 짝했던 반(反)자연성 이외에 두 가지 난점을 재차 지적할 수 있겠다. 이 모두는 루터 사유 속의 이분법적 경향에서 비롯된 동일한 양태라 할 것이다. 첫째는 무한하고 신비한 하느님과 개인을 무매개적인 방식으로 결합시켜 놓았으나 동시에 신앙을 성서라는 객관(명료)성에 경계 지웠다는 사실이다.[53] 따라서 신앙과 관계된 신적(神的) 직접성이 성서와 연루되어야 했기에 신앙은 성서의 유일신을 떠나서는 생각할 수 없게 되었다. 신의 직접성을 다양화시킬 여지를 생략, 실종시킨 것이다. 이처럼 루터의 종교개혁은 정통적 가톨릭교회로부터 해방되었으나[54] 성서 의존적인 신앙으로의 회귀를 통해 신앙의 개인화를 실제로 무력화했다. 그로써 신자와 불신자가 나뉠 수밖에 없었고 후자로부터 전자를 지켜내기 위해 루터는 스스로 질서 옹호자가 되어야만 했던 것이다.[55] 이 점에서 그가 당대의 농민운

---

52 울리히 벡, 앞의 책, 149-150.

53 앞의 책, 148-149. 김은수, "종교개혁의 기초 원리로서의 '성경의 명료성'(Claritas Scripturae) 교리와 현대 해석학적 관점에서의 이해와 적용", 〈루터 신학과 한국교회 자료집〉, 미간행 논문(2016년 4월 23일), 31-75

54 이 점에서 종교개혁에 관한 루터의 3대 논문이 중요하다. "독일 크리스챤 귀족들에게 보내는 글', "교회의 바벨론 포로", "그리스도인의 자유"가 그것이다. 첫 번째 글은 독일 귀족들에게 교회 개혁을 호소한 것이며 두 번째 글은 화체설에 근간한 가톨릭교회의 성례전 비판이 골자이고 마지막 논문은 가장 중요한 신학논문으로서 율법에 대한 비판을 담고 있다. 이 세편 논문은 다음 책에 실려 있다. 존 딜렌버거 편/이형기 역, 『루터 저작선』(세계기독교 고전 35. 크리스챤 다이제스트, 1994).

동을 무력으로 진압한 것에 대한 여타 변명은 무의미하다.56 루터 사후 재(再)침례파와 퀘이커 신앙 등이 생겨난 것 역시 우연 아니라 필연이 라 할 것이다. 이들 모두는 신성의 직접성을 더욱 강조했고 제도화된 루터교회에 맞섰던 개신교 내 소종파들이었다. 결국 루터로부터 현대 세계와의 갈등을 유발하는 '신앙유비'(Analogia fidei)란 배타적 신앙구조 가 생겨났던바, 주체적 신앙과 성서(교회) 간의 타협의 결과인 셈이 다.57 따라서 종교 및 가치 다원주의 현실과의 조화 역시 종교개혁 신학 이 풀어내야 할 숙제가 되었다. 두 번째 문제점은 비록 성서의 객관적 명료성으로 회귀하였으되 야고보서에 대한 루터의 저평가에 대한 재고 (再考)이다. 루터에게 있어 성서 중 핵심은 로마서였고 종종 시편이 중 요했었다. 그러나 아브라함의 위대성을 행위에서 찾은 야고보서는 귀 하게 여겨지지 않았다. 루터가 쓴 종교개혁 3대 논문 중 하나로서 신학 적 완결도가 높은 "그리스도인의 자유" 역시 인간 구원에 있어 율법의 무용 내지 무능에 초점을 두었다. 이런 배경 이면에는 일차적으로 로마 교황청의 그릇된 가르침, 곧 행위를 요구하는 공로사상에 대한 부정적 판단이 자리했다. 뿐만 아니라 유일신 종교들 간의 갈등에 있어 한 축인 유대교에 대한 거부감 역시 작용했을 것이다. 반면 '오직 믿음'이란 것 이 율법의 요구, 선행(善行)에 대한 루터 자신의 개인적 체험 곧, 절망 속에서 비롯한 것으로서 인간 역설의 산물이었다. 가장 강하나 십자가

---

55 올리히 벡, 위의 책, 150-151. 박준철, 위의 글, 7-8
56 김주한, "마르틴 루터의 정치신학과 공공성', 〈루터 신학과 한국교회 자료집〉, 미간행논
　 문, 5-14. 참조 여기서 저자는 루터가 특정 편을 든 것이 아니라 하느님 창조질서 보전
　 차원에서 국가를 전복시키려는 농민들을 제압했다고 말하나 루터에게 이미 안과 밖의
　 이분화된 논리가 설정되어 있었기에 이런 일이 가능했다고 보는 것이 옳을 것이다.
57 올리히 벡, 위의 책, 154 이하 내용.

에 달린 신(神)처럼 그렇게 인간 또한 자신(행위)의 무능 속에서만 영적
존재로 나아갈 수 있다고 본 것이다. 그렇기에 율법의 요구로 행해진
일체 행위가 하느님을 부인하는 불신앙과 동일시되었다.58 따라서 그
리스도인의 자유, 곧 '오직 믿음'에 의한 구원은 율법적 행위와는 질적
으로 달라야만 했다. 소극적 자유를 지향한 율법(행위)과 달리 세상을
위해 스스로 종 되는 길을 믿음이라 한 것이다.59 따라서 믿음은 하느님
께 속한 것을 그에게 되돌리는 행위로서 그로써만 의롭게 될 수 있다고
루터는 믿었다. 하지만 여기에도 희랍적인 영육 이원론이 전제되었다.
율법과 믿음의 관계를 영육으로 대별한 것은 성서로 회귀하여 불신자
와 신자를 나누며 개체성(주체성)과 보편성(객관성)을 나눴던 신학적
모순의 반복과 재현일 뿐이다.60이런 분리를 통해 루터는 가톨릭신학
체계를 총체적으로 거부할 생각이었고 유대교의 무능을 적시코자 했
다. 일천 년 중세기를 이끌었던 자연신학 전통을 허물고자 한 것이다.
한마디로 루터의 '오직 믿음'은 면죄부로 귀결된 가톨릭교회의 타락상
에서, 혹은 유대교에 대한 전적 부정 차원에서 로마서를 읽고 해독한
결과라 봐도 좋겠다. 믿음과 율법에 따른 행위를 영육의 차원과 연계시
키는 것은 더 이상 가능치 않다. 바디유가 말했듯 그리스도 사건의 주체
가 될 수 있는가의 여부가 중요할 뿐이다.61 역사적 예수 연구가들이
지적하였듯이 복음서 역시도 이런 분리를 알지 못했다. 우리들 눈앞에

58 존 딜렌버거, 위의 책, 102-103.
59 앞의 책, 95-96.
60 울리히 벡, 위의 책, 150.
61 알랭 바디유·슬라보예 지젝/민승기 역,『바디유와 지젝, 현재의 철학을 말하다』(도서
출판 길 2009), 13 이하 내용. 알랭 바디유/현성환 역,『사도바울』, M. 보그·존 도미니
크 크로산, 위의 책, 280-282 참조.

현존하는 것은 더 이상 타락한 가톨릭교회가 아니라 오히려 자본주의를 빼닮은 타락한 개신교란 사실을 인정할 필요도 있겠다. 그럴수록 '오직 믿음'은 종교개혁자들의 시각을 벗고 로마서가 집필된 당대의 제국의 정황에서 달리 이해될 일이다. 그래야 '사람 잡는 정체성'으로 변질된 개신교의 절대적 배타성 역시 수정될 여지가 생겨날 수 있다.

로마서란 제국시대를 살았던 로마의 교회(인)들에게 자신의 여(女)제자 뵈뵈를 통해 전달한 편지였다.[62] 진정성을 의심받는 여타 바울 서신과 다르게 로마서는 바울 본인의 저술인 것이 분명하다. 역사적 예수 연구가들의 말대로 로마서를 중세가톨릭 아닌 (로마)제국의 정황에서 읽을 때, 책의 핵심이 칭의(稱義)를 넘어 '화해'에 있고 칭의 역시 종교개혁가들과는 달리 이해될 부분이 많다. 최초의 텍스트인 바울 서신과 복음서 간 내용상의 친밀성 역시 이로부터 가능한 일이다. 키에르케고어와 본회퍼가 '오직 믿음'에 이의를 제기한 것도 동일 선상에서 이해할 수 있겠다. 주지하듯 로마서 첫 부분은 인간 양심과 율법의 역할이 총체적으로 실패한 현실에 하느님 의(義)가 새롭게 출현했음을 전한다. 양심이 마비되고 율법조차 무력해진 현실, 그것은 당대 로마제국의 실상이었고 그리스도에게서 드러난 하느님 의(롬 3:21)란 그를 비판, 극복하려는 구원의 방식이었다. 이 같은 제국의 현실에서 바울은 선민(選民)의 표증이었던 유대인의 율법마저 무용지물이 되었음을 아프게 지적했다. 따라서 바울은 하느님 의를 통해 '새로운 인간상(像)'(Sein in Christo)을 구축하여 제국 상황과 맞설 생각이었고 그 역할을 교회(공

---

62 바울서신의 특징 중하나는 바울의 동역자(16명) 중 여성 숫자(9명)가 많다는 점이다. 뵈뵈도 그중 한사람이다.

동체)의 존재 이유라 여겼다. 무엇보다 하느님 의가 실현된 교회 공동체 내에서 모두가 '하나'(한 몸)인 것을 선언(화해론)했던 바, 여기서 중요한 것이 하느님 의에 대한 믿음이었다.63 그러나 강조했듯이 이 경우 믿음은 종교개혁가들이 말했던 '오직 믿음'의 에토스와는 달랐다. 중세 가톨릭이 아닌 로마제국의 상황에서 독해했기 때문이다. 계속 논하겠으나 비폭력이란 말 역시 '의'(義)와 연관된 주제어로서 '믿음'을 이해함에 있어 중요하다. 하느님 의를 통한 인류의 화해가 제국과는 다른 방식에서 이뤄져야 하는 탓이다. 하지만 하느님 의란 주제는 '오직 은총'을 논하는 다음 장의 몫이 될 것이며 교회론 역시 결론 부분에서 밀도 있게 재론될 사안이다. 본 항목은 칭의, 즉 '오직 믿음'에 대한 이해 지평을 화해론 차원에서 확장시키는데 목적이 있다. 이 경우 하느님 의는 구약 성서적 맥락에서 공의(公義) 혹은 정의(正義)라 해도 과하지 않을 듯싶다.

바울의 문제의식은 양심과 율법의 무력함을 통해 실패한 세상을 그리스도에게서 드러난 하느님의 의(롬 3:21-22)로 구원하는데 있었다. 그렇기에 제국의 가치가 지배, 통용되는 세상에서 하느님의 의가 새롭게 나타났음을 믿으라 한 것이다. 하느님의 의에 근거하여 바울은 분열된 당시 세계를 하나의 그리스도 공동체로 만들고 싶어 했다.64 비폭력이란 말이 뜻하는 바, 제국과 전혀 다른 방식에서 혹은 그와 맞서는 형태로 말이다. 여기서 하느님 의는 비폭력적 정의(正(公)義)라 명해도 좋겠다. 이방인 선교사 바울은 우선 유대인과 이방인의 차이를 하느님 의를 통해 무력화시키고자 했다. 여기서 바울이 하느님 의와 그에 대한

---

63 M. 보그·존 도미니크 크로산, 위의 책, 225 이하 내용.
64 앞의 책, 253-290.

믿음을 강조한 것은 일종의 선교적 전략이기도 했다.[65] 하느님 의를 필
요로 함에 있어 유대인이나 이방인 누구도 예외가 아닌 점을 들어 이들
선민의식을 상대화 시켰기 때문이다. 따라서 하느님을 드러낸 그리스
도 믿음 안에서 누구든 평등(正義)하기에 로마서의 칭의(稱義) 사상은
화해론에 그 방점이 있다. 동일 선상에서 바울은 자신의 동족 유대인과
그리스도인 간의 갈등 역시 애써 봉합했다. 동족인 유대인으로부터 배
척될지라도 그들에게 그리스도 믿음, 곧 하느님 의를 전하고 싶었던 까
닭이다. 하느님 의를 드러낸 그리스도의 믿음, 소위 칭의를 통해서만
의로운 삶이 가능할 수 있다 여겼다. 마지막으로 바울은 배경과 출처가
다른 그리스도인들, 이방인 혹은 유대인으로서 그리스도를 믿었던 각
각의 사람들 간의 일치를 요구했다. 자신들을 규정했던 풍습이 중요한
것이 아니라 주 그리스도의 은혜로 의와 평강과 기쁨의 삶을 살라 한
것이다.[66] 이렇듯 바울은 자기 눈앞에 펼쳐진 세계를 하느님 의가 작동
하는 그리스도 공동체로 만들고자 하였다. 이방인과 유대인 모두를 믿
음의 현실, 곧 그리스도안의 존재(Sein in Christo)로 이끌어 한 몸의
공동체를 형성코자 한 것이다. 이 점에서 바울 칭의 사상은 종교개혁자
들이 말하듯 한 개인의 실존적 차원을 넘어 역사적, 선교적 상황에서
정의에 기초한 대화해를 지향했다고 말할 수 있다.

　여기서 중요한 것은 '그리스도안의 존재'란 개념이다. 이 말 속에서
'믿기'와 '살기'의 두 현실이 정확히 중첩된다. 종교개혁 신학이 말하듯

---

65 김종길, '예수 믿기와 예수살기-칭의론과 그리스도의 믿음에 관하여', 당당뉴스 2016년
　 6월 10일자에 실린 소논문의 전체 내용을 참고할 것.
66 안디옥 교회에서 벌어진 갈등을 기억하라(갈 2:14 참조)

복음과 율법의 분리가 아니라 나뉠 수 없는 하나된 상태가 된 것이다. 믿음과 행위의 일치란 바람의 존재를 나뭇가지의 흔들림 속에서만 알 수 있듯이 행위를 통해 믿음이 드러나는 '수행적 진리'라 명명할 수 있겠다. 이것은 바울 역시 헬라적 사상가가 아닌 유대적 사유의 틀로서 이해할 때 가능한 이야기다.[67] 로마서 속 바울의 유대적 정체성에 주목해야 옳다. 따라서 바울 신학에 있어 행위 없는 믿음이란 존재치 않는다. 오히려 믿음 없는 행위가 더 큰 문제였을 뿐이다.[68]여기서 믿음은 의당 그리스도에게서 보여 진 하느님 의에 대한 믿음이겠다. 하느님 의가 사라진 행위는 당시 정황에서는 로마(제국)적 가치관에 길들여진 타성, 곧 가부장제와 노예제를 신봉하는 삶의 양식일 것이다.[69] 이는 마치 예수의 제자가 되었다 하면서, 돈의 제국인 자본주의 체제의 신봉자가 돈 오늘 우리들 모습을 상기시킨다. 목사의 존재를 교회 크기에 견주고 어느 종교보다 빈부차를 극대화시킨 개신교적 현실에서 우리는 믿음 없는 행위의 실상을 여실히 본다. 자기 노동력을 남에게 전가하고 성적 욕망을 발산하는 삶이 제국에서는 일상이었겠으나 하느님 의에 사로잡힌 '그리스도 안의 존재'들에게서는 더 이상 유지, 허락될 수 없었다. 주지하듯 다메섹 사건 이후, 바울에게서 그리스도 안에서 더 이상의 차별은 존재하지 않았다. '마치 -이 아닌 듯'(As if not)의 삶이 바울 이후 생(生)을 달리 규정했던 탓이다.[70] 결국 삶을 동반하는 믿음으로 바울

---

67 야콥 타우베스/조효원 역, 『바울의 정치신학』(그린비, 2012), 22-37. J Baptist Metz(Hersg.), *Christologie nach Auschwitz*, Lit verlag 1998 참조. 이정배, '아우슈비츠 이후 신학에서 세월호 이후 신학을 보다', 『세월호 以後 神學』(동연, 2015), 40-52. M. 보그·존 도미닉 크로산, 위의 책, 31-42.
68 M. 보그·존 도미닉 크로선, 앞의 책, 242.
69 앞의 책, 43-74
70 앞의 책, 185-189.

은 제국과 구별되는 비폭력적이며 정의로운 공동체(교회), 곧 하느님 의가 지배하는 화해의 공동체를 세웠고 이들을 돌봤으며 그럴수록 분열은 그리스도 몸의 찢겨짐으로 이해되었다. 하느님 의로 그리스도 몸이 바르게 세워지기까지(未定稿) 바울은 그리스도의 남은 고난을 우리들 스스로 감당하라고 했다. 이렇듯 미정고(未定稿)로서의 그리스도 이해를 학자들은 '참여적 속죄론'[71]이라 일컬었던 바, '오직 믿음'이 궁극적으로 화해를 목적한 결과라 할 것이다. 이 점에서 바울에게 칭의는 정의의 차원을 지닌 것으로서 '오직 은총'의 빛에서 더욱 명확해진다.

3. '오직 은총'으로서의 하느님 의義
: 하느님 의(은총)와 세상 법의 대립

이로써 종교개혁 두 번째 원리인 '오직 은총'에 이르렀다. 믿음이 인간 의지나 결단의 산물만은 아니었기에 '오직 믿음'은 '오직 은총'의 결과라 여겨졌고 나아가 성서를 통해 말씀(은총)을 접했기에 이 둘이 '오직 성서'에서 비롯한다고 생각했었다. 이렇듯 3개의 '오직' 원리는 상호 침투, 보완하며 종교개혁 이후 개신교의 지도 이념으로 작동해 왔다. 문제는 '오직'이란 말에서 드러나듯 믿음, 은총 그리고 성서를 떠나서는 인간 실존 자체가 전적으로 무용(무력)하다는 배타적 판단이다. 본장의 주제인 '오직 은총'의 경우, 그리스도 중심적이고 이분법에 기초했으며 지금껏 헬라적 토양 속에서 해석된 탓에 그리 되었다. 주지하듯 은총론

---

71 이것은 의(義)를 위하여 핍박을 받은 자가 복이 있다는 예수 산상수훈의 말씀과 맥이 닿아 있다.

은 펠라기우스, 에라스무스 계통의 자유의지 혹은 이성과의 대별에서
독보적 위치를 점유했다. 아우구스티누스의 원죄설에 터한 인간 이해
가 항시 주류였고 대세였던 탓이다. '죄 많은 곳에 은혜가 더 한다'는
말이 있듯 원죄에 터한 은총론이 구원의 배타성을 강화시킨 것이다. 따
라서 자유의지와 이성, 혹은 인간의 본래적 창조성은 언제든 은총의 하
위 내지 종속개념이 되고 말았다. 개신교 루터에 의해 시작된 '신앙유
비'로서의 개신교적 신학 틀은 이런 상황의 총체적인 반영으로서 칼 바
르트의 신정통주의 신학에서 절정을 이뤘다. 물론 20세기에 들어 철학
자 칼 야스퍼스가 차축(車軸)시대를 말하며 철학적 신앙으로 바르트의
계시실증주의와 맞서기도 했으나[72] 본 도식은 더욱 견고해졌을 뿐이
다. 이 점에서 내용을 채워 전개시켜야 할 입장에서 근본적 물음이 생겨
났다. 무엇보다 과연 성서가 말하는 하느님 '은총'이 지금껏 그리 이해
되었듯 이성이나 자유의지와 대척점에 선 개념에 불과한 것일까 하는
점이다. 본장의 제목이 적시하듯 하느님 의가 은총의 본질이라면 그 은
총은 세상 속 '法'(실정법)과 마주하는 개념이어야 한다는 생각 때문이
다.[73] 앞서 로마서를 제국의 정황에서 달리 독해할 것을 주문했던 바,
인류에게 새로운 길을 제시했던 그리스도가 선포한 '은총으로서의 하
느님 의'는 무엇보다 당대의 실정법인 로마법과 대응시켜 독해하는 것
이 옳다. 이것은 바울신학을 탈(脫)희랍화된 유대적 사유의 틀에서 읽

---

72 칼 야스퍼스/신옥희·변선환 공역, 『계시에 직면한 철학적 신앙』(분도출판사, 1989).
   KCRP 종교간대화위원회편, 『축의 시대와 종교간 대화』(모시는 사람들, 2013),
   17-30. 참조.
73 이것은 결국 십자가와 세상과의 관계이기도 하다. 제국이 당연시 했던(정상이라 여겼
   던) 것이 하느님 의(義)를 드러낸 십자가에 의해 난파되었다는 사실이다. 테드 제닝스/
   박성훈 역, 『데리다를 읽는다/바울을 생각한다』(그린비, 2014), 2장 참조(54-123.)

을 때 더욱 명백해 진다. 아우슈비츠 이후(以後) 신학이 이런 식으로 정치 신학적 경향성을 드러낸 것에 주목해야 할 일이다.[74] 이를 위해 종교개혁 신학의 전제이자 근거였던 아우구스티누스 이후 원죄설을 비판적으로 재론할 필요가 있다. 은총과 이성(자유의지)의 대립이 인간본성에 대한 부정적 이해로 인한 것이었으니 원복(Original Blessing)이란 말[75]이 생겨나는 신학적 현실을 새롭게 성찰할 일이다. 하지만 은총으로서의 하느님 의를 인간(개인)적인 재질, 능력, 속성이 아닌 구조적 차원과 연루시켜 이해할 때 성서적 본뜻과 만날 수 있겠다. 국가적 폭력과 자본(주의)의 합리화를 위해 실정법이 남용되는 현실에서 바울이 선포한 하느님 의는 예수의 하느님 나라 사상의 다른 언표로서 '은총'으로서의 그 뜻을 명백히 드러낼 것이다.

인간이 하느님 앞에 죄인이란 사실과 원죄설을 교리로 확정하는 것 사이에는 많은 차이가 있다. 교리화되는 과정에서 신학은 항시 정치적 의도와 연루되기 때문이다. 아우구스티누스 이전까지 교리로서의 원죄설은 없었다. 오히려 원죄 이론의 근간으로 활용된 창세기 1장으로부터 3장의 본문은 클레멘스와 같은 초대교부들에 있어서 인간 자유의지의 보고(寶庫)로 활용되었었다.[76] 이는 유대인들의 경우도 마찬가지였다. 하늘이 품수(稟受)한 본성, 자유의지를 갖고서 초기 기독교인들과

---

74 J. Baptist Metz(Hersg.), 위의 책, 2-5.
75 M. 폭스/황종렬 역, 『원복』(분도출판사, 2004). 매튜 폭스의 최근 번역서는 원복에 근거하여 '죄 담론'으로 부터 '몸 담론'으로의 철저한 이행을 기도했다. 여기서 '몸 담론'은 자기 몸 뿐만 아니라 우주 및 지구의 몸 까지를 포함한다. 동저자/한성수 역『내 몸과 영혼의 지혜』(생태문명연구소, 2016), 75-184.
76 I. 페이걸스/류점식 역, 『아담, 이브 그리고 뱀- 기독교 탄생의 비밀』(도서출판 아우라, 2009). 첫 장 참고할 것.

유대인 모두는 성적 순결을 지켜냈고 그로써 로마제국을 압도할 수 있었다. 로마 멸망을 성적 방종 탓이라 여기는 역사학자들의 말이 사실일 경우 기독교인들에게 있어 자유의지는 더없이 소중한 가치라 할 것이다. 하지만 서고트족(Visigoths) 사람들의 로마 침공으로 하느님 나라, 천년왕국이라 일컫던 로마가 무너졌고 주교들의 배교 탓에 교회가 불살라졌던 5세기 초엽 신학자 아우구스티누스의 역할이 지대해졌다.[77] 교회론을 다시 정립시켜야했고 미분화되었던 세상과 하느님 나라를 나눠, 다시 관계시켜야 했던 것이다. 하지만 이런 신학적 작업을 위해 그는 인간본성의 타락을 강조했고 원죄설을 확정했던바, 종래의 창세기 본문을 뒤집을 수밖에 없었다. 동일한 본문이 아우구스티누스를 거치면서 전혀 다른 신학구조를 낳게 된 것이다. 자유의지의 텍스트가 원죄설의 텍스트로서 창조적으로(?) 왜곡된 경우라 할 것이다.[78]이처럼 교회론 회복을 위해 인간 죄성(罪性)이 강조되었고 그리스도의 구속행위 및 성직자 역할에 무게중심을 두게 되면서 소위 서방 기독교적 전통이 구축될 수 있었다. 물론 그 이면에서 아우구스티누스의 개인적(마니교) 경험 탓도 찾을 수 있겠다. 하지만 동시에 당대 난제의 신학적 해결을 위한 교회 정치적 측면 역시 간과할 수 없다. 무너진 교회를 더 이상 하늘 도시와 일치시킬 수 없었기에 '하느님 도성'(City of God)을 별도로 말해야 했으니 이것이 루터의 '두 왕국'설로까지 이어져 지금까지 정치적 보수성의 멍에를 떨치지 못하고 있는 이유라 할 것이다.

이렇듯 정치성 보수성과 함께 아우구스티누스의 원죄설은 자유의

---

77 필립 클레이튼/이세형 역, 『신학이 변해야 교회가 산다』 (신앙과 지성사, 2010), 98-99
78 페이걸스, 위의 책, 같은 장.

지를 부정하는 은총론과 짝하는 개념이 되어 더욱 확고해 졌다. 루터와 에라스무스 논쟁을 발화시킨 당시 펠라기우스와의 논쟁에서 그의 진가는 맘껏 드러났다. 이들 논쟁의 초점은 첫 인간 아담의 타락, 즉 자유의지의 부정성에 관한 것이었다. 아담의 자유의지와 그 역할을 시종일관 인정하는 펠라기우스와 달리 아우구스티누스는 출생 시 소유했던 자유의지가 선악과 사건이후 사라졌음을 강변하였다. 선을 행할 수 있는 능력 자체의 총체적 실종을 말한 것이다. 자유의지를 갖고 태어났으나 그로써 첫 인간 아담이 죄(타락)를 막을 수 없었던 탓이다. 오로지 예수 그리스도의 은총으로만 자유의지가 구원받아 선(善)을 행할 수 있다고 아우구스티누스는 생각했다. 그러나 여기서도 문제가 없지 않다. 그의 지론대로라면 구원받은 의지는 죄를 지을 수 없는 상태에 놓여야 했다. 죄를 짓지 않을 수 있는 상태였으나 죄를 범한 첫 인간 아담의 의지와 견주려면 말이다. 하지만 은총을 입었다 한들 죄를 짓지 않을 수 있는 인간이 과연 존재할 것인가? 이렇듯 논리적으로 가능했으나 현실적으로 불가한 은총(구원)설 탓에 본 논쟁은 승부를 유보한 채 긴 세월 지속되었다. 물론 서방 기독교 전통에서 단연코 자유의지를 능가하는 은총설이 대세였고 성선설보다는 원죄설이 여전히 신학의 전제였기에 반론의 여지가 없다. 그렇지만 종교개혁이후 은총(예정론)에 방점을 둔 칼빈과 달리 감리교 창시자 웨슬리는 보편적 인간 상태로서 자유의지(先行恩寵)를 긍정했기에 이들 논쟁은 아직도 진행 중이다. 이에 더해 생태위기와 관련하여 펠라기우스의 창조영성이 다시 주목되며 원죄/은총의 환상적 결합 탓에 배척된 신인합일의 신비신학(엑카르트)이 원죄(原罪)대신 원복(原福)의 신학으로 재구성되어 인간 창조성을 부활시키고 있기에 본 논쟁의 승패는 아직 끝나지 않았음이 분명하다.

하지만 필자는 여기서 한걸음 더 나아갈 생각이다. 아우슈비츠를 경험한 서구신학이 전통적방식의 은총과 이성(자유의지)의 상관성에 절망했고 이를 포기했음을 아는 까닭이다. 히틀러에 동조하여 유대인 살해에 힘을 보탰던 기독교는 아우슈비츠 사건으로 인해 희랍화된 틀을 벗겨냈고 오히려 그간 배척했던 유대적 사유와 깊게 만나 하느님을 달리 봤고 은총(구원) 역시 새롭게 생각할 수 있었다. 지난 세월 종교개혁자들이 가르쳐준 율법과 복음의 이원화로부터 벗어나 하느님 은총을 정치 신학(메시아)적으로 풀어낸 것이다.[79] 이는 바울을 유대적 존재로 다시 불러내는 일이었고 로마서를 제국에 대한 선전포고로 독해하는 일이기도 했다.[80] 따라서 로마서는 개종의 책이 아니라 정치적 '소명' (召命)의 책이라 봐야 옳다. 비운의 천재 예술가 W. 베냐민의 역사철학, 그를 추종하며 법 밖의 사람이 되기를 청했던 J. 아감벤의 정치철학[81] 그리고 마르크스를 비틀어 읽었던 지젝의 무신론적 신학[82], 차연 (次延)의 철학자 자크 데리다,[83]『바울 정치신학』의 저자 J. 티우베스 그

---

79 M. 보그 · 존 도미닉 크로산, 위의 책, 15-16. 테드 제닝스, 위의 책, 21-23. 야콥 티우베스, 위의 책, 33-35. N. 볼츠/빌렘반 라이엔/김득룡 역,『발터 벤야민-예술, 종교, 역사 철학』, 서광사, 2000, 45-56. 여기서 벤야민의 입장은 유대 메시아주의와 내용 상 일치하는 것은 아니나-그래서 逆의 신학이라 불린다- 큰 틀에서 유대주의를 원용하여 정치 신학을 전개시키기에 결코 무관치는 않을 것이다.

80 야콥 티우베스, 앞의 책, 38. M. 보그 · 존 도미닉 크로산, 앞의 책, 16.

81 G. 아감벤/박진우 역,『호모 사케르』(새물결, 2008). 동저자/김항 역『예외상태』(새물결 2009). 하성웅,『G. 아감벤의 메시아 담론에 관한 정치신학연구』, 감신대 신학대학원 논문 2013. 참조.

82 이정배,『신학, 타자의 텍스트를 읽다』, 167-224 참고. 지젝의 신학은 한마디로 무신론 (유물론)적 신학으로 일컬어지는바, 상호 연결될 수 없는 것을 관계시켜 인문학으로서 신학을 대중화시킨 공헌이 지대하다.

83 본고의 주제와 직접적으로 관련된 데리다의 저서 두 권을 적시하면 다음과 같다. 자크 데리다/남수인 역,『환대에 대하여』(동문선, 2004), 동저자/진태원 역,『법의 힘』(문학

리고 유대인 이해를 달리했으나 새로운 보편성을 추구한『사도바울』의 저자 A. 바디유 등이 이런 사유에 근접했고 역작을 남겼다. 물론 좌파 철학자로 불렸던 이들은 정통 신학자 반열에 들지 못했으나 그 누구보다 신학의 중요성을 강조했고 신학의 대중화에 크게 기여했다. 교회에서조차 버림받아 신학자들만의 방언으로 전락된 신학을 현실정치의 언어로 되살려 놓았던 것이다. 지금껏 인간 개체, 실존의 차원에서만 물었던 신적인 것을 인간의 정치적 현실에서 되물었던바, 이는 탈희랍적인 유대적 사유로부터 가능할 수 있었다. 여기서 핵심은 구원의 내적 경험이 항시 외적인 파국과 시련에 직면하여 해석되어졌다는 사실이다.[84] 복음서가 말하듯 메시아 예수가 실정법에 의해 위대한 범죄자가 된 탓이다.[85] 따라서 은총이란 정치 신학적 맥락을 떠날 수 없는 개념이 되었다. 하지만 이들 사상가의 생각 모두를 언급할 지면도 없고 그런 맥락도 아니기에 여기서는 가능한 대로 은총의 정치 신학적 측면을 요약, 적시할 생각이다. 세상의 실정법과 맞서는 하느님 의, 즉 우리에게 복종을 요구하는 그리스도 안에 나타난 하느님의 의가 유대적 사유에서의 은총 개념과 의미상 일치하는 까닭이다. 이런 사유가 예수살기를 말하는 역사적 예수 연구 결과물들과도 내용적으로 무난하게 조우할 수 있을 것이다.

앞서 '오직 믿음'의 장에서 제국과 다른 세상을 하느님 의를 갖고 만들고자 했던 바울의 신학을 언급했다. 이를 위해 바울은 그리스도 안에 나타난 하느님 의를 믿고 '그리스도 안의 존재'가 되어 하느님 의를 자

과 지성사, 2004). 등 참조.

84 야콥 티우베스, 위의 책, 31.

85 테드 제닝스, 위의 책, 147-148. 이는 메시아 예수의 십자가 처형에 대한 베냐민식 이해를 데리다가 차용한 것이다.

신의 삶으로 살아낼 수 있기를 바랐다. 이런 의가 지배하는 새 공동체를 통해 역사를 달리 만들고자 했던 것이다. 이것이 바로 바울이 말하는 믿음에 복종하는 일이었다. 그렇기에 종교개혁자들의 시각과 달리 로마서는 개인적 차원의 칭의를 넘어 새 공동체를 창조하는 화해(和解)의 책이어야 했다. 이 과정에서 제국과의 갈등은 피할 수 없었고 이를 비폭력으로 극복해야 했기에 '그리스도 안의 존재'인 된 사람에게 '그리스도의 남은 고난을 채우라' 주문한 것이다. 여기서 핵심은 '비폭력'이란 개념이다. 하느님 의가 지배하는 방식 자체를 일컫기 때문이다. 자주 오해되는 로마서 13장의 내용, 즉 국가권력에게 신적 정당성을 부여한 듯 보이는 이 구절도 방점(傍點)은 비폭력에 있었다.[86] 전 장 마지막(롬 12:21)에 나와 있듯이 惡(폭력)에게 지지 않고 善(비폭력)으로 악을 이기라 했던 까닭이다. 박해하는 자를 오히려 축복 하라 했으며 누구와도 화평케 지내는 것을 자기들 삶의 본분이라 여겼다. 따라서 원수 갚는 일 역시 자신들 몫이 아닌 하느님 하실 일로 남겨두어야 했다. 그렇기에 폭력을 일삼는 국가권력을 향해서도 폭력은 금기였고 이런 비폭력적 삶을 위해 권력에의 복종을 말했고 이 역시 믿음에 복종하는 일이었다. 여하튼 로마서에서 하느님 의는 우리를 '그리스도 안의 존재'로 규정하는 은총의 실재였다. 바로 그 은총이 항시 로마적 가치관, 제국의 풍조를 본받지 말고 맞설 것을 요구한 것이다. 하느님 의와 제국의 가치는 의당 양립할 수 없었고 예수의 하느님 나라 사상이 누차 강조했듯이 당시로서는 체제 밖의 사유였다. 체제 안에서 체제를 넘어서는 일이 '그리스도 안의 존재들'의 삶의 양식이었고 그로인한 고난을 당연지사로 여긴 것이다. 앞서 말했듯 당대 제국과의 비폭력적인 투쟁은 구체적으로

---

86 M. 보그 · 존 도미니크 크로산, 위의 책, 158-163.

노예제도의 자발적 폐지와 가부장제의 포기의 형태로 드러났다. 능력
껏 노예를 소유하고 성(性)을 향유하는 것은 제국 신학과 가부장적 체
제 하에서 정상(Nomos)이었고 법으로도 잘못되지 않았다. 하지만 로
마서는 종을 방면하는 그리스도인 된 자의 이야기와 남편의 성적 요구
를 거부할 수 있는 그리스도인 여성의 입장 등을 강조했다.87 한마디로
제국과는 달리 살 것을 요청한 것이다. 이는 마치 후술할 주제로서 부익
부빈익빈 체제가 정당화된 자본주의 현실에서 그와 다른 방식의 삶을
살아 내라는 말과 같다. 그만큼 로마서는 당대 체제에 있어서 예외자들,
배제된 자(호모 사케르)들을 위해 예외적 삶을 권면했던 것이다.88 믿음
에의 복종이 법 밖으로 내쳐진 벌거숭이 생명체들을 위해 예외자의 삶
을 감내하는 일이었기 때문이다. 따라서 유대적 사상가들은 로마서 7
장 말미(롬 7:13-25)의 바울의 고뇌를 동일 측면에서 독해했다. 종교개
혁자들이 말하듯 율법과 복음 간의 갈등에서 비롯된 바울의 고뇌가 실
상은 (실정)法과 하느님 의(義) 사이의 투쟁의 산물이었다는 것이다.89
비록 사도행전에 로마 시민권자라 했으나90 바울은 실상 로마법과 하
느님의 법(義) 사이에서 죽을 만큼 갈등했고 고뇌했었다. 실정법을 따
라 사는 일이 하느님 義(믿음)에 복종해야 할 자신의 삶과 가치 충돌했
던 탓이다. 결국 바울 자신은 실정법의 정당성에 저항했고 법 밖으로
내쳐진 자들을 위해 스스로 예외자의 길을 택했으며 그로써 제국과 다

---

87 앞의 책, 68-75.
88 조르조 아감벤/박진우 역, 『호모 사케르』(새물결, 2008), 38.
89 테드 제닝스, 위의 책, 44-45. 로마서 7장 18절 이하에 나오는 바울의 고뇌- ˙오호라
    곤고한 사람이로다 누가 사망의 몸에서 나를 건져낼 것인가- 역시 이런 차원에서 읽을
    사안이다.
90 정작 로마서에는 로마 시민권자란 말이 나오지 않는다. 사도행전의 기록일 뿐이다.

른 길을 걸었다. 한마디로 질서(노모스)라 일컬어진 일체의 것을 하느님의 의가 나타난 십자가로 전복시켰던 것이다. 이로써 바울은 예수처럼 그렇게 세계 안에서 전혀 낯선 사람으로 살았다.[91] 그리스도 안의 존재로 불리어졌다면 누구라도 그처럼 그리스도 십자가를 자랑하는 열심당원(예외자)이 될 수밖에 없었다. 그로써 우리는 세상과 다른 한 몸의 공동체를 이룰 수 있는 바, 이것이 바로 하느님 의(義)로서의 은총이다. '오직 은총'으로만 우리는 법의 지배를 붕괴시키는 예외자의 길을 걸을 수 있고 체제 밖의 사유를 실험할 수 있다. 그래서 카푸토 같은 철학자는 이 시대에 있어 불가능한 것을 사유하는 것을 하느님을 사랑하는 길이라 말했다.[92] 바로 이 일을 기억하고 행하는 것이 바로 교회가 이 땅에 존재할 이유라 할 것이다.

제국의 실정법(Nomos)에 맞섰던 당시처럼 오늘 우리도 동일한 저항을 요구받는다. 국가마다 정황은 다르겠으나 우리 시대의 제국인 자본주의의 폐해에 함께 직면하고 있는 까닭이다. 그렇기에 나중 온자에게도 동일 품삯을 주며 되갚을 수 없는 자를 초대하여 잔치를 베푸는 방식으로 시대와 낯선 방식의 삶을 꿈꿔야 마땅하다. 자본주의를 지탱하는 법적 질서를 넘어 대안적 가치를 실험하란 말이다. 이런 점에서 하느님 은총은 '선물'이란 말 외에 달리 표현할 길이 없다. 되갚을 능력 없는 사람들을 초대하여 잔치를 베푼 것이 하느님 나라의 비유였던 까닭이다.[93] 교회 밖에선 오래전 이런 흐름의 물꼬가 터졌는데 정작 교회

---

91 위의 책, 132
92 여기서 불가능한 것이 바로 은총으로서의 선물(하느님 의)에 해당된다. 환대 역시 선물의 한 표현으로서 법(정상성)을 능가하는 하느님 의(義)를 적시한다.
93 이를 多夕 유영모는 '인과율'을 깨는 일이라고도 말하였다.

는 여전히 자본주의 틀에 안주하고 있으니 답답하다. 다행히도 2-3년 전부터 '작은교회가 희망이다'란 표제어를 내걸고 교회 틀 자체를 달리하는 공동체 운동이 번지고 있어 주목해 본다. 종교개혁 500주년을 맞아 앞서 말한 성서적 공동체상(像)을 오늘의 방식으로 재현시키려 하기 때문이다. 자본주의 체제 속에 길들여진 작금의 교회로는 믿음(하느님 義)에의 복종을 실현시킬 수 없다. 따라서 교회는 실정법으로 고통 받은 이들을 위해 존재해야한다. 민주사회, 자본주의를 지킨다는 명목 하에 수없는 노동자, 농민들을 거리로 내몬 실정법에 저항해야 옳다. '이익의 사유화, 손해의 공유화'란 말이 회자되듯 거짓된 자본주의를 위해 법은 언제든 기득권자 편이었고 약자, 빈자들에게 등을 돌렸기 때문이다. 세월호 특별법을 법적으로 무산시키려는 이들에게도 우리들 스스로 거친 '돌의 소리'가 되어야 마땅하다. 위정자 편에 섰던 법이 고통 받는 유족들에게 약이 아니라 독이 되었던 까닭이다. 전쟁과 기근으로 이 땅을 찾은 난민들, 이주 노동자의 권익을 위해 때로 범법자의 삶 역시 각오해야만 한다. 이들에 대한 선물로서의 환대가 법을 어기는 일이 될 수도 있는 탓이다.[94] 빈자들에게 기본 소득을 보장하자는 여론이 전 세계적으로 확산되는 것도 실정법과 대립할 수밖에 없는 사안이다. 이모든 경우는 로마서가 말하듯 하느님 의(義)의 실현을 위해 그리스도 믿음에 복종하는 삶의 모습들이다. 그렇기에 믿음은 행위를 떠날 수 없고 그 행위는 세상의 화해를 위해 그리스도의 남은 고난을 채우는 일일 것이다. 이렇듯 하느님 의는 세상을 거슬러 살라하며 때론 범법자의 길을 가도록 추동하는데 그것이 바로 '오직 은총'의 본뜻인 것을 유대적 사유로 재해석된 로마서가 증언하고 있다.

---

94 테드 제닝스, 위의 책, 4장(171-203) 내용.

4. '오직 성서'의 지평 확대를 위한 세 가지 눈(觀)
   : 길들여진 성서로부터 하느님 해방시키기

　　계시종교로서 기독교가 성서를 중시하는 것은 지당하다. 이 점에서
종교개혁자 루터가 라틴어 성서를 독일어로 번역하여 자국민들의 책으
로 되돌려준 것은 아무리 강조해도 지나치지 않는다. 하지만 성서가 하
느님 신비를 밝힌 거룩한 경전이란 사실과 성서가 그 자체로 하느님 말
씀이란 것은 다른 이야기이다. 구텐베르크 활자의 발견으로 종교개혁
을 성사시켰으나 개신교는 자연을 잃고 문자에 집중한 나머지 '오직 성
서'로 인한 심각한 부작용을 낳게 되었다. 이로부터 성서 문자주의에 터
한 근본주의 신학이 생겨났고 성장 신화와 맞물려 한국교회를 반지성
적 집단으로 몰락시키고 있는 것이다. 예컨대 과거 천동설/지동설의 경
우처럼 성서 속의 한두 구절을 택하여 동성애를 정죄하고 이웃 종교를
폄하하는 종교적 폭력을 반복적으로 행사했던 것인데, 결국은 '오직 성
서'에 대한 잘못된 이해 탓이라 할 것이다. 성서가 집필된 당시의 역사,
양식, 편집사적 비평을 통해 풀어질 일이지 결코 문자가 그 뜻을 독점할
수는 없는 노릇이다. 성서의 축복 사상을 자본주의적 시각에서 오독하
는 것 또한 성서의 본뜻에서 멀어진 결과라 하겠다. 그렇기에 성서를
어찌 읽어야 참 그리스도인이 될 것인가[95] 묻는 일이 대단히 중요해졌
다. 자신의 정치, 종교적 입지를 강화시키는 책으로 성서를 전락시키는
경우가 허다해진 탓이다. 앞선 장에서 논의된 두 개의 '오직' 교리에 대
한 해석 역시도 이런 물음에 기초한 결과였다. 사실 루터 역시도 성서가

---

95 존 도미니크 크로산/김준우 역, 『성경을 어떻게 읽어야 참 그리스도인이 되는가?』(한
　국 기독교연구소), 2015.

하느님 말씀이 아니라 성서 속에 하느님 말씀이 있다 함으로써 문자주
의와 분명한 거리를 두었다. 행위를 강조한다는 이유로 야고보서를 성
서에서 제외시키고자 했었다. 당시 가톨릭교회를 비판하는 상황에서
이해 될 여지가 없지 않았다. 그럼에도 루터는 '오직 성서'의 가치를 드
높였다. 신앙을 전통에 의존시키는 중세 틀로부터 주체화된 내면적 신
앙에로 무게중심을 옮겼음에도 성서가 여전히 신앙의 시금석이었던 것
이다. 성서야말로 신앙을 해석함에 있어 명확한 틀일 것이란 확신에서
였다. 물론 기독교인으로서 이를 부정하기는 어려울 것이다. 하지만 울
리히 벡은 앞서 보았듯이 두 가지 이유로 루터를 넘어서고자 했다.[96]
첫째는 대상을 벗어난 신앙의 개인화 과정에서 믿음을 성서에 의존시
킴이 불철저하다는 이유에서다. 따라서 그는 루터가 개인화 첫 단계에
머물고 말았음을 안타까워했다. 다양한 종교들이 공존하는 두 번째 근
대성에 이르러 개인화 역시 두 번째 단계가 요구되는 바, 성서로부터
자유로운 '자기만의 神(개인화)'을 말해야 한다는 것이다.[97] 개인화 첫
단계에 이른 루터의 '신앙'이 성서에 의존된 탓에 그로부터 배타성(분리
주의)이 생겨났으나 세계시민 사회에 이른 지금 그 배타성을 벗겨낼 필
요가 생겼던 탓이다. 이로부터 '오직 성서'는 지금 심각한 도전을 받고
있다. 여전히 유일무이한 배타적 신관과 그리스도 중심적 대속신앙의
보고(寶庫)로서 성서를 논하는 한 기독교는 진리보다 '평화'가 더욱 요
구되는 글로벌 위험사회에 걸림돌이 될 수도 있기 때문이다.[98]

---

96 울리히 벡, 위의 책, 180-186. 이하 내용은 본 글을 요약 정리한 것임.
97 앞의 책, 184-185. 여기서 자기만의 神(개인화)은 세계 시민적이란 말과 동의어로 사용
  되고 있다.
98 앞의 책, 221 이하. 255-268.

하지만 이런 단계로의 도약을 쉽게 할 수 없는 것이 기독교 내부의 사정이다. 배타성을 버리면 자기 정체성을 잃어버린다고 보기 때문이다. 이 점에서 필자는 우선 '오직 성서'에 있어 성서의 지평을 확장시키는 일이 절차적으로 필요할 것으로 본다. 진리보다 평화를 목적한다면 기독교 정체성을 확장시키는 일부터 시작해야 옳다. 가톨릭교회와 비교해도 개신교의 경우 정경의 숫자가 적은 것에 유념할 일이다. 우선 정경 수(數)의 확장이 이해의 지평을 넓힐 수 있게 도울 수 있다. 이 점에서 필자는 다음 두 가지 면을 생각해 보고 싶다. 하나는 불교와 관련하여, 다른 하나는 자연과 연관 지어서 말이다. 우선 불교와 비교할 경우, 성서 지평의 협소함이 두드러지게 눈에 띈다. 팔만대장경을 경전 삼은 불교와 정경화 과정에서 상당 수 문서를 탈각시킨 기독교의 경우가 확연히 달랐기 때문이다. 물론 기독교 정체성 확립이 중요한 시기였기에 정통/이단의 문서 구별이 필요했겠으나 오늘의 시점에선 버려진 문서들 역시 성서 지평을 확대시킴에 있어 복권시켜야 마땅하다. 당시 정경화 기준이 오늘의 시점에서 달리 평가되어야 하는 탓도 있을 것이다. 주지하듯 당시는 기독교가 로마화되는 과정이었고 그 선상에서 정경화의 기준이 정해졌었다. 제국의 종교로서 통일성을 지녀야했기에 차이와 다름은 의당 배제되었고 교회와 성직자의 권위를 위해서도 신/인(神/人)의 직접성을 말하거나 여성 역할이 강조되는 문서들 또한 탈각될 수밖에 없었다. 예컨대 Q문서와 내용적으로 40% 이상 중첩된다는 도마복음서, 마리아복음서가 버려졌고 심지어 애당초 부활기사가 없었던 마가복음서도 제외될 위기에 처했었다. 하지만 신앙에 있어 개인화의 둘째 단계가 필요한 지금 이들의 복권은 '오직 성서'의 지평과 의미를 넓힐 수 있는 계기라 할 것이다. 정경을 통해서만 설명되는 기독

교를 넘어 외경(外經), 위경(僞經)을 아우른 깊고 넓은 기독교 해석이
필요한 시점이다. 교리가 아닌 영성의 시대에 이르렀기 때문이다. 두
번째는 자연을 계시의 지평으로 재천명하는 일이다. 루터 이래로 개신
교는 계시실증주의란 말을 낳을 정도로 성서 중심의 종교였다. 신적 능
동성과 자연의 수동성을 대별(大別)하여 자연을 물질로 보는 기계론적
세계관의 발흥에 일조했음을 부정할 수 없다. 물론 성서와 자연을 특별
계시와 일반계시로 호칭하기도 했으나 이 경우 자연은 가톨릭교회가
말하듯 순수한 자연(Physis)이라기보다 성서 밖의 세상 혹은 여타 다른
종교들을 일컫는 경우가 많았다. 하지만 20세기 자연신학 논쟁[99]을 통
해 드러나듯 개신교는 자연을 일반계시로 보는 것조차 용납하지 않았
다. 오히려 전적 타락의 공간, 성서가 말하는 성육신의 은총 없이는 구
원받을 수 없는 장소라 여겨질 뿐이었다. 자연신학 논쟁을 통해서도 '오
직 성서'의 원리는 지속적으로 강화되어 왔다. 하지만 생태학적 대재앙
에 직면한 지금 자연 역시도 신적 계시의 지평이라 여기지 않을 수 없
다. 뭇 생명체가 멸종되는 정황에서도 창조 공간인 우주의 확장, 전개
소식을 현대과학(빅뱅이론)이 전해주고 있는 탓이다. 따라서 신학은 계
시(성서)와 구별되나 계시적 성격으로서의 자연을 말하기 시작했고 자
연 속에서 신적 영(속)성을 보려는 입장도 생겨났다.[100] 자연 속 생명의

---

99 자연 상태로서의 인간에게는 신과의 접촉점이 불가능하다는 칼 바르트와 책임성과 언어
  사용능력을 통해 접촉점을 말할 수 있다는 E. 부룬너 간의 신학논쟁으로서 당시 상황에
  서 바르트의 입장이 선호되었다. 당시로서는 히틀러 제국과 맞섬에 있어 자연신학을 부
  정하는 바르트 신학의 효험이 컸던 탓이다.
100 토마스 베리 신부는 이를 계시적이라 부르며 기존 계시와 구별하였으나 그럼에도 불구
  하고 자연에게 계시적 성격을 인정하였다. 필자는 이를 토마스 베리를 연구했던 가톨릭
  환경신학자 이재돈의 논문에서 배웠으나 자료를 소실하여 출처를 밝힐 수 없는 것이 유
  감이다. 그러나 베리의 책『신생대를 넘어 생태대로에로』에도 이미 자연 속에서의 '계시

다양성을 하느님 은총이자 계시사건으로 독해하려는 것이다. 성서 자체가 하느님 말씀이 아니듯 자연도 그 자체로서 하느님과 동일시 될 수 없겠으나 하느님을 나타낸다는 성서(마태 6: 25-34)에 근거해서 말이다. 이렇듯 신적 창조공간이 지금도 확장, 전개되고 있는 한 하느님 계시가 지금도 발생하고 있다는 현실을 기독교 신학은 수용해야 옳다. 성서 66권 안에 하느님 계시가 완결되었다고 믿는 것보다 지금도 신적 계시가 자연을 통해 발생된다고 말하는 것이 옛적 노아가 그랬듯이 생태적 재앙 시대에 방주를 준비하는 일이 될 것이다. 이처럼 하느님을 성서로부터 해방시켜 '오직 성서'란 말의 지평을 확장시킬 때 기독교 진리는 비로소 '평화'의 이름을 얻을 수 있다. 종교의 적이 종교가 아니라 종교를 타락시키는 자본주의 체제인 현실에서 말이다. 이 경우 '오직 성서' 역시 이웃 종교들의 경전과도 새로운 관계를 시작할 수 있겠다. 저마다 다른 풍토(자연)에 터해 세계관을 형성했고 거기서 종교가 비롯했던 것이기에[101] 자연 자체가 계시적 특성을 갖는 한, 이들 종교 역시도 종래와 다른 위상을 지닐 수 있는 탓이다. 그렇기에 인도의 신학자 R. 파니카는 세계관이 다른 종교들 간에 있어 '대화적 대화'의 중요성을 역설할 수 있었다.[102]그를 통해 창발적 지혜를 얻기 위함이었다. 본 주제는 성서를 읽고 이해하는 방식에 대한 해석학적 문제와 직결되는 바,

적 발견'이란 말을 자주 사용하고 있다. 이 책 1장(19-70)을 보라. 『原福』의 저자 매튜 폭스는 이런 시각에서 95개조 항을 내걸고 새로운 종교개혁을 요구한 바 있었다. 본고에서 그의 생각을 적극 활용치 못한 것이 아쉬우나 그 한계도 명확하기에 소극적으로 관계했다. 종교로부터 (창조)영성에로의 혁명을 소망한 그의 책, 김영명 역, 『새로운 종교개혁』, 코나투스, 2010을 보라. 여기서 영성은 자비의 힘이라 달리 표현되기도 한다.

101 와쓰지 데츠우로/박건주 역, 『풍토와 인간』 (도서출판 장승), 1993. 참조.

102 이정배, 『간(間)문화적 해석학과 신학적 상상력-신학의 아시아적 재(再)이미지화』 (감리교신학대학교 출판부 2005), 1부 내용 참조.

필자는 앞선 글에서 성서지평의 확장을 위해 3개의 눈(觀)을 요청하였다. 성서 이해에 있어 믿음의 눈, 의심의 눈 그리고 자기발견의 눈을 말했던 것이다.103 이 세 눈을 통해 성서가 통전(通全)적으로 독해될 때 '오직 성서'라는 종교개혁의 원리는 각기 다른 종교에 속해 살아갈지라도 글로벌 위험사회를 구원할 하느님 말씀으로 역할 할 수 있다는 것이 필자의 확신이다.

무엇보다 믿음(신앙)의 눈은 기독교인에게 있어 성서를 대하는 으뜸가는 해석 틀이다. 이 눈이 있기에 성서를 여타의 책처럼 대하지 않고 하느님 말씀으로 접할 수 있다. 이 경우 하느님 말씀은 믿음과 맞선 객관적 대상이 아니라 신앙 안에서 동화된 말씀이라 할 것이다. 성서를 신앙의 명료한 잣대라 여긴 루터에게 있어 신앙이 신자(교회)와 비신자(국가)를 나누는 배타적 속성으로 변질될 여지를 남겼다. 하지만 여기서의 믿음의 눈은 그와 다르다. 그것은 성서를 문자적 명료성차원에서 접근하지 않고 동시성 차원에서 이해하기 때문이다.104 최근 가톨릭교회에서 회자되는 '렉시오 디비나'(Lectio Divina) '거룩한 독서' 또한 이에 해당될 수도 있겠다. 동시성이란 신학자 본회퍼의 핵심 개념으로서 존재와 행위가 하나 된 예수의 실존을 자신의 것으로 만들려는 것인바, 이에 영적 해석학이란 이름이 붙여졌다.105 이 점에서 예수의 제자를 만들지 못한 교회는 그를 이념이나 신화로 전락시킨 결과라고 본회퍼

---

103 이정배, 『고독하라, 저항하라 그리고 상상하라』, 1부 내용 참조. 동저자, 『신학, 타자의 텍스트를 읽다』, 서론 논문(19-36).

104 여기서 '동시성'이란 영적 해석학을 일컫는 본회퍼의 핵심용어이다. 성서를 읽는 것이 예수의 제자 됨을 목적해서이다. 이는 우리를 위한(Pro me) 그리스도 현재성에 관한 물음이기도 하다.

105 D. 본회퍼/이신건 역, 『디트리히 본회퍼 묵상 52』(신앙과 지성사, 2010), 292.

는 일갈(一喝)할 수 있었다. '거룩한 독서' 역시 오랜 역사(전통)를 지닌
것으로 성서를 집중하여 읽고 그에 자신을 스며들게 하여 결국 하느님
과의 일치(觀想)를 목적한 것으로 성서(문자)주의와는 근본적으로 다
를 것이다. 이처럼 영적 해석학 혹은 거룩한 독서로서 언표 되는 '믿음
의 눈'은 자타분리에 본뜻을 두지 않았고 오히려 예수(하느님)와 자신간
의 일치, 믿음과 삶의 결합을 자신 속에서 추구했기에 배타성을 자기
정체성으로 삼지 않았다. 배타성이 아닌 동시성(무제약성), 교리가 아
닌 실천을 오히려 믿음의 기본 정조(Etheos)라 여긴 것이다. 그렇기에
'믿음의 눈'은 '자기만의 신'을 추구하는 개인화 과정에 한걸음 더 다가
섰다고 볼 수 있겠다. 하지만 믿음의 눈만으로는 성서의 이념화를 온전
히 떨칠 수 없다. 영적 독해란 이름하에 항시 근본주의로의 유혹이 생기
는 탓이다. 그동안 성서에 무수한 이름의 비평의 잣대를 들이댔던 것도
성서를 이데올로기에서 해방시키기 위함이었다. 이 모든 비평을 우리
는 의심의 눈(해석학)이라 총칭할 생각이다. 의심이 눈이 필요한 까닭
은 야고보서를 비판한 루터처럼 신학적 관심에서뿐 아니라 성서 안에
서조차 하느님 의(義)를 길들여온 인간 욕망의 역사를 발견했기 때문이
다.[106] 성서학자 크로산은 성서에 폭력과 비폭력적 하느님상(像)이 공
존하는 역설과 모순을 하느님 의를 축소, 제한시켰던 인간 문명에 대한
심판 탓이라 하였다. 즉 성서에는 정의를 바라는 비폭력적 하느님과 그
명령을 거부, 왜곡시키는 인간 삶의 대조된 모습, 그리고 하느님을 길
들이려는 인간 탐욕에 대한 신적 폭력성이 언급되고 있다는 사실이다.
키에르케고어가 자신의 실존 변증법을 통해 비판했듯 성서 곳곳에 신
앙의 이름하에 하느님을 길들여온 역사가 수없이 많다고 했다. 아울러

---

106 존 도미닉 크로산, 『성경을 어떻게 읽어야 참 그리스도인이 되는가?』, 40-44.

신적 폭력성에 대한 증거 역시 그만큼 성서 곳곳에 산재하고 있다. 다행히도 신약성서 속 예수는 하느님의 비폭력적 전통을 이었지만 성서 끝머리의 요한계시록은 신적 폭력성을 여실히 간직했다. 이렇듯 성서는 비폭력적인 하느님의 의(義), 그를 거부해온 인간의 역사 그리고 이에 대한 하느님의 폭력성에 대한 기록들이 혼재된 책이다. 그럴수록 성서를 어떻게 읽고 어떤 본문을 택할 것인가의 물음이 중요하다. 바로 여기서 의심의 눈은 성서를 자신들 입맛에 따라 선택, 해석하는 것에 이의를 제기한다. 하느님 의에 대한 명령을 좇을 것인지, 아니면 그를 길들였던 텍스트를 하느님 말씀으로 여길 것인지 혹은 신적 폭력성을 하느님 본질로 삼을 것인지를 판별해야 하는 것이다. 본래 희년법은 50년마다 지켜져야 할 하느님 명령이었다. 하지만 후대 본문(제사문서)들은 이에 대해 더 이상 언급하지 않았다. 하느님의 급진성을 감내치 못한 인간들이 그 명령을 축소, 은폐시킨 결과였다.[107] 바울서신에서도 동일한 사태를 얼마든지 찾을 수 있다. 노예제와 가부장제와의 단절이 '그리스도 안의 존재'로서의 삶의 모습이었음에도 작자가 불분명한 이후 바울서신들에서 이런 에토스를 실종시켰고 제국(로마)적 삶과의 적절한 타협에 신적 권위를 부여했던 것이다.[108] 이렇듯 자신들 문화를 하느님 길들이는 방식으로 정상화시켰던 인간들 이야기가 모아져 성서의 일부가 된 탓에 이에 대한 의심을 피할 수 없다.[109]하느님 의를 변질시킬수록 신적 폭력성에 대한 언급 또한 많아지는 법, 이 역시 성서를 읽을 때 유념할 부분이다. 분명한 것은 이 땅의 교회가 빈익빈 부익부를 가중시

---

107 앞의 책, 39-40.
108 앞의 책, 301 이하 내용.
109 M.보그/ 존 도미닉 크로산, 위의 책, 81-82.

키는 자본주의체제 그 '밖'을 사유치 못한다면 이 역시 문명의 정상화란 이름으로 하느님을 길들였던 역사를 반복한 결과라 하겠다. 그럴수록 종교개혁 500주년을 맞아 자본의 늪에 빠진 교회를 향해 의심의 해석학을 작동시키는 신학의 역할이 참으로 위중해졌다. 의심의 눈을 통해 하느님 의를 되찾을 때 비로소 성서에 '오직'이란 말을 더해도 전혀 낯설지 않을 것이다.

마지막으로 의심의 눈과 같으면서도 다른 또 하나의 눈(觀), '자기발견의 눈'이 비(非)서구에 속한 기독교인들에게 특별히 요청된다. '오직 성서'의 참 뜻을 얻기 위해 앞선 두 눈은 동서양 기독교인들 모두에게 공통적인 필수 요건이었다. 하지만 자기발견의 눈은 특히 아시아인들, 전혀 낯선 세계관에서 비롯한 유불선(儒彿仙), 제(諸)종교에 의존해 살았던 우리들에게 특별한 의미가 있다. 종교(가치)다원주의 현실탓이기도 하겠으나 신앙의 주체적(fides qua)인 면을 더욱 철저화 시킬 목적에서이다. 앞서 말했듯 R. 파니카가 동서양 종교 간 만남의 방식을 변증법이 아닌 대화적 대화(dialogical Dialogue)라 한 것도 같은 이유에서다. 아시아적인 주체성에게 비(非)활성적 대상 혹은 이해의 前단계(前이해)로서가 아닌 스스로 말 건네는 주체(텍스트)의 위상을 부여하란 것이다. 종교의 한계가 세계관의 한계이듯 각기 다른 세계관에서 비롯한 종교들은 무엇으로 환원될 수 없는 자신만의 독특함을 지녔기 때문이다. 힌두교가 우주만물의 궁극적 일자(一者)를 강조했다면 기독교의 경우 신적 우발성, 곧 역사성(십자가)이 중심이었고 불교는 삼라만상의 연기(緣起)적 상호발생, 곧 관계성의 논리를 우선시할 만큼 이들은 저마다 독특했고 고유하다.110 각기 완결된 체계를 지녔겠으나 이렇듯 상대방의 시각에서 볼 때 세계관 차(差)에 터한 방점의 다름은 부정될 수 없다. 유물(무신)론적 진화론이 득세하는 현실에서 궁극적 일자(一者)는 그와 맞설 수 있는 종교적 보루일 것이며[111] 우발성은 역사의 부조리에 맞서는 힘을 줄 것이고 관계성은 생태맹인 인간의 재주체화를 도울 수 있다. 야스퍼스 말대로 이들 종교들의 제(諸)가치는 상호 불가피하게 보충되어야 옳다. 이를 뒤집어 부정적으로 평가할 여지 또한 충분하다. 일자(一者)로 인해 계층적 차별 개념이 생겨났고 역사적 우발성의 강조 탓에 인간 중심주의를 낳았으며 관계성(緣起)에 충실한 나머지 악에 대한 저항이 불충분했다는 평가들 역시 설득력이 있다. 그럴수록 자기 종교뿐 아니라 이웃 종교들에 대한 의심의 눈 역시도 멈출 수 없다. 그러나 더 중요한 것은 세계관 한계로 야기된 기독교의 한계를 이웃 종교의 강점을 통해 보완하여 자기 체계를 더욱 견고히 완결 짓는 일로서 대화적 대화를 통한 '자기발견의 눈'이 필요한 이유다. 종교 간의 경계를 넘어 상호 유익한 논리와 실천을 발견하는 것이 '세계시민사회'를 접한 종교(인)가 감당할 과제이기 때문이다.[112] 간디가 산상수훈을 통해 힌두교 경전 『바가바기타』를 재발견했고 비폭력 저항운동을 일으켰던 것이 바로 적실한 예가 되겠다. 필자는 다석(多夕)사상을 통해 천지인(天地人) 삼재론(三才論)의 틀 속에서 해석된 동양적 기독교를 배웠고 함석헌에게서 '뜻'을 찾는 자속적 기독교의 실상을 봤으며 김

---

110 C. Keller & L.c. Schneider(eds.), *Polydoxy-Theology of Multiplicity and Relation*, Routledge 2011, 238-257. 이 견해는 밴더빌트 대학교 신학부 교수인 J. Thatamanil이 쓴 *"God as grpund, contingency and relation: trinity polydoxy and religious diversity"*의 글을 요약한 것이다.

111 길희성, 위의 책, 306-313, 335-352.

112 울리히 벡, 위의 책, 262-263.

홍호로부터 종교적 실존(脫存)의 포괄적 의미를 찾을 수 있었다.[113] 다석 혹은 씨알 학파로 불리는 이들의 공통점은 이웃 종교들의 핵심 사상을 기독교와 소통시켰다는데 있다. 이는 마치 불교를 몰랐다면 기독교인도 될 수 없었을 것이라는 신학자 폴 니터의 말을 상기시킨다.[114] 이들 모두는 '하나(자기 종교)만 알면 아무 것(자기 종교)도 모른다'(One who knows one, knows none)는 종교의 기본 공리에 충실한 사상가들이었다. 이 점에서 이웃 종교들의 경전 역시 광의의 성서라 봐도 좋겠다. 이를 위해 '뜻'의 존재론은 동양 경전에서 성서를 보고 성서 속에서 상대방의 진리를 찾는 일을 지속적으로 가능케 한다. 성서와 동양 경전 속에서 시대를 구원할 '뜻'을 함께 찾아 소통시킬 때 '오직 성서'는 비로소 사실 적합한 형태로 복기할 수 있을 것이다. 교회 강단에서 성서는 물론 불경 그리고 사서삼경(四書三經) 또한 각주가 아닌 본문(텍스트)으로서 읽혀지고 선포되는 날을 기대한다. 성서가 더 이상 근본주의적 불관용에 침묵 또는 관용하는 책으로 오독될 수 없는 탓이다.

이상으로 본 항목에서 말했던 세 눈(觀)을 필자는 인문학적 방식으로 종종 고독, 저항 그리고 상상(환상)이란 말로 달리 언표했다. 고독이란 인간의 주체성이 더욱 내면으로 깊어지고 철저해져 세상과 소통하는 방식이며, 저항이란 자신은 물론 텍스트 그리고 실정법을 앞세운 국가적 폭력에 대한 항의라 할 것이고 상상이란 체제 밖 사유의 길로서 때론 자연 속에서 혹은 기독교(성서)적 지평마저 넘어서서 하느님 계시(은총)를 찾는 일이라 하겠다. 고독(주체성)이 깊어져야 상상력이 생겨

---

113 이정배, 『토착화와 세계화– 한국적 신학의 두 과제』 (한들, 2011), 253-286.
114 폴 니터/정경일 外 역, 『붓다 없이 그리스도인이 될 수 없었다』 (클리어마인드, 2011).

나며 상상의 힘으로 자신 및 세상에 대한 저항이 힘을 받을 수 있게 된다. 따라서 고독, 저항 그리고 상상은 종종 믿음, 사랑 그리고 소망의 다른 이름이라 말할 수도 있겠다. 이렇듯 세 눈의 동시성을 통해서 성서는 비로소 전(全)지구적 차원에서 위험사회가 되어버린 세상을 치유할 상(환)상의 보고가 될 수 있다. 생태위기를 비롯하여 핵무기(산업)의 위협, 자본에 퇴출당해 잉여인간으로 내몰리는 현실 그리고 극심한 빈부차로 야기된 가난의 현실에서 기독교는 종교개혁 500년을 맞아 뭇 타자와의 공존을 위해 세계시민주의에 입각하여 스스로를 개혁해야 옳다.115 이는 자신의 진리를 주장하되 인류평화가 우선인 것을 인정할 때 가능한 일이다. 따라서 2017년 종교개혁 500주년에 이르러 루터에게 돌아가는 것만이 능사가 아니라 인류 전체를 위험에 몰아넣는 자본주의 문명, 그 현실과 사투(死鬪)하는 것이 급선무이다. 결국 '종교개혁은 계속되어야한다'는 에토스로서의 프로테스탄트, 곧 개신교가 존재하려면 이상의 세 눈을 통해 자본주의는 물론 자본(주의)화된 교회를 너머서는 새로운 교회상(像)을 정립해야만 할 것이다.

5. 만인제사장직에 터한 교회 재구성
   : 탈脫성장, 탈脫성직, 탈脫성별의 시각에서

주지하듯 앞선 3개의 '오직' 교리가 지나칠 정도로 강조, 오용되어 개신교를 병들게 했었다면 '만인제사장'론(論)은 이후 오히려 지나치게 간과, 축소된 탓에 개신교다움을 실종시켰다고 말할 수 있겠다. 대다수

---

115 울리히 벡, 위의 책, 264-265.

개신교 목사들의 경우 가톨릭 신부와 견줄 때 평신도들의 성직자의 의
존도가 훨씬 높아 보인다. 고해성사제도를 둔 탓에 외형적으론 가톨릭
사제직이 절대적인 듯 여겨지나 설교를 비롯한 재정, 행정을 총괄적으
로 살필 때 성직자에게 집중된 강도는 개신교가 훨씬 크다. 그렇기에
교회 복음화 없이 세상 복음화가 불가능하다며 그 책임을 성직자에게
돌린 교종의 화살은 오히려 축복과 성장(공)을 외쳐온 개신교에게 향해
져야 옳다. 주지하듯 만인제사직이란 성찬을 비롯한 교회권력 일체를
독점한 가톨릭 성직제도에 대한 비판이었다. 루터는 이를 바빌론포로
로부터의 교회의 해방이라고 말한 바 있다.[116]믿음의 전제하에 하느님
앞에서 누구든 평등하며 어떤 직업을 가졌던지 가치상 그것이 성직과
조금도 다르지 않다고 보았던 것이다. 여기서 중요한 것이 소명(Beruf)
이다. 소명이 직업이란 말과 동의어가 된 탓이다. 세속의 일 역시 신적
부름에서 비롯했기에 그 역시 성직 수행의 일환이 된 것이다. 이렇듯
'소명으로서의 직업'은 근대 세계를 추동할 수 있었다. 세속적 숙련공이
되는 것을 하느님 소명에의 응답이라 여겼기에 자본주의 맹아를 키울
수 있었던 것이다. 하지만 루터의 '소명으로서의 직업' 개념은 두 왕국
설과 같은 여타 신학적 개념들의 경우처럼 중세를 넘어서질 못했다.[117]
예컨대 백정은 영원히 백정으로, 상인은 평생 상인의 삶을 살아야 했고
성직자는 영원한 성직자의 위상을 갖도록 체계화되었던 까닭이다. 신
분 상승의 계기를 허락지 않을 만큼 중세 유기체적 세계관을 작동시킨
결과였다.[118] 그럼에도 루터는 만인제사직을 통해 성직자의 특권을 내

---

116 존 델렌버거 편, 위의 책, 314 이하 내용.
117 이은선, 이정배 공저, 『현대이후주의와 기독교』, 58-110참조. 특히 루터의 한계에 대
　　해서는 66-67을, 칼빈의 한계에 대해서는 67-69를 보라.
118 R.H 토니, 위의 책, 36-38.

려놓고자 했다. 그가 성례의 수(數)를 급격하게 줄인 것도 성직 권위 타파와 유관하다. 거듭 말하지만 성직과 세속 직업을 하느님의 동일한 부름이라 여겼기에 이들 간의 존재론적, 가치론적 간격을 좁힐 수 있었던 것이다. 하지만 이후 루터주의자들에 의해 성직은 재차 절대화되었고 그 후예들로서 자본(주의)화된 이 땅의 대형 교회들 역시 교회를 세습할 만큼 오히려 성직자 중심 체제를 굳혀갔다. 성직자와 평신도의 위상이 나뉜 것에 상응하여 평신도들 간의 직분 차이 역시 계급처럼 서열화된 것도 개신교의 두드러진 특징이라 하겠다. 더구나 어느 교파를 막론하고 교단장이 되기 위해 출처모를 수십억의 돈이 집행되는바, 성직과 자본(돈)과의 고리가 '불상리'(不相離)라는 말로 표현될 만큼 얽혀져 있다. 자본주의가 종교 권력을 강화시켜 성직 체제를 견고하게 만들었다는 말이다. 개체 교회를 이끄는 성직자의 능력이 자본주의 에토스를 닮은 탓에 초대교회로 돌아가자는 말이 빈소리(虛言)일만큼 기본소득을 공유함에 있어 가장 인색한 집단이 되고 말았다. 한 건축물 안에 교파를 달리한 교회들이 경쟁하듯 몰려있는 것도, 일정 반경 내에 수십 개의 교회가 세워진 것도 결국 선교를 빌미삼은 목사 생존을 위한 것으로서 이원화된 성직제도의 부정적 결과물들이라 하겠다. 필자가 속한 감리교단의 경우도 전체 교회의 거의 70-80%에 달하는 개체교회들이 미자립 상태에 있으며 야간택시 운전, 퀵 서비스 등의 이중직을 통해 생활고를 해결하는 목회자들 숫자가 점차 많아지고 있다. 이로 인해 지금 한국 개신교는 만인제사직의 의미가 루터 당시와는 다른 차원에서 부각되고 있다. 자본주의 체제하에서 교회경쟁에 밀려난 성직자들이 세속 직업으로 가족들 생계를 연명하는 탓이다. 자본주의의 반대급부로 인한 성직자들의 이중직이 필연이 되었고 따라서 평신도와의 구별

이 실종된 상황에서 성직(聖職)의 의미를 다시 묻게 된 것이다. 기본소
득도 보장받지 못한 탓에 탈교과 추세가 급증하는 현실 또한 주목할 일
이다. 화해론에 입각하여 하느님 의를 이뤄야할 교회들이 정작 분열적
이념 생산의 발원지라는 것 그리고 대형 교회일수록 교회 내의 성직 대
물림(세습) 현상이 편법적으로 확산되는 현실에서 교회가 무엇인지를
되물어야 할 결정적 때(카이로스)를 맞은 것이다. 그렇기에 번영(성장)
은 하느님 축복이 아니라 위험성이라는 폐부를 찌르는 한 신학자의 말
을 크게 주목할 일이다.[119]

　　교회론 재구성을 위해서 내적 요소만큼이나 교회 외적 요인 역시 중
요하다. 교회에 대한 성서적 정의보다 사회학적 현실 인식이 교회론을
위해 더 긴급할 수도 있다. 우리 시대를 성장이 끝난 최초의 시대로 보
는 탓이다. 최근 영국의 탈퇴결정을 통해 드러난 EU 붕괴 조짐은 세계
화 역풍의 일면이었다. 한마디로 '과속 세계화'의 반대급부란 것이다.
물론 이민 문제가 화근이었으나 과속 세계화로 약자들의 희생을 가중
시켰던 결과였다. 하여 학자들은 작금의 상황을 히틀러식 파시즘이 시
작된 2차 세계대전 직전을 닮았다고 보았다.[120] 세계가 다시금 성장이
끝난 위험사회에 이르렀다는 사실이다. 이 땅의 현실 역시 결코 다르지
않다. 세월호 참사 일천 일을 지나면서 우리 사회는 정부를 향해 사람
(약자)들을 사지(死地)로 내몰지 말 것을 요구했다. '더 이상 죽이지 말
라'는 표제어가 세월호 참사로 야기된 21세기 대한민국의 민낯, 자화상
이 된 것이다. 거듭된 비정규직의 확산과 과도한 효율성의 요구로 실제
로 많은 노동자들이 희생당했다. 고용 없는 저(低)성장(제로성장) 시대

---

119 로빈 마이어스/김준우 역, 『예수를 교회로부터 구출하라』, 2012, 9장 내용 참조.
120 한겨레 6월 24, 27, 28일자 신문 참조.

에 가진 것 없는 '흙수저' 청년들에게 좋은 일자리가 주어질리 없었고 최저 임금 알바로 만족해야 했으니 이들의 자존감 역시 바닥을 쳤다. 이는 모두 축출자본주의의 전형적 모습들이다.[121] 이에 더해 개발의 이름하에 4대강을 망치고 제주 강정을 파헤치더니 자본은 급기야 서대문형무소 맞은편의 옥바라지 유적일체를 부쉈다. 독립운동가, 민주투사들을 뒷바라지 했던 애환 담긴 우리 역사를 지워 '터 무늬' 없게 한 것이다. 이렇듯 세계화 열풍은 정체모를 자본을 앞세웠고 하수인이 된 국가는 인간, 자연 그리고 역사마저 집어삼킨 괴물이 되고 말았다. 이 과정에서 국가 권력 내지 실정법의 희생양이 된 억울한 백성들의 숫자는 기하급수적으로 늘어만 갔다.[122] 아감벤의 말처럼 법 밖으로 내몰린 사람들, '호모 사케르'(예외자)를 양산한 것이다. 이처럼 억울한 일들이 도처, 곳곳에서 벌어지고 있음에도 대형 교회 일수록 이 땅의 슬픈 자들을 냉대했다. 일종의 웰빙(wellbeing) 문화공간으로 전락한 탓에 '우는 자들과 함께 울라'는 말씀에 공감하지 못했다. 성령의 탄식이기도 한 약자들의 절규를 듣지 않았고 오히려 정부, 권력, 자본의 편에서 이들을 비난했을 뿐이다.[123] 급기야 교회는 더 이상 안식일을 지키라는 말을 할 수 없는 지경에 이르렀다. 일이 있어야 쉼의 가치가 생기며 그 의미가 커질 터인데 직장을 잃었고 비정규직 상태로 이/삼중 알바를 해야 할 상황에서 안식일이 공허한 개념이 되고 만 탓이다. 시간이 흐를수록 교회에 헌금할 수 있는 신도들 숫자가 급격히 줄어들고 있다. 성장이 끝난 최초의 시대에 접어든 탓도 있겠으나 내적으로는 교인 숫자의 급격한

---

121 한겨레, 6월 24일 30면.
122 한겨레 6월 28일 10-11면.
123 로마서 8장 18절 이하 참조.

감소로 기독교 전체적으로 수십조 원이 넘는 빚을 갚을 수 없어 교회들의 줄도산을 걱정하는 소리가 크다. 화려한 교회의 겉모습이 실상 빚으로 덧칠한 가면이었음이 밝혀지고 있다.

이런 차원에서 '작은교회가 희망이다'란 명제를 걸고 종교개혁 500주년을 준비하는 새로운 에큐메니칼 진영이 탄생되었다. 〈생명평화마당〉이 그 한 축으로서 진보/보수 측 목회자들이 결합했고 신학자와 목회자들이 함께했으며 성직자와 평신도들이 마음을 합친 결과였다.124 기존 틀로서의 '에큐메니칼'이 보수와 맞서는 개념이었다면 '마당'이란 전통적 언어가 적시하듯 〈생평마당〉은 교회개혁을 위한 '뜻'의 연합으로서 더 큰 개념을 지향했던 것이다. 따라서 3개의 '오직' 교리에 대한 메타 크리틱에 근거했고 '만인제사장직'의 본뜻을 확장시키는 중에 시대정신에 부합한 새로운 교회상(像)으로서 '작은교회론'을 내세웠다. 여기서 말하는 '작은'은 교회를 수식하는 형용사일 것이나 내용상으로는 교회본질에 속하는 것인바, '작은교회'는 그자체로 명사적 의미를 지녔다.125 즉 '작은'은 여기서 '크다'의 상대적 개념이 아니라 교회의 원(原)본질을 적시하는 것이었다. 주지하듯 국교화 이전까지 초대교회는 저마다 고유한 '해석공동체'로서 존재했었다.126 예수(복음)에 대한 다양한 시각이 공존했으며 각기 자기만의 카리스마로 공동체를 특성화시

---

124 이정배, "개신교 선교 향방의 현상적, 신학적 고찰: 새로운 에큐메니칼 사조로서의 개신교 내 작은교회 운동을 중심하여", 「이성과 신앙」, 수원가톨릭대학교, 2015 겨울, 137-140.

125 본래는 '작은 교회'라 했으나 최근 '작은교회'로 고쳐 쓰기로 했다 '작은'이 '큰'과 대비된 형용사인 반면 '작은교회'는 그 자체로 고유하게 쓰일 수 있는 까닭이다. 동연출판사 사장이자 생평마당 소속 김영호 장로의 제안을 받아들여 〈생평마당〉이 그리 사용키로 약속했다.

126 로빈 마이어스/김준우 역, 『언더그라운드 교회』(한국기독교 연구소, 2012), 91-94.

켰던 까닭이다. 가난, 이방인, 유대인, 여성, 영적 각성(신비주의), 정의 (공의) 등 각각의 주제를 앞세워 예수에 대한 이해를 달리 연결 지웠기에 공동체는 다양했고 작을 수밖에 없었다. 또한 교회가 국가(로마)종교로 전환되기 전까지는 최소한 이단/정통의 시비, 분별 역시 중요치 않았다. 오히려 각자 자신들 공동체가 방점(傍點)을 둔 신학적 주제들이 옳게 행해졌는지 여부가 중요할 뿐이었다. 그럼에도 이들 간의 공통점이 없지 않았다. 무게중심은 달랐으나 자신들 복음이해를 통해 로마 (제국)에 대한 정치적 저항을 멈추지 않았던 탓이다. 이를 일컬어 학자들은 '복음의 정치학'이라 했다.127 한마디로 세상 속에 있으나 세상과 다른 삶을 살고자 했던 것이다. 따라서 복음의 정치학은 하느님 나라에 상응하는 체제 밖 사유로서 하느님 의를 드러내는 행위라 하겠다. 따라서 '작은교회'는 의당 이 흐름 속에서 자신을 이해해야 옳다. 이 전통을 시대적합하게 잇고자 애씀을 본분으로 삼고자 했다. '작은', 그 개념 속에 다양성과 저항성이 내재했다는 성서적 사실을 기억하면서 말이다. 이 점에서 하느님 나라 비유로서 '겨자씨' 이야기는 대단히 중요하다. 보이지 않을 만큼 작으나 모든 것을 품을 만큼 커지는 과정에서 하느님 급진성을 길들였던 정상 문화를 불편하고 거추장스럽게 만들었기 때문이다.128 여기서 다양성은 일체의 가치 서열적 세계관에 대한 항거의 표현이겠고 저항성은 거듭 사람들을 '법 밖으로 내모는 실정법과 그 원인인 자본주의체제를 거부하는 몸짓이라 이해해도 좋겠다. 바로 여기에 '작은' 교회가 아니라 '작은교회'로 언표하는 이유가 있다. 교회 안팎을 막론하고 성장이 멈춘 시대를 살면서 '작은교회'가 희망인 것을 선포

---

127 앞의 책, 161-163.
128 겨자씨 비유를 이렇게 달리 읽은 학자는 존 도미닉 크로산이다.

하는 뜻도 여기서 찾을 수 있다. 초대교회들처럼 '작은교회'는 카리스마 (은사)를 표출하는 해석 공동체이자 동시에 자본(주의)에 반(反)할 뿐 아니라 그 대안을 제시하는 복음의 정치학을 펼쳐낼 수 있기 때문이다. 이를 위해 교회의 존재 방식 자체를 달리 하는 것이 무엇보다 급선무이 다. 루터가 교회의 바빌론 포로 됨을 염려했듯이 자본주의 체제에 길들 여진 노예성으로부터 화급한 출애굽이 필요하다. 기독교가 부르주아 종교로서가 아니라 체제 밖 사유를 위해 대안을 꿈꾸는 종교가 되어야 하는 까닭이다.[129] 이를 위해 앞서 말했듯 지난 500년간 잊고 지냈던 만인제사직의 각성이 큰 도움이 될 수 있다.

이상에서 언급한 '작은교회' 상의 구체화를 위해 필자와 〈생평마당〉 은 3개의 '탈'(脫) 즉 탈(脫)성장, 탈(脫)성직 그리고 탈(脫)성별을 제시 했다. 물론 더 많은 탈주가 필요하겠으나 최소한 이 셋을 현대판 출애굽 의 요체라 생각한 것이다. 이집트로부터의 첫 출애굽, 탈(脫)바빌론으 로서의 루터의 종교개혁에 이어 지금 자본화된 기독교로부터 탈주를 목적하고 있다. 3개의 '탈'(脫)은 의당 3개의 '오직' 교리에 대한 메타 크리틱에 의존할 것이고 만인제사장론을 통해 더욱 분명해 질 것이다.

우선 '탈'(脫)성장은 '향'(向)성숙과 같은 말로서 교회가 자신의 존재 이유에 철저해지는 경우라 하겠다. 한국 개신교의 몰락은 성장치 못해 서가 아니라 자기 본질에 깊고 단단하게 뿌리내리지 못한 결과였다. '행 위 없는 믿음'을 앞세워 자본주의에 자신들 혼(魂)을 팔지 않고 성서가 말하듯 '믿음 없는 행위'(삶)를 깊게 고민, 성찰했었다면 이제 막 일백

---

129 J.B. 메츠/이석규 역, 『그리스도교 부르주아 종교인가? 민중의 종교인가』 (도서출판 삼인, 2016).

년 역사를 지닌 한국교회에게 개독교란 오명이 덧씌워지지 않았을 것
이다. '오직 믿음'이 바람의 존재가 흔들리는 나뭇가지를 통해서만 느껴
지듯이 행위를 통해서만 믿음이 드러난다[130]는 '수행적 진리'를 뜻했다
면 말이다. '오직 은총'의 폐해 역시 긍정적 효과를 무색하게 했다. 은총
의 낙관주의가 '모든 것이 가능하다'(불가능은 없다)는 논리로 둔갑된 탓
이다. 구원이 인간과 자연을 지배, 정복하는 축복과 등가로 여겨진 적
도 많았다. 인간의 무능(원죄)을 전제로 신적 절대성(권능)을 강조했고
믿음을 통해 인간 역시 신적 능력을 지닐 수 있다는 것이 자본주의 사회
에서 통용된 것이다. 그러나 성서는 정작 '모든 것이 가능하다'고 말한
적이 없다. 오히려 시작부터 사람들 눈에서 억울한 눈물을 흘리지 말
것(정의감각)을 요구했고 동물을 피 채로 먹지 말라(생명감각)고 명령했
을 뿐이다.[131] I. 칸트가 강조했듯이 선악과를 먹지 말라는 것이 신의
첫 번째 명령이었던 것도 기억할 일이다. 만약 우리가 신적 은총을 체제
를 능가하는 하느님 義(정의)라 여겼다면, 예수가 꿈꾼 하느님 나라가
우리들 상상력의 원천이었다면 충분히 '다른' 기독교를 역사(구체)화
시킬 수 있었다. '오직 성서'의 경우도 동일한 결과를 야기했다. 주체적
신앙을 성서문자에 의존시킨 결과 개신교는 성서영감설을 근간으로 기
존(가톨릭교회) 성서무오설을 강화하였다. 동성애자를 정죄하고 이웃
종교인을 배타하며 종북/좌빨 이념을 확대 재생산시키는 것도 모두 성
서문자주의의 결과였다. 신의 명령을 길들였던 인간 언어들을 신(神)
의 말씀으로 이념화시킨 결과였다. 성서의 유일신론(Monotheism) 역

---

130 이는 행위가 없는 믿음은 죽은 것이란 야고보서의 통찰로서 동양적으로 말한다면 언행
    일치(誠)의 신학이라고도 하겠다. 사람은 누구나 자신이 행한 것만큼만 아는 것이기
    때문이다.
131 창세기 9장 1-7절

시 바빌론 포로기, 이스라엘 민족의 정체성 확립을 위한 신앙의 산물이
었던 것을 기억해야 한다.[132] 자신들 약함(위기)을 지켜 낼 방편이었던
유일신론이 오히려 일체를 부정하는 사람 잡는 정체성이 된 것이 놀랍
다. 인간을 향한 하느님의 철저한 요구(義)와 그를 길들였던 인간의 언
어를 구별하는 작업이 그래서 필요하다. 성서에서 예수 자신의 말씀을
선별코자 한 역사적 예수 연구자들의 수고가 고마운 이유이다. 이제 자
본주의와의 가치 투쟁에 나서기 위해서라도 두 번째 종교개혁을 맞는
한국 개신교는 예수가 믿었던 하느님 나라와 바울이 앞세운 하느님 의
를 맘껏 강조해야 할 것이다. 그럴 때 수십조의 빚으로 유지되는 자본화
된 개신교, 거대한 건물을 자랑하며 교인 숫자를 자랑하는 교회가 아니
라 기독교 근본에 뿌리내리며 예수제자들을 키워내는 성숙한 개신교회
가 새롭게 탄생할 수 있다. 본회퍼의 다음 말을 재차 음미하면 좋겠다.
"예수의 제자를 만들지 못한 채, 신도나 교인으로 만족하는 교회는 예
수를 한갓 이념이나 신화로 전락시키고 만다." 이처럼 '탈'(脫)성장,
'향'(向)성숙을 목적하는 '작은교회'는 지금껏 자본주의와 짝해온 자신
은 물론 자본이 지배하는 세상에 저항하며 스스로 대안 공동체의 모습
을 드러내야 마땅한 일이다. 최근 들어 다행스럽게도 스스로를 마을 생
태계의 한 구성원으로 위치시켜 마을과 공생하는 교회들이 생겨나고
있다. 마을 속의 고립된 섬처럼 존재하는 것이 아니라 개별 단위를 연결
시키는 다리의 역할을 교회의 사명이라 여긴 것이다. 마을 공동체를 파
괴시켰던 이전 모습과 달리 문화, 복지, 교육 영역을 아우르는 지역 생
태계에 관심하는 교회상(像)이 확립되는 중이다. 이는 생태적 가치를

---

132 L. C. Schneider, *Beyond Monotheism-A Theology of Multiplicity*, Routhledge 2008,
1부(The logic of the One)를 보라.

소중히 여기는 녹색교회의 발전된 형태로서 교회 단위를 마을로 확장
시켜 주민들의 가치관 변화를 목회적 사명이라 여긴 탓에 성장주의에
빠진 개신교회에게 신선한 충격이 되었다. 로마서가 말하듯 '믿음 없는
행위'를 반복했던 개신교적 병폐를 치유할 수 있었던 까닭이다.

 '탈'(脫)성직 역시 제도로서의 종교는 쇠퇴하고 영성으로서의 종교
성이 득세하는 현실에서 더구나 만인제자직을 선포했던 개신교로서 심
각하게 고려할 주제이다. '영성 없는 종교'를 '종교 없는 영성'보다 믿고
신뢰하는 추세인 탓이다. 자본에 세뇌된 목사들의 추태들이 지상파를
통해 공개되면서 성직(聖職)에서 '성'(聖)의 의미가 탈각되고 있다. 목
사들 스스로도 자신의 능력에 따라 교회를 확장시켜 응분의 대가와 보
상을 받는 존재로 여기고 있다. 더구나 성직자들 간의 빈부격차로 인해
이중직에 내몰리는 목사들이 많아지면서 탈성직의 도전이 심각해졌다.
하지만 실제로는 성직 중심제가 여전히 강화되는 역설이 발생한다. 보
편적 죄성(원죄)에 터한 구원의 독점권을 교회가 제도적으로 —교회 밖
에는 구원이 없다— 보장했고 강화시켰던 탓이다.133 이에 더해 예수
그리스도의 중보성과 성직자의 역할을 중첩시키는 오류를 확산시켰다.
중보권을 비롯하여 축복(은총), 사면, 성례 일체를 목사 고유한 권한이
라 가르쳤던 것이다. 복음서가 말하듯 예수는 하느님과 인간 사이에 중
보자 개념을 없앤 존재였다.134 하지만 교회는 이후 그를 '유일한' 중보

---

133 이를 일컬어 '제도적 은총'이라 한다. 제국신학과 짝했던 일종의 성전신학이라고도 하
    겠다. 하지만 예수는 성전 밖에서, 안식일에 자신의 구원을 펼치셨다. 유아사 야스오/
    이정배, 이한영 공역,『몸과 우주』(모시는 사람들, 2004), 72-95.
134 보그 크로산 같은 역사적 예수 연구가들이 대단히 중요하게 강조하는 내용이다. M.
    보그·존 도미닉 크로산/오희천 역,『예수의 마지막 일주일』(도서출판 중심, 2007),

자라 여겼고 서방기독교 전통에서 그 역할은 남성 성직자의 몫이 되었
다. 더구나 가톨릭 교종의 말대로 성직자들이 신/구교를 막론, 복음화
의 방해거리였음에도 정작 교회는 성직을 강화시켜 자신들 위기를 모
면했었다. 만인제사장 이론에 터한 개신교 종파[135]들이 지난 500년 동
안 오히려 이단 취급당했던 것도 이런 연유에서였다. 성서를 백성들 손
에 돌려주었음에도 3개의 '오직' 교리는 역설적으로 성직 강화의 수단
이었던 것이다. 따라서 '탈'성직은 이제 과감하게 '향' 평신도(성)의 의
미로 철저화시킬 필요가 있다. 성직 역시 교회 내 여러 직분 중 하나
일뿐 결코 특별한 카리스마가 아니란 것이다. 평신도들이 교회를 섬기
듯이 목사들도 설교와 예배를 통해 자신의 역할을 감당할 것이며 세속
직업 역시 원리상 마다할 이유가 없다. 뭇 세속 일터에서 목사는 자신의
카리스마를 다양한 방식으로 펼칠 수 있어야 옳다. 실제로 지금 그런
양상들이 힘껏 펼쳐지고 있다. 단지 교단이 교권으로 용납하지 않을 뿐
이나 이에 굴하지 않고 교단을 떠나는 목회자들 숫자도 적지 않다. 신
(神)이 창조한 이 세계를 설명하는 제 학문들을 섭렵하는 것도 신학함에
있어 중요하다. 과학시대를 사는 우리들에게 종래와 같이 믿음(信)을 앞
세우는 'Up-down experience'만이 아니라 앎(知)을 선행시키는
'Bottom-up experience'역시 중요해진 까닭이다.[136] 이렇듯 성직을
주제로 한 탈향(脫向)의 변증은 근본적으로 가치관, 세계관의 변화를

6장 내용 참조. 이정배, 『토착화와 세계화- 한국적 신학의 두과제』, 이곳에 실린 "다석
학파의 기독교 이해(253-286)"를 보라.

135 대표적인 경우가 후일 함석헌이 귀의한 퀘이커교라 하겠고 우찌무라 간조와 그 영향을
받은 김교신이 주도한 무교회주의 역시 이 범주에 속할 수 있겠다.

136 폴 킹혼/이정배 역, 『과학시대의 신론』(동명사, 2009). 본 개념은 이 책속에서 적극
개진되었다

뜻한다. 성속분리에 근간한 기독교가 아니라 양자 간 일치에 무게를 둔 기독교의 탄생을 예고하기 때문이다. 정교(政敎)분리가 능사가 아니라 양자를 나눌 수 없는 하나로 인식하는 신학이 광장신학, 거리신학 혹은 마을신학이란 이름으로 세월호 참사를 전후하여 대세를 이루고 있다. 최근에는 목사/평신도가 협력하여 교회조차 협동조합의 형태로 창립하고 운영하는 시도들도 생겨나는 중이다.137 그렇고 보면 '탈'성직은 탈성장 곧 '향'(向)성숙에로의 방법이자 과정이라 말할 수 있겠다. 이를 위해 3개의 '오직' 교리 역시 달리 적용될 일이다. '오직' 믿음이 예수에 대한 믿음에 앞서 하느님 나라를 지향했던 예수의 믿음과의 주체적 동화(일치)여야 한다는 것이다.138 이는 예수의 죽음이 하느님 나라 열정

---

137 작은교회 운동에 참여하고 있는 '타원형 교회'가 대표적 사례이다. 교회 설립을 위해 출자금을 함께 내고 그 많고 적음에 관계없이 그리고 목사, 평신도의 위계와 무관하게 모두가 동일한 권리와 의무를 지고 있다. 설교도 의당 평신도의 몫이 되는 경우가 많다. 교파에 상관없이 여타 교회들과의 에큐메니칼 연대를 이루고 지역과의 상생구도를 만들고자 노력하고 있다. 공정무역 커피를 판매하고 그 수익으로 현지 지역민을 돕는 카페 공간을 이용하여 타원형 교회는 예배를 드리고 있으며(여기서 카페 판매 수익도 발생한다)기독교 서적을 출판하는 동연의 책들을 함께 읽는 독서토론회도 함께 운영한다. 여러 단체들과 연대하는 중에 비용도 줄이면서 현지인을 돕는 등 효과를 극대화할 수 있는 장점이 있다. 이 점에서 협동조합 교회로서 타원형 교회는 만인제사장직에 터한 구체적 사례로서 타교단과 지역과의 연대를 이루는 명실 공히 에큐메니칼 공동체라 할 것이다. 향후 그 진화하는 방향을 주목해 본다. 이렇듯 협동조합운동을 연구하는 김영철은 협동조합이야말로 초대교회 정신(행 4:32-33)과 잘 부합하는 교회정체성이라 역설하고 있다. 자본주의 취약점과 그 한계를 넘을 수 있는 작은교회 운동의 이론적 근거가 될 수 있다는 것도 그의 지론이다. 이미 UN은 사회 발전에 있어 협동조합의 역할을 강조했고 2012년을 세계협동조합의 해로 정한 바 있었다. 우리나라의 경우도 2015년부터 협동조합법을 입법화시켰고 실행중이다. 참고로 협동조합의 정신을 다음처럼 소개해 본다. "협동조합은 조합원들이 공동으로 소유하고 민주적으로 운영되는 사업체를 통하여 조합원 모두의 경제, 사회 문화적 필요와 요구를 충족시키기 위해 자발적으로 모인 자율적 결사체이다." 이상 내용은 김영철이 작성한 미간행 논문 "에큐메니칼 운동의 미래를 위한 협동조합 운동", 2016, 1-9 쪽 내용을 요약 정리한 것이다.

138 사실 이 두 가지 요소가 성서(로마서)에 혼용되어 있기도 하나 후자가 전자보다 우선

탓인가 혹은 대속을 위한 것인가의 문제와 중첩된 사안이기도 하다. 이를 양자택일할 수는 없겠으나 선후에 있어 전자가 먼저인 것은 분명하다. 죽음으로서 하느님 의를 드러낸 예수, 그 예수의 믿음과의 일치가 바로 '오직 믿음'의 실체인 바, 여기에 평신도/목회자의 구별은 의미 없다. 이 믿음은 중개(중보)가 필요치 않고 성직마저 해체시키는 '그리스도 안의 존재'(Sein in Christo) 됨에 목적이 있을 뿐이다. '오직 은총' 역시 '향(向)평신도성에 힘을 보태 수 있다. 더 이상 인간 타락에 초점을 맞춘 원죄설을 앞세우지 않았기 때문이다. 주지하듯 하느님 은총은 실정법 위에 역사하는 신적 의로움(義)으로서 체제 밖 사유를 추동하는 것이었다. 그렇기에 체제에 맞서는 정치신학, 다양한 이름의 교회 밖 현장 신학을 복음서의 예수처럼 그렇게 성사시킬 수 있었다. 성직과 평신도를 나누는 가치 서열적인 이분법을 협동조합 형태로 난파시킨 것도 '오직 은총'의 열매라 할 것이다. 이 주제는 탈성별로 이어질 사안이다. '오직 성서'를 통해서도 하느님이 인간세상에게 원했던 것, 비폭력적 공의를 힘껏 들어내야 옳다. 길들여진 제도권 언어 속에서 희석된 하느님 의를 날 것으로 찾고 들을 일이다. 자본주의나 가부장제 같은 기존 체제 또는 기성 교회제도를 당연시하는 텍스트 비판이 '오직 성서'의 본뜻이다. 성서 속에서 인간을 향한 하느님의 급진성을 찾는 일이 그래서 중요하다. 하느님의 급진성은 지금 인간과 자연을 아우르는 '생태적 정의', 인간을 넘어 자연 조차 가난한 자(New poor)로 여기는 생태학적 세계관과 조우할 수 있을 것이다. 이는 우리 시대가 기후붕괴

해야 한다는 것이 중요하다. 이 논제는 원죄설과 원복설의 관계를 위해서도 중요하며 결국 예수의 죽음에 대한 이해와도 상관된다. 최근 역사적 예수 연구 결과물을 갖고 예수에 대한 평전을 달리 쓴 한인철의 글에서도 이 점이 발견된다. 한인철, 위의 책, 19-20, 34-36.

원년을 살고 있다는 긴박한 위기의식으로 인함이다.[139]

　이제 '탈'(脫)성별의 주제를 언급할 마지막 지점에 이르렀다. '탈'성별은 의당 가부장제의 지양으로서 '향'(向)여성과 짝을 이룬다. 좁게는 여성해방이지만 확대하면 가장 급진적인 세계관적 혁명의 주제와 맞닿아 있다. 여성사제의 인정을 넘어 확대 그리고 교회 내 여성 대표권의 강화 등이 교회가 해결할 우선적 과제들이다. 하지만 '여성적인 것이 세상을 구원 한다'는 더 큰 맥락도 숙고해야 옳다. 주지하듯 남녀(양성)평등은 너무도 당연한 하느님 창조질서에 속한다고 믿어왔다. 하지만 기독교서구는 지난 세월동안 이 질서를 역전시켰다. 남성에게만 '하느님 형상'의 지위를 부여했고 여성을 자연과 동격인 '하느님 흔적'이라 칭했던 까닭이다.[140] 이런 존재론적 차이로부터 교회 안팎에서 무수한 차별을 발생시켰다. 그 결정적 예가 중세기 마녀 재판으로서 지혜나 감성에 있어 남성보다 우월한 여성들을 혐오하여 희생양 삼았던 것이다. 최근 강남역에서 발생한 '묻지마'식 여성 살해도 최근 급부상한 여성 능력을 혐오하는 남성들의 병리상태(열등감)의 한 표현이라 하겠다. 여성비하를 당연시했던 중세적 인간 심리가 자본주의 체제에서 위험에 내몰린 남성들에게서 재현되고 있음이 놀랍다. 근대 자본주의 체제에 이르러 여성에게는 중세의 마녀를 대신하여 창녀의 메타포가 덧씌워 졌다. 여성은 항시 부차적 존재(Second sex)였고 가정을 지키고 노동하는 남성을 내조하는 삶을 요구받았다. 즉 지속적 성장(생산)을 위해 남성에게

---

139 한국교회환경연구소편, 『기후붕괴시대』 (동연, 2010), 116이하에 실린 필자의 글을 보라.
140 C. Merchant/전규찬 外 2인 역, 『자연의 죽음- 여성과 생태학 그리고 과학혁명』 (미토, 2005), 23-80 참조.

성(性)을 제공하는 역할이 여성의 몫이 된 것이다. 이런 방식으로 근대
는 창녀 메타포를 통해 자본주의적 생산양식을 유지, 존속시켜 자본주
의 체제를 확고히 했다. 작금에 이르러서도 여성은 여전히 본성상 악하
든지, 뭔가를 결핍한 존재로서 타자로 내몰리고 있다. 여성 성직에 대
한 교회의 부정적 견해가 구체적 예가 될 것이다. 'Histoty'라는 말이
적시하듯 불행하게도 역사란 '남자들의 이야기' 일색이 되어 버렸다. 여
성들의 이야기를 의도적으로 실종시킨 결과였다. 이런 이념을 제공한
것이 신학(교회)이었다는 사실이 우리를 슬프게 한다. 하지만 역사 및
종교 안에서 잃어버린 여성의 존재성(여성성)을 되찾는 노력이 시작되
고 있다. 모성성, 여성성으로 본래적 종교성을 설명하는 이론들이 출현
하고 있는 것이다. 바로 동서양을 막론한 인류 최초의 신화 '우로보로
스'가 말해지는 것도 이런 맥락에서다.[141] 뱀이 자기꼬리를 무는 형상
으로서 이 신화는 본래 신/인(神/人)의 본래적 자기 동일성을 말하는
것이었다. 하지만 차축시대 이후의 종교들 속에서 본 신화에 대한 평가
가 달라졌다. 유불선의 동양전통에서는 유지, 발전되었으나 서구는 이
를 실종시켜 버렸다. 기독교 서구가 인간의 '수행' 대신 제도적 은총 수
단을 계발했던 탓이다. 하지만 생태위기를 혹독하게 경험하면서 신학
은 신과 자연(세계)의 '불이'(不二)적 관계에 주목했고 이를 위해 신적
모성에 관심을 갖기 시작했다. 신이 어머니 메타포로 이해될 경우 자연
(세계)이 그와 '둘일 수 없는 하나'의 관계가 되는 탓이다. 이 경우 기독
교는 비로소 유죄판결이 아닌 함께 아파하는 관계성의 종교가 될 수 있
다.[142] 실종시킨 여성성(존재)의 복권 내지 회복이 다시 중요해졌고 여

141 유사와 야스오, 위의 책, 25-34.
142 로빈 마이어스, 위의 책, 173 이하 내용.

성 목회자들의 역할이 그래서 더욱 요청되고 있다. 여기서 필자는 이런 여성성을 동아시아 개념들인 3개의 성, '聖'. '性'. '誠'을 통해서 재의미한 여성신학자 이은선의 견해에 주목한다.143이 셋은 본래 성부, 성자, 성령을 지칭하는바, 통합성, 타자성 그리고 지속성이란 말로 달리 불려지기도 했다. 분리적 사유에 능한 서구적 기독교보다 관계적 사유를 더욱 철저 화시킬 목적에서였다. 주지하듯 'Holiness'와 'Wholeness'는 어원적으로 뿌리가 같기에 '성'(聖)을 통합성으로 이해한 것이 놀랍다. 거룩, 곧 신이란 모든 것을 통합시키는 관계의 존재란 것이다. 동시에 타자성(性)은 신이 자신을 타자(기독론)를 통해 드러낸다는 의미로서 타자 없이는 자신도 없다는 차원에서 종래의 동일성 철학을 폐기시켰다. 서구 기독교는 기독론에서 우발성(역사성)을 보았으나 아시아 여성신학의 경우 통합성의 구체화로서 타자성을 말했던 것이다. 이로써 남성과 여성간의 존재론적 차이가 소멸될 수 있다. 끝으로 지속성, 즉 '성'(誠)은 성령에 해당되는 것인바, 간단없이 지속함으로서 인간의 일이 하늘의 일이 될 수 있음을 적시한다.『中庸』에 나오는 '誠者 天地道也, 誠之者 人之道也'라는 구절이 바로 그 뜻일 것이다. 이로써 聖, 性, 誠으로서의 여성(동양)적 종교성으로 인해 기독교는 잊힌 '우로보로스' 신화를 되살릴 수 있게 되었다.144 종교라는 말의 본뜻이 관계성을 일컬으며 성서의 핵심 역시 의로움(칭의)을 넘어 화해에 있다는 사실은 '우로보로스' 모티브의 일면(一面)으로서 바로 '탈'(脫)성별, '향'(向)여성이 지향하는 바였다. 궁극적으로 3개의 '脫'은 3개의 '성' 곧 聖. 性.

---

143 이은선,『한국 여성 조직신학의 탐구- 聖. 性. 誠의 여성신학』, 대한 기독교서회, 2004, 특히 7-58 참조. 동저자,『한국 생물(生物)여성 영성의 신학』(모시는 사람들 2011). 본 책 전체 내용이 3개의 성(聖. 性. 誠) 개념을 근거로 쓰여 졌다.

144 유아사 야스오, 위의 책, 34

誠과 내용적으로 상응하는바, 각기 종교, 정치 그리고 교육에 해당되는 것으로서 이 셋을 한 몸으로 엮는 통합적 세계관이 절실해진 것이다. 이것이 바로 여성(동양)적인 것이 세상을 구원한다는 논지라 할 것이다. 첫 번째 바울 서신인 로마서를 통해 드러나듯 '오직 믿음'은 당시 가부장제와 노예제 철폐를 살아내는 일이었고 '오직 은총'이 원죄가 아닌 원복(原福)을 전제로 분리를 고착화시켜 예외자를 양산하는 체제(실정법)를 넘어서는 일, 곧 하느님 공의를 드러내는 삶의 총체성에 관한 일이었음을 기억해야 옳다. 여기서 '오직 성서'는 자기 발견의 눈, 아시아적 성서읽기를 통해 찾아진 새로운 진리를 일컫는다 할 것이다. 세계관적 차이에서 비롯된 아시아적 지혜를 통해 이렇듯 성서를 재발견, 재구성하는 일들이 점점 더 절실해 질 수 있다는 말이다. 바로 이것이 기독교의 축(軸)이 아시아로 옮겨진 상황에서 두 번째 종교개혁을 맞는 우리들의 신학적 과제라 할 것이다.

짧은 마무리

이상에서 우리는 3개의 '오직' 교리를 비판적으로 재구성했고 만인제사 직에 근거하여 '작은교회'론을 예시했으며 그 핵심 골자로서 3개의 '탈'(脫)과 '향'(向)을 제시했다. 탈성장을 향성숙으로, 탈성직을 향평신도(성)으로 그리고 탈성별(가부장성)을 향여성(성)으로 중심을 이동시켜 두 번째 종교개혁을 맞는 이 땅의 개신교에게 자본주의와 맞서는 한국적인 교회상(像)을 제공키 위함이었다. 이를 聖. 性. 誠의 논리와도 나름 연관시킬 수 있었다. 논리를 진행시키는 과정에서 세밀치 못

한 점이 있어 토론의 여지가 있겠으나 나름 서너 가지 신학적 관점을
종합시켜 인습화된 기존 신학 틀과의 단절을 시도했다. 우선 역사적 예
수 연구의 결과물이 중요했고 세월 참사를 겪은 우리로서 아우슈비츠
이후의 정치신학을 말해야 했으며 유대적 사유를 재신학화했던 현대
좌파 철학자들 역시 소중했고 마지막으로 필자의 학문적 토양인 종교
다원주의 내지 토착화 신학 배경 역시 떨칠 수 없었다. 이런 각각의 요
소를 종합적으로 사유하여 3개의 '오직' 교리를 비판하는 학문적 틀로
사용한 것을 감지할 책무는 독자들의 몫으로 남겨져 있다. 그럼에도 본
논문은 정작 필자가 쓰고자 하는 종교개혁 이후 신학의 서문에 불과하
다. 종교개혁 500년이 지난 시점에서, 기독교 이후 시대를 살고 있는
지금 그곳으로 돌아가는 것만이 능사가 아니라 과감히 탈주하여 재구
성하는 일 역시 요구되기 때문이다. 아울러 토착화(신학) 시각에서 볼
경우에도 탈주와 재구성은 필연적인 일일 수밖에 없다. '존재유비'를 말
하는 가톨릭신학이 히브리적 사유가 헬라적 풍토와 만난 결과물이었다
면 '신앙유비'의 개신교 신학은 독일 신비주의 풍토에서 생겨난 열매였
던 탓이다. 따라서 아시아적 풍토에서 표현될 기독교의 모습을 과감하
게 상상할 시점에 이르렀다. 보수 기독교 교단에 속한 장로 이만열 교수
조차 수입 신학을 앵무새처럼 전하는 이 땅 기독교 현실을 질타했다.
중국에서 전래된 불교, 유교를 100년도 지나지 않아 중국을 능가하는
한국적인 것으로 바꿔 놓았던 선조들에게서 배우라 한 것이다.[145] 오래
전부터 필자는 유영모, 함석헌 등을 아우르는 '多夕학파'[146]의 기독교

145 이 말은 공동체지도력 훈련원(원장 최철호 목사)이 주관한 연수회(2016년 7월 4일-6
   일, 장로교 신학대학교) 자리에서 주제 강연을 했던 이 땅의 보수교단의 장로인 이만열
   (전 국사편찬위원장)선생께서 하신 말씀이었다.
146 이정배, 앞의 책, 253-286 참조. 임낙경, 『우리 영성가 이야기』 (홍성사, 2014). 이

란 개념을 빌어 서구는 물론 일본 교토학파의 기독교 이해와 변별되는 신학운동을 펼치고자 하였다. 하지만 본고에서는 이 점을 충분히 담아내지 못했다. 본고를 책으로 확장하는 경우를 맞는다면 이를 도입 삼아 그런 의도를 상세히 펼쳐 볼 생각이다. 종교개혁 이후 신학으로서 아시아, 한국에서 비롯한 '多夕학파'의 기독교가 새로운 500년의 화두가 될 것을 기대하면서 말이다. 이를 통해 이 땅의 기독교가 인간의식을 생태대로 전환시킴은 물론 항차 탈자본화된 방식으로 민족통일의 과제를 감당할 능력이 생겨나실 소망한다.

그럼에도 필자는 3개의 '탈/향'(脫/向)의 논거를 철저화시킨 구체적 사례를 짧게나마 소개하는 것으로 마지막 결론을 대신할 것이다. 聖. 性. 誠의 한 몸 짜기를 실현시킨 경우라 할 것인데 홍천에 둥지를 튼 '아름다운마을공동체'의 경우로서 별도의 긴 논문을 요(要)할 정도로 많은 이야기를 갖고 있지만 지면 관계상 핵심만 적시하겠다.147 이 공동체는 수년간 '기독교 청년 아카데미' 모임을 통해 기독교 요체, 곧 생명과 평화의 가치를 올곧게 배운 신학생들과 청년들의 헌신에서 비롯했다. 홍천으로 이들 젊은이들이 이주하여 수년에 걸쳐 마을을 이룸으로서 오늘의 모습을 갖춘 것이다. 교회와 대안학교 그리고 일상사가 함께 어우러지는 마을 공동체로 자리 잡았고 지금은 홍천 이외 여러 다른

책 말미에 실린 필자의 추천 글(서평)을 보라.

147 '아름다운마을공동체'에 대해서는 앞서도 짧게 언급했으나 여기서는 본고의 결론을 위한 구체적 사례로서 다시 소개한다. 이 공동체의 경우만 갖고 연구할 가치가 충분히 있다. 〈이성과 신앙〉에 실린 앞선 글, 169-171을 보라. 이렇듯 본고의 마지막을 '아름다운마을공동체'로 맺게 된 것은 필자가 3개의 '脫' 개념을 갖고 작은교회 운동을 하는 것을 알고 있는 이 공동체 소속 장재원 목사가 보내준 글 때문이었다. 이 공동체의 실상을 3개의 '脫' 개념을 갖고 풀어준 덕택에 본고 마지막을 채울 수 있었다.

지역에서도 교회를 중심한 마을공동체들이 실험되고 있다. 여기서 교회는 그 자체로 목적이 있지 않고 마을공동체를 위해 존재할 뿐이다. 이를 위해 교회는 무엇보다 관계가 깊고 영성의 출중함을 목표 삼았다. 이를 위해 이 땅의 초기 기독교 영성가들의 향기에 심취했다. 이세종, 이현필 그리고 유영모와 같은 이들의 빈탕한 삶을 흠모하며 배운 것이다. 교회공동체의 가치를 가난, 단순함에서 찾았던 까닭이다. 아름다운 마을공동체에 속한 '새벽들판교회'(장재원)의 경우 성인 5명, 유아 서너 명과 함께한다. 하지만 이 인원으로 예배, 행정, 재정을 비롯한 모든 일을 감당할 수 있다고 했다. 간혹 결핍된 부분은 이 공동체에 속한 다른 교회들의 지원을 받을 수 있기 때문이다. 연중 서너 차례 함께 모이는 자리에서 교회 형편에 따라 각기 다른 방도가 논의된다고 한다. 무엇보다 영성을 통해 관계를 깊이 하는 교회를 추구한 탓에 탈(脫)성장/향(向)성숙의 이행을 성공적으로 이뤄냈다. '아름다운마을공동체'에 속한 여러 교회 지도자들 중 다수가 여성이라는 것도 놀라웠다. 교회 공동체 구성원들 중 여성 비율이 높기에 여성 지도자들 역시 많을 수밖에 없다는 것이 이들의 설명이었다. 로마서에 나오는 바울 동역자 중 여성 비율이 높았던 것을 상기해 볼 때 이들 교회야 말로 성서적이며 시대와 맞서는 힘을 지녔다 할 것이다. 로마서가 집필되던 당시 가부장제를 넘어서는 것이 믿음 있는 삶, '그리스도 안의 존재'의 한 표현이었던 까닭이다. 여기서도 의당 '탈'성별의 주제가 자연스럽게 해결되고 있다. 이들 공동체에서 이뤄지는 교육은 기존 세계관 틀을 바꾸는 일이기에 여성성에 대한 요구는 지속적으로 깊고 절실해질 것이다. 끝으로 교회 지도자의 경우 평신도, 성직자 간의 구별 없다는 사실도 필자가 내건 다른 주제 즉 탈성직과 맞물려 있다. 말씀 증거도 평신도에게 열려져 있고 목회자들 역시 세속 직업을 통해 자기 삶을 책임질 수 있어야 한다. 이들 공동체 안에서 만인제사장론이 의심여지 없이 실행되고 있는 것이다. 이처럼 성/속(聖/俗)의 구별을 없이 한 것은 성(聖)의 평범화로서 누구나가 하느님 앞에서 평등하다는 사실, 중개자 없이 인간과 신의 만남이 가능하다는 영성의 깊이와도 무관치 않을 듯싶다. 지금 '아름다운마을공동체'는 각지에 흩어져 공동체를 실험하는 사람들을 모아 공동체 훈련을 시키는 일까지 책임지고 있다. 여기에는 홍천 공동체에 속한 자신들 식구들도 있으나 절반 이상은 이와 무관한 교우들로서 공동체를 열망하는 사람들 때문이었다. 말하였듯이 이들 공동체들은 아주 적은 수의 사람들로 구성되었고 다수의 경우 아직 실험하고 있는 중이었다. 하지만 이들은 새 삶을 위해 기성 교회를 과감히 등질 수 있었고 종교(제도)없는 영성의 길을 가고자 했다. 결코 획일화된 상태로 존재하지 않았으며 다양한 카리스마를 자각하여 자신들이 잘할 수 있는 방식으로 세상 안에서 세상 밖을 살고자 애쓰고 있었다. 이들의 밝고 순전한 의욕 속에서 우리들 미래를 보았고 그렇기에 '작은교회가 희망이다'라는 말이 결코 빈말(虛言)이 아닌 것을 여실히 깨닫게 되었다. 그래서 필자와 필자가 속한 〈생평마당〉에서는 종교개혁 500년을 위해 이렇듯 '작은교회'들을 세상에 드러내는 일에 최선을 다할 것이다.

2부

두 번째 종교개혁의 실상으로서
작은교회 운동

—

작은교회 운동의 신학적 토대
 – 종교개혁 3대 원리에 대한 메타 크리틱을 중심하여
두 번째 종교개혁의 실상으로서 작은교회 운동
 : 교회 생태계의 변화

작은교회 운동의 신학적 토대
— 종교개혁 3대 원리에 대한 메타 크리틱을 중심하여

들어가는 글

2017년 종교개혁 500년을 앞두고 이 저곳에서 그를 기념하고 의미화하려는 노력들이 생겨나고 있다. 어느 교회(교단)에서는 종교개혁도시 비텐베르크에서 한국교회의 위세를 자랑하는 방식으로, 어느 기독교 학술단체에서는 루터 전후에 존재했던 상대적으로 덜 조명된 종교개혁가들을 연구하는 차원에서 또는 '오직 믿음'을 말한 루터에게로 다시 돌아가려는 루터환원주의의 기저에서 저마다 다가오는 500주년의 시점을 맞고자 한다. 해마다 맞는 종교개혁주일이지만 500년이란 세월이 주는 무게감을 떨쳐 버릴 수 없기 때문이다. 기독교 이전 이 땅의 주인들이었던 불교, 유교 등도 대략 500년 역사를 전후로 쇠락의 길을 걸었던 역사를 기억하는 까닭일 수도 있겠다. 그럼에도 다수의 교회들이 자신들 역사적 좌표가 어디 있는지를 전혀 의식조차 못하고 있는 듯

하다. 본래 개신교란 것이 프로테스탄트, 곧 저항, 항거란 뜻을 지닌 것이
기에 우리들 개신교는 '종교개혁은 계속되어야 한다'(Die Reformation
geht weiter)는 정신을 망각해서는 아니 될 일이다. 자기비판을 허용치
않은 개신교는 개신교라 말할 수 없다. 이 점에서 오늘의 개신교, 이 땅
의 개신교는 전혀 개신교답지 않다. 세상으로부터 '교회 안에도 구원이
있는가?'란 조롱어린 비난을 받으면서도 복원 능력을 상실한 배처럼 자
정 능력을 잃었고 교리라는 껍질을 씌워 자신을 방어하는데 급급한 까
닭이다.

필자는 앞서 언급된 500년을 맞는 제 방식에 대해서 온전히 동의하
지 않는다. 한국교회의 성장세를 루터의 도시에 알리겠다는 것, 과거
종교개혁자들을 재발견코자 하는 일 그리고 루터에게로 돌아가자는 슬
로건은 나름 의미가 있겠으나 교회와 이 땅의 현실에 대한 무감각의 산
물일 수 있다는 걱정과 염려 때문이다. 제도화된 이 땅의 교회가 자신
본연의 생명력을 회복할 수 있을지, 교회가 주는 물에 전혀 목말라하지
않는 세상과 어찌 만날 것인지에 대한 고민과 감수성이 턱없이 부족한
듯 보이는바, 필자만의 기우는 아닐 것이다. 이런 개신교에 비해 정작
가톨릭교회는 교종 방문 이후, 2차 바티칸 공의회 50년을 축하하며 교
회를 먼저 복음화시킬 것을 강조했다.[1] 교회가 먼저 복음화되지 못한다
면 세상의 복음화, 곧 선교 역시 요원하다는 판단에 이른 것이다. 이 점
에서 개신교회보다 자기비판에 집중하는 이들이 더욱 종교개혁적이라

---

1 한국 천주교 주교회의 편, 〈복음의 기쁨-현대 세계 복음 선포에 관한 교황의 권고〉, 한국
  천주교 중앙회의 2014. 서강대학교 신학연구소 편, 〈새 복음화와 한국 천주교회-제 2차
  바티칸 공의회 50주년 기념 심포지움〉, 2012. 11. 참고.

말할 수 있겠다. 우리들 개신교회의 시각이 중세를 비판한 루터 시대에 머물고 있다면 가톨릭교회는 오늘 작금의 현실에 비중을 두었기 때문일 것이다. 500년 전 자신들 과거에서 개혁을 당한 경험이 있었기에 현실을 느끼는 감각과 자정 능력이 우리들보다 앞서는 것이 아닐지 생각해 본다. '교회의 복음화' 이것이 종교개혁 500년 역사 앞에 선 우리들 개신교의 과제가 되어야 옳을 듯싶다. 이것 자체가 바로 선교인 까닭이다. 교회가 선교하는 것이 아니라 교회의 현존 방식 그 자체가 선교라는 말이다.

주지하듯 한국 사회는 세월호 참사를 겪으며 대형 교회들의 민낯을 온전히 경험했다. 자식 잃은 자의 고통, 그 치유에 필요한 시간들을 기다려 주지 않았고 사건의 원인, 사실을 그토록 찾고자 했건만 경제회복을 위해 '그만하라'는 정부와 한통속이 되고 말았다. 아직도 바다 속 깊은 곳에 '사람이 있음'에도 불구하고 기성 교회들은 세월호의 상징마저 불온시하고 있다. 최근 공연되는 고통과 연민을 주제로 한 연극 '비포/애프터'에서 젊은 연출가는 학생들이 가고파 했던 제주도의 파도소리를 얻고자 배우들과 급히 그곳을 찾았다 하였다.[2] 단지 음향효과로서 파도소리는 어디서나 쉽게 구할 수 있었겠으나 이들 연극인들은 학생들의 슬픔에 마음으로 닿기 위해 이처럼 비효율적인 선택을 했던 것이다. '슬퍼하는 자들과 함께 울라'는 성서의 요구가 정작 이들 연극인의 몫이 된 것을 이 땅의 교회들로선 참으로 부끄러운 일이다. 이로부터 세월호 참사는 신학자들 사이에서 종종 아우슈비츠 사건과 비유되었고

---

2 2015년 10월 23일부터 11월 7일까지 두산 아트센터에서 공연된 크레아티브 바키의 〈비포애프터〉 연극을 기억하라. *doosanartcenter.com* 참조

유대인 학살에 동조한 독일 기독교와 이 땅의 교회가 중첩되어 이해되기도 했다. 아우슈비츠에서 유대인들이 살해되었으나 정작 죽은 것이 당시 기독교였듯이 세월호 참사와 더불어 이곳의 교회들이 죽었다는 말이다.[3] 세월호 참사와 함께 선교 130년을 맞는 한국교회가 죽었다는 상징적 언사에 이 땅의 교회들, 무엇보다 교회의 크기와 목사의 크기를 동일시 해온 소위 대형 교회들이 크게 놀라야 할 것이다.

1. 왜 작은교회 운동을 말하는가?
: 교회의 복음화를 위해서

작은교회 운동을 말하는 자리에서 이렇듯 세월호 참사를 거론하는 것은 분명한 이유와 상관성 때문이다. 주지하듯 우리 사회와 교회는 그간 오로지 성장, 경제적 발전을 위해 최선을 다해 왔었다. 자신의 외형적 몸짓을 불리려 세상과 교회는 그 어떤 차이도 없이 함께 공조해 온 것이다. 선교 초기의 역할과 너무도 달리 불법에 관대했고 약자들의 눈물을 외면한 대가(?)로 70년대 이후 교회는 국가로부터 성장이란 열매를 얻을 수 있었다. 이 땅을 지배하는 정치인, 관료들 다수가 기독교 신앙을 지녔던 탓에 교회는 국가로부터 가장 큰 수혜의 대상자가 된 것이다. 대형 교회가 세워지고 유지, 존속되는 과정에서 편법, 불법이 관행처럼 뿌리내렸음을 부인할 수 없다. 아직까지도 송사(訟事) 중에 있는 서초구 내의 사랑의 교회가 구체적 사례일 것이다. 세월호 참사도 일면

---

3 이정배, "아우슈비츠 이후 신학에서 세월호 이후 신학을 보다", 『세월호 이후 신학』(한국문화신학회 편), 2015, 31-52 참조.

종교와 정치가 함께 공조하여 일으킨 예고된 사건이었다. 믿음과 돈을
동전의 양면처럼 함께 굴리던 구원파란 기독교 조직의 잘못된 관행은
한국교회의 실상이기도 했다. 가톨릭교회도 마찬가지였던 모양이다.
한국을 찾았던 교종이 '빌어먹지 않고 벌어먹는' 교회 현실을 개탄한 것
을 보면 말이다. 개신교 대형 교회들 중 다수가 자신들 건물 내 가장
좋은 공간을 은행이나 상점으로 세를 주어 큰돈을 벌고 있는 현실을 크
게 성찰해야 옳다. 한마디로 타락한 천민(賤民) 자본주의가 교회를 지
배하는 현실에 대한 경종이다. 그렇기에 작금 교회의 존재 방식 자체가
자본주의 틀 속에 갇혀 있음을 새삼 놀라야 한다. 개체교회 내 부조리는
세월호의 거짓을 빼닮은 것이다. 승객 안전을 책임져야 할 승무원들 절
반이 비정규직이었고 그중 몇은 전날 고용된 사람들이었다니 놀라지
않을 수 없다. 승객 안전이란 본연의 사명 대신 평형수를 줄여 과적해온
세월호, 그것은 하느님 구원 사역을 교인 수 늘리기와 성전 규모로 대신
하는 교회 현실과도 너무 흡사하다. 외관은 화려하나 정작 그것을 움직
이는 사람들의 부실로 사고를 사건으로 키웠던 세월호의 실상이 우리
교회의 현주소라 할 것이다. 생명을 살릴 수 있는 지혜는 물론 힘도 없
으면서 '가만히 있으라'는 말만 되풀이한 세월호 선장과도 같이 교회 성
직자들 역시 성도들로부터 생각할 수 있는 힘을 앗아갔으며 그를 믿음
이라 강요했었다. 평생 비정규직으로 살아가야 할 성직자들이 다수가
되었고 교회들끼리도 경쟁 관계에 놓일 수밖에 없을 뿐 아니라 이권 다
툼으로 교회 내적 송사는 그칠 날 없다. 성직의 계층에 따라 갑을 관계
가 생겨났고 법으로도 막을 수 없는 편법 세습이 기승을 부리며 교인숫
자를 부풀려 교회를 사고파는 일들마저 생겨나는 판이기에 '교회 자체
의 복음화'가 무엇보다 필요한 시점에 이른 것이다.

이로부터 우리 시대의 선교, 곧 교회의 복음화를 위한 으뜸 과제가
복음마저 잠식하는 자본주의와의 선한 싸움이란 생각에 이르렀다.[4] 지
난 130년 동안 선교의 핵심 주제가 개화, 독립, 민주화, 통일, 교회 성장
등의 이름으로 바뀌어져 왔으나 종교개혁 500년을 앞둔 현 시점에서
교회는 자신을 타락시키는 자본주의와의 싸움을 선포하지 않을 수 없
게 된 것이다. 이는 기독교가 로마를 기독교화하지 못했고 오히려 로마
가 기독교를 로마화했다는 지난 역사의 반성에서 비롯한 것이다. 즉 자
본주의가 기독교적 에토스에서 비롯한 것이었으나 오히려 자본 그 자
체가 별도의 종교처럼 군림하는 현실에서 기독교는 이제 그의 족쇄로
부터 벗어날 길을 모색해야 한다는 것이다. 더구나 오늘 우리는 '성장이
끝난 시대'를 살고 있는 첫 세대가 되었기 때문이다. 교회 역시도 성장
을 믿고 말할 수 있는 시대가 지났음을 인정해야 옳다. 이런 현실 속에
서 성장 욕망을 버리지 못하고 자본주의의 종노릇 하는 교회를 세상이
인정하지 않을 것이다. 우리 시대를 영성의 시대라 하는 것도 이런 현실
의 반영이다. 원불교 창시자가 말하였듯 이제는 물질이 개벽한 현실에
서 정신의 개벽을 논할 때가 된 것이다.

이런 맥락에서 소위 작은교회 운동은 교회 복음화를 위한 선언으로
서 자본주의로부터 교회의 정체성을 지키려는 시대적합한 선교의 한
주된 양상이라 할 것이다. 여기서 '작다'라는 개념이 갖는 의미가 중요
하다. 무한 욕망을 추동함으로 성장을 정당화시킨 이전 가치관과 크게
변별된 까닭이다. 주지하듯 수년 전 영국 BBC 방송은 대한민국의 욕망

---

4 본 주제에 관한 필자의 다음 논문을 참고하라. 이정배, "개신교 선교향방의 현상적, 신학
   적 고찰-새로운 에큐메니칼 사조로서의 개산교 내 작은교회 운동을 중심하여", 〈바티칸
   공의회 이후 50년, 복음과 선교〉, 국제학술대회 자료집 (2015. 10. 28 수원 가톨릭대학
   교), 151-206

지수가 OECD 국가 중 최고라는 통계를 발표했었다. 그로부터 자살률 1위, 행복지수 바닥이란 결과 역시 우리들 현주소였다. 이렇듯 이 땅은 위험사회가 되었고 기독교를 비롯한 이곳의 종교들은 무용지물로 폄하될 수밖에 없었다. 이런 상황에서 '작음'의 선포는 자신들 본질을 지키려는 종교의 몸부림이라 할 것이다. 그렇기에 '작음'은 숫자나 양적 의미를 훌쩍 뛰어넘는다. 물론 그와 전혀 무관치 않겠으나 '작음' 그 자체는 자본주의와 그것이 추동하는 욕망과 대척점에 놓인 가치라 할 것이다. 여기서 하느님과 맘몬을 함께 섬길 수 없다는 성서 말씀을 떠올려도 좋겠다. 이 점에서 작은교회 운동을 주관하는 〈생명마당〉은 '작다'를 명확히 '생명과 평화의 가치'로서 이해하였다. 이는 2010년 선포된 '한국 그리스도인의 선언'의 열매로서 개신교의 신앙 원리인 '오직 믿음'을 '오직 생명과 평화로만'으로 확대 해석한 결과였다. 더욱 근원적으로는 JPIC(1990년) 가치 실현을 위해 2013년 부산서 개최된 WCC 표제어 '생명의 하느님, 저희를 정의와 평화로 인도 하소서'란 말을 더욱 직접적으로 풀어낸 것이다. 이렇듯 작은교회 운동에서 드러난 '작음'에 자본주의와 짝했던 '예수 믿기' 대신 그를 넘어서려는 '예수살기'의 결의가 함축되어 있다.

2. 탈脫자본주의를 위한 작은교회 운동, 그 가치론적 방향성

앞서 보았듯이 '작음'의 가치는 다음과 같은 세 개의 표제어로 세분화될 수 있겠다. 탈(脫)성장, 탈(脫)성직 그리고 탈(脫)성별이 바로 그

것인 바, 항차 탈(脫)교파로 이어질 것을 내심 기대하며 생각했던 개념
들이다.5 이렇듯 세 개의 탈(脫)은 자체 속에 생명과 평화를 담지한 대
안가치로서 세 개의 향(向), 곧 지향점을 함축한다. 그것을 필자는 성숙
(본질), 평신도 그리고 여성성이란 가치로 재(再)언표하였다. 물론 그
중에서 가장 중요한 핵심어는 탈성장, 곧 성숙을 향한 노력이라 할 것이
다. 성장이 성숙을 위한 노력으로 바뀔 때, 즉 자본주의적 욕망과의 단
절 속에서 성직자 중심주의, 남성적 가치 역시 전복될 수 있다고 믿는
까닭이다. 이로써 결국 교회론 자체를 달리 생각할 수 있다는 것이 필자
의 소박한 확신이다. 후술하겠으나 작은교회 운동을 하는 우리들 궁극
목적 중 하나가 한국적 교회론의 정립이라는 것을 앞서 밝힌다. 성장을
성숙으로 전환시키려면 무엇보다 하느님, 인간 그리고 자연(天地人)을
아우르는 세계관에 대한 이해가 필요한 까닭이다. 천지인(天地人)의 상
관성(세계관) 속에서 종교가 태동된 것이기에 이는 결국 종래와는 변별
되는 '다른 기독교'에 대한 이해로 귀결될 것이다. 중세기는 인간이 전
적 타락했다는 전제하에 믿음을 통해 죽음 이후 초월적 공간에로의 진
입을 구원이라 생각하던 때였다. 하지만 근대에 이르러 달라진 인간 이
해로 인해 이런 신학적 토대가 사라졌다. 이성을 지닌 존재로서 인간이
자연을 다스리고 정복할 수 있는 힘을 지녔고 그로써 세계가 지속적으
로 발전한다는 진보신앙으로 내세신앙을 무력화시킨 탓이다. 하지만
지금 자연 생태계가 새롭게 가난한 자(New Poor)로 몰락한 상황에서

---

5 본 주제들에 대해서 필자는 3차례에 걸쳐 그 의미를 밝혀왔다. 〈생명평화마당〉에서 편집
한 3개의 자료집 처음에 실린 취지문을 보라. 〈작은교회가 희망이다-2013년 생명과 평
화를 일구는 작은교회 박람회 참가 교회 소개서〉, 〈생명 평화가 대안이다-2014년 생명
과 평화를 일구는 작은교회 박람회 참가교회 소개서〉, 〈생명 평화를 일구는 작은교회
찾기-작은교회가 대안이다!〉 등.

그리고 성장과 진보 신화에 추동된 인간 역시 자기파멸적 정황에 이른 지금, 전혀 다른 종교적 세계관이 요구되고 있다. 성서가 말하듯 피조물들의 신음과 고통이 자연과 인간 모두의 실존이 된 것이다. 따라서 목하(目下) 인간은 자신의 약함, 상처받을 수 있는 자기 실상을 여실히 아는 탓에 이런 자신을 미뤄 타인 및 세상의 고통을 이해하는 공감적 존재(Homo Empatipicus)로 탈바꿈하고 있다.6 이 점에서 기독교 역시 초월적 신관 대신 역사내적 존재로서 인간과의 교감을 말하는 방식을 선호하기에 이르렀다. 한마디로 역사 속 고통과 마주하고 그를 넘고자 중세와 근대적 인간상과 종교 이해를 함께 넘고자 한 것이다. 자신의 약함을 토대로 타자의 고통과 공감할 수 있는 인간의 자기 변화, 바로 이것이 성장과 변별된 성숙의 지향점이자 핵심일 것이다. 이를 학습하는 공간을 일컬어 우리는 교회라 할 것이고 이를 복음화라 말할 수 있겠다. 이렇듯 공감력을 토대로 성직자와 평신도, 남성과 여성 간의 구별과 차이를 무화시키고 다양성을 확보할 수 있을 때 세상이 교회가 주는 물에 비로소 목말라 할 것이다.

하지만 이렇듯 공감하는 인간에 근거한 '다른 기독교', 곧 성장 아닌 성숙을 목적하는 기독교는 성서의 재발견을 통해 혹은 종교개혁 전통에 대한 재해석을 통해 가능하다는 것이 필자의 판단이다. 하여 본고는 우리 시대를 지배하는 자본주의적 세계관과 맞설 수 있는 힘, 곧 '작음의 가치'를 당시 로마와 맞섰던 초기 기독교 내의 '복음의 정치학' 및 중세 교황 체제를 넘고자 했던 종교개혁가들의 저항 정신, 나아가 종교개혁 3대 원리에 대한 새로운 해석을 통해 찾고자 한다. 이 과정에서 동양적 시각 역시 이들의 재해석과 맞물려 의미를 확보할 수 있을 듯싶다.

---

6 J. 리프킨/이경남 역, 『공감의 시대』(민음사, 2009), 1부 내용 참고.

한마디로 종교개혁 500주년을 맞는 기독교가 '다른 기독교'로 태어날 것을 바라는 것이다. 새 시대를 담고 품고자 한다면 말이다. 이 지점에서 우리는 작은교회 운동의 신학적 전거를 논하고자 한다. '작음'의 가치, 곧 생명과 평화를 통해 함께 '다른 기독교'를 만들 수 있다면 기독교 내 교파적 차이 역시 점차 의미를 잃어갈 것이란 믿음을 갖고서 말이다.

3. '다른' 기독교로서의 작은교회 운동, 그 역사적 토대 : 복음의 정치학7

이미 앞의 글에서 몇 차례 밝혔듯이 초기 교회는 여전히 오늘을 사는 우리들에게 돌아가고픈 원류로서 고유한 의미를 갖고 있다. 역사적 예수상(像)까지 복원시키지 않더라도 예수의 야성을 기억하며 로마와 맞섰던 초기교회들의 실상을 통해서 문명화(자본화)된 현재 교회의 향방을 수정할 수 있다는 말이다. 로마화 이전의 교회야 말로 자본주의 정조(에토스)에 잠식당한 현실 교회에 맞설 수 있는 힘의 원천이기 때문이다. 로마의 국교로 제도화되기 이전 시기, 당시 교회는 오늘의 시각으로 '언더그라운드' 공동체였다. 로마식 가치관에 동조할 수 없었고 자신들 신앙을 위해 지하조직을 만들었던 것이다. 카타콤이 바로 자신들 생활 공동체이자 신앙의 요람이라 하겠다. 우리가 흔히 초대교회로의 회귀를 말할 때 후(後)사도시대로부터 이 시기까지를 포함시켜야 옳다. 이 시기의 특징을 열거하자면 무엇보다 성서의 정경화가 이뤄지기 전

7 이하 내용은 다음 책 내용을 창조적으로 풀어낸 것이다. 로빈 마이어스/김준우 역, 『언더그라운드 교회』(한국기독교연구소, 2012), 특히 161-163을 보라.

(前)인 탓에 상이한 성서가 공존했었고 그것을 추종하는 각각의 공동체 역시 다양한 형태로 존재했다는 사실이다. 즉 로마의 국교화 이전까지 정/외경의 구별이 없었고 저마다 자기 교회가 택한 문서 자료에 의지하여 공동체적 신앙을 영위해 왔던 것이다. 예컨대 마가의 공동체뿐 아니라 마리아 공동체도 있었고 도마복음서에 의존한 도마 공동체도 역사적 형태를 유지했었다. 한마디로 초기 교회는 다양성이 허용된 소위 '해석의 공동체'였다는 사실이다. 여기서 중요한 것은 다양성 이란 말과 해석의 공동체란 말이겠다. 본래 해석과 다양성을 상호 공속된 개념으로 보는 것이 지당하다. 따라서 초기교회로의 회귀는 어떤 단일 형태의 교회상(像)을 보장할 수 없다. 예배 텍스트는 물론 의례, 헌금 사용 방식, 교회 조직에 있어 상호 차이가 있고 다양함이 초기 교회의 실상이었기에 오늘과 같이 교회 규모에 집착하는 획일적 교회상은 상상키 어려웠다. 저마다 각기 다른 텍스트를 본문 삼아 예배를 드렸던 초창기 신앙인들의 모습을 생각할 때 성서문자주의로도 부족하여 교리수호를 외치는 이 땅 성직자들의 과욕 역시 지탄받을 일이다. 초기 기독교가 로마의 국교가 되는 과정에서 신앙 공동체는 획일화 되어갔고 이 과정에서 텍스트의 다양성을 부정하는 정경화 과정이 빠르게 진행되었다. 하지만 정경화 작업의 선별 기준 중 하나가 제국의 종교로서의 기독교 역할과 기능이었다는 점을 놓쳐서는 아니 될 것이다. 거대한 하나의 제국에 하나의 종교, 동일한 교리만이 존재할 수 있도록 수차례의 공의회가 열렸던 것도 역사적 사실이다. 누가 황제가 되는 가에 따라 황제의 제국 정책의 관점에 따라 교리가 달리 결정되고 변경되었던 것이 기독교 역사였다. 이처럼 다양성을 잃고 제국의 교회로 편입된 콘스탄티노플 이후의 교회는 자본주의적 욕망에 편승한 우리 시대의 대형 교회들과 견줄

수 있겠다. 당시의 로마가 오늘 자본주의 체제로 바뀌었을 뿐 그들 속에 내재된 근본 정조는 뿌리까지 같다 할 것이다.

하지만 해석의 공동체로서 다양성을 지녔으나 이들 초기교회들은 나름 공통성을 지녔었다. 언더그라운드 교회로서 이들 공동체는 저마다 외형은 달랐으나 로마에 종속되는 것을 거부하며 자신들 고유한 정체성을 지키려 했던바, 그것을 일컬어 '복음의 정치학'이라 한다. 여기서 정치학이라 함은 로마와 다른 길을 갔던 예수 삶에 대한 추종을 뜻할 것이다. 예수의 가르침과 삶에 대한 기억을 갖고 로마식 삶의 양식에 맞서 자신들 공동체성을 지켜내려 했던, 그럼에도 불구하고 저마다 자신들 방식으로 독특하게 그 작업을 수행한 지난한 과정 자체를 일컫는다. 지배 담론에 공공연히 맞서는 것이 어려웠기에, 하지만 그 가치가 너무도 분명했던 탓에 그들은 지하(언더그라운드) 교회의 형태를 띨 수밖에 없었다. 바울로부터 이들 시기에 이르기까지의 공동체들, 삶과 죽음을 통해 보여준 예수의 가치를 갖고 로마에 동화될 것을 거부한 이들 공동체적 삶, 곧 교회는 이 점에서 작게는 대안적 운동이요 크게는 세상을 달리 만들겠다는 혁명적 사유라 할 것이다. 유대적 혹은 역사적 예수의 시각에서 바울을 바라본 연구 성과 역시 로마의 지배체제에 맞선 물적, 영적인 대항 공동체로서의 교회를 강조하고 있다. 로마와는 전혀 다른 방식으로, 즉 하느님의 의(義)를 통해 인류의 하나 됨을 시도했다는 말이다. 로마서의 핵심을 개인적 차원의 칭의(稱義)가 아닌 전 인류의 화해론에서 찾아야 한다는 말이 그것이다.[8] 하느님 의를 통해 다른 세상을 만들려는 소망이 교회 공동체를 탄생시킨 이유라는 사실이다.

---

8 마거스 보그 · 존 도미니크 크로산/김준우 역, 『바울의 첫 번째 서신들』(기독교연구소, 2010), 특히 215-252를 보라.

우리는 이 시기에 만들어진 말 '교회밖에는 구원이 없다'란 교부 시프리안의 말을 잘 알고 있다. 우리에게는 지금 이 말이 구원을 독점한 교회의 배타성과 같은 뜻으로 통용되나 본래는 그렇지 않았다. 하느님의 의를 통해 다른 세상을 만들고자 했던 기독교인들이 로마의 박해로 어쩔수 없이 배교할 수밖에 없는 상황에서 이해해야 옳다. 이렇듯 교회를 떠난 이들을 향해 당시 교회는 하느님 의를 품은 교회가 여전히 구원의 장소임을 떠난 이들에게 안타깝게 호소하였다. 따라서 '교회밖에 구원이 없다'는 것은 하느님의 의에 대한 소망을 포기치 말라는 의미일 것이다. 하지만 작금의 교회에 있어 '복음의 정치학'이란 말은 무의미해졌고 애당초 실종되고 말았다. 이 땅을 전혀 새롭게 만들려는 꿈 자체를 잃었으며 오히려 세상 속 일부로 자기들만의 공간을 확보한 것에 만족하며 살고 있는 탓이다. 세상에 영향을 주지도 않고 받지도 않으려는 자기 폐쇄성이 이 땅에 존재하는 소위 대형 교회들의 정체성이 되어버렸다는 말이다. 더욱 정확히는 자본주의라는 세상의 단물을 충분히 섭취한 채 제국과도 같은 자기 왕국을 세워 사사화된 신앙양식을 근거로 백성(신도)들의 삶을 옥조이며 사유를 단절시켜 세상과의 소통을 불허하고 있다. 이 점에서 작은교회 운동은 '작은교회가 희망이고 대안'임을 선포하며 대형 교회로부터의 탈주를 요청하였다. 양(陽)이 극(極)에 이르면 음(陰)을 위해 자리를 비우듯(反者道之東) 이 땅 대형 교회들의 폐해가 극에 이르렀기에 하느님 의에 대한 갈급함이 생기한 것이다. 옛적 언더그라운드 공동체를 닮은 뭇 작은교회의 실상이 자본주의에 잠식당한 교회의 존재 이유를 새롭게 소생시키고 있다. 성장만을 목적했던 자신의 존재 양식을 벗겨내고자 그들은 스스로 생명평화 가치로 공동체를 재무장했으며 그것으로 세상을 구원코자 한 것이다. 일정 수(數)에 이르면 교회를 분가시켰고 자체 정관을 만들어 성직자의 직무를 제한했으며 마을과의 공존을 모색했고 평신도 교회를 통해 성속을 과감히 철폐했으며 손의 창조력으로 돈의 힘을 넘고자 한 뭇 시도는 체제 밖의 사유로서 감히 하느님 나라 운동과 견줄 수 있는 것으로 혁명적이다. 〈생평마당〉이 주관한 네 차례의 작은교회 박람회를 통해 도처에서 발생한 이런 사례들이 세상에 알려지게 된 것이다. 물론 이들 교회는 저마다 성향도 다르고 교파도 달랐고 신학적 경향도 결코 동일하지 않다. 각기 독특한 색(色)을 품은 채 자신들만의 고유성을 맘껏 드러낸 것이다. 모성(여성)적 가치를 충족히 드러낸 여성 목회자들의 교회는 남성 위주의 기존 가부장적 교회와 크게 달랐다. 홀로 된 여성을 위한 목회, 가난한 연극인들에게 집 밥을 먹도록 배려하는 교회들도 생겨난 것이다. 다석(多夕)이나 함석헌 같은 토착적 기독교 사상가의 생각을 좇아 교회를 아시아적 지평에서 재해석한 교회들도 여럿 눈에 들어왔다. 이런 작은교회들의 제반 현상을 고찰하며 필자는 로마의 국교화 이전의 공동체, 곧 '복음의 정치학'을 공통분모로 한 다양한 해석의 공동체로서 언더그라운드 교회를 생각했고 이런 교회야 말로 이 땅에서 시작된 작은교회 운동의 신학적, 실천적 배경이라 확신했다. 바울에 근거를 두고 있으나 로마화 이전 시대의 기독교 공동체에서 두드러지게 나타난 특징들, 곧 뭇 작은교회를 통해 가시화되고 있는 다양성(차이)과 자본주의 가치와 맞서려는 이들 모두의 공통감(Commonsense)으로서 '복음의 정치학'은 2017년 종교개혁 500주년을 옳게 맞도록 돕는 신학적 토대가 될 것이다.

4. 복음의 정치학의 관점에서 본 세 개의 '오직Only' 교리
: 작은교회 운동의 신학적 근거

이런 관점은 앞장의 논문에서 서술했듯이 종교개혁의 3대 원리인
3개의 '오직'(Only) 교리에 대한 메타 비판을 통해서도 더 잘 뒷받침될
수 있다. 현재 개신교는 이들 세 원리의 타락과 오용으로 면죄부를 팔던
당시 가톨릭교회보다 타락의 정도가 훨씬 심한 상태에 이른 탓이다. 그
럼에도 개신교 목회자들의 경우 가톨릭 이해가 루터 시대에 머물러 있
기에 아직도 자기 개혁보다는 타자 부정에 힘을 쏟고 있다. 지난해 교종
의 한국 방문 시, 그를 폄하했던 보수 기독교계의 정서를 우리 사회가
냉담하게 반응했음을 기억할 일이다. 이 땅의 개신교는 자신과 세상에
대한 저항(Protest)을 잃었기에 진정한 프로테스탄트(개신교)라 불릴
수 없다. 필자가 여기서 개신교의 세 신학적 원리, '오직 믿음', '오직 은
총', '오직 성서'를 문제 삼는 이유는 그 잘못된 사용 때문이기도 하겠으
나 더욱 근본적으로는 신학함에 있어 시공간적 한계 곧 역사적, 풍토적
제한성에 대한 생각 때문이다. 필자의 스승 중 한 사람인 바젤의 신학자
오트(H. Ott)는 일체 신학적 질문과 대답은 구체적인 시공간성 속에서
생기(生起)한다 했으며 따라서 무시간적 타당성을 지닌 신학은 존재할
수 없다. 이 점에서 신학적 언어 자체를 은유(Metaphor)로 보는 신학자
도 있다. 은유란 '그렇지만 동시에 그렇지 않은'(It is, but it is not)의
특성을 나타내는 바, 신학적 언어는 결코 불변적 교리와 동일시 될 수
없다. 종교개혁은 객관성에 의존한 중세의 신학원리(*fides quae Creditur*)
에 저항하며 인간 내면성 속에서 신앙의 절대적 근거(*fides qua creditur*)
를 찾았기에 근대를 열었다고 높게 평가된다. 자기 밖이 아닌 인간 내면

에서 보편적인 신앙원리, 즉 '오직 믿음'을 찾은 탓에 오히려 개별성에
역점을 둔 결과이다. 하지만 종교사회학자 울리히 벡(U. Beck)의 지적
대로 종교개혁은 주체성 속에서 보편적 종교성을 찾았음에도 그것에
폐쇄적 울타리를 돌려 치고 말았다.9 기독교만을 절대화하였기에 그 외
의 다른 주체성을 부정하는 결과를 초래한 것이다. 이는 물론 21세기라
는 가치 다원적 시대 속에서 종교개혁 신학의 공(功)과 화(禍)를 평가하
는 방식이겠으나 신학적 사유의 시대적 한계를 재차 확인시켰다.

  이를 근거로 필자는 종교개혁 신학을 또 다른 시각에서 비판적으로
조망하여 작은교회 운동의 신학적 토대를 얻을 생각이다. 즉 울리히 벡
이 21세기의 시각에서 종교개혁 신학의 한계를 보았다면 필자는 '역사
적 예수'의 시각에서 세 개의 '오직' 교리를 비판할 생각이다. 주지하듯
종교개혁 신학은 중세 일천 년간의 가톨릭 신학 패러다임에 대한 반기
였다. 자연신학에 토대를 둔 업적/보상원리로 인해 후일 면죄부 판매로
귀결된 중세 타락한 가톨릭교회의 정황(Context)이 없었다면 루터 신
학이 존재할 수 없었을 것이다. 따라서 종교개혁자 루터는 성서, 특히
로마서 본문을 중세 가톨릭교회의 타락상을 전제로 그 비판을 목적하
여 해석하지 않을 수 없었다. 결국 율법 아닌 '오직 믿음'이란 교리를
강조하게 되었던바, 이는 중세 가톨릭교회에 대한 공격이었고 동시에
유일신 종교의 근원적 형태인 유대교를 향한 거부였다. 작금에 이르기
까지 유대교와의 갈등과 반목 역시 종교개혁으로 인한 반대급부라 할
것이다. 하지만 최근 유대주의에 대한 긍정적 평가와 더불어 루터는 정
작 로마서의 핵심을 오해했고 본뜻을 잘못 풀었다는 역사적 예수 연구

---

9 울리히 벡은 『자기만의 신(神)』에서 간디의 종교관을 적극 수용함으로써 두 번째 종교개
  혁의 의미를 조심스럽게 제시하였다.

자들의 비판에 직면해야했다. 로마서는 본래 중세 기독교를 비판할 목
적에서가 아니라 로마라는 '제국'를 염두에 둔 서신이었던 까닭이다. 이
로부터 종교개혁가들의 시각으로부터 로마서를 해방시켜야 한다는 성
서학자들의 요구가 대단히 중요하다. 더구나 최근 장로교 내 어느 보수
교파가 기독교란 오직 믿음의 종교이지 결코 행위로 구원받는 종교가
아닌 것을 역설하며 오히려 사회 참여적이고 행위(실천)를 강조하는 기
독교를 이단 취급하는 도착된 현실에서 종교개혁 원리에 대한 재조명
은 화급한 사안이다. 이하 내용을 통해 종교개혁의 골자인 세 개의 '오
직'(Only) 교리를 앞장의 논문과 중첩되지 않는 방향에서 비판적으로
재론해 보겠다.

　무엇보다 로마서를 비롯한 초기 바울 서신에서 '오직 믿음'이란 결
코 행동(위) 없는 순수 믿음만을 일컫지 않는다는 것이 정설이다. 또한
로마서의 주제가 종교개혁자들의 주장처럼 개인적 차원의 칭의(稱義)
가 아니라 인류 전체의 화해라는 점이다. 그리스도 이전 세계에 양심과
율법을 주었건만 누구도 그대로 살 수 없었기에 바울은 그리스도 안에
나타난 하느님 의(義)를 통해 세상 모두를 품고자 했다. 여기서 하느님
의 또한 종교적 개념인 동시에 반(反)로마적인 정치적 차원을 지닌다는
사실이 중요하다. 즉 하느님 의는 세상을 새롭게 만들기 위한 전혀 새로
운 신적 질서로서 로마법이나 유대법과 변별되는 것인바, 자기 공동체
에 대한 바울의 요구가 바로 이에 대한 믿음이었다. 바울 서신에 많이
등장하는 '그리스도안의 존재'(Sein in Christo)란 것은 이런 믿음 속에
사는 새로운 인간을 일컫는다. 따라서 바울에게서 '오직 믿음'은 행위를
무용지물로 만들기는커녕 바른 행동(正行)을 동반할 수밖에 없었다.
바울에겐 '행위 없는 믿음'이 아니라 '믿음 없는 행위'가 문제였다. 믿음

없는 행위란 하느님 의에 대한 불신으로서 신앙은 지녔으나 여전히 로마법이나 율법에 따른 삶을 뜻한다. 믿음의 공동체에 속해 있다 하면서도 여전히 로마식의 삶, 예컨대 노예를 부리며 여성을 성적 욕구의 대상 삼고 있는 경우, 이런 삶의 행위자를 결코 '그리스도 안의 존재'라 이름할 수 없는 법이다. 이 점에서 믿음의 공동체인 교회는 내세신앙을 목적한 사사화된 단체가 아니었고 제국적 삶의 양식과 맞서는, 즉 하느님 의로 새로운 삶을 창출하는 정치, 종교적 집단이었다. 당시로서는 이런 교회가 있다는 것이 바로 성령의 증표였다. 따라서 하느님 의에 대한 믿음은 작은교회 운동의 토대인 생명 평화의 가치와 충분히 중첩되며 당시의 교회들 역시 자본주의로부터의 탈주를 꿈꾸는 이 땅의 작은교회들과 깊은 유사성을 갖는다고 확신한다.

'오직 은총만으로'의 신조 역시 새롭게 이해될 필요가 있다. 헬라화된 영향 속에서 기독교는 지난 세월동안 '하느님 은총'을 인간 이성 혹은 자유의지와의 대립 선상에서, 즉 초자연과 자연의 이원론적 구조에서 생각해왔었다. 어거스틴/펠라기우스 논쟁으로부터 루터의 두 왕국설에 이르기까지 은총은 본성상 세상과 변별된 초자연적 특성과 동일시된 것이다. 여기에는 인간 본성의 전적 타락을 전제한 어거스틴의 원죄설의 영향력이 지대했다. 원죄론은 자유의지의 타락을 기정사실화했고 그로부터 하느님 인식은 물론 선행조차 불가하게 되었다. 이런 경향은 존재유비(*Analogia entis*)의 가톨릭 신학을 넘어 신앙유비(*Analogia fidei*)를 역설한 루터 이후 개신교 신학의 핵심으로서 세 개의 '오직' 교리를 통해 드러났던바, 바로 은총 우위의 사유 속에서 절정에 달했다. 아리스토텔레스의 '자연'(Physis) 개념을 취한 가톨릭과 달리 자연의 능동성을 탈각시킨 개신교 신학이 인간 이성 및 자유의지의 부정과 함께 그에 비례하여 은총의 절대성을 역설한 결과였다. 따라서 '오직 믿음'이 그랬듯이 '오직 은총' 교리 역시 성속을 나눠 생각하지 않았던 유대적 사유를 부정하는 결정적 원인을 제공했다. 하지만 아우슈비츠 이후 기독교 신학은 헬라철학과의 단절을 시도했고 유대적 사유의 연장선상에서 신학을 재구성하였다. 헬라적 사유의 틀 속에서 의로운 자의 죽음, 신정론 물음에 대한 답을 찾기 어려웠기 때문이다. 이로부터 W. 벤냐민의 역사관, 정치신학 즉 유대적 메시아니즘이 중요해졌고 그 선상에서 작업된 데리다, 아감벤 등의 바울 연구가 주목을 받았다. 그 요지는 하느님 은총을 자연(이성)과의 대비가 아닌 일체의 세상 법(法), 당시로서는 로마법과의 대별 속에서 달리 해석하려는 데 있었다. 즉 로마서 7장 말미에 언급된 바울의 실존적 고뇌를 종래와 달리 유대법은 물론 로마법과의 갈등 속에서 풀고자 한 것이다. 이는 세상을 달리 만들고픈 하느님 의(義)의 차원에서 은총을 보려는 것으로서 일체 세상 법과 맞설 수 있는 힘을 일컫는다. '하느님을 사랑하는 자, 너 무엇을 사랑하는가?'라는 옛 질문에 대한 답, 곧 불가능한 것에 대한 열정을 감히 은총이라 말할 수 있을 것이다. 하지만 법을 능가(More)하는 삶을 살아내는 것이 참으로 힘겹다. 세상 법은 옛적 뿐 아니라 지금도 여전히 가난한 자, 약자의 눈물을 닦지 주지 못한다. 오히려 유전무죄, 무전유죄의 실상이 도처에서 거듭 발생되고 있는 것이 현실이다. 그럴수록 하느님 은총은 우리들 일상을 지배하는 정치, 경제적 영역에서 법 차원을 넘어 살 것을 강력히 요구한다. 그것이 바로 되갚을 수 있는 능력이 없는 자를 초대하여 잔치를 베풀라는 예수의 말씀으로서 하느님 나라의 비유였다. 하느님 나라는 이처럼 법(인과율)을 능가하는 삶의 양식으로서 은총에 상응하고 있다. 따라서 은총은 새로운 차원의 초월로서 '체제 밖 사유'라 불릴 수 있을 것이며 그로써 세상 법과 구별되는 하느님 의를 충족히 드러낸다. 세월호 참사 진실규명을 막는 세상 법과의 싸움, 이 땅을 찾는 불법(?) 이민자들, 난민들에 대한 환대는 실정법에 모순되나 하느님 의에 상응하는 것으로 오늘 우리에겐 은총의 삶이 될 수 있겠다. 본래 실정법과 맞서며 작은 자, 약자들의 친구였던 공동체가 지금 이 땅에서 종교 권력이 되어 세월호 유족을 비난하며 정치, 사회적 뭇 약자를 내치는 일이 비일비재해졌다. 그래서 '작다'는 말로 새롭게 에큐메니즘을 형성한 교회들은 이제 과감하게 대형 교회로부터의 탈출을 시도한다. 기존 교회에 머물기를 바라는 세월호 선장(선원) 같은 성직자의 말을 떨쳐내고 약자들을 위한 삶, 세상과 변별된 새로운 공동체로서의 삶을 ─불가능한 것에 대한 열정을 회복시켜─ 살아내기 위함이다. 이런 삶을 일컬어 성서적 '은총'이자 되찾아야 할 복음적 가치, 생명과 평화라 할 것이다.

'오직 성서' 역시 개신교 신학에서 포기할 수 없는 중핵이다. 본래 성서와 자연이 하느님을 알리는 계시의 두 지평이었으나 개신교는 후자를 포기했다. 기계론적 세계관과 짝하며 자연(Physis)의 능동성, 창발성을 인정치 않은 것이다. 이로부터 성서는 기독교 신앙의 유일무이한 표준이자 절대적 근거가 되었다. 그러나 이것은 사실 '오직 믿음'과 무관한 존재 자체(A se)로서의 특성을 지닐 수 없다. 인간적 주체성, 곧 'Pro me'와 무관한 말씀(성서)은 존재할 수 없기 때문이다. 그럼에도 개신교 역사 속에서 '오직 성서'는 곧잘 성서무오설에 입각해 성서문자주의를 넘어 교리지상주의라는 기형을 탄생시켰다. 계시실증주의 역시 이런 선상에서 이해될 수 있는 여지가 있다. 이처럼 성서 문자에 집착된 '오직 성서'는 말씀을 신성화시켰으나 말씀대로의 삶을 결과 시킬 수는 없었다. 믿기와 살기의 철저한 분리가 또다시 성서의 절대화, 즉 '오직 성서'를 통해서 반복, 재현되었기에 말이다. 과거, 어느 시점에 쓰여 진 성서 말씀이 오늘을 사는 사람들의 삶에 족쇄가 되는 현실 역시 여기서 비롯한 병폐라 하겠다. 진화론의 부정, 동성애에 대한 무조건적 거부를 비롯해 이웃 종교에 대한 혐오는 동시대적 인간상 구축을 힘겹게 하고 있는 중이다. 교회 내 성직자들 역시 성서에 대한 물음을 허용치 않고 문자적 신앙을 강요하고 있기에 '오직 성서'가 오히려 독이 되고 있다. 본래 제국(로마)화 이전의 교회가 다양성에 근거한 해석의 공동체였음을 기억한다면 오히려 '오직 성서'가 생각을 금하고 차이를 부정하는 환원주의 내지 획일주의의 폐해의 단초가 되지 않기를 바라야 할 것이다. 이런 차원에서 '영적 해석학'과 '제소리'란 두 개념에 주목하고 싶다. 앞의 것은 신학자 본회퍼의 말로써 예수와의 동시성을 살고자 하는 성서 독해법이며 후자는 다석(多夕) 유영모의 것으로서 누에가 뽕잎을 먹고 실을 내듯 성서를 자기 속에 체화시키려는 성서읽기를 말한다. 신도나 교인을 만들뿐 예수의 제자를 만들지 못한 기독교를 이념으로 전락한 것이라 비판했던 본회퍼는 말씀을 삶으로 육화시키고자 애썼다. 다석 역시 성서 속 좋은 말이 아무리 많다한들 그것을 육화시켜 제소리로 만들지 못하는 한 그것은 영원히 남의 말에 불과하다고 했다. 성서 속에서 말씀을 골라 결정적 하나를 자기 말 삼고 살아가기를 바라서 했던 말이다. 제자 김흥호는 '제소리'를 탈존(脫存)이라 풀었으며 이런 성서읽기를 문자에 사로 잡힌 '이해'(Understand)가 아닌 그를 너머서는 'Overstand'라 했던 바, 본회퍼의 영적 해석학도 이 점에서 동일하다. 목하 작은교회들 역시 저마다 다양한 카리스마 공동체로서 성서 말씀을 현장에서 생명력 있게 풀어내고 있기에 성서를 진실로 말씀으로 만들고 있다고 믿는다. 이 점에서 가톨릭 신학자 이반 일리치의 말을 빌려 '오직 성서'의 뜻을 다음처럼 정리해본다. "성육신의 신비(말씀)는 오로지 구체적 현장 속에서만 재현 된다."[10] 이 항목에서 마지막으로 덧붙이고 싶은 내용이 있다. 오래전 타계한 미국의 신학자 토마스. 알타이저의 말로서 "성서 66권 속에 하느님 말씀이 완결되었다고 믿은 제사장적 확신이야 말로 우리 시대의 미신이다"라는 것이다.[11] 성서의 하느님을 옳게 발견하기 위해서 우리 시각의 시공간적 확장을 요구하는 것이겠다. 정경을 넘어 외경 속에서도, 서양을 넘어 동양에서, 역사를 넘어 다시 자연에서, 종교를 넘는 과학적 세계를 통해 그리고 지구를 넘어 광활한 우주 속에서 신적 계시를 찾는 것을 '오직 성서'가 허락해야 옳다. 이 점에서 성서는 여전히 새롭게 발견되어져야 할 하느님 활동 공간을 일컫는 것이라 말해도 좋을 것이다. 필자는 이를 '자기 발견적 해석학'이라 명명했고 향후 교회가 감당해야 할 몫이라 더 큰 여겼다. 물론 믿음과 의심의 눈(해석학)과 더불어서 말이다.

---

10 성육신의 신비를 기독교의 최고 가치로 여겼던 일리치 신부는 이 말씀이 현장 속에서 재현 되지 않을 때, 그를 일컬어 최선이 타락하여 최악이 되는 경우라 하였다. 고인이 된 평신도 신학자 오재식 역시 현장이 자신에게는 꽃이었다고 고백한 바 있었다. 이 모두는 현장을 떠나 말씀은 없다는 것으로서 '오직 성서'의 지평을 확장시킨 것이다.

11 이 글의 출처를 밝히지 못해 유감이다. 그의 논문 어디선가 읽고 머릿속에 저장해 놓은 것인데 그 논문을 발견치 못하여 정보를 공유할 수 없게 되었다.

짧은 마무리
: '체제 밖' 사유를 실험하기

이제 탈자본주의 기치하에 생겨난 새로운 공동체 한 곳을 소개하는 것으로 본고를 마무리 할 것이다. 2015년 작은교회 박람회에 처음 참가한 기독교장로회 소속 '예가교회'를 지금껏 논의된 신학적 차원에서 짧게나마 예증할 필요를 느낀 탓이다. 이 교회는 1995년에 뜻을 세웠으나 3년의 준비과정을 거쳐 1998년 서울역 뒤편에서 그 역사적 실존을 드러냈다. 세상 안에 있되 세상에 속하지 않는 방식으로 삶을 영위하는 것을 교회의 사명이라 여겼고 교회가 존재할 이유이자 세상의 희망일 수 있는 근거라 선포했다. 예가교회가 특별하게 강조하는 것은 '사랑'이란 단어였고 이 가치를 교회 내에서 뿐 아니라 개인과 사회적 삶의 영역에서 구현시키고자 했다. 여기서 사랑은 가시적 형태로 드러나는 것이지만 그 자체는 영적 힘이라 할 것이다. 사랑은 본래 경쟁적 이기심의 극복, 자본화된 물질가치와의 결별을 통해서만 그 의미를 얻을 수 있는 까닭이다. 이 점에서 예가교회는 후기 자본주의 사회로 생겨난 가족 해체의 폐해를 교회를 통해 회복시키는 일에 역점을 두었다. 초기 교회가 '그리스도 안의 존재'(Sein in Christo)로서 제국과 맞서는 새 공동체를 이뤘듯이 이들 역시 교회를 혈연을 초극하는 새로운 가족 공동체라 여겼으며 그에 따른 새로운 관계를 연습했던 것이다. 이런 가족 공동체로서의 교회를 통해 이들은 출생, 교육, 결혼, 죽음에 이르는 전 과정을 세상과 달리 학습할 수 있었고 이런 연습 속에서 일상을 지배하는 사회 자체 역시 바꿀 수 있다고 믿었으며 이 사명을 이 땅에 존재하는 교회의 몫이라 확신했다. 뜻처럼 되기 힘든 이런 삶을 살아내는 힘을 믿음이라 했던바, 이는 하느님 의(義)에 대한 초기 교회들의 신뢰와 다를 수 없다. 이렇듯 세상과 다른 삶을 향하게 하는 하느님 의의 실천을 위해 필요한 것이 사랑의 수고이자, 소망의 인내라 할 것이다. 지속하는 힘없이 어떤 가치도 일굴 수 없는 탓이다. 바로 이런 신앙적 삶의 결과로서 예가교회는 여타 교회로선 상상할 수 없는 연습 내지 실험을 할 수 있었다. 그것은 바로 교우들의 경제적 수입을 함께 모아 저마다 필요에 따라 나눠 쓰는 생활 공동체를 만들었던 것이다. 초기 공동체가 그랬듯 이곳 교우들은 필요한 만큼 나누는 소비 공동체를 이뤄냈다. 물론 이들은 처음부터 이런 생활 공동체를 목적하거나 우선시하지 않았다. 이런 공동체는 믿음, 소망, 사랑의 삶이 만든 결과로서 결코 그 자체가 목적일 수 없음을 분명히 했다. 물론 교인들 전체가 이 일에 함께 참여하는 것도 아니며 과정 속에서 야기되는 불편한 일들 역시 부정할 수 없겠으나 새로운 (가족)관계를 연습해왔기에 이들 생활 공동체는 지금도 무리 없이 존속, 유지되고 있다. 수많은 개체들이 예수 그리스도 안에서 하나가 된다는 성서 말씀을 죽은 문자로서 알지 않고 교회 현장에서 재현시키는 이들 공동체의 삶은 앞서 언급한 복음의 정치학은 물론 세 개의 '오직' 교리에 대한 메타 비판(Critic)을 행했던 결과라 할 것이다. 작은교회 박람회에 제출된 자료에만 근간할 때 예가교회가 세상 밖에 산재한 뭇 고통현실에 어떻게 참여했고 관계 맺었는지를 충분히 알 수 없다. 하지만 세상 속에 있되 그를 넘는 방식으로 존재코자 새로운 관계를 연습했다면 의당 이 연습은 교회 밖으로 확장되어 갈 것이고 우리 사회에 큰 파동을 일으킬 것이다.

이처럼 예가교회는 자신들 예배, 생활 공동체를 통해 자본주의를 넘는 '체제 밖'의 삶의 양식들이 어떻게 가능한지를 동시대를 사는 우리들

에게 여실히 보여주고 있다. 이런 실험을 지켜보는 일은 작은교회 운동
에 관심하는 우리들에게 큰 기쁨이자 소망이 아닐 수 없다. 작은교회가
희망이고 대안인 것을 선포할 수 있는 구체적 사례가 되는 까닭이다.
이런 식의 작은교회 운동을 일컬어 우리는 주저 없이 하느님 나라 운동
이라 말할 수 있다.

두 번째 종교개혁의 실상으로서
작은교회 운동
: 교회 생태계의 변화

들어가는 글

선교가 교회의 한 기능이 아니라 교회의 존재 그 자체가 선교라고들
한다. 이는 교회 내 친교, 봉사 등 다른 역할 역시 결국 선교를 목적한다
는 말일 것이다. 하지만 여기서 선교는 결코 교회 확장과 등가일 수는
없다. 영혼 구원을 포함하겠으나 그와 동의어가 될 수 없다는 말이다.
일찍이 세계교회협의회(WCC)는 정의 평화 창조질서 보존(JPIC) 가치
를 지지하였고 가난, 전쟁 그리고 생태계 파괴가 항존하는 한, 기독교
정신의 구현, 곧 구원이 요원한 것임을 천명했다.[1] 지난 해 이 땅을 찾았
던 교종 역시 세계적인 가난의 극복과 토착화의 과제를 선교의 핵심이
라 강변한 바 있다.[2] 근자에는 지구를 공동의 집(오이쿠메네)으로 여긴

---

1 C. von 봐이젝커/이정배 역, 『시간이 촉박하다』(서울: 대한기독교서회, 1986) 참조.
2 한국 천주교 주교회의 편, 〈복음의 기쁨-현대세계 복음 선포에 관한 교황의 권고〉(서울:

생태회칙까지 공포하며 구원의 지평을 넓혔고 그에 걸맞는 선교를 요청하였다. 이처럼 선교는 개신교/가톨릭교회를 막론하고 시대상을 반영한다. 이런 변화된 선교 개념은 이전 시대에서 상상조차 할 수 없었을 것이다. 하지만 이런 광의의 선교가 본래 성서적이며 복음적이란 주장도 틀리지 않다. 성서가 개인의 칭의(稱義)만을 목적한 것이 아니라 깨어진 인간 공동체를 포함한 우주만물의 화해를 지향했던 까닭이다. 그럼에도 이런 새로운 공동체는 세상 안에서 세상 밖을 사는 지난한 행위를 수반할 수밖에 없다. 복음서의 하느님 나라 운동과 바울 서신이 말하는 '그리스도 안의 존재'(Sein in Christo)가 바로 그런 삶의 행태를 일컫는다. 따라서 행위 없는 믿음이란 애당초 불가하며 오히려 믿음 없는 행위, 즉 신앙을 가졌다 하면서 세상 방식대로 사는 삶이 반선교적이며 반성서적이라 할 것이다.3 이 점에서 기독교 역사란 하느님을 믿는다 하면서 그를 자신의 종교적 욕구에 맞게 길들여온 과정이라 혹평할 수도 있겠다.4 이미 성서 안에서도 하느님을 길들여 온 역사를 충분히 발견할 수 있는 탓이다. 지금의 언어로 말하자면 자본주의를 기독교화하지 못하고 오히려 그 반대의 경우를 살면서 그를 신앙으로 미화시키고 있다는 말이다. 실로 인간을 욕망 덩어리로 만들어 빈곤의 세계화를 추동할 뿐 아니라 자연마저 가난케 하는(new poor) 자본주의적 삶의 양태는 교회공동체마저 타락시키고 있다. 그렇기에 오늘의 선교는 초국적 자본주의의 체제와의 싸움 양상을 지닐 수밖에 없다. 하느님 나라

천주교 중앙회의 2014). 한 마디로 선교는 개종과 같지 않다는 것이 교종의 지론이었다.

3 마커스 보그 · 존 도미니크 크로산/김준우 역, 『바울의 첫 번째 서신들』 (서울: 한국기독교연구소, 2010), 46-68.

4 앞의 책, 81-82; 존 도미니크 크로산/김준우 역, 『성서를 어떻게 읽어야 참 그리스도인이 되는가』 (서울: 한국기독교연구소, 2015), 237 이하 내용.

실현을 위해 그리스도 안의 존재로 살아가는 방식이 바로 그 투쟁인바, 이를 일컬어 선교이자 교회라 할 것이다. 이 점에서 신/구교 간의 차이가 존재할리 없다.5 단지 목하 가톨릭교회가 교종에 의해 위로부터 추진되는 반면 개신교는 아래로부터 작은교회 운동의 형태로 이 땅에서 창발 되고 있을 뿐이다. 이는 가톨릭교회와 개신교 고유한 신학적 특성에서 비롯한 결과라 할 것이다. 즉 보편성보다는 개체성에 우위를 둔 유명론의 전통을 개신교가 이은 탓이라 말할 수 있겠다.

선교 130년 역사를 지닌 개신교회는 다양한 시기를 겪으면서 선교의 주제를 다음처럼 변화시켜 왔었다. 서세동점 시기 기독교는 이 땅의 '개화'를 선교적 사명으로 여겼고 일본 제국주의 지배하에선 '독립'을 선교와 등치시켰다. 해방 이후 독재 정권이 민주화를 위협했을 때 '민주화'가 선교의 주제였었고 민족 분단이 고착화 되자 '통일'을 하느님께서 맡기신 선교적 책무라 여긴 적도 있었다. 물론 교회 성장이 곧 선교였던 1970-80년대도 있었다. 하지만 앞서 보았듯 1990년 이후 JPIC 주제가 부상했을 때 개신교는 이 주제와 치열하게 씨름하였다.6 그럼에도 주류 한국 개신교는 성장을 최우선 가치로 삼았고 국가의 경제적 성장과 함께 교세를 한껏 부풀리는 일에 사활을 걸었다. 그 결과 성장을 성숙으로 승화시키지 못한 개신교는 배타적 우월감에 빠져 타자 부정적 방식으로 자신의 정체성을 확고히 했다. 이웃 종교들과 한국문화 전반에 대한 폄하와 기독교의 자기 정체성이 동전의 양면처럼 상호 공속(共

---

5 정양모·이제민 외,『한국교회 복음화를 위하여』(파주: 명세원, 2015), 특별히 이제민의 글(123-148)을 보라.

6 2013년 10월 부산에서 열렸던 10차 WCC 대회 주제 역시, '생명의 하느님, 저희를 정의와 평화로 인도 하소서(God of Life, leads us Justice and Peace)'였음을 기억하라.

屬)적 관계가 된 것이다. 뿐만 아니라 대형 교회로 성장한 개신교는 기득권자들 편에 섰고 근본주의 이름하에 정치적으로 보수화되었다. 북한에 적대했고 자본 친화적인 종교로 변질 된 것이다. 한국 사회의 총체적 부실을 고지하는 세월호 참사를 향한 소위 주류 대형 교회들의 정치, 경제적 판단에서 우리는 개신교의 처절한 민낯을 보았다.7 종교 사회학자 웨버의 논지를 무색케 할 정도로 자본주의 에토스를 부추긴 정도를 넘어 오히려 자본주의가 종교가 되어 기독교의 옷을 입고 이 땅의 약자들, 뭇 예외자를 철저하게 소외시켰던 것이다.8 이는 결국 교회의 존재 양식 자체를 자본주의화시킨 뼈아픈 결과였다. 개 교회주의를 표방한 개신교 내 빈익빈 부익부 현상 역시 자본주의 사회의 그것을 정확히 빼닮았다. 자립할 수 없어 대형 교회로부터 선교비를 지원받거나 이중직을 통해 교회 운영비, 생활비를 충당하는 교회와 성직자들이 적지 않은 수에 이르고 있음을 보는 탓이다. 이런 정황에서 전체 교회의 10-20%에 해당되는 중대형 교회에 소속되기 위해 성직자들 간의 경쟁이 치열한바, 성직이 돈으로 흥정되며 교회가 세습되는 등 부작용이 대단히 심각해졌다. 이런 교회 체제 속에서 복음적 가치는 실종될 수밖에 없다. 한마디로 복음이 사라져 버린 것이다. 전체 인구수 감소와 함께 향후 20-30년 내에 교회 이탈로 인해 전반적으로 교회의 급속한 몰락이 예측되는 상황에서 복음의 부재는 개신교 미래의 실종이다. 바로 이것이

---

7 이은선·이정배,『묻는다, 이것이 공동체인가? - 눈먼 국가, 귀먹은 교회 그리고 세월호 이후의 우리들』, 동연, 2015. 1부 내용; 세월호의 아픔을 함께하는 이 땅의 신학자들,『남겨진 자들의 신학 - 세월호의 기억과 분노 그리고 그 이후』(서울: 동연, 2015); 한국문화신학회 편,『세월호 이후 신학 - 우는 자들과 함께 울라』(서울: 모시는사람들, 2015) 참조.

8 성정모/홍인식 역,『시장. 종교, 욕망』(서울: 서해문집, 2014), 27. 기독교가 자본주의 체제하에서 경제적 종교로 변질되었다는 말이다.

종교개혁 이후 500년 역사 속에서 가장 급성장되었다 자랑하는 한국 개신교의 교회적 실상이자 선교 현실인 것이다.

이런 우환(憂患)의식으로부터 개신교 내 보수/진보 교단을 아우르며 성직자/평신도를 구별 않는 몇몇 교회들을 중심하여 교회의 존재 양식 자체를 탈서구적 방식으로 탈자본화시키려는 운동이 조용하게 일어나고 있다. 교회 내 정착된 자본주의 구조와의 싸움을 선교의 과제라 여기고 이를 정상으로 여기는 풍토와 맞서려는 것이다. 이는 "교회의 복음화 없이는 세상의 복음화 없다"라는 교종의 말씀과 정확히 중첩된다. 탈서구, 탈자본, 곧 생명과 평화가치를 기저로 한 교회 개혁 자체를 선교의 과제라 여기며 그를 위한 에큐메니칼 운동이 개신교 내부에서 새롭게 형성되고 있는 중이다. 본고에서 필자는 생명, 평화 가치에 바탕한 개신교회 내의 소위 작은교회 운동을 소개할 생각이다. 아직도 성장담론에 옥조여 있는 교회들을 향해 오히려 '작은교회가 희망'임을 외치는 개신교 내부의 새로운 선교양태를 논하려는 것이다. 이 과정에서 필자는 종교개혁 3대원리에 대한 비판을 중요하게 여겼다.[9] '오직 믿음', '오직 은총'이란 신앙원리가 지난 세월 동안 삶(행위)과 무관해 졌고 불가능은 없다는 식(式)의 자본주의적 성장논리로 오용된 탓이다. 해서 3개의 '오직'(Only) 교리가 중세의 면죄부보다 더 타락했다는 자조(自嘲)적 비판에 직면하게 된 것이다. 따라서 종교개혁 500주년이란 숫자가 주는 무게를 느끼며 자본주의 비판이 시대의 과제이자[10] 선교적 책무가 된 이상 작은교회 운동은 교리적으로나 정치/문화적으로 급

---

9 본고에서 필자는 '오직 믿음, 오직 은총 그리고 오직 성서'라는 종교개혁 3대원리에 대해 탈(脫)자본주의 시각에서 메타 크리틱을 할 생각이다. 이를 위해 역사적 예수 연구 결과물들과 유대 사상가 발터 벤야민에 기초한 좌파 철(신)학 사유로부터 도움을 받았다.

10 김동진, 『피케티 패닉-21세기 자본을 둘러싼 전 세계 논쟁지도』 (서울: 글항아리 2014).

진적일 수밖에 없었다. 바로 '작은교회가 희망'이라는 표제어가 바로 이를 적시한다. 이런 문제의식을 갖고서 본고는 다음과 같은 네 단계를 통해 진행될 것이다. 첫째는 작은교회 운동이 시작될 수밖에 없었던 개신교 내 역사적 현실과 그 과정을 개관할 것이며 둘째는 작은교회 운동의 성서적 배경을 살피되 종교개혁 신앙원리에 대한 재해석으로 그를 뒷받침할 것이고 셋째 작은교회 박람회에 참여한 다수의 작은교회들의 공통가치를 탈자본주의, 탈가부장제 또한 탈서구적 시각에서 조망할 것이며 마지막 장에서는 작은교회 운동이 우리 시대가 요구하는 선교의 새 방향인 것을 힘껏 강변할 작정이다.

1. 선교의 새 주제로서 작은교회 운동

1960년대 이후 급속한 성장을 이뤘던 한국교회가 이천년대에 접어들며 급속한 둔화세를 드러내 보이고 있다. 성장이 성숙을 동반치 못한 탓에 교회 내에 온갖 탐욕과 비리가 난무했고 세상의 문젯거리로 전락한 결과였다. 인권, 환경, 통일 등 교회가 감당해야 될 시대적 과제가 적지 않았음에도 교회는 공룡처럼 비대해진 자기 틀 속에 안주했고 자기 밖 현실을 배타하는 방식으로 자기 정체성을 유지, 존속시켜왔던 것이다. 그 구체적 실상이 보수 근본주의적 이념에 터한 배타적 유일신론과 영혼구원 그리고 내세(천국)신앙으로 나타났다 하겠다. 이런 정황에서 세상과 공명(共鳴)치 못한 교회 현실에 절망한 진보적 성직자들과 평신도들이 숙의하여 부활절에 '2010년 한국 그리스도교의 선언'을 발표하였다.[11] 여기에는 주로 진보성향의 기독교인이 참여했으나 보수

쪽 신앙인들 숫자도 적지 않았다. 이때 내걸었던 주제가 바로 JPIC 이후 세계교회가 관심했으나 한국교회가 잊고 있었던 '생명과 평화'라는 가치였다. 분단이 고착화되고 해고자들이 즐비한 이 땅에서 자신에 안주하는 근본주의적 이념을 벗고 생명과 평화 가치의 실현을 염원하며 신학자들이 선언서를 기초했고 일천 여명의 서명을 받아 일궈낸 대단히 중요한 족적이었다. 바로 이런 선언을 현실화시키고자 새로운 에큐메니칼 단체가 형성되었던 바, 그것이 바로 작은교회 운동을 이끌어 낸 〈생명평화마당〉이었다.

〈생명평화마당〉과 작은교회 운동을 논하기 전에 이들 활동의 근거이자 토대였던 위 선언문 내용을 먼저 약술할 필요가 있겠다. 2015년이 광복 70년이란 의미를 지녔듯 당시 2010년은 경술국치(庚戌國恥) 100년, 한국전쟁 60년, 5.18 광주 민주화 운동 30년 그리고 6.15 남북 공동선언이 발표된 지 10년이 되는 한국사에 있어 뜻깊은 시점이었다. 이런 중차대한 역사적 시대를 살면서 그리스도인 됨의 가치를 실현시키지 못하는 참회가 앞서야 했다. 여기서 그리스도인의 가치란 생명평화의 가치와 다를 수 없었다. 비정규직으로 내몰리는 사람들이 반인반수(半人半獸)의 운명을 감내해야 했고 자본의 힘에 휘둘린 도시 재개발로 용산참사가 일어났으며 4대강 사업으로 전국토가 터 무늬(地文)를 잃는 어처구니없는 상황이 되었고 남북의 대립과 갈등을 조장하여 한반도 통일을 물거품 만드는 징조가 극대화되었던 정황에서 그리스도인

---

11 본 선언문을 기초한 이들은 주로 한국 민중신학자들이었고 필자는 비판적 토론자로서 참여하였다. 이후 본 선언문은 영문으로도 출판되어 세계교회에 소개되었다. 영문 제목은 다음과 같다. "*2010 Declaration Of Faith for Life and Peace*".

의 삶, 살아야할 가치관이 재정의되어야 했던 것이다. 당시 신학자들은
'오직 믿음'이란 개신교 신조를 '오직 생명평화로만'이란 말로 대체할 것
을 심각히 고민했었다. 성서가 말하는 세상은 정의와 평화가 강물처럼
흐르는 사회인 까닭이다. 아마도 그런 생각이 좀 더 철저하게 실행되었
더라면 세월호 비극은 피할 수 있었을지도 모르겠다. 당시 선언문은 이
런 정황에 눈감은 채 개체 교회 성장만을 바랐던 대형 교회들의 자본주
의적 에토스를 비판했고 종교적 안일에 빠진 성직자들의 삶을 질타했
다.12 하느님 신앙대신 돈에 대한 신뢰를 앞세운 교회를 우상숭배자라
여겼으며 대형화의 한 강박증세로서 동족과 이웃 종교에 배타하는 반
생명적 삶의 양식을 죄라 규정한 것이다. 그럴수록 예수는 인간과 세상
과 육체에 대한 하느님의 대긍정으로 고백되었다.13특별히 세상 속 약
자, 뭇 예외자들을 인정하며 나아가 그들과의 공생이 예수가 꿈꾼 하느
님 나라였음을 강변한 것이다. 이를 위해 경제적 민주화를 요구하였고
자본의 횡포로부터 민중의 삶을 지키는 정의와 평화 공동체가 교회의
존재 이유이자 그 실상이어야 한다고 믿었다. 이를 위해 이 땅의 다양한
문화와 이념(종교)들을 존중하고 사회변혁을 위해 그들과 함께 생명평
화 운동에 나서는 것이 성령과 함께하는 삶의 모습이라 확신했다. 즉
일방(정복)적 전도 행위가 아니라 생명과 평화의 비전을 지속적으로 나
누는 것이 우리와 함께하는 성령의 표증이란 것이다.14이런 신학적 증
언에 기초하여 본 선언서는 마지막에 생명과 평화를 위해 우선적으로
기독교인들의 연대를 강조했고 그 지평을 확대시킬 것을 다짐했다. 교

---

12 위 선언문 7-8쪽 참조.
13 위 선언문 9쪽.
14 위 선언문, 12-13쪽

파는 물론 종교 간 장벽까지 넘어설 것을 바랐고 다문화 공동체를 존중하며 시민 사회와의 연대도 적극 제안했던 것이다.[15] 최종적으로 신자유주의의 광풍과 맞서 이 땅의 정치, 경제적 민주화는 물론 지속가능한 지구적 생명공동체를 위해 헌신할 것을 다짐하였다.[16] 결국 2010년 선언문의 큰 요지는 이 땅 교회들 속에 만연된 자본주의적 충동 곧 성장 및 대형화의 욕구를 접고 생명 평화의 가치, 즉 사회 도처에 산재한 뭇 약자들과 소통하는 것을 하느님 나라 운동이라 믿고 그 공동체를 이 땅에 실현시키고자 했던 것이다. 이런 선언의 정신을 현실 역사 속에 구현코자 탄생된 것이 바로 새로운 에큐메니칼 운동단체인 〈생명평화마당〉이었다.

그렇기에 본래 〈생명평화마당〉은 2010년의 선언문 정신을 잇고자 학습하고 실천하는 공동체로 시작되었다. 생명평화 가치가 실종된 현실을 옳게 비판하고 신학적 대안을 찾고자 했으며 그에 따른 교회 역할을 모색하는 학문과 토론의 장(場)이었다. 동시에 〈생평마당〉은 보수/진보 신학자들과 목회자들이 함께 모여 에큐메니칼 운동의 새 지평을 열어젖힌 사건으로 평가받을 사건이기도 했다.[17] 하지만 학습과 토론

---

15 위 선언문, 14-15쪽

16 하지만 마지막 연대의 장에서 남북 간의 통일 문제가 상대적으로 덜 강조된 것이 눈에 띈다. 통일 문제가 이 땅에 남겨진 중대한 선교과제 임에도 말이다. 하지만 본 사안역시 비핵화 문제를 포함하여 2015년 분단 70년을 기념하며 8월 10일 자로 발표된 "광복 70년을 맞이한 한국 그리스도인의 선언"을 통해 충분하게 강조되었다. 물론 이번 선언문을 기초한 사람들이 지난 선언문기초자들과 많이 달라졌으나 기본 정신에 있어서는 결코 다르지 않을 것이다. 2015년 8월 10일 오전 10시 반에 기독교회관 2층 조에 홀에서 발표된 기자회견 자료를 참고할 것.

17 이 모임은 처음 민중 신학자 서광선, 권진관 등에 의해 2012년에 시작되었다. 한 발 늦게 합류한 필자는 2013년 이래로 보수진영을 대표하는 방인성 목사와 함께 본 모임의 공동대표로서 활동하고 있다. 이은선, 김정숙 등 진보적 여성 교수들도 공동대표를 맡은 바

위주의 〈생명평화마당〉은 2013년에 접어들며 방향을 좀 더 구체화시켰다. 성장을 거부한 채 도처에서 교파불문 자생하며 성숙해진 다양한 형태의 작은교회들의 현존에 주목하게 된 것이다. 〈생평마당〉이 무수한 단체, 종교들, 이념들과 연대하지만 결국 하느님 나라 운동을 주도하는 것이 교회여야 한다는 생각에서였다. 교회 세습을 비롯한 온갖 재정 비리로 얼룩진 대형 교회를 등진 소위 '가나안' 성도들이 속출하는 상황에서 이들과 전혀 다른 길을 걷는 목회자들과 교회가 있다는 사실을 세상에 알릴 필요가 있었다. 같은 뜻 지닌 길벗들의 존재를 확인시켜 연대케 하며 교회를 등진 사람들과 이들 교회를 접붙여 상호 간 갈증을 해소시켰으며 향후 신학생들에게 기독교 미래를 위한 다른 교회상(像)을 제시할 목적에서였다. 이를 위해 작은교회 박람회가 2013년 10월 종교 개혁을 염두에 두고 탈(脫)성장, 탈(脫)성직 그리고 탈(脫)성별의 가치를 내걸고 그 첫걸음을 내딛었다.[18] 2010년 한국 그리스도인 선언이 〈생명평화마당〉을 통해서 마침내 박람회(지금은 한마당)란 이름하에 작은교회 운동으로 진화된 것이다.

여기서의 핵심은 작은교회 박람회를 이끌어 가는 지도 이념들로서 세 개의 '탈'(脫)에 대한 이해일 것이다. 의당 세 개의 '탈'(脫)은 향방을 달리하는 다른 세 개의 '향'(向)으로 이어져야 마땅했다. 성장이 성숙으로, 성직은 평신도성으로 그리고 남성 가부장제가 여성주의에로 무게 중심이 이동된 것이다. 이런 탈/향(脫向)의 전이를 통해서 교회의 존재 이유를 생명과 평화로 덧입힐 수 있다고 본 탓이다. 이는 박람회를 준비

있었고 지금은 예장소속 한경호 목사, 보수 쪽을 대표하는 박득훈 목사가 공동대표로 참여한다.

18 금번 종교개혁 500주년에 이르기까지 네 차례 대회 모두 필자가 근무했던 감리교신학대학 교정에서 열렸다.

했던 여러 위원들에게 있어 종교개혁의 완결이자 새로운 종교개혁이라 생각되었다. 여기서 가장 큰 핵심은 탈(脫)성장, 곧 성숙의 지향인 바, 교회 속에 만연된 자본주의 가치와의 단절일 것이다. 교종의 생각이 그러했듯이 교회의 복음화를 성사시키는 과정이라 여긴 것이다. 인간을 욕망에 휘둘리게 하는 자본주의적 에토스를 신앙의 이름으로 포장해온 교회 현실, 그로써 교회의 크기가 목사의 크기를 좌우하는 정황에서 교회의 본질은 다시 물어져야 했었다. 어느 덧 이런 구조를 고착화시켰고 가톨릭교회보다 더욱 성직자 중심의 종교로 변질된 개신교의 현실에 대한 비판이 의당 필요했다. 500년 전, 만인제사직을 개혁원리로 삼았으나 제왕적 성직주의를 강화시킨 개신교로부터 평신도성을 되찾는 지난한 가치 투쟁이 필요한 시점인 것이다. 남성 중심 가부장제 역시 이와 유관한바, 제자직의 평등성을 해치고 있다. 평등성이야말로 예수로부터 바울로 이어지는 초기 공동체의 특징이었음에도 말이다.[19] 수적인 우세는 물론 열심에 있어서도 남성을 능가함에도 여성 목회자, 여성 신도들에게 교회의 미래를 위한 결정권이 없다. 자본주의 체제하의 성직제도의 틈바구니에서 여성은 이 사회가 그렇듯이 오로지 보조적 역할자로서 존재감을 지닐 뿐이다. 하지만 남성들의 역사(History)를 넘어 여성들 스스로 역사(Herstory)[20]를 만드는 것이 인류 미래를 위해 유익하다는 것이 미래학자들의 증언을 곱씹을 일이다. 이렇듯 이들 세 가치는 상호 내밀하게 연관되어 있어 함께 유지되거나 더불어 달라질 수 있는 주제라 할 것이다. 탈/향을 이룰 수 없다면 교회는 자족적 보수화된

---

19 마거스 J. 보그 · 존 도미니크 크로산, 위의 책, 7장 이하 내용 참조.

20 이를 동양은 후천개벽(비괘否卦)시대라 했고 서양은 지금 페미니즘을 발전, 전개시키고 있다.

기관으로 머물 뿐 복음의 기쁨을 전하는 주체가 될 수 없다. 세상의 약자들에게 '빵이 아닌 돌덩어리'를 안기게 되는 탓이다.[21] 이렇듯 자족적 공동체로서 교회는 마을로부터 스스로 고립되어 지역사회를 위해 열린 공간이 될 수도 없다. 성전만이 교회가 아니라 마을 마당이 새로운 교회가 되어야 할 때이다. 이 점에서 작은교회 박람회는 자족적 폐쇄성을 깨고 나와 새롭게 복음적 생태계를 만들고자 하는 교회들의 모임이자 운동의 장(場)이라 할 것이다. 이를 위해 '작음' 곧 '성숙'의 다른 이름인 생명과 평화 가치를 우선하며 그를 지향하는 교회들은 무엇보다 성장 이데올로기와 맞서야 했고 자본주의적 삶의 양태를 거슬러 올라야만 했다. 이런 싸움 자체를 선교의 과제라 본 탓이었고 이로써만 교회 자체를 복음화할 수 있다고 믿었기 때문이다. 교회가 주는 물에 사람들이 목말라 하지 않는 이유를 교회가 세상과 조금도 다르지 않은 탓이라 자각한 것이다. 그렇다면 과연 이 시대를 살면서 그런 교회 공동체를 기대할 수 있겠는가? 다음 장에서 우리는 작은교회 박람회의 실상을 논하기 전에 성장을 탈(脫)하여 성숙을 향(向)하는 탈(脫)자본화된 작은교회 운동의 성서적, 신학적 근거를 살펴볼 것이다. 이를 위해 초기 기독교 공동체를 살피고 종교개혁 세 원리를 가능한 한 반복을 피하여 자본주의 비판의 동력으로 힘껏 재구성해 보겠다.

---

21 엘리지벳 피오렌자/김윤옥 옮김, 『돌이 아니라 빵을』(서울: 한국신학연구소, 1992).

2. 작은교회 운동의 성서적, 신학적 근거
: 초기 공동체의 특성과 종교개혁 원리의 재발견

　성숙과 성장의 가치를 혼동하여 교회가 사회의 문젯거리가 될수록 신앙인들은 초대 교회로의 회귀를 꿈꿔왔다. 하지만 강단에서 초대교회로의 귀환이 수없이 선포됨에도 실제로 그리 될 것을 믿는 이는 아무도 없다. 처음의 공동체를 되돌릴 수 없는 에덴동산처럼 여길 뿐 그 실현을 누구도 꿈꾸지 않는 탓이다. 물론 온갖 역사를 넘어서 그리스도에게로의 환원을 지향하는 개신교 내 교단도 있기는 하다.[22] 하지만 놀랍게도 여기 소속 교회들은 보수 근본주의 성향을 보인다. 성서 66권 안에 하느님 계시가 온전히 계시되었다는 닫힌 시각을 지닌 탓이다. 하느님 영의 현재적 활동을 인정치 않는 결과이겠다. 그렇기에 그리스도에게로의 문자적 환원이 아니라 그 정신의 지속성과 창발성이 중요할 것이다. 이런 점에서 본고 첫 부분에서 필자는 소위 초대교회를 단순 환원주의 차원에서 접근할 생각이 전혀 없다. 오히려 오늘 우리 시대에 함의하는 바를 묻고 그를 창조적으로 재(再)의미화, 재(再)활성화시키고자 할뿐이다. 그럼에도 초대교회에 대한 정의를 제대로 할 필요는 충분히 있다. 여기서 필자는 조직이 아닌 운동으로서 존재했던 로마화 이전의 교회상(像)에 주목할 생각인바, 이를 언더그라운드 교회라 통칭하는데 동의한다.[23] 한마디로 초대교회란 제국 문화에 길들여지기보다 예수의 길을 기억하며 그에 맞섰던 소위 제자도(道)가 살아있던 시기라 할 것

---

22 개신교 안에는 '그리스도의 교회'를 표방하는 교단이 있다. 하지만 이 교회는 지금 보수 근본주의화 되고 있어 논의의 초점이 될 수 없다.

23 로빈 마이어스/김준우 역, 『언더그라운드 교회』(서울: 한국기독교연구소, 2012).

이다. 이 점에서 예수의 제자를 만들지 못하는 교회는 예수를 한갓 이념
이나 신화로 전락시킨다는 본회퍼의 말에 깊이 공감한다.24 결국 믿음
없는 행위를 질타하며 신앙의 동시성을 살고자 했던 교회 양식을 정치
적 언어로 '언더그라운드 교회'라 일컫은 것이다. 따라서 이 교회는 로
마화된 가톨릭교회뿐 아니라 종교개혁 3대 원리에 기초한 개신교회들,
더욱이 자본주의를 내면화시킨 이 땅의 초대형 교회와도 의당 변별될
수밖에 없다. 오히려 이것은 탈(脫)성장을 외치며 각기 저마다의 카리
스마를 강조하며 다양한 형태로 작은교회 운동을 펼치는 새로운 교회
상(像)과 중첩될 수 있을 뿐이다. 이를 위해 먼저 언더그라운드 교회상을
논하고 그 시각에서 종교개혁 3대 원리를 창조적으로 재해석할 것이다.

1) 언더그라운드 교회로서 초대교회의 특징과 복음의 정치학

역사적 예수 연구가인 크로산은 성서를 하느님의 급진성과 문명의
정상성 간의 대비적 시각에서 읽을 것을 권하였다.25하느님은 성서 곳
곳에서 문명이 정상적이라 여기는 것을 급진적으로 거부하신 분이라
여긴 것이다. 대표적 예로서 구약성서 내 급진적 희년(禧年) 선포는 분
배 불균형을 당연시하던 인습적 정의에 대한 신(神)적 저항이었고 비폭
력적 예수의 예루살렘 입성 역시 당연시된 세상(로마)적인 폭력에 대한
이의제기였던 것이다. 하지만 동시에 성서 속 다른 곳곳에서 우리는 하
느님의 급진성을 길들여온, 즉 인습화된 문명에 그를 동화시킨 기록들

---

24 *Theologische Realenzyklopaedia*, Bd. 7. 60. 마크 트윈의 다음 말 역시 역설적이나 같은
   뜻을 지닌다. "만일 그리스도께서 이곳에 계신다면 그가 하지 않을 것은 기독교인이 되
   는 것이다.", 로빈 마이어스, 앞의 책, 71.

25 존 도미니크 크로산, 앞의 책, 49.

역시 적지 않게 찾을 수 있다. 따라서 어느 본문과 접속되는가에 따라 신학의 성격과 기독교의 이해가 달라져 온 것이다. 이렇듯 하느님의 급진적 주장과 이를 전복시켜온 인간 역사가 성서에 공존하는 탓에 오늘 우리들 선택 기준은 개인의 취향이나 기독교 전통을 넘어 오로지 역사적 예수의 삶과 가르침에 있어야 한다.[26] 성서의 규범은 그리스도이나 그리스도의 규범은 역사적 예수라는 사실이다.[27] 따라서 역사적 예수는 교회의 본질과 그 존재 이유로서 선교를 논할 때도 여전히 중요한 사상적 원류라 할 것이다. 여기서 중요한 것이 예수의 하느님 나라 사상이고 그에 잇댄 바울의 핵심 개념인 '그리스도 안의 존재'(Sein in Christo)라 하겠다.[28] 콘스탄티누스 이전의 초대교회를 언더그라운드 교회라 부르는 것도 바로 하느님의 급진성으로서 역사적 예수 속에 하느님을 길들여온 인습화된 가치를 되돌리려한 '복음의 정치학'[29] 이 존재했던 까닭이다.

흔히들 초대교회를 말할 때 하나의 단일한 실체를 떠올리거나, 사도적 권위가 애당초 전제된 것처럼 그리고 제국 속에 순응하는 오로지 영적 형태로 존재했을 것으로 상상한다.[30] 하지만 생각과 달리 하나의 순수한 초대교회란 없었으며 사도권위 역시 여러 은사들 중 하나로서 계

---

26 앞의 책, 56-60.

27 앞의 책, 58.

28 최근 유대주의적 시각에서 바울이 조명되기에 역사적 예수와 바울 신학간의 유사성이 강조된다. 역사적 예수와 로마서를 비롯한 7개의 바울의 첫 번째 서신들 간의 내용적 일치가 공론화 되고 있다. 마거스 J. 보그·존 도미니크 크로산, 앞의 책, 15-16; 28-31. 그렇기에 저자는 첫 번째 바울 서신을 읽을 때 종교개혁자들의 시각에서 해방될 것을 권면하고 있다.

29 로빈 마이어스, 위의 책, 161-163.

30 앞의 책, 78.

급적 권력과 무관했고 제국 안에 살되 그를 넘어 질적으로 다른 대안적
(反로마적) 삶의 가치를 창출하는 것이 공동체의 존재 이유였다는 것이
정설이고 진실이다. 한마디로 불평등한 사회 구조(제국) 속에서 평등성
을 살아 내는 것이 공동체의 최우선 과제였던 것이다. 이를 다음처럼
부언해 보겠다. 거듭 강조하나 초대교회는 우리가 상상하듯 동일한 신
조를 고백하는 정형화된 공동체로서 결코 존재치 않았었다. 콘스탄티
노플 공의회 이전까지 적어도 교회는 저마다 각기 다른 경전을 텍스트
로 선택했으며 그에 근거하여 다양한 삶의 양식을 창출했던 해석공동
체였다.31 한마디로 오늘과 같은 표준적인 신학도 전형적인 예식도 당
시에 존재치 않았다는 사실이다. 또한 사도적 권위 역시 후사도 시기,
교회 지도자들이 만든 허구로서 결코 그 자체를 신성시하지 않았다.32
누구나가 그리스도와의 만남(개인적 체험)을 통해 사도가 될 수 있다는
것이 바울의 증언이기도 했다. 사도직 역시 여러 은사들 중 하나일 뿐
성직과 평신도성을 대별하는 우리 현실처럼 사도직에 우선적 권위가
부여되지 않았다는 것이다. 이는 종교 권력이 되버린 무소불위의 대형
교회 성직자들이 겸손히 경청할 사안이다. 무엇보다 최초 예수 공동체
는 그 다양한 형식에도 불구하고 제국과는 다른 삶의 길을 찾아 걷고자
했다는 점에서 공통적이다. 한마디로 반제국주의적 운동으로 존재했던
공동체였다는 말이다.33 문명(제국)의 정상성을 하느님의 급진성으로
대체하려는 운동이었고, 그 구체적 실상이 제국이 당연시하던 노예제
도와 가부장제의 부정으로 나타난 것이다.34 이렇듯 뭇 예외자들의 주

31 앞의 책, 91-94. 이정배, "자본주의 시대의 신학과 영성 – 작은교회 운동의 신학적 성찰
   을 중심하여", 「신학연구」 64집 (한신대학교 학술원신학연구소, 2014), 124-125 참조.
32 앞의 책, 79.
33 앞의 책, 79-80.

체성을 회복시키는 신앙적이자 정치적 행위를 '복음의 정치학'이라 일
컬었던 것이다. 이 점에서 정교분리는 로마화되기 이전의 교회로선 오
히려 낯선 주제라 하겠다. 따라서 '복음의 정치학'은 성서 속 예수의 가
르침 및 그 행적에 걸맞는 표현으로서 오늘의 목회를 규정하는 핵심어
가 될 필요가 있다. 본래 예수의 하느님 나라 운동이 '체제 밖 사유'였
고35 언더그라운드 교회 역시 탈(脫)제국을 목적했듯이 그 정신은 지금
빈곤의 세계화와 자연의 황폐화를 초래하는 자본주의를 거부하는 작은
교회 운동의 양태로 가시화되어도 좋을 듯싶다. 따라서 '복음의 정치학'
은 필연적으로 제도화된 문명에 하느님의 정의(급진성)를 이식하는 행
위로서 기성교회는 물론 현실 정치와의 갈등을 초래할 수 있겠다. 이는
성서 속 예수가 유대적 성전종교와 로마의 제국신학과 늘 불편한 관계
속에 있었음을 기억할 때 당연한 일일 것이다. 오늘의 교회가 자본주의
현실과 그를 추동하는 정치 구조와 맞서는 것을 '하느님 선교'라 볼 이
유도 여기에 있다. 이 점에서 작은교회 운동은 하느님의 급진성을 실현
시키려는 '체제 밖 사유'로서 자본주의에로의 잠식을 거부하는 우리 시
대의 '복음의 정치학'이자 그 정신에 합당한 선교적 행위라 할 것이다.

---

34 마커스 J. 보그 & 존 도미니크 크로산, 앞의 책, 57. 이하 내용.

35 여기서 말하는 '체제 밖 사유' 란 철학자 바디유의 용어, 예외적 사유와 동일한 뜻으로서
문명과 제도가 정상적이라 여기는 것을 난파시켜 그 이상을 추구한다는 의미에서 사용
되었다. 예수의 하늘나라 비유가 문명의 정상성과 얼마나 이질적인 것인가를 포도원 주
인의 비유를 통해 알 수 있다. 노동시간과 관계없이 누구에게나 같은 품삯을 주는 포도원
주인의 마음을 기억하라. A. 바디유/현성환 역,『사도바울: 새로운 보편주의 윤리를 찾
아서』(서울: 새물결 2008), 13 이하 내용.

2) 종교개혁 신학 원리에 대한 비판적 재구성

앞서 수차례 언급하였듯이 종교개혁 신학의 3대 원리 역시 비판적으로 재론될 필요가 충분히 있다. 그것이 자본주의 발전의 내적 동인이라 여겨져 왔으나 지금은 개신교가 자본주의에 기생하는 종교로 변질된 까닭이다. 좀 더 심각하게 비판하자면 종교개혁 원리들의 오용 탓에 자본주의가 더욱 천민화되었기에 양자 간 구별이 어렵게 되었다는 말이다.[36] 세 개의 '오직'(only)으로 대표되는 종교개혁 원리가 하느님 나라 운동을 잊었고, 복음의 정치학을 버린 채 교회 성장을 부추기며, 성직 중심의 제도 종교를 후견하고 있는 탓이다. 이는 바울서신을 오독한 결과였다.[37] 교회의 크기와 목사의 크기가 정비례하고 대형 교회와 미(未)자립 교회가 대별되는 개신교의 존재 양식 자체가 철저하게 자본주의화 된 것이다. 그렇기에 개신교를 기생 자본주의라 부르며, 나아가 자본주의를 종교 현상, 일종의 제의 종교(Kultreligion)라 일컫는 시각까지 생겨났다.[38] 자본주의 속에 종교적 구조가 철저하게 내장되어 있다는 말이다. 죄 없이 종교가 성립될 수 없듯 욕망을 추동하는 자본주의는 인간을 빚에서 헤어 나올 수 없도록 하는 탓이다. 여기서 기독교의 '죄'와 자본주의 내(內) '빚' 간의 등치가 가능하다. 뿐만 아니라 자본주의적 시장 원리가 숨어 있는 신(神)과도 호환될 수 있겠다. 뿐만 아니라 돈벌

---

36 기독교신학과 자본주의 간의 원리적 일치를 말하는 경우도 적지 않다. 마르크스의 종교 비판에 기원한 해방신학 그리고 최근 주목되는 발터 베냐민의 자본주의 비판에서 그 실상이 고발되고 있다. 성정모, 위의 책, 특히 1장과 4장을 보라; 문광훈, 『가면들의 병기창 ― 발터 벤야민의 문제의식』 (서울: 한길사, 2014), 2부 5장 글을 참조.

37 각주 29 참조.

38 문광훈, 앞의 책, 299 이하 내용.

이 자체가 종교적 행위 곧 예배와 다름없게 되었으며 따라서 이윤 추구 또한 신성시될 수밖에 없었다.39 그렇기에 오늘의 기독교는 성체 변질 (Transubstantiation)된 자본주의라 해도 과언이 아닐 것이다.40 이렇 듯 기독교를 흡수한 자본주의, 자본주의로 변형된 기독교는 중세 가톨 릭교회에 반(反)한 당시 기계론적 세계관의 에토스로 해석된 결과였고 그로써 종교개혁 3대 원리는 말했듯이 성서, 특별히 바울 서신을 오독 하는 치명적 누(累)를 범하고 말았다. 본래 '오직 믿음', '오직 은총' 그리 고 '오직 성서'로만의 3대 종교개혁 원리는 가톨릭의 자연신학(*Analogia entis*)과 변별된 개신교신학원리(*Analogia fidei*)를 일컫는다. 이렇듯 자연 신학 전통이 중세를 거치면서 업적/보상설로 변질된 것에 항의하여41 개신교 신학 원리가 생겨났으나 후자 역시 중세와의 단절을 위해 일정 부분 성서를 왜곡시킨 결과였다. 진정한 종교개혁을 위해 당시 개신교 는 로마가 지배하는 정황, 즉 역사적 예수의 시각에서 믿음, 은총 등의 본뜻을 찾아야만 했다. 하지만 근대 기독교는 중세 가톨릭 세계관에 반(反)하여 또한 그로부터 야기된 부정적 현실을 극복할 목적으로 자신 들 핵심 개념을 풀어냈던 것이다. 바울이 가장 많이 언급한 '그리스도 안의 존재'(Sein in Christo)란 말 역시도 본래는 로마적 정황에서 취할 뜻이어야만 했다. 바울을 유대 신비주의자로 보는 최근의 바울 연구동 향이 바로 이를 적시한다. 따라서 오늘 우리가 종교개혁자들의 시각에

---

39 앞의 책, 302-303.

40 앞의 책, 305. "자본주의는… 서구에서 기독교에 기생하여, 종국에는 기독교의 역사가 그것의 기생충인 자본주의 역사가 되는 형태로 발전되어왔다". W. 베냐민/최성만 역, 『역사의 개념에 대하여 외』 선집 5 (서울: 길, 2012), 50 참조.

41 주지하듯 업적/보상설의 결과가 13세기 이후 종교개혁 시기에 이르기 까지 면죄부 판매 로 가시화 것이다. 이런 변질이 교회 건축 탓이었다는 것은 탈(脫)성장을 외치는 현시점 에서 시사하는 바가 작지 않을 것 같다.

서 벗어나지 않는 한, 즉 종교개혁 원리의 근간이 되는 로마서가 그들의
관점에서 자유롭게 해석되지 못할 경우, 개신교의 자기 개혁은 물론 자
본주의와의 투쟁 역시 난제에 봉착할 수밖에 없다. 역으로 말하면 복음
의 정치학과 하느님 나라 운동의 에토스가 바로 믿음과 은총에 대한 탈
(脫)종교개혁 신학에서 비롯할 것이란 확신이다. 이하 내용에서 필자
는 역사적 예수에 근거하여 이들 개념을 전혀 달리 해석함으로써 종교
(기독교)개혁 신학의 새 면모를 간략하게 정리해 보겠다.

  주지하듯 '오직 믿음'으로 구원이 가능하다는 것은 종교개혁 이후
개신교의 핵심 원리였다. 이로 인해 수도원적 고행과 면죄부 판매로 이
어진 중세 가톨릭교회와 결별이 가능했다. 한마디로 자연신학에 터한
업적/보상설의 거부였고, 급기야 구원에 있어 행위를 강조하는 야고보
서에 대한 부정으로 이어진 것이다.[42] 대신 로마서의 '이신칭의'(以信稱
義)만이 중요했다. 하지만 이는 앞서 강조했듯이 로마서가 쓰여 진 제
국의 정황에서 바울을 독해하지 못한 오독의 결과였다. 물론 타락한 중
세적 현실을 믿음과 대별시킨 당시 종교개혁가들의 시도는 정당했다.
하지만 그것이 성서의 역사적 토대와 접속되지 못함으로 '오직 믿음'은
성서를 왜곡시켰고 개신교를 자본주의에 기생시키는 빌미를 제공했다.
교회 성장을 위해 믿음이 종종 '불가능은 없다'는 자기최면의 방식으로
작동된 까닭이다. 더욱 큰 문제는 믿음을 행위와 단절시켜 그 영역을
오로지 인간의 영혼으로 한정시키는 경우이다. 급기야 개신교(장로교)
내 한 종파에서는 기독교는 행위로 구원받는 종교가 아닌 것을 공공연
히 천명하기에 이르렀다. 이것은 마치 루터의 두 왕국설이 그러했듯 성
속(聖俗)의 분리를 가져왔고 종교와 정치를 양분하는 결과를 초래했다.

---

42 그래서 루터는 야고보서를 쓰레기에 비유했다.

그러면서도 자본주의적 축복을 믿음의 결과라 여겼고 정작 물질에 영혼을 빼앗긴 채로 자본에 대한 신뢰와 하느님 신앙을 혼동, 대체하기에 이르렀다. 예배를 통해 신앙생활만 지속된다면 교회 밖에서의 비윤리적 행위는 얼마든지 정당화되고 미화될 수 있었다. 그러나 로마제국의 정황에서 바울서신, 특히 로마서를 읽을 때 믿음에 대한 이해는 전혀 달라진다. 유대적 전통에 잇댄 바울에게서 믿음이란 본래 행위와 나뉠 수 없는 개념이었다. 종교개혁자들이 말했듯 '행위 없는 믿음'이란 애당초 불가능했고 오히려 '믿음 없는 행위'가 문제였을 뿐이다.[43] 바울은 믿음을 통해 '그리스도 안의 존재'가 된 사람들에게 제국과는 달리 살 것을 요구했다. 그가 세운 교회 역시 제국적 가치를 거스르는 삶의 공동체였을 뿐이다. 제국 속에 있되 그와 다른 방식으로 살라고 했던 것이다. 제국이 승인하는 가치, 곧 문명의 정상성에 반해 하느님의 급진성(정의)을 중시했던 탓이다. 그렇기에 제국이 인정하던 노예제도를 포기했고 가부장제에 이의를 제기했으며 가난한 자 돕는 것을 신앙의 토대라 여겼던바, 바로 이것이 바울 공동체의 특징이었다. 이는 예수의 하느님 나라 운동과도 정확히 일치한다. 그럼에도 당시 교회 내에 제국의 가치에 길들여진 구성원들이 적지 않았다. 그리스도인(Sein in Christo)이라 불리면서도 자본주의에 종속된 오늘 우리들 모습처럼 말이다. 바울은 이것을 '믿음 없는 행위'의 전형적 실상이라 여겼고 이를 염려했다. 종교개혁가들이 주장하듯 행위 없는 믿음, '오직 믿음'은 그의 서신 속에는 분명히 존재치 않는다. 오히려 이런 시각은 지행합일(知行合一)을 설(說)했던 동양적 가르침과 정확히 중첩될 뿐이다. 이신칭의와 더불어 강조되는 바울의 속죄론 역시 달리 이해될 부분이 많다. 바울은 그리

---

43 마커스 J. 보그 · 존 도미니크 크로산, 앞의 책, 212-213.

스도의 '남은 고난'을 채우는 일에 관심했었다. 그리스도가 남긴, 그래서 우리가 감당할 고난이란 분리된, 갈등하는 존재들 간의 화해를 위한 것이었다. 바울은 유대인과 이방인, 유대인과 기독교인 협소하게는 유대적 기독교인과 이방적인 기독교인들 모두가 하나 되는 새로운 현실(구원)을 기대했고 이를 위해 예수께서 죽었다고 생각했다.[44] 그래서 그에게 십자가가 세상의 무엇보다 중요했던 것이다. 하지만 속죄는 오늘의 교회가 말하는 방식과는 달랐다. 유일회적이며 배타적으로 얻어지는 개인(영혼) 위주의 구원(稱義) 대신 그리스도의 화해 행위(십자가)에 대한 지속적 참여를 역설한 것이다.[45] 이를 일컬어 참여적 속죄론이라 했고, 이 땅의 신학자 다석(多夕)은 미정고(未定稿)라 불렀던바, 모두 정행(正行)의 중요성에 방점을 두었다 하겠다. 이 점에서 종교개혁 신학은 인간 내면성에 권위를 부여한 지대한 공헌에도 불구하고 그것을 믿음을 지닌 소수 사람에게만 한정시킨다는 점에서 여전한 한계를 지녔다 할 것이다.[46]

'오직 은총' 역시 같은 맥락에서 새롭게 이해될 부분이다. 중세를 거치면서 은총은 항시 인간의 자유성 내지 자유의지와 대별되는 차원에서 논의되곤 했었다. 어거스틴과 펠라기우스 논쟁으로부터 루터와 에라스무스로 이어지는 신학토론에서 그 여실한 실상을 볼 수 있다. 하지만 인간 이성(자유의지)에 대한 은총의 우위성이 항시 결론이었다. 이후 이런 결론은 칼빈의 예정론을 경과하며 한층 강화되었고 칼 바르트 신

---

44 앞의 책, 215-252.

45 앞의 책, 177-199.

46 울리히 벡/홍찬숙 역, 『자기만의 신 - 우리에게 아직 신이 존재할 수 있을까?』(서울: 길, 2013), 146-153; 184-186.

학에 있어 하느님의 '절대 주권성'으로 재개념화되었다. 주지하듯 은총
과 자유의지 간의 논쟁은 주로 희랍철학의 영향을 받은 가톨릭교회의
자연신학 전통에서 비롯했다. 자연을 초자연의 유비로 생각한 탓에 인
간의 자연성에 일정 부분 능동적 가치를 부여했던 것이다. 그럼에도 어
거스틴에 의해 확정된 원죄설에 터해 인간의 자유의지는 은총에 의해
서만 그 완성을 기대할 수 있었다. 이후 어거스틴의 주의설(主意說)을
따른 종교개혁가들은 은총을 통해 가톨릭신학의 자연 개념을 철저하게
비판했고 신학 속에서 아리스토텔레스의 흔적인 자연(Physis) 개념을
송두리째 지우고자 하였다.[47] 19세기 서구 자유주의 신학을 통칭하여
'종교적 선험성'(*religioese Apriori*)의 산물이라 비판한 것도 같은 차원에
서였다.[48] 필자가 속한 감리교의 경우 '선행(先行) 은총'이란 개념을 통
해 초자연과 자연 양면을 종합하려했으나 신(神)의 절대적 주권성을 강
조하는 장로교 신학에 의해 언제든 비판의 대상이 되곤 했다. 하지만
은총과 자유의지와 대립 역시 믿음과 행위의 양자택일에서처럼 성서를
오독한 결과였다. 한마디로 창세기에서 원죄설을 고착화시킨 탓이라
할 것이다.[49] 본래 어거스틴 이전까지 창세기 1장-3장까지의 본문은
인간의 성(性)과 관련하여 인간의 자유의지를 강조한 본문으로 읽혀졌
었다. 성적으로 방종한 로마사람들과 달리 유대인, 기독교인들은 창세
기 본문에서 자신의 욕망을 지켜 낼 자유의지를 배웠던 것이다. 하지만

---

47 D. 린드버그 외/이정배 역, 『신과 자연- 기독교와 과학, 그 만남의 역사』, 상권, (서울:
　이화여자 대학교 출판부 1994) 참조. R. 호이카스, 『종교개혁과 과학혁명』 (서울: 솔로
　몬 1992), 135
48 이것은 20세기 신정통주의 신학자 칼바르트가 19세기 신학사조, 예컨대 슐라이에르마
　하, 트뢸치 그리고 포이에르바하 등의 신학 사상을 비판적으로 통칭한 개념이다.
49 I. 페이걸스/류점석 외 역, 『아담, 이브 그리고 뱀- 기독교 탄생의 비밀』 (서울: 아우라
　1988), 13-29.

동일 본문이 도나티누스 논쟁 이후 어거스틴에 의해 원죄설을 확정짓는 본문으로 둔갑되고 말았다.[50] 선(善)을 행할 능력 자체가 창조 시부터 인간에게서 실종되었다는 것이다. 이런 맥락에서 은총은 항시 인간의 타락한 의지를 교정하는 원초적 힘이었다. 그러나 최근 펠라기우스의 창조영성이 새롭게 부각되고 있으며 성서가 본래 원죄가 아닌 원복(Original Blessing)의 가르침을 전한다는 논지도 힘을 얻고 있다.[51] 그렇다면 지난 2천 년을 지배한 은총 개념 역시 방향을 달리해야 옳을 것이다.

이런 차원에서 은총을 세상을 살리는 하느님 정의로 이해했던 유대적인 메시야 사유전통이 대단히 중요하다. 희랍적 시각이 아닌 유대적 전통에서 은총을 달리 새롭게 보려는 것이다. 이런 전승은 자본주의 체제와는 다른 삶을 택하려는 아우슈비츠 이후의 기독교인들에게 새로운 신학 틀을 제공해 왔다.[52] 은총이 하느님의 급진성과 문명의 정상성 간의 갈등 속에서 새롭게 경험될 수 있는 탓이다. 유대적 사유에서 메시아는 초월적 실체일 수는 없겠으나 경험적 현실(자본주의)의 변혁을 위해 세상에 낯선(초월적) 존재로서 역사 속에 홀연히 나타나는 일종의 사건, 곧 은총의 성격을 갖기 때문이다.[53] 여기서는 부당한 현실에 대한 사회

---

50 앞의 책, P. 클레이튼/이세형 역, 『신학이 변해야 교회가 산다』(서울: 신앙과 지성사 2011), 97-99 참조. 어거스틴의 신학은 원죄설에 기초했고 하느님 나라와 세속을 이분화시킴으로서 서고트 족에 의한 로마 점령 이후의 기독교 체계를 견고히 할 수 있었다. 원죄설이 이런 목적으로 활용된 것이다.

51 M, Fox, *Original Blessing* (Santa Fe, NM: Bean & Company 1983) 이 책은 평신도 신학자 황종렬에 의해 분도출판사에서 『원복(原福)』으로 출판되었다.

52 J. Baptist Metz(Herg.), *Christologie nach Auschwitz, Stellungnahmen im Anschluss an Thesen von Tiemo Peters* (Lit verlag, 1998) 참조.

53 문광훈, 위의 책, 74-79.

비판이 곧 구원의 의미가 될 것이다. 이를 일컬어 내재적 초월, 역사 속의 초월적 지평 혹은 신학적 유물론이라고도 말 할 수 있겠다. 결국 이런 은총은 앞서 '체제 밖 사유'라 불렀던 하느님 나라 운동과 전혀 다르지 않다. 초월을 세속적 현실 한 가운데서 추구하는 일인 까닭이다. 하지만 그런 은총을 우리 현실이 제대로 옳게 경험해 본 바가 없다(적다). 우리들 일상이 변혁을 지속적으로 실패하고 있다는 말일 것이다. 그래서 은총, 곧 메시아적 도래로서 정의(正義)는 현 세상 속에 항시 부재한다.54 세상 구원을 위해 필요막급이나 하느님 정의는 현실에 부재하는 은총으로 존재할 뿐이다. 하지만 부재하는 정의로서 하느님 은총은 희랍적 자연신학 전통이나 인간 각각의 개인적 깊이에서 추구되는 것보다 현실(체제)비판적이며 정치적이다. 역사적 예수 연구가들 역시 이런 시각으로 바울 서신을 살폈다. 해체 철학자 데리다 또한 이런 메시아적 사유의 핵심을 법과 정의의 대별을 통해서 보고자 했고 제닝스는 이 관점을 바울 서신에 적용시켰다.55 한마디로 바울의 핵심을 칭의(稱義)가 아닌 법을 능가하는 하느님 정의(正義)의 차원에서 읽고자 한 것이다. 여기서 법은 정의와 맞서는 개념으로서 일체의 실정법 즉 바울 시대에 있어 로마법과 유대법 모두를 일컫는다. 예수를 빌라도 법정에서 심문하고 재판한 빌라도의 법이 일체의 실정법을 상징할 수 있을 것이다.56

---

54 W. 베냐민, 위의 책, 329-336. 그렇기에 발터 베냐민은 자신의 역사 이해 속에서 신학을 자신의 편으로 만들고자 무진 애를 썼다. 신적 강제력을 믿고 싶었던 것이다. 비록 신학이 현실 속에서 작고 추하게 보임에도 말이다. 문광훈 앞의 책, 478-485

55 문광훈, 앞의 책, 2부 6장 참조. 테드 제닝스/박성훈 역, 『데리다를 읽는다/바울을 생각한다 - 정의에 대하여』(서울 : 그린비 2008), 96-123. 이에 관한 J. 데리다의 저서로는 *Deconstruction and Possibility of Justice*가 유명하다. 우리말로 번역된 『법 앞에서』와 『은총과 선물』이란 책도 있다.

56 조르조 아감벤/조효원 역, 『죽인 자와 죽임을 당한 자-빌라도와 예수』(서울: 꾸리에

빌라도 이후의 역사는 이처럼 실정법에 의한 정의(진리) 훼손의 연속이라 할 것이다. 물론 법 없이 정의를 이룰 수 없겠으나 뭇 실정법 역시 하느님의 정의를 결코 실현시킬 수 없다. 실정법이 수많은 예외자들, 예외적 사건에 냉담하며 무지한 탓이다. 한국 사회에 큰 논란을 야기한 세월호 법이 바로 그 실상을 소상히 보여준다. 예수의 하느님 나라 비유 역시 이런 시각을 담지했다. 세상 법은 일한 시간에 따라 분급을 나누나 하느님 정의는 일용할 양식의 차원에서 누구에게나 같은 품삯을 분배하는 데 있다는 것이다. 되갚을 수 있는 능력이 없는 자를 위해 잔치를 베풀라는 것 또한 하느님 나라의 한 비유였다. 이것이 세상 법에 의존한 자본주의와 은총, 곧 하느님 정의와의 결정적 차이라 할 것이다. 세상 속에 난무한 인과법칙을 부수는 것이 은총인바, 현실 변혁을 위해 지속적으로 필요한 그것이 아직 이 땅에 부재한 상태이지만 어느 순간 분명 현실화될 것이다. 이처럼 거듭 연기되나 어느 순간 역사를 신학으로 만드는 사건이 바로 은총이며 하느님 정의라 하겠다. 바울의 은총 개념 역시 이런 차원에서 독해될 수 있겠다. 로마서 7장 말미에 드러난 바울의 실존적 고민은 원하는 선(善)을 행할 수 없는 개인적 차원의 무능(원죄설)을 뜻하지 않고 로마법은 물론 유대법과 하느님의 새로운 법(은총) 간의 갈등으로 읽어야 옳다.[57] 제국 안에서 제국 밖을 사는 삶을 원했으나 바울 역시 종종 하느님을 길들여 살기를 원했고 그런 자신과 갈등하였다. 로마법에 안주할 것인지 그리스도 안의 존재(Sein in Christo)로서 새로운 법을 따를 것인지를 묻는 치열함이 바로 로마서

2015), 참조.

57 테드. 제닝스, 위의 책, 35-42. 86- 91. 데리다를 이를 민족적 정체성을 벗고자 하는 바울의 고뇌라 했고 해체(탈경계)의 차원에서 적극적으로 이해했다.

7장 말미의 본문(18-19절) 내용이란 것이다.[58] 이런 해석을 좇는 소위 시대의 좌파 신(철)학자들은 여기서 무엇보다 자본주의와 그를 유지하고 지탱하는 실정법과의 투쟁을 강조한다. 이 시대 속에서 은총으로서 하느님 정의란 실정법에 맞서는 급격한 분배적 정의를 뜻하는 까닭이다. 지금 세상은 자본주의를 넘는 대안적 삶의 방식들을 도처에서 요구하고 있다. 하느님마저 돈에 굴복시키는 자본주의적 신앙 양태로부터 자유할 수 있는 길을 찾고자 하는 것이다. 하지만 정작 세상보다 교회에게 이런 힘이 부족해 보인다. 이는 분명 신학의 부재 탓인바, 은총에 대한 유대적, 메시아적 이해를 통해 회복될 수 있겠다.

이제 마지막으로 '오직 성서'란 개념을 다룰 시점에 이르렀다. 본 주제를 필자는 아시아인이자 한국인의 자각을 갖고 언급할 생각이다. 종교개혁 500주년을 앞두고 항차 한국적 교회론을 염두에 둔 탓이다. 루터의 개신교가 독일적 풍토에서 생겼듯이 한국적 토양에서 기독교의 미래를 상상하는 일 역시 뜻깊다 하겠다. 성서문자주의, 내지 근본주의를 추동하는 현실에서 '오직 성서'라는 개념을 옳게 풀어내는 일이 더없이 중요하다. 타자 부정적 기독교 절대주의, 내세적 천국신앙, 사회와의 소통을 막는 교회론 나아가 성소수자를 비롯한 이 시대의 뭇 예외자들에 대한 부정 역시 '오직 성서'를 그릇되게 이해한 탓이다. 이를 위해 하느님 계시가 성서 66권 내에 갇혀있다는 제사장적 확신으로부터 자유할 필요가 있다. 과학의 지속적 발전과 이웃 종교들과의 만남이 성서의 스펙트럼을 넓혀 줄 것이다. 주지하듯 성서를 이해함에 있어 세 개의 눈(觀)이 항존 할 필요가 있다. '믿음'과 '의심' 그리고 '자기 발견'의 눈

---

58 앞의 책, 43-45.

이 그것이다.[59] 무엇보다 우리는 성서를 믿음의 책이라 고백하며 규범으로 삼는다. 신앙이 있어야 성서가 이해되며 우리 삶을 달리 만들 수 있는 탓이다. 하지만 성서가 이데올로기로 변질되지 않으려면 의심의 눈 역시 반드시 동반되어야 마땅하다. 성서 속에는 하느님을 길들여 온 수많은 역사(기록)가 담겨 있는 탓이다. 따라서 성서가 돌이 아니라 생명의 떡이 되려면 뭇 비평들의 도움을 받아야 할 것이다. 하지만 성서 자체가 세계관의 산물인 것 역시 인정해야 옳다. 각기 다른 풍토에서 종교와 문화들이 창발했음을 '차축시대'가 증언하고 있는 탓이다.[60] 그렇기에 동일한 세계관에서 비롯한 종교들 간에는 옳고 그름을 묻는 변증법적 대화가 요구되나 이질적 배경에 터한 종교들은 서로를 알려는 대화적 대화가 반드시 필요하다. 그래서 종교의 한계는 세계관적 한계란 말 역시 생겨났다. 실제로 힌두교로부터 존재 자체를, 기독교에게서 그의 역사성(우발성) 개념을 그리고 불교를 통해 존재들의 상호 관계성을 더 잘 배울 수 있다.[61] 동일한 차원에서 과학의 연구 성과를 통해 하느님의 계시 지평을 확장시켜야 마땅하다. 우주 내에 지구와 같은 행성이 40억 개 이상 존재한다는 것이 우주 과학자들의 주장을 내칠 수 없는 까닭이다. 이 점에서 인간 및 기독교가 중심되었던 신생대로부터 생태대로의 의식 전환이 강력히 요구된다.[62] 신적 계시를 거듭 새롭게 찾

59 이정배, 『간(間)문화 해석학과 신학적 상상력과 ―신학의 아시아적 재(再)이미지화를 위하여』 (서울: 감신대 출판부 2005), 이 책 속에서 필자는 인도의 가톨릭 신학자 R. 파니카의 견해, 즉 '대화적 대화'란 시각을 빌어 정리했다.

60 카렌 암스트롱/정영목 역, 『축(軸)의 시대―종교의 탄생과 철학의 시기』 (서울: 교양인 2010), KCRP 종교간대화위원회 편, 『축(軸)의 시대와 종교간 대화』 (서울: 모시는 사람들 2014) 참조.

61 C. Keller & L. Schneider, *Polydoxy Theology of Multiplicity and Relationality*, Routledge 2011, 240.

기 위함이다. 이런 이유로 향후 '오직 성서'는 자연과 이웃 종교에로 그
지평을 확장 시켜야 마땅하다. 한마디로 신학의 미래를 위해 소위 뭇
'타자의 텍스트'를 접해야 한다는 말이다. '타자의 텍스트' 속에서 신적
계시를 만나 성서가 달리 새롭게 읽혀질 때, 즉 성서 자체의 지평이 넓
어질 시(時), 비로소 두 번째 종교개혁이 시작될 수 있을 것이다. 성서
를 만나 힌두교 경전을 달리 읽었던 간디, 성서를 동양적 시각, 한국 고
유한 삼재론(三才論)의 빛에서 풀어낸 다석(多夕) 유영모의 기독교 이
해가 바로 이를 적시한다.63 따라서 교회에서 성서와 이웃 종교의 경전
들이 함께 읽혀지고 종교와 과학 간의 상호 공명(共鳴)적 대화가 깊어
질 필요가 있다. 이에 더해 필자는 해마다 전 세계 인구 13억이 접속하
는 한류(韓流)의 보편성에 주목한다. 흥(興), 곧 기쁨을 잃어버린 기독
교를 한류를 매개로 다시 소생시킬 목적에서이다. 독일적 토양이 아닌
한국적 풍토에서 소위 "K-Christianity"를 꿈꿔 보는 것이다.64 한류
속 아시아적 가치에 근거해 성서를 지금과는 다른 방식으로 세상과 소
통시키는 일, 그 자체를 선교라 이름 해도 좋으리라. 돈이 아닌 신(神)
바람 일으키는 한국적 교회론, 곧 이 땅의 생명과 평화를 위한 선교론을
모색할 때가 된 것이다.

---

62 토마스 베리/김준우 역, 『신생대로부터 생태대로』(서울: 에코조익 2006)
63 이정배, 『빈탕한데 맞혀놀이-多夕으로 세상을 읽다』(서울: 동연 2011), 2부 내용참조.
64 이정배, 『고독하라, 저항하라 그리고 상상하라 - 2017년 종교개혁 500년을 앞둔 한국교
   회를 향한 돌의 소리들』(서울: 동연 2013), 427-476.

3. 탈脫자본화된 교회의 제諸 실상
: 새로운 선교로서 작은교회 운동의 유형 분석

지금껏 필자는 본장의 주제인 작은교회 운동의 신학적 토대로서 언더그라운드 교회로 명명되는 초대 교회의 동력(動力) 곧 '복음의 정치학'을 말했고 그 선상에서 종교개혁 이래로 개신교 신학의 에토스였던 3개의 '오직' 교리를 비판적으로 재구성했다. 이는 작은교회 운동이 로마화된 콘스탄티노플 공의회 이후의 교회는 물론 종교개혁 원리에 기초된 근대이후 개신교교회와도 궤를 달리하고 있음을 뜻한다. 초대교회가 정상(正常)이라 여겨진 제국(문명)과 다른 삶을 살아냈듯이 자본주의가 교회의 존재방식마저 삼킨 상황에서 그와 다른 길을 걷고자 하기에 저마다의 카리스마를 지닌 작은교회 운동이야 말로 초대(언더그라운드)교회와 많이 닮았다. 최근 기성교단으로부터 독립(자유)한 목회자들의 수가 급작스레 증가하고 있는바,[65] 이 역시 문제가 없지 않겠으나 초대교회로 돌아가려는 강력한 몸짓이라 할 것이다. 이런 운동이 종종 남미의 기초 공동체와 비교되나 이는 그와 같으면서도 다른 부분이 많다. 주지하듯 기초 공동체와 유사했던 민중교회란 것이 지난 세월 이 땅의 역사 속에 앞서 존재했었다. 하지만 기초 공동체, 민중 교회 등이 경제적 종속이론에 맞서고자 획일적 가치에 경도되었다면 작금의 작은교회 운동은 그 현상에 있어 너무도 다양하다. 저마다의 상이한 해석의 공동체로서 초대교회가 그러했듯이 개체 교회 안에서 각기 특이한 카리스마가 동시 다발적으로 작동되고 있는 탓이다. 뿐만 아니라 성서해

---

65 물론 이 역시 긍정적인 현상만은 아니나 그만큼 기성 교단에 대한 절망과 더불어 초대교회적 현존을 꿈꾸고 있기에 주목할 필요가 있다.

석 및 영성추구에 있어 아시아(한국적) 가치들의 영향 또한 결코 작지 않다. 민중만이 아니라 계층(급)을 초월한 시민들, 대중과도 다른 다중 (多衆)66이라 불리는 이들이 작은교회 운동의 주체인 것도, 개신교 내 보수, 진보 그룹이 함께 새로운 에큐메니즘 차원에서 이 운동을 주도하는 것 역시 변별된 모습이라 할 것이다. 아울러 작은교회 운동이 자본주의 이념에 대한 저항으로서뿐 아니라 교회 자체의 복음화, 곧 교회 존재 양태를 근본에서 개혁하려는 것이기에 당파적이지 않고 보편성을 갖는 것도 주목할 부분이다. 물론 이들 간에 공통적인 것도 있고 여전히 그것이 중요하다. 뭇 인류와 자연을 종속시켜 식민화하는 자본주의, 곧 신자유주의를 거스르려는 공동 목표가 항존하는 탓이다. 그럼에도 이 싸움은 여타의 문화적, 이념적 가치가 동반되어야 가능할 수 있다. 그렇기에 작은교회 운동은 카리스마의 다양성을 존중했고 이 땅의 문화를 존중했으며 탈(脫)성직, 탈(脫)성별 나아가 탈(脫)교파의 기치를 내걸었던 것이다. 외형상 종교적 형식을 지녔다 해도 일상화된 제도들 모두는 자본주의에 터했고 오히려 그를 강화시켜 왔다는 판단에서였다. 그렇기에 작은교회 운동은 교회 자체의 변화만이 아니라 오히려 지역 생태계 창출에 관심한다. 여기서 교회는 지역(마을) 공동체의 한 구성원이자 공동 주체로서 종전과 다른 위상을 지닐 수밖에 없다. 주일 하루, 도시 곳곳에서 교인들을 흡입하는 대형 쇼핑센터 같은 교회가 아니라 지역에 뿌리박고 그곳의 일상을 달리 만드는 누룩의 역할로서 존재해야 하는 탓이다. 따라서 교세확장에 집착하는 교회가 외형과 달리 세속적인 반면, 탈(脫)자본을 꿈꾸며 대안적 생태계를 모색하는 마을(공동

---

66 필자는 이를 마르크스의 노동자 개념의 포스트 모던적 해석이라 칭한다. A. 네그리 外/ 조정환 · 정남영 역, 『다중』 (서울: 세종서적 2009), 18-19 참조.

체)들이 실제로는 종교적이고 거룩한 가치를 지녔음을 자각할 일이다. 이런 시각을 갖고 이하에서 필자는 3개의 '탈'(脫) 일체를 탈(脫)자본주의에 초점을 맞춰 이해할 것이며 '작은'67이란 가치를 통해 변화를 갈망하는 교회들을 유형화하되 신학적 배경 역시 아우를 것이다.

1) '탈'(脫)성장을 표방하는 작은교회 유형과 사례

우선 작은교회 박람회에 참여하였던 교회 중에서 양적 성장을 포기하고 교회의 본질 자체를 '작음'에 두고자 했던 몇몇 작은교회들의 실상을 소개하겠다. 즉 새롭게 이해된 3개의 '오직' 원리에 터해서 탈(脫)성장, 곧 성숙을 지향하는 교회들의 유형을 살펴볼 생각이다. 여기에는 대략 '건물 없는 교회', '분가하는 교회' 그리고 '마을 생태계를 달리하는 교회' 들이 해당될 수 있겠다. 우선 '건물 없는 교회'를 살펴보자. 교회가 건물 없이 존재할 수 없는 탓에, 건물이란 외형이 곧 교회를 뜻하며, 규모가 클수록 능력을 평가받는 현실에서 건물 자체를 포기하는 일은 현실적으로 쉽지 않다. 큰 공간을 지닌 교회를 건축하는 것을 목회의 성공 기준이라 여기는 풍토가 대세인 현실에서 말이다. 규모상 세계에서 손꼽히는 교회들이 이 땅에 세워졌고 그런 교회를 세우려는 경쟁 또한 목회자들 세계에서 암암리에 치열했었다. 이 와중에서 교회 건축을 위해 천문학적 비용이 필요했고 건물을 유지하는 비용 또한 결코 적지 않았다. 그럴수록 사회적 약자를 위한 교회의 역할은 축소되었고 대 사회적

---

67 여기서 '작다'는 것은 숫자적 의미만을 뜻하지 않으며 가치론적 개념인 것을 말하고 싶다. 하지만 작은교회 운동을 하는 차원에서 이에 대한 토론의 여지가 아직도 남아있다. 숫자적 의미를 강조하는 목회자들이 의외로 많다. 여하튼 분명한 사실은 양적 성장과는 획을 긋고 있다는 점이다. 본 책의 첫 글을 참고하라.

관심 역시 실종되었다. 크고 작든 건축을 목표 삼는 한 교회는 돈(헌금)을 강조했고 기복적인 메시지를 선포했으며 반사회적, 자기중심적 체제를 강화시킬 수밖에 없었던 것이다. 이렇듯 자기 성장을 위해 몸부림치던 교회의 마지막 추태는 재벌기업들에게서나 가능하다 여겼던 교회세습이었다. 많은 수의 성직자들이 숭고한(?) 이유를 들었으나 결국 크고 작은 교회 건물을 수익용 부동산처럼 생각하고 교인 수를 부가가치로 설정하여 자본가들처럼 대(代)를 잇게 한 것이다. 교종의 말씀대로 교회가 빌어먹지 않고 벌어먹는 자본의 종교로 전락된 결과라 하겠다. 공간을 임대하여 교회를 개척하는 경우도 마찬가지이다. 아시다시피 현재 서울과 같은 대도시에서 아무리 작은 공간을 임대할지라도 개인이 감당키 어려운 비용이 들 수밖에 없다. 빚을 내어 교회 공간을 임대, 운영하다보면 결국 정도 차(差)만 있을 뿐 경쟁적으로 자기 건물을 지은 교회들과 동일한 결과에 이르게 된 것이다. 교회를 거래 대상으로 변질시킨 것도 감당키 어려운 빚과 결코 무관치 않다. 실제로 건축 탓에 빚이 과도하여 매물로 경매시장에 나온 교회 수가 수백 개에 이른다 한다. 이로부터 공(公)교회 의식이 실종되었고 그것이 개신교회의 위기를 가중시키고 있다. 이런 정황에서 자본에 종속된 교회상(像)을 벗고자 '건물 없는 교회'를 표방하는 교회들이 생겨났다. 공공건물을 빌려 예배를 드리고 절약된 비용을 사회에 환원하고 있는 중이다. 아울러 교인 수(數)가 늘면 분가시키는 방식으로 교회 크기를 조절하여 건물로부터의 자유함을 누리고 있는 것이다. 이런 자유로움, 해방감이 교회를 마을에 뿌리 내리게 하는 동력이라 말해도 좋다. 이는 교회 자체를 가난케 하는 일로서 선교에 충실하기 위한 방편이라 할 것이다. 이하 내용에서 이런 가치를 실현시킨 몇 교회를 간단히 소개할 생각이다.

(1) 건물 없는 교회

먼저 고양시 일산에 위치한 '너머서 교회'를 예시할 수 있겠다.68 인근에 있는 풍산중학교 시청각실을 사용하여 예배를 드리고 있으며 예수교 장로회에 소속되어 있다. 교파로는 보수성을 띠나 교회 공동체의 성격은 대안적이며 파격적이다. 교회 이름이 '너머서'라는 것도 인상적이다. 기존 가치, 인습화되고 정형화된 틀에 저항하며 그를 넘고자하는 실로 프로테스탄트, 개신교의 에토스를 정확히 복원코자 지어진 명칭이다. 즉 '너머서' 교회는 정확히 3개의 '탈'(脫)을 목적하여 세워진 교회라 할 것이다. 탈(脫)성장을 앞세워 성직제도와 성별 간의 차이 역시 넘고자 했던 것이다. 자본주의적 성장과 단절되어야만 나머지의 둘의 '탈'(脫) 역시 가능하다는 판단에서였다. 따라서 '건강한 작은교회'가 교회의 설립 목적이 되었다. 교회를 '건강하고', '작게' 유지하기 위해 세워진 가치, 새로운 10계명을 약술하면 다음과 같다. 차별 대신 차이, 예배 전용 건물 불허, 목회자/평신도의 동역, 온가족 함께, 어린이 존중, 흩어지는 예배, 지역사회와의 소통, 일체 관습과 기득권 철폐, 분립, 교회 및 사회 개혁 등이다.69이들 10개의 조항은 한마디로 3개의 '탈'(脫)을 내용적으로 확장시킨 것이라 하겠다. 이를 바탕하여 성직자에게 의존하는 믿음생활 대신 자립신앙을 추구하며 단순 교인(성도)보다 그리스도와 동시성을 사는 제자의 길을 선택하는 '어려운 자유'의 길을 걷고자 했다. 평신도에게도 일은 다르겠으나 성직과도 같은 가치(달란트)를 부여한 탓이다. 이는 결국 3개의 '오직'에 대한 다른 이해의 결과라 할 것

---

68 생명평화마당 편,〈작은교회가 희망이다 - 2013년 생명과 평화를 일구는 작은교회 박람회 참가교회 소개서〉, 2013, 21-22.

69 앞의 책, 21.

이다. 바로 이런 제자도(道)는 교회가 건물이 아닌 하느님과 함께하는 매 순간임을 자각함으로써 가능했다. 모임(예배)은 오로지 잘 흩어짐을 목적한 것으로서 세상 한가운데서 세상과 다른 길, 개혁적 삶을 살도록 하는 데 그 본뜻이 있다는 것이다. 이는 결국 교회가 기존 공간을 빌어 존재함으로써 존재방식을 변화시켜 물심양면 에너지의 향방 자체를 달리 만들었기에 가능했다. 교회 건축 및 유지를 위한 힘이 크게 경감되었기에 개인적 삶의 문제와 사회적 개혁을 위해 교회가 작지만 큰 힘을 보낼 수 있었다. '너머서'교회는 두 차례에 걸쳐 작은교회 박람회에 참여했고 많은 교회 및 교우들로부터 큰 주목을 받았다. 더욱 담임자인 안해용 목사는 자신들 정관에 따라 임기를 마치고 자발적으로 새로운 공동체를 찾았기에 이런 유형의 교회들이 향후 확산될 것을 기대할 수 있겠다.

한 교회를 더 소개한다면 경기도 부천에 소재한 예인교회를 들 수 있겠다.[70] 2002년에 '비전은 하느님으로부터, 운영은 민주적으로, 소유는 최소한, 나눔은 최대로'를 모토로 하여 세워진 교회이다. 이런 목표를 지녔기에 본 교회 역시 자기 존재방식 역시 간소화시켜야 했다. 주일 예배 장소를 위해 자체 건물을 소유하는 대신 부천시가 운영하는 복사골 문화센터를 빌려 사용하고 있다. 예배 이외의 주중 활동과 업무를 위해 작은 사무실을 임대하여 사용하는 것이 고작이다. 교회의 구조 자체를 이렇듯 한정시켜 놓은 탓에 교인 숫자 늘리는 것이 이들 교회의 관심사가 될 수 없었다. 주변의 대형 교회들이 주일 대예배에 집중하는

---

70 작은교회 박람회 준비위원회 편, 〈생명평화 교회가 대안이다- 2014년 생명과 평화를 일구는 작은교회 박람회 참가 교회 소개서〉, 2014, 145-150. 본래 필자는 예인교회를 분가형 교회로 분류할 생각이었으나 그보다 근본 되는 가치로서 '작은 소유' 즉 자기 건물 포기를 생각했다.

것과 달리 예인교회는 오히려 주중 지역별 소규모 모임을 강조했다. 이는 오로지 지역 속의 교회로 자리매김할 목적에서이다. 지역 현안을 위해 초창기부터 재정의 40%이상을 사용할 목표를 둔 것도 이런 이유에서였다. 이런 결과로 청장년 60여 명으로 구성된 교회가 2013년 본교회로부터 분리(분가)될 수 있었다.[71] 교회 건물도 없는 상태에서 교회 공동체를 활성화시킨 놀라운 경험을 한 것이다. 이는 모두 지역 모임을 통해 개인 이야기를 나눴고 민주적 절차로 교회를 운영했으며 교회 안팎의 시민 단체와 교감함으로써 세상 및 교회개혁에 대한 비전을 지속적으로 성장시킨 결과라 하겠다. 이렇듯 예인교회 역시도 3개의 '탈'(脫) 일체를 실천하고 있으나 그 근간에는 최소 소유의 법칙, 곧 자본주의에 역행하는 신앙적 에토스가 자리하였고 그 구체적 실상이 교회건물 구입의 포기였던 것이다. 이는 예인교회가 끊임없이 강조해온 '익명의 그리스도인의 회복'이란 주제와 결코 무관치 않다.[72] 교회 공동체 역시 익명으로 존재함으로써 더욱 익명화 되어가는 그리스도인들을 포용할 수 있다는 것이 이 교회의 신념이다.

(2) 분가(분리)형 교회

탈(脫)성장의 두 번째 유형으로서 분가, 분립하는 교회들의 특징을 살펴볼 일이다. 거듭 말하지만 분가(분리)형 교회들 역시 건물에의 집착을 버린 탓에 이렇듯 유형을 달리하여 설명하기가 적합지 않다. 하지만 여타 교회와 비교할 때, 교회를 키우기보다 나눠 독립시키는 일에

---

71 이 교회가 바로 '더작은교회'이다. 자신을 더욱 간소화시켜 지역을 살리고자 지어진 이름일 것이다. 앞의 책, 145.

72 앞의 책, 148.

모범되기에 이같이 대별하는 것뿐이다. 대표적 분가형 교회로서 기독교장로회 소속 향린교회와 장로교 합동측에 속한 동네작은교회를 들 수 있겠다.73 이들 교회들은 규모도 다르고 분가 방식도 같지 않으나 저마다 처음 교회로부터 4개의 교회들을 재탄생시켰다. 주지하듯 향린교회는 민중 신학자 안병무 교수가 명동 한 복판에서 시작한 교회로서 통일, 인권문제를 비롯한 정치적 사안에 적극적이다. 뿐만 아니라 비록 작은 규모이지만 한국 종교문화와 예배의례를 접목시킨 아름다운 예전을 행사하고 있다. 결코 작다 말할 수 없으나 향린공동체는 성장 자체를 목적하지 않았고 자본주의와 그를 부추기는 정치제도에 저항하면서도 벌써 네 차례나 교회를 분가시킨 탓에 작은교회 운동의 한 범례로서 큰 역할을 하고 있다. 민중 신학자의 영향하에서 향린교회는 생활 공동체 운동, 평신도 지향성 그리고 교파나 교단에 맹종치 않는 독립교회 정신을 창립원리로 삼았다.74 이를 근거로 향린(香隣)이란 말이 뜻하듯 교회는 '향기 나는 이웃'으로서의 존재감을 지녀야만 했다.75 창립 40년이 되는 1993년에 자체로 '교회 갱신선언문'을 발표하며 작은교회 운동의 정신을 앞서 고취시킨 공도 있다. 민족 정서를 담는 한국교회, 민주적 공동체로서의 교회 그리고 사회적 약자와 연대하는 선교행위로서의 교회 등이 본 선언의 골자로서 그들 60여 년의 역사 속에 구체화시킨 흔적들이 잘 담겨져 있다.76 즉 독자적으로 국악 찬송집을 발간하여 우

---

73 앞의 책, 10-16, 52-56, 93-98, 192-195 참조. 동네작은교회는 2013년 박람회에는 참여치 않았으나 2014년에 이후 적극적으로 관계하고 있다. 2015년부터 지금까지 한마당을 위해 준비위원 교회로 활동 중이다.

74 앞의 책, 192.

75 앞의 책, 192.

76 앞의 책, 192-193.

리 악기로 예배를 드리며 추석을 추수감사절로 지키고 있다. 또한 목사와 장로의 임기를 제한하여 리더십의 독점을 막았고 여성 장로를 임직원의 1/3로 정하여 여성지도력을 향상시켰으며 특별히 통일선교위원회를 두어 분단을 고착시키는 정치에 저항하고 법에 맞서는 투쟁을 전개해왔다.77 그러나 무엇보다도 향린교회의 공헌은 '스스로 작아지는' 교회상을 구축했다는 사실에 있다. 교회 갱신 선언에 따라 향린교회는 창립 40년과 60년 되는 해에 2개의 교회(강남향린, 섬돌향린)를 분가시켰고 그중 한 교회(강남향린)에서 자신들 10년 역사를 기념하며 다시금 교회를 분가, 독립(들꽃향린)시켰다. 향린교회에서 두 번째 분가된 섬돌향린교회 역시 3년의 시간도 흐르지 않았으나 재차 교회 분가를 준비하고 있는 중이다. 스스로를 목적 삼는 교회의 자기중심성을 벗고자 한 것이다. 이렇듯 수단과 방법을 가리지 않고 교회 성장을 욕망하는 현실에서 향린이 보여준 수차례의 교회 분가는 세상 속에서 세상과 다른 방식의 삶이 있다는 구체적 증표로서 이것 자체가 그 어떤 행위보다 선교적 가치를 지닌다 할 것이다.

향린교회에 비해 '동네작은교회'는 7년 역사의 정말 작은교회이며 기독교장로회와는 대별되는 보수적인 장로교 합동 교단에 속해있다. 말했듯 현재 이 교회는 네 교회를 분가시켜 모(母)교회를 포함한 다섯 공동체의 형태로서 함께 또 따로 사역을 감당하고 있는 중이다. 동네작은교회 역시 교회 이름이 적시하듯 지역에 뿌리 내릴 것과 동시에 '작은' 형태로 존재할 것을 선언하며 시작되었다.78 그렇기에 이들 다섯 공동체 역시 건물 없는 교회로서 지역 내 공공건물을 빌려 사역하고 있다.

---

77 앞의 책, 194.
78 앞의 책, 52.

이는 고위 성직자의 자제로서 영국에서 유학한 목사 김종일의 전혀 다른 목회적 관심 탓이다. 그는 '작음'을 하느님 나라의 구조라 여겼다.[79] 작은 존재가 될 때 약자들과의 연대, 공감이 가능하며 그 때 비로소 하느님 경험이 가능할 수 있다고 믿은 것이다. 그렇기에 예배당 중심의 교회개척을 허상이라 여기고 있다.[80] 오히려 건물이 아닌 사람, 시스템이 아닌 유기체, 조직이 아닌 공동체를 세우는 일이 선교이며 예수의 행적이란 것이다. 일정한 수(數)를 초과하면 교회는 후자가 아닌 전자의 형태로 변질되는바, 목하 교회에서 우리 모두는 그런 실상을 충분히 경험해왔다. 세상을 향한 문턱을 낮추고 상호 약한 존재인 탓에 공감력을 돋우며 서로 투명하게 삶을 나누고 그렇기에 가난해진다면 자발적으로 그리되는 것이 교회가 공동체로서 이 땅에 존재할 이유라 믿고 있는 것이다.[81] 이런 신학적 시각을 갖고 동네작은교회는 20명을 넘기면 분가(분리)를 시켜왔고 현재 상이한 지역에서 각기 다른 대상을 섬기는 다섯 교회로 발전되었다. 무허가 판자촌을 지키는 '남은이공동체'(방배동), 외국에 나간 선교사 자녀들을 돌보는 '그몸공동체'(신림동), 아프리카 선교사를 지원할 목적으로 세워진 '더작은공동체'(서초동), 이 땅에 내한한 고려인, 새터민을 섬기는 '헤브론공동체'(내방역) 그리고 최근 논현동에 세워진 '뉴송공동체'가 바로 그들이다. 향후 이들 교회들이 얼마만큼 분리되어 교회 생태계를 바꿀지 기대하며 지켜볼 일이다.

---

79 앞의 책, 54.
80 앞의 책, 55.
81 앞의 책, 55-56.

(3) 마을 만드는 교회

탈(脫)성장을 목적하는 세 번째 유형으로서 마을과의 유기적 관계를 통해 교회 생태계 자체를 변화시키려 애쓰는 교회운동을 적시할 차례이다. 주지하는 바, 대다수 한국교회는 지역에서 뿌리 뽑혀진 상태로 마을과 유리된 상태로 존재하고 있다. 지역과의 공생은커녕 오히려 그곳에서 혐오의 대상이 되기도 한다. 대형 교회일수록 자체 이동수단을 동원하여 사방에서 교인들을 교회로 밀집시켜 지역교통난을 가중시키고 있는 탓이다. 교회자체의 성장에만 몰두한 나머지 자신이 위치한 지역을 소홀히 생각해 왔다. 이에 지역과의 소통을 통해 마을 생태계를 달리 만드는 작은교회들이 생겨났다. 마을을 교회 생태계를 위해 없어서는 아니 될 대상이자 주체로서 인식한 것이다. 교회 규모가 작기에 마을과의 소통이 가능했다는 것이 이들 교회의 시종일관된 고백이었다. 이에 더해 교회를 중심하여 마을 자체를 새롭게 만들어 가는, 소위 마을 만들기의 주체로서 교회의 존재이유를 생각하였다. 앞의 경우가 부천 약대동에 위치한 새롬교회이고 나중 것이 홍천에 터 닦은 '아름다운마을공동체'라 할 것이다.[82] 먼저 장로교단 소속 새롬교회는 지역사회와의 협력을 자신들 존재 이유이자 과제로 인식했다.[83] 자족적 폐쇄집단이 아니라 지역 속에서 '생명망(網)'을 구축하는 열려진 유기체로서의 교회를 생각한 것이다. 따라서 새롬교회는 처음부터 대형 교회의 꿈을 접고 마을과 교회의 생태적 연관성에 관심했다. 교회 자체가 대형화되면 마을과 교회 간의 공생적 관계가 어렵다고 판단한 탓이다. 그렇

---

82 앞의 책, 63-66, 118-132. 〈작은교회가 희망이다-2013 생명과 평화를 일구는 작은교회 참가교회 소개서〉, 77-81

83 앞의 책, 63.

기에 새롬교회는 마을의 복지, 아이들 학습문제 그리고 마을 고유문화의 유지 및 확대 나아가 마을협동조합을 통한 일자리 창출을 자신의 과제라 여겼다.[84] 생명의 그물망을 만들어 자신의 거점인 지역을 살리는 것이 하느님 나라 확장이라 믿은 것이다. 여기서 복지란 주로 빈곤층 노인과 관계된 일로서 마을과 함께 '어르신 꿈터'를 만들어 그들 식사를 비롯한 일상을 돌보는 책무였다. 또한 공부방을 만들어 방과 후 빈곤층 아이들을 위한 학습을 돕기도 했다. 교회 내 신앙교육에 한정치 않고 그 지평을 세속적으로 확장시켜 나간 것이다. 또한 마을 도서관을 통해 지역 주민들에게 책읽기를 권장하며 독서토론회를 주도하며 인문학적 상상력을 증진시켰다. 최근에는 이를 토대로 마을 주민들의 에피소드를 영상화시켜 자체적으로 영화제를 이끈 경험도 축적했다.[85] 뿐만 아니라 협동조합 형태로 마을 떡집과 카페를 운영함으로써 마을 사람들의 사랑방 역할을 할 뿐 아니라 적은 수이긴 하나 일자리 창출에 큰 도움을 주고 있다. 이렇듯 교회 생태계의 확장을 통해 교회는 마을에 꼭 필요한 자신의 위상을 갖게 되었다. 구축된 생명망을 돌보며 각각의 역할을 증진시키는 것이 새롬교회의 목회이자 선교가 된 것이다. 담임목사인 이원돈은 이를 일컬어 '사회적 심방'이라 칭했다.[86] 스스로 작은 공동체가 됨으로써만 복지, 교육, 문화 심지어 경제까지도 아우르는 교회 생태계가 구축될 수 있다는 것이 그의 확신이었다. 한 마디로 새롬교회에게 있어 선교란 지역사회를 위하여 생명망을 짜내는 교회의 현존 그 자체라 할 것이다. 이로부터 개인(영혼)에 집중하는 교회와 신학 대

---

84 앞의 책, 65.

85 본래 새롬교회가 위치한 부천은 영화제로 유명한 곳이다. 이에 약대동 주민들은 그 영화제가 열리는 시기에 자신들 영상물을 상영하며 소위 '꿈사리' 영화제를 운영하고 있다.

86 앞의 책, 66.

신 마을과 교회의 상생, 곧 반자본주의적인 공공(公共)신학이란 말을
회자시켰다.

아름다운 마을 공동체는 하느님 나라 운동의 차원에서 시작되었다.
예수 사후(死後) 하느님 나라 대신 교회가 생겼으나 그럴수록 교회는
이 운동을 위해 존재해야 하는 까닭이다. 이 교회는 특별히 교육 공동체
의 성격이 짙고 홍천과 서울을 잇는 농도(農都)생활공동체로서도 잘 알
려져 있다. 지금은 교파의식으로부터 자유로우나 본래 장로교 합동 측
보수신학을 전수받은 목회자들에 의해 시작된 공동체로서 가시적 결과
가 많고 크게 주목받고 있다. 세속적 생활의 훈습(薰習)을 벗고자 그리
고 가족 이기주의로부터의 해방을 위해 마을 속에서 생활 공동체를 꾸
리는 것을 원칙으로 한다. 이 공동체가 여타 교회보다 급진적인 것은
재산을 함께 공유하는 방식을 취하는 탓이다. 공유된 물질을 저마다 필
요에 의해 사용하고 남은 것은 선교활동, 시민단체와의 연대를 위해 그
리고 무엇보다 청년교육을 위해 투자한다. 교회 개척도 이런 방식으로
이뤄져 왔다. 정신적 가치를 대변하는 은사(카리스마)가 독점될 수 없듯
이 물질 역시 독점되어 사람을 위계화시키는 도구가 될 수 없다는 성서
적 판단에 따른 것이다. 그렇기에 아름다운공동체는 처음부터 개(個)
교회주의는 물론 대형 교회 추세에 등을 돌렸고 돈의 우상화에 맞서는
삶을 택할 수 있었다. 바로 이런 노력 속에서 우이동 인근에서 시작된
공동체는 강원도 홍천에다 농도생활 공동체를 설립하여 의식주의 자립
은 물론 대안 학교를 통해 교육의 향방 역시 바꾸고자 시도했다. 서울
소재 공동체 구성원들을 농촌으로 불러내려 흙의 소중함을 가르치고
그들 자녀들을 대안적 교육을 통해 성서의 하느님 나라를 일굴 주역으
로 키우고자 함이었다. 따라서 세상이 강요하는 것(자본주의)과는 다른

욕망을 가르쳐 지키게 했다. 그것이 바로 우리 시대의 하느님 나라 운동의 핵심이자 다양한 은사를 통해서 하나 되는 성령의 공동체(교회)라는 성서적 이상이었다. 성서가 결코 실패자들의 허황된 이상(理想)을 기록한 책이 아니라면 실제로 그 이념을 구현하는 것이 신앙의 길이라 확신한 것이다.[87] 여기에서 필자는 보수 신앙이 지닌 투박하나 철저한 열정을 읽고 배웠다. 더불어 살 수 있는 힘, 그의 원천이 하느님 나라 운동을 체화하려는 신앙, 바로 그것이었다. 따라서 두 번에 걸쳐 작은교회 박람회에 참여한 아름다운마을공동체로부터 우리는 교육 공동체의 실상을 보았다. 교육을 통해 삶의 가치관 자체를 바꾸고자 하는 깊은 뜻을 지녔던 탓이다. 서울 우이동에 공동육아 어린이집이 있고 홍천에는 마을초등학교와 생동중학교가 세워졌으며 이제 막 고등학교 과정도 시작되었다. 물론 이들 모두가 대안학교로서 아직은 교육부인가와 무관하나 그럼에도 그 수요가 대단히 많다. 다른 삶을 살고자 하는 부모들과 학생들이 적지 않다는 반증이다. 이외에도 본 공동체는 초창기부터 지금껏 서울 각지에서 기독청년아카데미 운동을 지속해왔었다.[88] 일종의 교육 운동으로서 하느님나라를 몸으로 구현할 수 있는 이론적 학습 장(場)을 만든 것이다. 수없는 강의가 개설되었고 다양한 서적들이 함께 토론되는 지난한 학습과정이 이뤄졌다. 여기서 학습한 젊은 지성들이 이후 아름다운마을공동체를 일궜다 해도 틀리지 않을 것이다. 지금도 기독청년 아카데미는 활기차게 운영되며 이곳에서 영향 받은 이들이 홍천으로 내려와 도농생활 공동체의 근간을 이루고 있다. 서울 공동체

---

87 함석헌, 『뜻으로 본 한국역사』 (서울: 한길사 1997), 여기에는 개신교와 가톨릭교회 모두 예외 없다. 한 때 제사 문제에 집중한 가톨릭교회에 대한 함석헌의 비판이 있었다.
88 〈생명평화교회가 대안이다(2014)〉, 89-92, 189-191, 197-205, 210-211.

에서 모아진 음식찌꺼기와 인분 퇴비를 홍천으로 옮겨와 농사를 지을 만큼 공동체의 본성이 환경 친화적이다. 뿐만 아니라 그곳의 일체 건축물을 구성원들 스스로가 지어 입주할 만큼 뛰어난 손의 창조력을 지닌 것도 참으로 놀랍다. 이는 모두 탈(脫)성장 곧 자본주의를 넘고자 하는 총체적 신앙운동으로서 선교의 새 차원을 가르치고 있다. 돈이 아니라 관계(은사)로서 신앙 공동체를 이뤄낸 까닭이다.

2) '탈(脫)'성직을 목적하는 작은교회 유형과 사례

본래 종교개혁 신학 전통에서 만인제사직이 중요했으나 개신교 현실은 가톨릭교회보다 성직자에게 과한 권위를 집중시켜 왔다. 다수 대형 교회들인 경우 이런 권위적 성직자상(像)을 더욱 강조하는 추세이다. 신본주의(神本主義)를 앞세워 민주적 상식을 몰아내고 성직의 신성화를 빌미로 인사, 재정의 권한을 독점하는 교회들의 사례가 적지 않은 것이다. 이렇듯 성직의 권위를 강조하는 교회일수록 성장 지향적이며 동시에 가부장적이어서 평신도, 그중 여성에 대한 이해가 한없이 일천해지는 경우도 많다. 다음 주제가 되겠으나 교회 내 성직자들에 의한 성폭력이 세속 어느 집단의 그것보다 빈도수가 적지 않음도 이런 연유에서다. 성직자들의 숫자가 지나치게 많은 것도 한국교회의 병폐라 할 것이다. 군소 신학교에서 배출하는 목회자들까지 계산하면 그들 숫자는 지나칠 정도로 과잉이다. 교회 성장 시기 저마다 신학대학의 정원수를 늘렸고 그에 맞게 조직을 키웠기에 신도는 주는데 교회와 목회자 수가 늘어나는 기현상을 목도하고 있다. 이렇듯 목회자들의 수급이 평형을 잃을수록 성직의 권위는 그들 생존을 위한 공공연한 비밀 병기로 기

능하고 있다. 저마다 경쟁적으로 자신의 권위를 과(誇)장하는 난센스
가 비일비재하게 발생하는 것이다. 이런 탓에 목하 개신교회는 사람(민
중)을 위한 종교가 아니라 교회를 위한 종교로 심각하게 변질 중이다.
사람을 안식일의 주인이 아니라 그의 종이 되도록 가르치고 있다는 말
이다. 일찍이 함석헌은 이 땅에 유입된 기독교로 하여금 민족의 고질적
인 운명론, 계급주의 그리고 사대(事大)사상을 벗겨주기 기대했으나
성직자의 종교로 일탈된 것에 크게 실망했었다. 그러나 불행하게도 현
실은 조금도 달라지지 않았다. 성직에의 집중을 통해 교회를 키워 생존
하는 것이 목회자들의 목표가 된 탓이다. 교회세습 역시 이런 선상에서
이해될 사안이다. 여하튼 3개의 '탈'(脫)이 동전의 양면처럼 함께 엮어
질 수밖에 없는 주제인 것을 재차 역설한다. 이런 맥락에서 작은교회
운동에 함께한 교회들 중에서 '탈(脫)성직'의 범주에 속한 교회들의 경
우를 살필 생각이다. 이들은 성직자를 '신분'이 아닌 '역할'로 여기는 공
통점을 지니고 있다. 여기서 필자는 다음과 같은 세 유형의 교회들, 즉
민주적 정관을 지닌 교회, 성직자가 없는 평신도 교회, 목사가 세속적
직업을 갖는 카페 교회 등을 약술해 보겠다.

(1) 민주적 정관을 지닌 교회

우선 민주적 정관을 지닌 두 교회를 소개할 것이다. 필자와 함께
〈생명평화마당〉 공동대표인 방인성 목사가 섬기는 '함께여는교회'와
김포시에 위치한 감리교단 소속 '생명나무교회'가 대표적 경우라 할 것
이다. 물론 여기서 언급한 교회 말고도 정관을 소유한 교회가 여럿이고
특히 '탈(脫)성장' 주제에 속한 교회들 중에서도 찾을 수 있겠으나[89] 자

---

89 예컨대 예인교회, 너머서교회도 정관을 갖고 있으며 이외에도 지면상 다룰 수 없어 생략

신들 무게중심을 정관에 두었고, 사례 연구에 있어 교단형평성을 생각
하여 이들 두 교회를 선정하였다. 여기서 핵심은 정관을 지녔다는 사실
그 자체이다. 이는 교회가 성직자 개인의 독단과 권위 대신 민주적 원칙
에 의해 운영되고 있음을 보여주는 탓이다. 목회자 스스로가 이렇듯 민
주 정관의 필요성을 역설했다는 사실은 한국교회의 미래를 위해 시사
(視事)하는 바가 크다. 먼저 '함께여는교회'부터 살펴보겠다. 이 교회 역
시 자기 소유의 건물 없는 교회로 유명하다. 하지만 목회자 스스로가
민주적 정관을 통해 교회 개혁을 이룰 수 있다고 믿고 있기에 본 교회의
방점을 정관에 두었던 것이다. 본래 목회자의 가정집에서 시작된(2008
년) 이 교회는 목회자와 신도 모두가 평등한 제자직을 갖고 민주적 교회
를 세우는 것을 목표로 삼았다.[90] 바로 그것을 하느님 나라 운동이라 여
긴 것이다. 따라서 본 교회는 설립 초기부터 정관을 만들었고 현재까지
네 차례나 자체교회 및 사회의 현실에 적합하게 수정하여 오늘에 이르
고 있다.[91] 교회 건물 자체를 소유하지 않는다는 사실 역시 정관상의
약속이다. 아울러 정관에 명시된 교회의 목적에서 이들의 선교과제가
잘 드러난다. 이 땅에서의 하느님 공의 실현, 섬김과 사랑의 공동체 구
현이 바로 그것이다.[92] 앞의 것이 대 사회적 과제라면 나중 것은 그를
위한 교회의 내적 과제라 할 것이다. 특별히 본 교회는 목사를 하느님
공의(公義) 실천을 위해 세상에 파견된 존재로 이해하며 그 일을 적극
돕고 있다.[93] 실제로 사회정의, 교회개혁 등의 과제를 위해 교회 예산의

했으나 겨자씨교회, 새맘교회, 신양교회, 인천 평화교회도 정관을 갖고 교회를 운영하고
있다. 앞의 책, 196 이하의 부록을 참조하라.

90 앞의 책, 189.

91 앞의 책, 189.

92 앞의 책, 218.

30% 이상이 쓰이고 있는 데, 이 역시 정관상의 원칙이었다. 목사를 비롯한 교회 내 임원(장로)을 임기제로 활동케 하며 개(個)교회주의 탈피, 즉 교파를 막론한 강단 교류 역시 정관상에 못 박아 두었다.[94] 물론 1회에 한해 연임할 수 있으나 목사, 장로의 임기를 3년으로 규정한 것은 거지반 종신제를 택하는 일상의 교회와 견줄 때 파격이라 할 것이다. 이렇듯 교회의 지도자들의 임기, 선출방식 등을 민주화함으로써 성직의 권위를 빙자한 반민주적 행태를 차단시켰다. 설교 행위 역시 목사만의 몫이 아니라 장로, 집사를 비롯한 평신도 누구나의 과제이자 사명인 것도 정관에 실려 있다.[95]성인 교인들 수가 150명에 이를 경우 교회를 분립한다는 것도 정관상의 내용이다.[96]결국 '함께여는교회'는 민주적 운영을 통해 사회선교에 앞장서는 비(非)권위적 교회 상(像)의 대변자라 할 것이다.

감리교단에 속한 2005년 시작된 생명나무교회 역시 정관을 소중하게 생각하는 대표적 공동체이다. 기독교대한감리회에 속한 탓에 교단 장정(章程)을 따르면 되겠으나 더욱 철저하게 민주화될 목적으로 자체 정관을 만들어 운영하고 있다. 우선 교회이름을 생명나무라 함은 말씀과 삶의 일치, 사회구원과 내적 치유의 동시성을 목적했기 때문이다.[97] 이를 위해 교회, 사회 그리고 가정에서 하느님을 드러내는 구체적 방식들에 관심했다. 교회에서 남 시키지 않고 스스로 모범되기, 가정에서

---

93 앞의 책, 189-190. 목사는 이들 교회에서 교회가 파송한 '사회 선교사'란 별칭을 얻고 있다.

94 앞의 책, 218.

95 앞의 책, 218-219.

96 앞의 책, 223.

97 앞의 책, 89.

부부간 서로를 위한 기도 시간 갖기 그리고 사회에서 사적 이익을 넘어 공적 인간되기 등이 바로 그것이다.[98] 하느님을 즐겁게 하는 것을 예배의 본질이라 여기며 이들 세 영역에서 성속일치의 삶을 살 것을 다짐한 것이다. 텔레비전 시청 시간 줄이고 소비를 절제하고 몸 건강을 돌보는 것 역시 예배와 다르지 않는 삶의 표현이라 여긴 탓이다. 이를 위해 모든 교인들 각자를 그리스도 사역자라 칭했고 동시에 성직자 본인의 권위를 스스로 감소시켰다.[99]따라서 목사란 그 역할—설교, 성례 혹은 심방 등—에 근거한 이름일 뿐 평신도와의 존재론적 차이를 뜻할 수 없었다. 이렇듯 자발적인 탈(脫)권위를 통해 목회의 민주화가 가능했다. 무엇보다 교회 예산을 투명하게 공개하는 일과 적정 인원에 이를 경우 3년마다 교회 분리를 논의할 수 있도록 정관을 만들었다.[100] 사회선교 비율을 년 예산 대비, 최대 30%에 이르게 하는 것 또한 정관에 포함시켰다. 이는 성직에의 집중을 교회의 본질을 향한 관심으로 이전시킨 결과였다. 여기에는 목사 부부가 함께 신학을 공부했고 대학시절에 있었던 인권 및 민주화 투쟁의 경험이 성직을 탈권위적으로 만드는 데 일조한 듯 보인다.

(2) 목회자 없는 평신도 교회

목회자를 두지 않고 평신도를 중심하여 모이는, 즉 탈(脫)성직의 가치를 가장 직접적으로 실천하는 교회들이 점차 늘어가는 추세인바, 그 대표적 두 교회로 새길교회와 겨자씨교회를 들 수 있겠다.[101] 상대적

---

98 앞의 책, 91.
99 앞의 책, 211.
100 앞의 책, 212.

시차를 두고 시작되었지만 이들 교회는 공통적으로 특정교파에 속하지 않았고 의당 교리로부터 자유로울 수 있는 장점을 지녔다. 기성 교회를 다니면서 경험했던 목사들의 반민주적 행태에 대한 환멸 탓도 있겠으나 평신도 스스로의 소명을 옳게 자각한 결과라 할 것이다. 이들 교회는 목회자 부재의 상황에서 평신도성을 강조하기에 일상 속 평신도들이 겪는 문제의식을 깊게 배려한다. 따라서 연역적 방식의 신앙체계를 강요하는 대신 현실 경험의 빛에서 신앙을 추구하는 경향이 공통적으로 짙다.102 예컨대 한국과 같은 다종교 사회에서 종교 간 갈등을 풀어내는 일에 깊이 관심해온 것이다. 가족 구성원들 중에서도 각기 다른 종교를 지닌 사람들이 다반사로 존재하고 있는 것이 이 땅의 종교적 현실인 까닭이다. 하지만 배타성을 자신의 정체성으로 삼는 개신교회들이 존재하는 한, 이런 주제는 교파나 성직의 권위를 '탈'(脫)해야 가능할 수 있다. 이들 평신도 교회는 바로 이 주제들과 맞닥뜨리며 씨름해 온 것이다.

새길교회는 평신도 중심의 초교파그리스도교 공동체로서 1987년 창시되었다.103 대학에서 강의하는 평신도 학자들 다수가 주축을 이뤄 교회 건물 없이, 평신도들의 설교를 통해 민주적 정관을 갖고 28년의 역사, 곧 '새길'을 일궈 낸 것이다. '새길'이란 말이 적시하듯 본 교회는 교회 갱신을 일차적 과제로 삼았고 이를 위해 예수의 해방적 영성을 강조했으며 그 시각에서 교리지상주의, 근본주의 신앙 양태와의 단절을 꾀했다. 이를 위해 인습화된 사도신경 대신 '새길 신앙고백문'을 만들어 예배 시에 사용하고 있다.104 수차례 신학자들의 강의를 듣고 교우들

---

101 앞의 책, 21-23, 73-75, 197.

102 이를 일컬어 물리학적 용어로서 'Up-down Experience'로부터 'Bottom-up Experience'로의 이전이라 말할 수 있겠다. 영국의 과학 신학자 폴킹혼의 개념이다.

103 앞의 책, 73.

간의 치열한 상호 토론을 근거로 만들어졌다는 점에서 '새길 신앙고백'
은 한국교회사에 큰 획을 그었다 할 것이다. 본 고백의 핵심은 성부, 성
자, 성령의 하느님에 대한 믿음이 이 땅의 정의, 평화, 생명을 이루기
위한 것이고 바로 그것을 예수가 전한 하느님 나라 복음이란 사실에 있
다.[105] 한 마디로 인습화된 신앙의 그리스도를 역사적 예수의 삶에 근거
하여 재해석한 것이 이들 고백의 골자였던 것이다. 이렇듯 역사적 예수
와 그의 삶이 신앙적 목표이자 내용이 되었기에 이들 교회는 생명과 평
화를 위해 어떤 이념이나 종교와도 대화할 수 있었다. 교리가 아니라
구체적 삶의 차원에서 이웃 종교들과의 소통을 믿고 바랐던 것이다. 이
런 활동을 구체화시키기 위해 새길교회는 2000년 '기독사회문화원'을
만들어 기독교의 질적 변화를 이끌고자 했다. "…한국 사회가 안고 있
는 제반 문제들을 복음의 시각에서 조망하고 새로운 방향을 제시하며
실천을 통해 변화를 추구"[106]하길 원했던 것이다. 본 문화원의 핵심 과
제는 다음과 같은 것들이다. 정의와 평화를 위한 연구, 생태운동, 통일
문제, 교회개혁 그리고 무엇보다 이 땅 전통 종교들과의 대화와 협력
등.[107] 필자가 마지막 주제에 비중을 둔 것은 새길교회가 종교다원주의
를 논(論)할 수 있는 아주 소수의 교회중 하나인 까닭이다. 이곳 구성원
들 중 다수가 학계에 널리 알려진 종교학자, 불교학자, 사회학자 심지
어 과학철학자로서 평신도 운동을 주도하였기에 다원주의 논의에 교리
적 제약이 없었다. 본 문화원의 책임자로 세워진 정경일 박사가 신학

---

104 앞의 책, 73-74.
105 앞의 책, 73-74.
106 앞의 책, 74.
107 앞의 책, 74.

전공자였으나 평신도를 고집했고 불교와 기독교 간 대화에 있어 전문 가란 사실도 이와 무관치 않을 것이다. 종교와 문화 간의 대화를 주제로 한 월례포름이 예배시간 전후로 정기적으로 열렸고 그 결과물이 지속 적으로 출판되고 있다.108

이제 막 창립 10년의 역사(2005년 12월 4일 창립)를 눈앞에 두고 있 는 겨자씨교회 역시 담임 목회자를 두지 않는 평신도 교회로 출발했고 나름의 충분한 역할이 있었다.109 새길교회와 마찬가지로 주로 지식인 들이 모인 탓에 평신도성의 발현이 상대적으로 용이했던 결과라 할 것 이다. 창립초기에는 특정교단에 속한 한 교회로부터 일탈한 교우들이 모였으나 시간이 흐르면서 제 교파에 속했던 사람들이 찾아와 자연스 럽게 민주정관을 지닌 초교파적 교회로 발전했다. 겨자씨라 이름한 것 은 작으나 그 속에 하늘 생명이 깃든 탓에 온갖 이웃을 품을 수 있을 만큼 커지기를 바라서였고 이후에는 정상(正常)이라 여겨지는 자본주 의 문화를 하느님의 급진성으로 맞서고자 함이었다.110 본 교회 역시 1년 이상 공동연구와 토론을 통해 나름 '겨자씨교회 신앙고백서'를 만 들었고 예배 시 사용하고 있는바, 다음 내용이 눈에 띈다. 즉 십자가를 통해 하느님 뜻을 구현한 예수의 삶을 따르는 것을 구원이라 고백하고 있는 것이다.111 이는 예수 '믿기'를 넘어 '살기'에 무게를 둔 것으로 종

---

108 앞의 책, 74-75. 이 주제와 관련하여 출판된 대표적 저서로 종교학자 길희성의 『하느 님을 놓아주자』와 필자의 『생명의 하느님과 한국적 생명신학』 등이 있다.

109 필자는 거의반 창립초기부터 지금까지 겨자씨 교회의 한 구성원으로서 설교를 도와왔 다. 특별히 겨자씨교회 '신앙고백문'을 함께 만들었다. 10년 역사를 같이 만들어 온 셈 이다.

110 앞의 책, 22.

111 앞의 책, 23.

교개혁 첫 조항에 대한 비판적 이해에서 비롯했다. 교리를 앞세워 평신
도의 신앙생활을 교회로 한정시키는 성직자들과 달리 평신도 교회는
교리보다 실천을, 교회보다 일상을 더욱 중(重)하게 여긴 탓이다. 이런
이유로 겨자씨교회는 자신의 본질을 이웃 종교와 더불어 평화를 만들
어 가는 '열린' 공동체로 자리매김했다. 교회 울타리를 허물어 경계를
확장시키는 것이 세상 속에서 교회의 할 일이라 생각한 것이다. 그렇기
에 본 교회는 대화를 가장 중요한 가치로 인식하고 의견을 조율함에 있
어 거지반 만장일치제를 택하고 있다. 물론 인원이 많지 않기에 가능한
일이겠으나 그만큼 인내하며 대화에 충실했다. 예산의 40%를 이웃을
돕는 선교비로 사용하며 주일 예배순서 일체, 설교 역시도 교우들의 피
할 수 없는 몫이었으며[112] 이웃 종교인들을 청해 말씀을 듣기도 하고
사제만이 아닌 평신도 모두가 공동으로 축도하는 것도 대화 과정을 통
해 일궈진 결과였다. 유교, 불교 경전 연구도 성서연구와 더불어 행해
지며 책이나 영화를 통해 종교적 주제를 토론하고 난민, 이주민들을 돕
는 일에 앞장서고 있으며 작은교회 박람회를 처음 때부터 적극 후원하
고 있다. 겨자씨 교회는 이처럼 '열린 교회'로서 이론이나 실천에 있어
전위적 방식으로 자신을 실험하고 있는 중이다.

(3) 성속을 허무는 카페 교회

마지막으로 요즘 두드러진 현상으로서 소위 카페 교회들의 현상에
주목할 필요가 있겠다. 목사가 카페를 운영하며 그곳을 교회로 활용하

---

112 물론 한 달에 두 차례 정도는 본 교회의 취지에 부합된 생각을 지닌 목회자들을 초청하
여 말씀을 듣기도 한다. 매달 한 주는 성서 본문을 통째로 읽고 생각을 나누는 방식으로
예배를 진행한다.

는 시도들이 도처에 많아진 탓이다. 몇 가지 긍부정적인 이유들이 있을
법하다. 커피 문화의 대중화로 그에 맞게 선교할 목적도 있겠으나 교회
개척 자체가 불가능한 현실에서 생계를 위해 목사 스스로 세속적 직업
을 지닐 수밖에 없게 된 것도 이유이겠다. 최근 목사들에게 금지된 이중
직의 족쇄가 서서히 풀어지는 것도 이런 현실의 반영이다. 이런 변화는
필연적으로 탈(脫)성직의 흐름과 맞물릴 수밖에 없다. 물론 성직자가
얼마든지 바리스타가 될 수 있고 그러면서도 여전히 성직의 역할을 감
당할 수 있다. 하지만 이렇듯 문화적, 현실적 이유로 이중직이 수행되
는 한, 종래와 같은 권위적 성직상(像)은 용납되지 않을 것이다. 더욱이
다수의 카페 교회가 사회적 기업형태로서 협동조합의 방식을 띠고 있
는 것도 주목할 일이다. 교회가 뜻을 나눈 카리스마 공동체인 것을 공론
화시킨 것이다. 이 점에서 우리는 카페 교회의 출현을 환영하며 3개의
'탈'(脫)에 기초하여 카페를 통한 공동체의 새 역할을 기대해 본다. 작은
교회 박람회에 참여한 카페 교회들 다수가 이런 문제의식을 갖고 시대
및 교회 현실과 맞선 구체적 실례가 될 것이다. 세월호 참사 3주기에
이르기까지 광화문 세월호 광장을 찾는 사람들에게 돈과 관계없이 원
하는 이 누구에게나 커피 한잔을 나눴던 천막카페를 기억할 일이다.[113]
여기서는 '시냇가에 심은 교회'와 '등불교회'의 경우를 분석하여 약술해
보겠다.[114]

　　카페 교회의 모범적 사례로 꼽히는 '시냇가에 세운 교회'는 회당보
다 일상, 곧 사람들의 삶의 터전에 머물며 활동한 성서 속 예수의 기록

---

113 이 역할을 감당한 주체가 카페 교회로서 '시냇가에 심은 교회'(구은태 목사)이다.
114 〈작은교회가 희망이다(2013)〉, 73-76. 〈생명평화교회가 대안이다(2014)〉, 57-61,
　　99-102, 이외에도 작은교회 박람회에 참여치 않았으나 일산지역에서 카페 교회를 운
　　영하는 안준호 목사도 중요한 인물이다. 정식 교회 이름은 '가나교회'이다.

에 주목했다.[115] 회당이 아니라 인간의 일상인 일터에서 예수가 사람들을 만났다는 사실이다. 따라서 교회는 건물이 아니라 정작 사람인 것이 분명해졌다. 카페 교회 개척 당시 경제적 고려가 없지 않았으나 사람 모이는 카페가 교회란 발상전환 그 자체가 더 큰 동인(動因)이 된 것이다.[116] 따라서 목사 또한 교회 안의 존재가 아니라 일터에서 자기 자리를 찾아야만 했다. 우물가에서 만난 여인에게 물을 구했던 예수의 모습에서 오늘날 카페 교회의 원형을 찾는 것이 결코 비약만은 아닐 듯싶다. 카페에서 일하는 목사, 즉 커피를 매개로 물질만이 아니라 몸짓과 마음이 교감될 수 있다면 이 일은 세속적 형태를 지녔으나 충분히 거룩할 수 있겠다. 광진구 군자동에 위치한 이 교회는 뜨내기손님도 없지 않겠으나 목사가 마을 통장으로 일하는 탓에 지역주민들의 거점으로 활용되고 있다.[117] 마을 독거노인을 돕는 일을 비롯하여 지역 예산 활용방안 나아가 지역 청년들의 결혼 상담 역시 자연스럽게 이곳에서 이뤄질 수 있었다. 이로부터 기독교인, 비기독교인의 구별이 상실되고 마을 일이 교회 과제가 되는 탈(脫)경계적 삶이 가능해졌다. 이렇듯 카페와 목사가 한 쌍이 됨으로써 성속분리를 영속화시키는 기성교회의 장벽이 타파되었다. 이런 카페 교회의 실상을 목회자는 신학적으로 '성육신적 삶'이라 일컫고 있다. 일터에서 자기 개인의 삶을 성결케 하고 그 일터 나아가 일터가 위치한 사회(마을)를 정의롭게 하는 것을 성육신적 삶이라 한 것이다.[118] 하지만 복음전도는 후자를 통해 가능하다는 것이

---

115 〈작은교회가 희망이다(2013)〉, 99.

116 앞의 책, 99.

117 앞의 책, 101.

118 앞의 책, 101. 하지만 동시에 목사는 체력적인 한계를 호소한다. 하루 10시간 일주일 내내(주일 오전은 예배) 일터이자 교회에 머무는 탓에 자기 생활이 어려울 수 있을 것

본 교회의 확신이다.[119] 따라서 이들은 교회 재정을 돕고 동시에 지역을 섬길 수 있는 자신들의 카페 공동체를 일명 카리스마 공동체라 명명하였다. 대형 교회의 백화점식 선교보다 자기 고유한 카리스마를 힘껏 활용하는 것을 작은교회의 장점이라 여긴 것이다.

등불교회 역시 카페를 시대변화에 적응하는 교회 공동체의 한 형태라는 자각과 확신 속에서 시작되었다.[120] 개척교회의 성공률이 한자리 수 이내일 만큼 교회가 더 이상 성장할 수 없는 지경에 대한 대응책이라 할 것이다. 서강대 정문 앞에서 교회를 개척하는 심정으로 카페를 경영하고 있다. 사회적 협동조합의 형태로서 뜻있는 이들의 물심양면의 참여로 세워졌다. 일종의 사회적 기업과 같은 모습을 하고 있다. 처음 대형 교회들 내 유휴공간에서 교인들을 위한 공간으로 시작되었으나 앞서 보았듯이 교회 밖 사람들과의 소통을 위해 카페를 출애굽시켰고 카페 운영을 목회적 차원으로 승화시킨 것이다. 여기서 목회적 차원이란 말에 주목할 필요가 있겠다. 이 말로 인해 등불교회는 앞전에 소개한 카페 교회와 다른 면을 지닌 탓이다. 시냇가에 심은 교회가 소위 일체형(생계형) 카페로서 평일 카페로 활용하다 주일날 예배공간으로 바뀌는 형태이자, 목회자의 생계 자체가 카페에 의존되는 경우인 반면, 등불교회는 예배 행위를 우선시하거나 생계 자체를 목적하지 않고 사회적 현안에 대한 목회적 관심에 주력하고 있다. 즉 카페에서 주일예배나 특정 시간에 맞춘 기도회와 같은 교회내적 사역보다는 이주노동자에 대한

_____

이다.
119 앞의 책, 58.
120 앞의 책, 58-59 참조.

배려 그 자체가 카페의 존재이유가 된 것이다. 구체적으로 말하면 카페를 통한 수익으로 교회와 목회자는 산재를 입어 귀국치 못한 채 불법자로 체류하는 이주 노동자들을 돕고 카페의 원자재에 공정한 대가를 지불하고 구매하자는 공정무역행위 등에 아주 열심이다.[121] 주지하듯 불법 이주자의 체류를 돕는 것은 현행법상 범법행위라 할 것이다. 하지만 실정법을 어겨야 하느님 정의가 실현될 수 있음을 보았다. 공정무역 역시 자본주의를 떠받치는 법을 넘어서야 가능할 것이다. 본 교회는 물론 이런 행위를 예배와 등가로 보지는 않으나 분명히 이를 목회적 행위(돌봄)라 여기며 카페운동을 전개하고 있다. 이것은 아마도 민중신학의 토양에서 전개된 카페 교회의 한 유형이라 할 것이다.[122] 최근에는 사회적, 신학적 이슈를 다룬 책들의 저자를 초청하여 토론하며 세상과 교회의 소통을 돕고 있다. 따라서 본 교회는 항차 카페 교회를 지평을 넓혀 문화사역의 장으로 발전시키고자 한다.[123] 사람 수 늘리기 식의 목회가 아니라 그들의 변화를 이루는 교회가 되기 위함이다. 기왕지사 커피를 매개로 목회를 꿈꾼다면 커피에 대한 전문가가 될 것을 권장한다. 그럴수록 교회 밖 사람들과의 대화가 용이해 질 수 있기 때문이다.

3) '탈'(脫)성별 가치 근거한 작은교회의 유형과 사례들

이제 작은교회 운동의 마지막 가치로서 '탈(脫)성별'의 경우를 구체화시킬 차례이다. 이것은 우선 기독교 내에 만연된 가부장제와의 단절

---

121 앞의 책, 59.
122 앞전에 소개된 시냇가에 심은 나무 카페가 일체형(생계형) 카페라면 이런 경우는 목회 기능형 카페라 해도 좋을 것이다. 앞의 책, 59.
123 앞의 책, 60-61.

을 뜻할 수 있겠다. 이에 대한 논의는 여성 신학자들에 의해 진척되었으나 현실 교회 내의 가부장제는 아직도 요지부동이다. 여성이 자유할 때 비로소 세상 모두가 자유롭게 될 것이란 말이 있듯 여성은 해방되어야 할 최후의 노예처럼 존재하고 있는 것이다. 이렇듯 기독교 내부에서 성(性)의 범주를 넘는 것이 어려운 이유는 바로 남성중심의 성직제에 있고 이는 예수 그리스도가 남성이었다는 기독론에서 연유한다.[124] 하느님을 아버지라 부르는 한, 그가 생물학적 남성으로 신봉되어 언어적 한계로부터의 해방이 결코 쉽지 않은 탓이다. 그렇다면 성장에의 욕망이 성직을 강화했고 그것이 가부장제를 부추겨 두 번째 성(性)으로서 여성 존재를 격하시켜 왔다 할 것이다. 이런 점에서 '탈(脫)성별'은 기독교 교리의 밑동까지 뒤흔드는 파격적인 요구가 틀림없다. 그렇기에 이 가치는 지금껏 남성 중심, 인간 중심, 역사중심 나아가 서양 중심주의를 부추긴 기독교를 해체시켜 재구성할 것을 주장한다. 왜냐하면 동서양을 막론하고 심지어 과학자들에 의해서도 여성적 가치의 구원적 특성이 말해지는 탓이다. 일찍이 괴테는 여성적인 것이 세상을 구원할 것이란 말을 남겼고 음(陰)의 가치가 양(陽)을 대신하는 후천개벽의 시대(地天'泰'卦)가 공론화되었으며 하이라키(Hierachy) 대신 유기체적 사유가 자연의 본성인 것이 밝혀진 것이다. 신앙(중세)과 이성(근대)의 시대를 지나 지금 공감(共感)의 시대에 이르고 있다는 말이기도 하다.[125]

---

124 이 점에서 여성신학자 R, 류터는 '남성의 그리스도가 과연 여성을 구원할 수 있겠는가?' 란 논문을 써서 여성해방을 위한 신학적 토론을 자초했었다. 동일한 시각을 담고 있는 다음 책을 보라. 이은선, 『한국 생물(生物) 여성 영성의 신학』(서울: 모시는 사람들 2011), 17-44.

125 J. 리프킨/이경남 역, 『공감의 시대』(서울; 민음사 2010); 이은선, 앞의 책, 2부 글 참조.

실제로 여성 목회자들뿐 아니라 신학생들 중 여성 비율이 거의 절반에 이르는 현실적 차원에서 볼 때도 '탈(脫)성별'은 이제 구호나 요청이 아니라 당위일 수밖에 없다. 그럼에도 기성교회는 그 규모가 클수록 가부장적 성직제에 근거, 운영되며 남녀 성직자를 여전히 갑을의 관계로 처우하고 있다. 여성 목회자들 중 개척교회를 제외하곤 기성 교회 담임자가 거의 전무한 상태란 것도 이런 현실의 반영이다. 그렇기에 작은교회 박람회에 참여한 교회들 중에서 탈(脫)성별에 맞설 준비가 된 교회들 역시 가장 적다. 하지만 이제는 목회영역에서도 남자들 역사(History)만이 아니라 여성들 역사(Herstory)가 기록되어야 할 시점이다. 로마서에 언급된 바울의 동역자 중 거의 절반이 여성들이며 바울의 편지를 로마교회에 전달하고 풀어 설명한 이 역시 뵈뵈라는 여성이었음을 생각할 때 기독교는 역사를 되돌린 책임에서 자유로울 수 없다.[126] 본 항목에서 여성이란 주제가 핵심임에도 현실적으로 생물학적 여성을 언급할 여지가 충분치 않다. 하지만 가치론적 입장에서 탈(脫)성별은 일종의 계급질서에 대한 저항이기에 제 영역에서 박탈당한 주체성 회복과 무관치 않을 것이다. 인간에 대한 자연, 서양에 대한 동양, 이성우위에 대한 감성의 회복 등이 바로 이를 적시한다. 이 점에서 여성적 가치에 터한 여성목회의 몇몇 사례를 비롯하여 생태적 가치 복원에 힘쓰는 녹색교회, 이 땅 종교문화의 소중함을 일깨우는 토착 교회, 전 교인에게 악기를 가르쳐 평등과 조화의 감수성을 일깨우는 소위 음악교회 등을 이하 내용에서 소개할 것이다.

---

126 마가스 J. 보그 & 존 도미니크 크로산, 앞의 책, 214.

(1) 여성적 가치에 터한 여성 목회의 실상

두 번에 걸친 작은교회 박람회에 참여한 교회들 중에서 여성 목회자들이 섬기는 다음 두 교회가 유난히 돋보였다. 대학로에서 연극하는 젊은이들의 일상을 세심하게 보살피는 '아가페드림교회'와 이혼한 부인들의 아픔을 보듬으며 이들과 함께하는 '행복한교회'가 바로 그들이다.127 아가페드림교회는 무명 배우들의 아픔을 보듬기 위해 문화 사역의 차원에서 2년 전(2013년) 시작되었다. 연극과 뮤지컬 공연에 대한 열정은 뛰어나나 열악한 문화계 정황상 힘겹게 삶을 영위하는 젊은이들의 후견 역할을 감당키 위함이다.128여성 목회자인 정여임은 이들 식생활의 열악함을 체험하면서 밥을 지어 식탁에 초대하는 것을 첫 과제로 여겼다. 한마디로 문화계에 몸담은 청년들의 어머니가 되고 싶었던 것이다. 이를 통해 예수의 식탁공동체가 대학로 후미진 골목에서 다시 태어날 수 있었다. 돈으로 밥을 사 먹이는 것은 누구나 할 수 있는 일이다. 하지만 몸소 밥과 반찬을 만들어 어머니표 식사를 제공하는 일은 남성 목회자들이 생각할 수 없는 일이었다. 이런 식탁 공동체 안에서는 신앙 유무가 문제되지 않았다. 한 끼 밥에 배부른 것으로 그들은 맘껏 감사했고 하나가 될 수 있었던 탓이다. 이렇듯 밥을 통해 자연스럽게 예배가 드려졌고 성경공부가 시작되었으며 교회의 꼴을 갖추게 되었다.129 멋진 성전을 앞서 마련하여 교인을 모으고자 동분서주하는 기성

---

127 〈작은교회가 희망이다(2013)〉, 120-122. 〈생명평화교회가 대안이다(2014)〉, 113-117. 이 외에도 가난한 대학생들에게 도시락을 제공하며 정신적 용기를 북돋우는 도시락 토크(도톡)에 집중하는 교회(샘솟는교회)도 있는바 함께 다루지 못해 유감이다. 〈생명평화 교회가 대안이다(2014)〉, 86-88.

128 〈생명평화 교회가 대안이다(2014)〉, 113.

129 앞의 책, 113.

의 방식과는 참으로 달랐다. 여기서 우리는 여성적, 모성적 감수성이 힘겨운 이들의 현실에 절대적으로 필요한 것임을 절감할 수 있었다. 몸의 절실한 요구에 마음열고 어려운 현실을 따뜻하게 보듬는 모성적 리더십, 바로 이것이 세 번째 '탈'(脫) 곧 탈성별의 가치가 지향하고 목적하는 바이다. 우리 시대를 일컬어 공감의 시대라 하는바, 이보다 더 좋은 공감을 말할 수는 없을 것 같다. 본 교회 목사는 항시 자신보다 상대방의 관점에 서며, 섬김 받지 않고 섬기는 것을 자신 목회의 근본으로 삼아왔다.[130] 여성이기에 이론이 아니라 삶으로 그것을 지켜낼 수 있었을 것이다. 이 점에서 여성, 어머니의 리더십은 예수의 그것과 너무도 닮았다. 이런 토대하에서 본 교회는 배우들의 현실을 고려하여 화요일에 그들을 위한 예배를 드린다.[131] 그들에게 있어 한주간의 시작이 화요일인 까닭이다. 항차 연극계에 몸담고 있는 젊은이들과 더불어 그들의 재능을 통해 문화사역하는 것을 본 교회는 자신의 사명이라 여기고 있다.

'행복한교회'는 중대형 교회에서 목회경험을 쌓은 감리교단 소속 중견 여성 목회자가 자신의 목회 향방을 고민하면서 창립한(2011년) 공동체이다. 대형 교회가 할 수 없는 구체적인 일을 찾던 중 기혼/미혼을 떠나 홀로 삶을 꾸려가는 여성들과의 공동 삶을 살고자 결심한 것이다.[132] 담임자 역시 미혼의 삶을 살고 있기에 동일한 처지의 여성들을 잘 이해할 수 있고 배려할 수 있다고 판단한 탓이다. 현실적으로 독신의

---

130 앞의 책, 114.
131 앞의 책, 115. 그러나 물론 주일 11시에 정기 예배를 드리고 있다.
132 〈작은교회가 희망이다(2013)〉, 120.

삶을 사는 여성들의 수는 점점 늘고 있으나 이들을 위한 목회는 대형
교회로선 감당키 어려웠다. 성장을 목적했기에 결혼하여 자식을 출산
하는 것을 축복이라 가르쳐온 입장에서 독신 내지 미혼모의 삶이 대형
교회의 중심 관심사가 될 수 없었던 것이다. 하지만 '행복한교회'는 홀
로 사는 여성의 삶을 카리스마, 특별한 은사를 지닌 상태로 이해했
다.133 행복한 교회를 일컬어 일명 '싱글로 살아가도록 은사를 받은 사
람들의 모임'134이라 정의한 것이다. 결혼생활을 파기하는 이혼을 반
(反)신앙적으로 규정해온 대형 교회의 시각과는 크게 변별되었다. 하
지만 결혼 후 가정의 파탄으로 다시금 홀로된 이들이 많아지고 미혼의
삶을 선택하는 이들이 증가하는 사회적 추세를 반영할 목회가 필요했
다.135 이는 부모, 자식으로 구성된 전통적, 규범적 가정만을 정상이라
여기고 여타의 가족을 비정상이라 여기는 가부장적 풍토에 맞서는 일
이었다. 결혼을 통해서만 인간이 완성(成人)되는 것이 아니라 미혼(未
婚), 비혼(非婚)의 상태로서도 얼마든지 하느님의 은사를 경험할 수 있
다고 믿은 탓이다.136따라서 '행복한 교회'는 비혼 상태로 존재하는 독
신들에게 부과된 죄의식의 멍에를 벗겨내고자 했다. 이들을 맘껏 품고
독신의 삶 역시 은사인 것을 강조한 것이다. 이렇듯 우리 사회의 예외자
들에 대한 배려와 관심은 여성 목회자의 몫이었고 작은교회가 감당해
야 할 과제가 되었다. 현재 7명의 독신들로 구성된 공동체이나 향후 더
욱 많은 사람들이 자신의 은사를 확인하려 이곳을 찾기를 기대하고 있

---

133 앞의 책, 120.
134 앞의 책, 120.
135 현재 한국 사회 내에 4가구 중 한가구가 비혼(非婚)가정인 것을 생각할 일이다.
136 앞의 책, 121.

다. 작은 공동체이고 서로들 마음이 깊이 나눠지는 탓에 고정된 예배
처를 고집하지 않고 어려운 사람이 있는 곳에 모여 예배를 드리는 것도
특색이다.[137] 함께 모여 자주 여행하고 책을 읽으며 관심사가 같은 단체
들과의 교류를 통해 자신들 정체성을 확고히 하며 처지가 같은 이들을
위로하고 용기를 주는 일에 열심을 내고 있다.

(2) 생태적 감수성을 일깨우는 녹색 교회

말하였듯 녹색 교회는 탈(脫)성별과 직접적 관계가 없는 듯 보여 질
수도 있다. 하지만 이 경우에 있어 '탈'(脫)이 가치 서열적인 하이라키에
대한 거부를 뜻하기에 인간과 자연간의 왜곡된 관계를 치유한다는 점
에서 녹색 교회 역시 '탈'(脫)성별의 맥락 속에 넣을 수 있겠다고 생각한
것이다. 본래 여성과 자연이 동근원적인 운명을 지녔고 동일한 위기에
처했다는 사실 역시 이런 논거를 뒷받침할 수 있다. 이런 점에서 필자는
작은교회 박람회에 참여한 청지기교회와 가재울녹색교회의 경우를 소
개할 것이다.[138] 녹색 교회로 널리 알려진 장로교 소속 청지기교회는
상가를 빌어 생협 활동을 목적하여 의왕시에서 시작(1992년) 되었다.
2005년 군포시 소재 구봉산 자락으로 이전했고 본격적으로 자연학교
를 운영하며 녹색 교회의 면모를 갖추기 시작하였다.[139] 대중교통도 여
의치 않는 산속 깊은 곳, 주변 사람들 왕래도 없는 곳에 교회를 세운다
는 것은 상식에 반하는 일이었다. 이런 공동체에 사람들이 올 일이 없어
규모를 키울 수 없는 까닭이다. 하지만 이런 걱정과 달리 자연이 주는

---

137 앞의 책, 122.
138 〈작은교회가 희망이다(2013)〉, 99-101, 〈생명평화 교회가 대안이다(2014)〉, 6-9,
    164-166.
139 〈생명 평화교회가 대안이다(2014)〉, 164.

선물에 구성원 모두가 깊이 만족했고 도시 사람들도 이런 산속 교회를 찾아 발걸음을 옮겨 주었다. 이런 변화 속에서 본 교회는 녹색 교회로의 꿈을 본격적으로 키울 수 있었고 환경문제를 신앙적 차원에서 수용하여 '참 좋다'는 하느님의 환호를 지속시키는 프로그램을 만들어 갔다.[140] 녹색 지향적 삶의 양식을 계발하였고 생태 기행을 정기적으로 시도했으며 생태계 보존을 위한 강좌를 지속적으로 열었고 급기야 인간을 넘어 환경 자체에 대한 관심을 선교라 정의했던 것이다.[141] 인간에 의해 수탈된 자연이 오히려 우리 시대에 있어 '새로운 가난한 자'(New poor)임을 여실히 경험한 탓이다. 이런 방식으로 녹색 교회와 환경 선교란 개념이 청지기 교회와 동의어가 될 수 있었다. 자연학교를 통해 자연에 대한 감수성을 배워 익히고 그와의 교감을 영성적 차원에서 수용케 한 것도 청지기 교회의 큰 업적일 것이다.[142] 들판에서 만나는 풀(잡초), 나무, 곤충, 새들의 이름을 불러주고 그들의 존재를 느끼는 것을 예배와 교육의 핵심으로 삼았던 것이다. 최근에는 공방을 개설하여 목공수업을 병행하고 있는데, 이 역시도 손의 창조력을 키우는 일로써 돈(자본)의 힘과 맞서 자급자족의 길을 걷고자 함이다.[143] 이런 손의 창

---

140 앞의 책, 164-165.

141 앞의 책, 164-165.

142 앞의 책, 165. 다음의 기도에서 청지기교회가 추구하는 영성의 일면을 볼 수 있다. "진달래 고운 꽃이 필 때, 우리는 주님을 만났습니다. 주님께서는 손을 내밀어 우리를 일으켜 세우셨습니다. 밤하늘의 별이 쏟아지던 때, 우리는 주님을 만났습니다. 주님은 우리를 마음껏 뛰어놀게 하셨습니다. 느티나무 노란 물들 때, 우리는 주님을 만났습니다. 주님께서는 주리고 지친 우리를 배불리 먹이셨습니다. 온 땅이 꽁꽁 얼어붙은 지금, 우리는 여전히 주님을 만납니다. 늘 그렇듯이 주님께서는 우리를 향해 웃고 계십니다."(2013년 12월 29일 만남의 기도)

143 앞의 책, 165-166. 아쉽게도 지금은 자연학교 프로그램이 잠시 중단된 상태라 한다. 대신 공방을 활성화시키고 있다.

조력을 바탕하여 교우들 스스로 '카페 콩 세알'이란 북 카페를 직접 공사하여 운영하고 있는 바, 지금은 오히려 전원 속 카페 교회로서도 그 명성을 떨치고 있다.[144]여하튼 인간을 녹색가치로 새롭게 탄생시키려는 것이 녹색 교회로서 청지기 교회의 사명이라 할 것이다.[145]

한편 가재울녹색교회는 기독교환경연대 사무총장을 역임한 양재성 목사가 남북 가좌동의 옛 이름인 가재울이란 동네를 녹색 가치로 물들이기 위해 이제 막 세운(2014년) 공동체이다. 예수 믿기를 넘어 그처럼 사는 삶을 통해 마을을 지역순환사회로 만들고 나아가 지구환경을 구원할 원대한 포부를 갖고 뜻을 나눈 지인들과 더불어 창립시킨 것이다[146]. 그렇기에 담임자는 지금 교회만의 리더가 아니라 '가재울마을 사람들'이란 지역단체의 구성원이며 동시에 '가재울마을학교' 운영을 책임지고 있다. 교회가 자체만을 위해 존재하지 않고 지역 속의 공간 즉 마을공동체의 구성원으로 존재하는 대표적 사례라 할 것이다. 이 점에서 가재울교회는 '탈'(脫)성장 속, 마을 만들기 그룹에 의당 속하겠으나 목회자 스스로 녹색 가치 실현에 온 삶을 바치고 있기에 마지막 '탈' (脫) 그룹에 속하게 되었다. 가재울교회는 천지를 창조하고 그 질서를 새롭게 유지하는 하느님의 지속적 창조 활동에 동참할 것을 존재 이유이자 사명이라 여기며 그를 선교라 칭한다.[147] 환경 보전을 교회의 가장 중요한 책무라 여기는 것이다. 환경선교 내지 녹색 선교란 말이 본

---

144 〈작은교회가 희망이다(2013)〉, 101.

145 앞의 책, 101.

146 〈생명평화 교회가 대안이다(2014)〉, 6.

147 앞의 책, 7.

교회의 일상적 언어가 되었고 녹색은총이란 말도 이들이 즐기는 용어가 되었다. 그렇기에 원자력 발전소 건설 및 유지, 송전탑 문제 등 현실에너지 정책에 깊이 관여하며 자연을 망치는 골프장 건설에 시민단체와 연대하며 저항에 앞장서고 있다. 교회 내적으로는 소비를 억제하는 생태 친화적 삶의 양식을 이끌어 내었으며 궁극적으로는 농촌 지역 마을 만들기에 깊이 관여할 큰 꿈을 꾸고 있다.148 이렇듯 창조신앙에 근거를 둔 탓에 이들 교회의 구원신앙 역시 영혼구원을 넘어 사회, 우주구원과 이를 통전시킬 수 있었다.149 교회가 우주적 차원을 자신들 본질 속에 품은 것이다. 교회 옥상 텃밭에서 자연의 선물을 맘껏 추수하는 도시 농부의 삶을 통해 깨달은 진리라 하겠다. 이를 위해 '가재울녹색교회'는 예배의식을 통해 생태적 상상력을 복원시키려 힘쓰고 있다. 지역을 위해 인문 생태교실을 열고 주민들, 지역 내 청소년들과 함께 생태기행을 계획했으며 마을 음악회를 여는 것도 결국 인간과 인간 그리고 자연이 상호 의존적으로 존재 수밖에 없다는 녹색은총의 진리를 함께 배울 목적에서이다.150 이들에게 하느님의 살아 계심은 자연을 통해서 확신될 뿐이었다.

(3) 탈(脫)서구적 유기체 문화를 지향하는 토착 교회

여기서 말하는 탈(脫)서구란 동서양을 존재, 가치론적으로 양분시킨 기존의 사고틀과의 단절을 뜻하는바, 남녀를 구별한 가부장제, 개발과 성장가치에 함몰된 자본주의의 탈각과 맥을 같이한다. 첫 번째 종교

---

148 앞의 책, 7.
149 앞의 책, 7-8.
150 앞의 책, 8-9

개혁이 독일적 풍토에서 비롯했다면 모두가 기대하는 두 번째 종교개혁을 아시아적 풍토에서 기대하고픈 염원도 담겨있다. 필자가 앞서 한류의 통/공시성에 관심한 것도 바로 이런 이유에서였다. 그렇기에 본 항목에서 기독교를 탈(脫)서구적으로 이해하는 예배공동체를 소개할 것이고 아울러 전 교우에게 악기를 가르쳐 아이들과 어른, 평신도와 목사가 함께 연주하며 예배하는 신바람 나는 음악 공동체를 언급하겠다. 전자의 경우가 '씨알예배공동체'이며 '좋은샘교회' 바로 후자에 해당된다.151

'씨알예배공동체'는 이 땅의 방식으로 사유한 자생적 기독교 사상가들, 다석(多夕) 유영모, 이현필 그리고 함석헌 등의 사상에 기초하여 하느님을 예배하는 교회이다. 여기서 '씨알'은 개체이자 전체로서 우주를 이끄는 주체인바, 몸, 맘 그리고 얼을 통전하고 있다. 몸이 건강해야 마음이 편하며 그래야 하늘이 인간에게 부여한 바탈(본성)을 불살라 하느님을 옳게 예배할 수 있다는 것이다.152 경기도 파주에서 가정교회로 시작된 본 교회는 초교파적으로 운영되며 몸, 맘 그리고 얼(바탈)의 일치를 위한 영성훈련에 집중하고 있다.153 이 모든 과정에 자신을 씨알로 자각한 평신도들이 큰 역할을 담당한다. 한마디로 성직자를 앞세운 수동적 신앙 양태가 아니라 자기 영성에 기초한 자발적인 예수살기공동체란 것이다.154 하지만 씨알이란 말이 그렇듯 개인적 영성에 안주하

---

151 앞의 책, 107-112, 〈작은교회가 희망이다(2013)〉,96-98 사실 여기에는 음악인들로 모여 선교하는 브라운위십공동체도 해당될 것이나 지면상 생략했다. 브라운위십은 두 번에 걸친 작은교회 박람회에 지대한 공헌을 했다. 35-38 참조.
152 앞의 책, 107.
153 앞의 책, 108.

지 않고 사회적 이슈를 적극적으로 수용하고 있다. 씨알 공동체 구성원들에게 가톨릭교회의 영세명 같이 별칭(別稱)이 존재하는바, 그것들 모두가 '늦빔', '우주', '모닥불' 등과 같이 자연친화적이며 순수 한국적이다.155이는 전통적으로 사용된 한자어 호를 우리말로 의식적으로 달리 부른 경우라 하겠다. 이 공동체 안에서 이런 이름 외에 위계질서를 나타내는 어떤 표현도 용납되지 않고 있다.156아니면 모두에게 씨알님이라 부르는 것이 고작이다. 이들 예배의 특징은 퀘이커의 경우와 흡사한데 하늘이 주신 자신의 바탈(본성)을 깊이 묵상하여 의식하는 것으로 시작한다. 자신 속 바탈에 대한 자각, 동학(東學)의 언어로는 '향아설위'(向我設位)가 바로 예배의 본질에 속하는 까닭이다. 그렇기에 예배에 있어 침묵 시간이 매우 길다. 성직자에 의한 설교 중심의 기성 교회의 예배와 크게 다른 점이다. 이렇듯 바탈에 대한 자각 속에서 서서 본문을 읽고 긴 시간 말씀을 묵상한 후 자신들 삶을 말씀에 근거하여 솔직하게 충분하게 나눈다. 말이 끝날 때까지 듣고 상대방의 솔직한 증언을 절대로 밖으로 옮기지 않는다는 묵계(默契)가 있다. 이런 방식으로 씨알 공동체는 탈(脫)서구적 방식으로, 상호 유기적관계성 하에서 관상 중심의 예배를 드리며 우주적 생명으로서의 씨알들의 주체적 자각을 돕고 있다.

언급했듯이 좋은샘교회는 교인 저마다 악기를 배워 함께 연주하며 예배한 일종의 음악 공동체라 명명해도 좋겠다. 창립 초창기부터 전교

---

154 앞의 책, 108.
155 앞의 책, 110.
156 앞의 책, 110-112.

인들이 비교적 쉬운 리코더를 배워 합주하는 것으로 성가를 대신했었다.[157]이를 기초로 중고등부 학생들에게 클래식 악기를 가르쳤고 이어 나이든 어른들에게 금관악기를 연습시켜 오랜 시간이 흐른 지금 각자의 악기를 갖고 예배에 참여하고 있는 것이다. 저마다의 악기로 소리를 내고 그것으로 화음을 만들어 하느님께 바치는 것을 예배라 믿기에 이곳의 예배는 가장 평화롭고 억지가 없으며 일방적일 수가 없다. 일반교회가 물질을 요구하는 반면 본 교회는 오히려 악기를 연주할 열성을 바라며, 저들이 목사의 설교를 듣고 있을 때 이들은 함께 하늘의 소리를 만들어 냈던 것이다. 교회가 이렇듯 음악교회로 소문나다 보니 악기를 배울 목적으로 많은 청소년들이 찾아왔고 먼저 배운 선배로부터 지도받으며 음악(연주)에 대한 꿈을 키워 벌써 여럿이 음대에 진학했고 전공자로 성장한 이들 역시 레슨비 없이 악기를 가르치고 있는 중이다. 음악을 통해 받았던 재능을 되갚는 일이 지금 자본주의 현실에서 기적처럼 발생하고 있는 것이다.[158] 교회에서 악기를 익혔던 학생들이 지역 아동센터나 여성쉼터 그리고 장애인 복지시설을 찾아 거의 자비량으로 리코더와 플롯을 가르치고 있으며 자신들보다 더작은교회를 방문하여 그곳 학생들의 꿈을 키워 주고 있다.[159] 뿐만 아니라 힘겹게 살아가는 다문화 가정의 자녀들에게 악기를 가르쳐 무대 위에 당당히 서게 하였고[160] 본 교회 출신으로 구성된 관악연주팀이 세월호 참사 이후 거리에서 기독교 관련 행사가 있을 때마다 품격 있는 연주를 통해 유족들의

---

157 〈작은교회가 희망이다(2013)〉, 96.
158 앞의 책, 97.
159 앞의 책, 97.
160 앞의 책, 97-98.

마음을 따뜻하게 한 적이 수차례나 되었다. 이렇듯 청소년을 비롯하여 어른들에게 악기를 가르쳐 합주로 예배를 드리고 자본주의 현실을 거꾸로 되돌리는 기적을 낳는 좋은샘교회는 작으나 큰 교회라 하겠다. 필자는 이 교회를 유기체적인 토착 교회의 범주에 넣었다. 개인이자 전체인 씨알의 유기체성을 음악 연주를 통해 교회 안팎에서 실현시켰던 탓이다. 최근 교단 내 목사들로 구성된 색소폰 연주팀을 만들어 사회 내 구석진 곳은 물론 해외 동포 위문 공연까지 다녀올 정도로 음악교회로서의 활동(선교) 반경을 넓히고 있다. 한 마디로 음악을 통해 신바람으로 예배하고 있다 할 것이다.

4. 두 번째 종교개혁의 방향으로서의 작은교회 운동
: 세월호 이후 시대의 '작음'의 선교신학

이상에서 필자는 세 개의 '탈'(脫)에 입각하여 9개의 범주를 갖고 작은교회 운동에 참여한 여러 공동체들을 소개하였다. 하지만 저마다의 카리스마 공동체인 탓에 좀 더 다양한 범주가 필요했을 수도 있겠다싶었다. 예컨대 가출 청소년들과 생활하는 쉼터, 이들에게 자활의 길을 열어주고자 애쓰는 청소년 선교를 다루지 못했고[161] 옳은 먹거리를 생산하며 피폐해진 농촌의 환경을 지켜내려는 농촌목회 활동도 온전히 소개하지 못했으며[162] 성 소수자들을 지원하는 선교 공동체[163]도 언급

---

161 여기에는 정태효 목사가 섬기는 삼일교회가 해당된다. 〈생명 평화교회가 대안이다 (2014)〉, 67-72

162 홍천동면교회를 보라. 〈작은교회가 희망이다(2013)〉, 126-128

163 섬돌 향린교회가 이에 해당된다. 〈생명 평화교회가 대안이다(2014), 93-98

치 못했다. 이외에도 예전과 영성 계발에 역점을 두는 교회들164도 있었고 전교조 출신 선생들과 엮어져 지역 내 교육운동에 전념하는 작으나 강한 공동체들도 존재했으나 지면을 할애하지 못했다.165 이들 교회를 충분하게 설명하지 못해 많이 안타깝다. 뿐만 아니라 곳곳에서 새 길을 개척해 왔음에도 작은교회 박람회에 참여치 못한 탓에 소개될 수 없었던 교회들이 많다는 사실 역시 아쉬운 부분이다. 지금보다 더 많고 다양한 교회들이 세상에 알려졌다면 이 지면상의 논의 또한 더욱 풍요로울 수 있었을 것이다. 여하튼 이런 제약에도 불구하고 지면상의 이유도 있겠으나 필자는 자본주의 체제와 정신적으로 맞서는 일을 두 번째 종교개혁시대의 교회의 과제이자 선교의 본질로 인식했기에 그에 맞게 앞선 9개의 범주로 정리했다. 따라서 필자는 작은교회 운동의 표제어인 세 개의 '脫'(탈)을 종교개혁 원리였던 세 개의 '오직'(Only)에 대한 재해석 차원에서 풀어냈던 것이다. 그렇다면 한국적 상황에서 자본주의와의 싸움이 왜 새롭게 선교의 새로운 주제가 되어야만 했을까? 앞서 언급했던 내용이지만 본 장에서는 이 땅의 총체적 부실(亂國)을 드러냈으며 종종 아우슈비츠 사건과 비유되는166 세월호 참사와 연관시켜 자본주의 비판이 작금에 있어 에큐메니칼 차원의 선교적 당위로 이해해야 될 구체적 이유를 적시하겠다. 그런 연후 작은교회가 희망일 수 있는 까닭을 '작음의 선교학'이란 차원에서 정리해 볼 것이다.

---

164 성공회 교회들과 과천 영광교회도 이에 해당될 수 있다. 〈작은교회가 희망이다 (2013)〉, 14-17, 60-72.

165 인천평화교회가 적합한 예일 것이다. 이외에도 어린이 도서관 운동을 지역에서 펼치는 교회들도 이 범주에 포함시킬 수 있겠다. 〈생명 평화 교회가 대안이다(2014)〉, 155-160.

166 이정배, "아우슈비츠 以後 신학에서 세월호 以後 신학을 보다", 『세월호 이후 신학-우는 자들과 함께 울라』, 31-52.

2014년 두 번째 작은교회 박람회를 준비하던 중 이 땅에는 304명의 생명을 앗아간 세월호 참사가 발생했다. 그것은 우리 민족에게 있어 앞전에 발생했던 그 어떤 참사와도 비견할 수 없는 비극적 고통이자 처절한 경험이었다. 본 참사는 지금껏 '경제' 제일주의를 외치며 앞을 향해 달려온 대한민국이란 배가 이제 향방을 달리 하지 않으면 세월호와 같은 운명을 맞이할 것이란 준엄한 경고였다. 여기서는 세월호 참사가 사고가 아닌 사건임을 부각시키는 정치적 논쟁은 피해갈 것이다. 하지만 경제번영을 최고 가치로 앞세운 장로 대통령과 기독교 정치가들, 그들에게 몰표를 준 교인들이란 점에서 기독교는 이 아픈 현실에 누구보다 책임을 느껴야 했다. 더구나 대형 교회를 중심한 다수의 기독교가 세월호를 단순 사고로 치부했고 정치권에 면죄부를 주는 일에 앞장섰으며 오히려 세월호 유족들—심지어 그들 중 상당수의 기독교인들이 존재했음에도—에게 신앙의 이름하에 상처를 골 깊게 했다. 심지어 삭발 단식하며 정부에 저항하는 세월호 유족의 교회 내 직분을 면직시킨 목회자도 있었다. 이는 교회 역시 성장과 번영신학에 눈 어두워 예언과 환상을 잃었기에 본 사건이 함의하는 대전환의 요청을 듣지도 볼 수도 없었던 결과이다. 그들이 보지 못한 탓에 수백만의 기독교인들 역시 시대를 분별 못하는 장님이 되고 말았다. 분명한 것은 우리들 종교인들이 먼저 눈뜨지 못한다면 영원히 눈을 감지 못할 수백의 젊은 학생들이 있다는 사실이다. 또한 사건 천 일을 넘긴 지금도 차디찬 바다 속에서 가족들을 찾는 영혼(사람)들에 대한 기억 역시 우리들 몫으로 남아 있다.[167] "아직 그곳에 사람들이 있다"라는 것이 세월호 추모제의 표어가 된 이유이다. 하지만 우리들 눈이 새로 열리지 않으면 그들의 죽음은

---

167 이는 박민규 시인의 세월호 시(詩) '눈먼 자들의 국가'에 나오는 한 구절이다.

운(運)이 다한 헛된 죽음이 되고 만다. 눈이 떠질 때 비로소 사라진 예언과 환상이 우리들 차지가 될 것이며 그로써 교회의 존재 이유도, 선교의 향방도 달라 질 수 있다. 이미 지금껏 그래왔듯이 돈벌이를 위해 낡은 배를 고쳐 운항한 것도 용서받을 수 있을지 모르겠다. 하지만 배의 균형에 절대적 역할을 하는, 그것 없으면 배 자체가 침몰되는 평형 수마저 상당수 빼내었고 무게중심을 높여 과적했다니 이를 눈감아 준 법과 법이 뒷받침하는 국가는 능히 처벌되어야 마땅하다. 하지만 불법을 용인하는 법, 그 법을 집행하는 국가를 향해 백성들은 정작 '이것이 국가인가?'를 묻고 있는데 지금 기독교인들은 이런 법을 추종하는 너무도 선한(?) 양(羊)들이 되어 버렸다. 아무 일 없었다는 듯 주일성수하며 생존 시(時)의 물질과 건강 축복, 사후(死後)의 천국행을 바라는 것이 고작이다. 이에 필자는 앞서 유럽 신학이 아우슈비츠 이후 세상 법과 맞서 그를 넘어서는 것을 하느님 은총이라 여겼고 그런 삶을 요구받는 현실을 새롭게 강조했었다. 성서는 본래 '행위 없는 믿음'을 말한 적이 없고 세월호 이후에도 불구하고 세상에 순응한 채 자본주의에 길들여지는 삶을 바로 '믿음 없는 행위'의 전형적 양태라 본 탓이다. 이는 모두 종교개혁 신학의 세 가지 '오직' 원리를 희랍이 아닌 유대적 사유의 틀에서 재해석한 결과라 하겠다. 이 점에서 자본주의와 맞서려는 작은교회 운동 역시 법 이상(More)이 되고자 세상과 다른 길을 걸었던 은총적 삶의 결과물이라 할 것이다. 최근 주목받는 이 땅의 한 젊은 작가도 법의 절대성보다는 오랜 역사를 거쳐 인간 속에 깃든 원시적(공감적) 감각을 더 믿고 싶다 하였다.[168] 법의 역사보다는 인간들의 지난한 삶속에서

---

168 〈한겨레신문(2015년 8월 19일자), 20-21면. 여기에는 손아람 작가의 인터뷰 기사가 실렸는데 그 제목이 '우아한 지성보다 원시적 감각을 믿는다'였다. 여기서 지성은 법을

함께 키워진 감각이 더욱 오래되었고 보편적이며 구제적일 수 있다는 판단에서였다. 그렇다면 유대적 사유와 억눌렸던 이 땅의 고유한 사유가 결과적으로 같은 목적을 품은 다른 언어라 할 것이다. 『축(軸)의 시대』의 저자 역시도 시대에 가장 필요한 것이 차마 하지 못하는 마음(仁)이자 자기 싫은 일을 남에게 하지 않으려는 것이라 했고 상대방 역시 자신이 그렇듯 깨어지기 쉬운 연약한 존재라는 것을 공감해 줄 것을 요구한 바 있다. 이렇듯 천민자본주의를 합법화하는 무수한 불법과 맞서며, 법 이상의 가치를 실현시키는 일, 바로 그것이 하느님 은총이며 우리들 정서 속에 깊이 묻혀있는 원시적 감각, 곧 덕성(德性)이라 말해도 좋겠다. 법보다 은총으로, 그리고 그 감각 속에 담긴 덕성(More)을 통해 대전환의 길이 열릴 수 있을 것이다. 이를 일컬어 하느님의 급진성에로의 방향전환이라 해도 좋다. 세월호 참사를 경험한 우리들, 더욱이 기독교인들이 품어야 할 신앙적 에토스(Ethos)이자 교회가 존재할 이유(선교)인 것이다.

최근 한 원로 학자가 민족과 국가 나아가 문명의 대전환을 위해 우리가 축적해 놓아야 할 공덕을 강조하며 책을 펴냈다.[169] 세월호 이후 국가의 민낯이 여실히 드러난 상황에서 대전환을 위해 적공(積功)의 필요성을 강변한 것이다. 국가(정부)에 반대하는 소위 민주세력 역시 운동(이념)만 있는 탓에 현실을 바꿀 수 없었고 이후라도 기득권 세력과 맞서기 위해서 결의와 공감을 넘어 구체적인 적공이 있어야 한다는 주장이었다.[170] 돈보다 생명을 중히 여기는 이 당연한 나라로의 전환을

감각은 인간의 덕을 뜻한다 할 것이다.
169 백낙청, 『대전환을 묻는다』 (창비 2015), 12-13.

위해서 교육, 정치, 환경(생태), 경제, 여성 등 각 분야에서 변혁이 있어야 한다는 것이다. 봉건적 요소와 결합된 신자유주의 체제하의 이 땅자본주의와의 결별이 필수적이나 이를 허무는 것이 난제 중 난제인 까닭에 여러 분야에서 먼저 조금씩 변화를 시도하자는 것이다. '돈보다 생명'이란 가치가 좀 더 확실히 공감대를 얻으려면 종래와 같은 이념적 대립보다는 변혁적 중도(中道)의 길을 걷자고 했다. 교육에서 인문학(머리)과 함께 노작교육(손)을 강화하고 성(性)평등보다는 남녀 간 조화에 무게를 두며 인간 생명을 넘어 생명권을 가르치고 계급성을 인정하되 격차를 줄여 자본주의와의 공존을 모색하는 일을 현실적인 적공(積功)이라 일컬었다. 한마디로 이념성 대신 사실적 '현장성'과 엄밀한 '과학성'의 잣대를 갖고 현실과 대응하라는 것이다.[171] 기득권 세력 넘기가 너무도 지난한 탓에 그리고 2013년 대선을 앞두고 전환을 꿈꿨으나 실패했던 쓰린 경험이 노(老)학자로 하여금 변혁적 중도를 표방케 했고 그를 위한 적공(積功)을 역설하기 이른 것이다. 그의 책을 순차적으로 읽어온 필자로서 이런 입장을 충분히 이해하나 신학자로서 크게 아쉬운 부분이 있다. 그것은 이 학자의 안중에 대전환을 위한 종교, 특별히 기독교의 역할에 대한 언급이 없었다는 사실이다. 물론 현실 속가시화된 기독교의 못난 모습 속에서 다른 영역에서처럼 적공(積功)을 요구하는 것이 불가능하다 여겼을 수도 있겠다. 정치가 종교와 달리 좀더 현실적 요구에 바탕해야 한다는 입장도 이해할 수 있겠다. 하지만역으로 생각할 때 현실을 넘는 시각이 존재치 않을 때 현실 역시 쉽게극복될 수 없는 법이다. 앞서 보았듯이 세간에 알려지지 않았으나 그

---

170 앞의 책, 52-63.
171 앞의 책, 6-8.

어느 분야보다 하느님의 급진성, 곧 생명평화 가치에 근거한 치열한 투쟁이 기독교 내부 속에서 일어나고 있다. 저자 백낙청은 간혹 불교의 중도(中道)나 유교의 중화(中和)사상을 빌어 적공의 길을 모색하나 필자는 여기서 유대 기독교 전통의 메시아사상, 세상의 법을 하느님 정의로 능가하는 역동(급진)적인 신앙 체계의 도움 역시 절실히 필요하다 여긴다. 개신교내에 일고 있는 작은교회 운동이 현실 초월(비판)적 차원에서 자본주의 비판을 위해 기존의 신학체계(종교개혁)마저 달리 해석하며 적공하고 있는 것에 유념할 일이다. 여하튼 백낙청의 말대로 적공이 이 땅의 문명적 대전환을 위한 전제이듯이 선교, 곧 '작은'교회가 되려는 이 땅 교회들의 몸부림 역시 도래할 하느님 나라를 위한 적공이라 해도 결코 잘못되지 않을 듯싶다. 작은교회 운동이 펼치는 적공(積功)은 동양적 지혜들과 함께 대전환의 길에 큰 도움이 될 것이다. 이들 간의 적공하는 방식의 차(差)는 다석(多夕)학파의 기독교가 말하듯[172] 결코 우열의 문제일 수 없고 협력하여 선(善)을 이루는 결과를 낳을 수 있고 그리 되어야 할 것이다.

그렇다면 앞서 예시, 분석된 작은교회 운동이 희망 수 있는 이유를 적공(積功)의 차원에서 재론할 필요가 있겠다. 대전환, 곧 하느님 나라를 목적하여 존재하는 교회가 스스로 작아짐으로 생명평화 가치를 이 땅에 정착시키려 하는바, 도대체 그것이 구체적으로 무엇인가를 논하려는 것이다. 물론 가치론적 차원에서 하는 말이지만 필자는 이를 '작음의 선교신학'이라 일컫고 싶다. 생명평화의 가치를 '작다'라는 말에서 찾고자 하는 까닭이다. 이는 작금의 교회에게 이중적 과제를 부여한다.

---

172 여기서 多夕학파라 함은 유영모, 함석헌, 김흥호 등을 일컫는바, 이들은 기독교가 이 땅에 앞선 종교들과 함께 민족의 얼(뜻)을 찾게 하는 데 협력할 것을 요청하였다.

교회 자체의 구조적 변화와 세상을 향한 자신의 존재 이유에 대한 각성
이 바로 그것이다. 앞의 것이 자본주의에 침식당해 공룡처럼 성장한 교
회의 자기포기를 뜻한다면 나중 것은 그런 교회가 세상을 구원하는 방
식에 관한 물음일 것이다. 개신교의 경우 교회는 기업이 존재하는 방식
과 너무도 흡사해졌다. 세계적으로 열 손가락 안에 드는 초대형 교회들
이 너덧 개씩이나 존재하는 반면 영원히 자립할 수 없는 교회들의 비율
이 거지반 80%에 달하는 것도 그렇고 한 건물 내 교파를 달리한 서너
개의 교회가 경쟁적으로 예배를 드리는 현실도 자본주의를 빼 닮았다.
교회의 크기에 따른 성직자들의 처우 또한 하늘과 땅 차이만큼 벌어진
현실도 세상 속 자본주의 질서와 다를 바 없다. 생계비를 벌기 위해 비
밀리 이중직에 몸담는 목회자가 있는가 하면,[173] 수천, 수억의 돈을 재
량껏 사용할 수 있는 귀족화된 성직자도 적지 않다. 목사 개인의 능력에
따라 —사실 그것도 도시화 되는 개발 과정에서 농촌을 희생양 삼아 비
롯된 것일 터인데— 성직자 사회에 보이지 않는 계급이 생겼고 신앙적
으로 멋지게 포장하여 교회를 사고팔며 편법으로 교회를 세습하는 일
이 좀처럼 사라지지 않고 있는 것이다.[174] 이는 그리스도의 몸이라 불
리는 교회가 실상은 자본화된 기업처럼 변질된 결과라 하겠다. 다시 말
해 밖의 무늬는 기독교인데 그 속에는 어느 사이 자본주의란 피가 흐르
고 있었던 것이다. 이 점에서 가톨릭교회를 향해 "교회가 복음화 되지
않으면 세상의 복음화는 없다"라고 한 교종의 말씀을 다시 떠올려야 할
것이다. 올해로 그의 죽음 70년이 된 본회퍼 목사 역시 교회의 재산을

---

173 최근 필자가 속한 감리교단에서는 장정개정 특별위원회를 통해 이런 현실을 반영하여
　　목사의 이중직을 허용하자는 법안을 심의 하고 있다. 아마도 다른 교단에서도 조만간
　　이 점을 공론화시킬 것이라 생각한다.
174 이런 개신교 현실을 적나라하게 밝힌 〈쿼바디스〉란 영화를 보라.

팔아 가난한 이들에게 나누자는 어록을 남겼던바, 이를 다시 기억해 내
야만 한다. 빌어먹지 않고 벌어먹는 교회로 탈바꿈된 맘몬 숭배의 기독
교를 향한 신/구교 성직자들의 고언(苦言)을 깊이 묵상, 실천해야 될
시점에 이른 것이다. 종교마저도 집어 삼키는 자본주의로 인해 성직은
강화되고 성(性)평등 역시 어렵고 갑/을(甲/乙)의 계급적 관계가 지속
될 수밖에 없었다. 한국의 경우 자본주의가 봉건적 요소와 결합되어 온
갖 반칙과 불법을 일삼고 있으나 자본주의 피를 수혈한 교회는 이를 수
긍하고 지지할 뿐 저항의 힘을 잃고 말았다. 교회의 메시지가 탈정치화
되었을 뿐 아니라 영성이란 이름으로 개인에 초점을 두었고 여전히 물
질적 축복과 내세를 강조하는 천편일률적 경향을 띤 것이 그 구체적 실
상이라 할 것이다. 교회의 적이 되어야 할 천민자본주의가 교회 내 깊숙
이 유입된 탓에 교회의 본질이 상실되었고 그렇기에 '작음'의 선교신학
은 교회를 지키기 위한 저항과 회복의 메시지라 할 것이다. 아울러 언더
그라운드 교회로서 초대 교회의 정신을 잇는 길로서 교회의 복음화를
위한 정신적 가치라고도 하겠다. 바로 작은교회 운동은 이 점을 간파했
다. 교회 건물을 포기했고 자체 민주적 정관을 만들어 선교비를 예산
대비 30-40%로 못 박았으며 20-30명이 모이면 분가(분리)를 준비했
으며 교회 자체가 아닌 마을과 함께 공동체를 만들어 가는 일에 관심했
던 것이다. 목사, 장로의 임기를 제한한 것 그리고 평신도와 함께하는
교회가 탄생된 것, 또한 유기체적 세계관에 터한 새로운 영성이해 등
이 모든 것이 바로 교회 자체를 복음화하려는 개신교 고유한 몸짓이었
다. 이제서야 하느님의 급진성에 근거한 생명평화 가치를 교회 내적으
로 이루려는 힘겨운 싸움이 개신교 안에서 시작된 것이다.

　이상에서처럼 교회의 복음화가 두 번째 종교개혁의 첫 번째 과제였다면 복음화된 교회가 세상을 향해 감당할 일들을 적시하는 것이 이하 내용이 될 것이다. 작은교회가 구체적으로 어찌 세상에 희망이 될 수 있겠는가를 묻고 답하는 장이라 하겠다. 여기서 필자는 작은교회 운동을 통해 드러난 생명평화 가치를 다음과 같은 몇 개의 '중심어'들(Keywords)로 표현해 보고자 한다. 즉 두 번째 종교개혁의 주제로서 '작음' 속에 공유된 가치를 성숙, 섬김(나눔), 관계(타자)성으로 요약 정리하려는 것이다. 물론 이외에도 다른 가치를 예시할 수 있겠으나 세 개의 '탈'(脫)에 짝하는 세 개의 '향'(向)으로서 이들 셋을 논하고 싶어서이다. 앞서 말한 묻고 사랑하며 상상하는 일과 유관할 것이다. 세월호 이후의 세상을 말하는 사람들은 경제대국을 이뤘고 OECD 10위권의 국가가 되었다 자랑했던 이 땅, 이 나라가 결국 결손국가, 불량국가였다는 사실을 숨기지 않았다. 성장의 마술에 걸려 인문(人文: 인간의 무늬)과 지문(地文: 터 무늬)을 모조리 실종시킨 부패 공화국이었다는 것이다. 이 점에서 작은교회 운동은 이 땅 사람들의 속살을 밝혀 내면을 성숙(건강)하게 만들 책임을 느껴야 했다. 성장의 끝은 죽음이나, 성숙은 또 다른 생명을 잉태할 수 있기 때문이다. 지금껏 축복의 에토스라 여겼던 소유욕이 죽음의 욕망(타나토스)이었으며 삶 속에서 근원을 발견하는 우주(大洋)적 통일성이 성서가 말하는 생명인 것을 자각한 것이다.175 바로 이것이 생명을 더욱 풍성히 주고자 이 땅에 오신 예수의 가르침이기도 했다. 따라서 작은교회들은 '오직 믿음으로 구원'이란 것을 '오직 생명평화로의 구원'이라 바꿔 고백할 수 있었다. 죽어가는 천국이 아니라 이 땅에서의 풍성한 생명을 살고자 한 탓이다. 하여 성장에

---

175 J. 리프킨/이정배 역, 『생명권 정치학』(대화 출판사 1996), 402-412

의 욕망을 접고, 자본주의가 추동하는 욕망을 거슬러 이들 교회는 자신의 몸을 나눠 분가(분리)를 실현시켰고 권력(성직)에의 집중 대신 평신도 개개인의 역량을 충분히 발휘했고 예수살기를 통해 자신의 구원을 스스로 책임지고자 했다. 성직자 스스로도 자신에 대한 이해를 달리 할수 있었다. 역할이 다를 뿐 존재 자체가 성별된 것이 아니라 여긴 것이다. 이처럼 교회의 존재 구조 자체를 탈바꿈시킴으로써 세간의 부정적견해를 떨쳐냈고 그 자체로 복음의 힘을 세상에 드러내었다. 세상 속에서 세상 밖을 살아야 한다는 것이 예수의 하느님 나라 비유의 골자였다면 지금 작은교회들은 그 비유를 실천하고 있는 것이다. 이처럼 교회는 자신 스스로가 달라짐으로 세상을 충분히 변화시킬 수 있다. 교회가 이렇듯 달라졌기에 이곳에서 성서를 읽는 눈 역시 변화되었고 선포되는 말씀 또한 방향을 달리 해 인간 삶의 성숙을 목적할 수밖에 없다. 이어지는 다른 두개의 '중심어'를 통해 이 점이 더욱 잘 드러날 수 있을 것이다. 주지하듯 지금껏 교회는 노아의 방주란 표상으로 이해되었다. 세상이 멸망할 때 구원의 유일무이한 공간이 바로 교회라 믿고 가르치는 배타적 신앙관의 탓이다. 하지만 작은교회 운동은 방주의 표상을 벗고 교종께서 비유한 대로 자신을 세상의 구조선이라 여기고 있다. 교회, 곧 '에클레시아'란 말이 본래 흩어지는 것을 뜻하기에 세상 곳곳으로 나아가 온갖 고통과 비탄의 현장을 구제하고 섬기는 일에 매진하기 위해서이다. 필자가 여기서 섬김(나눔)의 가치를 강조한 것도 이런 연유에서라 하겠다. 작은교회 운동에서 보여지듯 우선 교회가 마을공동체의 일원으로서 마을 살리기에 앞장선 것이 기존의 구제 방식과 크게 달라진점이다. 단순한 자선이 아니라 교회의 규모가 작기 때문에 가능한 일로서 마을 생태계를 달리 만들고자 한 탓이다. 카페 교회들도 어린이 도서관을 운영하거나 마을 공작소를 만들어 마을과 소통하는 일에 주력하고 있으며 음악 등의 재주를 나누는 공간으로 활용되기도 한다. 이 뿐 아니라 작은교회의 성직자들은 고난의 현장에 앞장서 있기도 하다. 어느 교회에선 목사를 일상에 바쁜 성도들을 대신해 고난의 현장에 파견된 존재로 여길 정도이다. 세월호 참사 시(時), 유족들을 대신해 광화문 광장에서 40일 넘게 단식한 목회자도 여럿이었다. 빚 없이는 유지, 존속이 불가능한 자본주의 탓에 생겨난 경제적 파산자들을 협동조합 형태로 돕는 교회들도 생겨났다.[176] 거리에서 촛불을 켜는 촛불교회, 늘 고난의 현장에 있는 그 교회 목사는 불법을 정당화하는 법에 항의하는 자신들 역할에 사회선교사란 이름을 붙이기도 했다.[177] 정치 성향을 달리하는 신도들 탓에 정치적 신념을 펼칠 수 없는 대형 교회 성직자와 달리 작은교회는 뜻을 함께하는 카리스마 공동체이자 소위 '복음의 정치학'에 익숙하기에 이처럼 강도 만난 자의 이웃되기를 자청하고 있는 것이다. 이반 일리치의 말대로 고난의 공간에서만 기독교를 기독교답게 하는 최상의 가치인 성육신의 신비가 재현될 수 있다고 믿기 때문이다.[178] 작은교회 박람회에 참여하지 않았기에 많은 경우를 소개하지 못했으나 '작음', 곧 생명평화 가치를 추구하는 교회들 중에서는 매달 수

---

176 이 일은 주관하는 단체는 사회적 협동조합 민생네트워크 '새벽'으로서 〈생평마당〉의 핵심 구성원들인 김철호, 김옥연 목사가 이끌고 있다. 최근 이들을 주제로 한 좋은 책 한 권을 출판했다. 김철호 외, 『10등급 국민-우리 시대 강도만난 사람들』(대장간, 2015) 참조.

177 세월호 참사 이후 오늘까지 광화문을 지켰던 촛불교회 최헌국 목사(침례교)는 자신을 사회 선교사로 칭하고 있고 이 교회를 후원하는 '예수 살기' 모임은 지속적으로 이들 사회 선교사를 후원, 파송하는 일을 하고 있다.

178 이 점에서 이반 일리치는 '최선이 타락하면 최악이다'란 명언을 남겼다. 신학이 '현장'을 잃으면 성육신이란 최상의 가치를 실종시키는 것이라 본 것이다. 개신교 에큐메니칼 운동가인 故 오재식 박사도 '현장'을 자신에게 다가온 '꽃'이라 고백하였다.

입을 함께 모아 필요에 따라 나눠 쓰는 곳도 여럿이다. 필요에 따라 사용하되 절약하며 살아서 이웃을 향해 풍족한 나눔을 실천하고 있다. 아직은 소수의 경우이나 이렇듯 탈(脫)자본화된 삶을 동경하며 본 교회를 출입하는 교우들이 수십 명이 넘는다니 아직 희망을 노래할 수 있겠다.[179] 개신교 신학 내에서 '순수 증여'라는 말도 회자되고 있는 바, 이 역시도 자본주의의 악순환을 끊기 위한 방편이라 할 것이다. 두 번째 종교개혁의 중핵으로서 '작음'의 마지막 가치, 곧 세상을 위한 적공(積功)으로서 관계성(타자성)을 언급할 차례이다. 지금껏 세상은 탈근대를 향해 치닫고 있으나 한국 개신교회는 아직도 주체에 관한 한 근대성을 벗어나지 못하고 있는 듯싶다. 부분적으로 전근대성에 빠진 모습도 종종 보이는 것도 사실이다. 세상에 순수 독아(獨我)적 주체는 없고 주체가 있다면 그것은 관계로서만 존재한다는 사실을 잊고 있었던 것이다. 여기서 전근대성이라 함은 주체가 없는 '우리' 의식 속에 함몰된 경우이기에 탈근대성의 관계적 주체와는 맥락을 달리한다. 이를 동일시 여긴다면 전초(前超)의 범주오류에 빠질 수 있다는 말이다. 일본을 통해 서구를 받아들인 이 땅은 모든 면에 걸쳐 서구를 숭상했고 그들의 정신세계인 기독교를 절대시하며 우리 문화와 종교를 천박하게 여겨왔다. 이들의 서구 중심적인 동일성 철학 탓에 서양에 견줘 동양이, 남성에 비해 여성이, 인간에 대해 자연 역시도 그리고 기독교와 비교할 때 이 땅의 종교 또한 차별의 대상이었다. 한마디로 차이가 차별로 고착화되었던 것이다. 이런 결과로 우리 시대는 전대미문의 생태위기에 처했고 가부

---

179 서울 역 뒤에 위치한 기독교장로회에 속해있는 예가교회(조익표 목사)는 올해 처음 작은교회 박람회에 참여하기에 이르렀다. 본 교회는 소유를 공유하는 일종의 예수목회로 널리 알려져 있다.

장제에 갇혀있으며 문화 종교적 편견에 시달리고 있다. 한국 개신교의
경우 이렇듯 기독교 중심의 사유 탓에 세계에서 가장 보수 근본주의적
성향을 띠게 되었고 그럴수록 민족적 정서와 갈등을 빚어 왔다. 이웃
종교들의 성상(聖像)을 망가트리고 그들 성전을 훼손하는 일들이 지금
도 지속되고 있다. 교우들 절반을 차지하는 여성들의 교회 내 입지 역시
동일한 맥락에서 남성에 견줘 한없이 초라한 상태이다. 뿐만 아니라 물
질적 축복을 신(神)의 축복과 등가로 여긴 탓에 생태적 의식 역시 일천
한 수준에 있다. 주일마다 창조주 하느님을 고백하는 사도신경을 고백
하나 물질적 축복 욕심 앞에서 이 신조는 공허한 혀 놀림에 불과할 때가
다반사이다. 이러 모든 부정적 현실은 개신교가 관계(타자)성을 상실한
결과라 하겠다. '자기만을 아는 사람은 실상 자기도 모르는 것'[180]이란
말이 있듯이 타자를 통한 자기 발견 없이는 개신교는 사회를 위해 적공
(積功)할 수 있는 기회를 잃고 말 것이다. 이 점에서 비록 미약하나 작은
교회 운동의 공적을 평가절하할 수 없겠다. 무엇보다 성직에 대해 평신
도성을 재발견하였고 생물학적 여성으로서의 존재감뿐만 아니라 돌봄
과 배려, 인내 그리고 통합과도 같은 여성적 가치들의 소중함을 일깨웠
기 때문이다. 또한 자본주의 체제에서 양산된 예외자들―이주 노동자
역시도―을 타자로 인정하며 그들과의 통합적 관계를 묻고자했다. 여
기서 핵심은 뭇 예외자를 수단이 아니라 목적으로 여겼다는 사실이다.
자발적 협동조합 체제로 교회를 세운 그룹도 있었다. 향후 눈여겨 볼
대목이다. 세계 13억 인구와 소통하는 한류의 힘 역시 이 땅에서 비롯

---

180 이 말은 본래 독일의 문호, 괴테가 유럽을 온전히 알기 위해선 섬나라인 영국과 독일
   대륙을 동시에 알아야 한다고 했던 데서 연유한다. 오늘날 이 말이 각색되어 종교학을
   연구함에 있어 피할 수 없는 공리(公理)가 되었다.

한 여성적 가치 때문이란 것 역시도 설득력이 있다.[181] 이와 더불어 작은교회들 중에서 동양적 텍스트를 중히 여겨 이를 설교하고 성서와 함께 독해하는 경우도 여럿 눈에 띠었다. 물론 작은교회들 중 다수가 다원주의 풍토에 익숙하지 않은 탓에 이웃 종교를 적극 수용치는 못했으나 더러는 이들을 온전히 타자로 인정하는 성숙함을 드러냈다. 인류가 직면한 생태계 위기를 특정 종교나 이념만으로 해결할 수 없는 상황에서 자기발견의 눈을 통해 타자(이웃 종교)의 텍스트로 부터의 배움은 적공(積功)의 기회를 개신교에게 더 크게 부여할 것이다. 작은교회 박람회에 취지에 공감하여 이웃 종교의 성직자들이 함께했고 더불어 경험한 것 자체가 세월호 以後 우리들 미래를 밝게 한다고 생각할 수 있겠다. 여하튼 자본에 먹힌 종교를 구출하기위해 개신교와 이웃 종교인들 간의 화합이 필요한 시대가 되었다. 누가 더 그 일을 잘 할 수 있는지가 이들 각자가 쌓아야 할 적공(積功)이자 선교의 내용이 될 것이다. 몇 차례에 걸친 박람회(한마당)에 이웃 종교인들 다수가 찾았고 그 근본 취지에 동감하며 자신들에게도 필요한 운동임을 인정한 것은 대단히 고무적인 일이라 할 것이다.

짧은 마무리

생각보다 긴 글이 되었다. 교종의 생각을 진척시키기 위해 한국 가톨릭교회의 선교 잔치 자리에서 개신교 내의 새로운 교회 운동을 소개

---

181 한국문화신학회 편, 『한류와 K-Christianity』(서울: 동연 2014), 본 책 속에 실린 이은선의 글이 중요하다.

하려다 보니 평상심을 잃었던 모양이다. 아무리 생각해도 '작은교회가 희망이다' 혹은 '생명평화가 대안이다'라는 주제를 내걸고 개독교로 전락한 개신교 안에서 새로운 선교운동이 보수/진보가 구별 없이 새로운 에큐메니칼 운동차원에서 시작된 것이 참으로 놀랍고 감사하다. 120년 개신교 선교 역사 속에서 선교의 주제가 개화, 독립, 민주화 심지어 교회성장 등으로 바뀌어왔으나 이제는 교회의 본질을 왜곡시켜 그 존재 이유조차 실종시킨 천민(賤民) 자본주의와의 싸움이 교회의 적공(積功)이 된 것이다. 여기에는 WCC 10차 대회(2013년)를 준비하는 상황에서 2010년 선포된 한국 그리스도교의 선언이 도화선이 되었다. 한국교회는 분단 70년이 되는 올해 재차 선언문을 발표했고 통일시대를 예견하며 그를 위한 교회의 선교적 과제를 제시했다. 하지만 이 역시 한반도 내 교회가 자신의 안팎에서 자본주의와의 투쟁을 승리로 이끌 때 가능할 수 있겠다. 교종은 이를 교회의 복음화라 불렀고 개신교에 속한 우리들도 이 과제를 무엇보다 중히 여기고 있다. 하지만 교회의 복음화를 위한 장애물이 정작 성직자들이란 역설과 모순에 직면한 것도 사실이다. 밖을 향한 싸움 이상으로 교회 안을 향한 투쟁이 더욱 힘겹다. 이에 생명평화를 교회의 존재이유라 믿는 새로운 에큐메니칼 그룹이 생겨났다. 생명평화의 가치가 실종된 상태에서 공(公)교회성을 말할 수 없다 여긴 탓이다. 급기야 보수/진보를 아우른 〈생명평화마당〉의 출현을 통해 본 가치의 실현을 목적하여 작은교회 운동이 시작될 수 있었다. 종교개혁 500년을 앞둔 정황에서 종래의 모습으로 이 시기를 지날 수 없다고 판단한 것이다. 생명과 평화의 다른 이름인 세 개의 탈(脫)—탈성장, 탈성직, 탈성별—을 갖고 올해로 다섯 번째 펼쳐지는 작은교회 박람회에 더 많은 교회가 참여했고 뜻을 함께 나눠 교회 복음화의 밑거름이 되었다. 이상에서 필자는 세 개의 '오직'으로 구성된 종교개혁 원리들을 재해석하여 작은교회 운동의 신학적 배경을 설명코자 했던바, 이는 필자가 속한 〈생명평화마당〉의 공식적 입장이기보다 나름의 신학적 소견임을 밝힌다. 그러나 이 역시 현 시대를 반영하는 제 신학 사조와의 연결선상에 있는 탓에 결코 사적인 의견만은 아닐 것이기에 공론화한다.

3부

기독교 재주체화를 위한
작은교회 운동의 세 과제
: 탈脫성직, 탈脫성장, 탈脫성별(인간)

___

탈脫성직: 유교의 신독愼獨으로부터 배우는 만인제사직

탈脫성장: 이슬람의 서구 자본주의 비판

탈脫성별(인간): 생태학에서 얻는 전일적 녹색 지혜

탈脫성직
: 유교의 신독愼獨으로부터 배우는 만인제사직

들어가는 글

성직자란 한 종교의 체제와 제도를 운영하는 주체이다. 어느 종교에
서나 제도가 강조될수록 성직자가 설 땅은 크고 많아진다. 하지만 성서
속 예수는 본래 하느님과 인간 간의 중개자 없는 길을 제시한 분이었다.
누구든지 하느님을 아버지라 부를 수 있고, 성전 밖에서도 구원과 치유
의 행위가 가능하며 예수의 이름으로 구할 때 하늘과 땅이 교접할 수
있다고 가르쳐 왔다. 성전도 성전답지 못한 일이 벌어질 때 내쳤으며
안식일이 사람을 위해 있지 않고 종교자체를 위해 기능할 때 예수는 성
전을 저주했고 부정했다. 그러나 2천년이 지난 지금 예수의 종교는 실
종되었고 성직자 중심의 제도교회만 무수하다. 찻집 수보다 교회가 많
아졌으며 실업자로 전락한 목회자들 수가 헤아릴 수조차 없을 정도에
이른 것이다. 제법 규모가 있거나 자립적 교회의 목회자가 되기 위한
경쟁은 세상 어느 기업보다 치열하다. 그러다 보니 온갖 편법을 동원한
교회세습이 성행하고 돈을 지불하고 담임자 자격을 얻는 일도 비일비

재해졌다. 그럴수록 경쟁에 밀린 목회자들의 실상이 더욱 참담하다. 교인 없는 교회를 유지하느라 이/저곳 교회들에게 손 벌리거나 2중, 3중직을 통해 삶을 꾸려나가는 실정이다. 이런 현실을 알면서도 각 교파의 신학대학들은 학생 숫자를 줄일 생각조차 못한다. 교회 성장 시대에 확대된 자신들 조직을 역시 존속, 유지시키기 위함이다. 이 모두는 총체적으로 자신들 제도 유지를 위해 자본주의 논리에 먹혀버린 결과이다. 겉으로는 거룩을 말하고 영(靈)적인 것을 전하나 실상은 제도 유지를 위한 물질에 목메고 있는 것이다. 교회의 크기가 목사의 크기와 상응하는 현실에서 자본주의가 개신교 교회들의 존재원리가 되어 버린 탓이다. 따라서 500년 전의 종교개혁이 타락한 가톨릭교회에 대한 도전이었다면 지금은 자본주의에게 영혼을 판 타락한 개신교에 대한 항거여야 할 것이다. 이를 위해 종교개혁의 핵심원리였던 3개의 '오직'(sola) 교리에 대한 비판적 성찰이 필요하다. 이들 교리가 타락한 자본주의를 확대, 재생산하는 논거로 변질되었기 때문이다. 심지어 이들 세 교리가 중세기 면죄부 이상으로 타락했음을 적시하는 학자들도 다수다. 이 주제는 제도와 관계된 사안이긴 하나 본 논고와 직접적 상관성이 적기에 별도의 논문으로 다룰 생각이다.

말했듯이 탈(脫)성직의 주제는 하느님 나라의 지연 탓에 대신 출현한 교회제도의 문제와 직결되어 있다. 교회란 제도의 탄생으로 특화된 성직 계급이 생겨났고 성속(聖俗)의 분리를 가중시켰던 것이다. 더욱이 기독교가 로마화되면서 성직을 존재론적 특권으로 인식하는 경향이 두드러졌고 이를 비판하며 등장한 개신교는 그 시작과 달리 오히려 그 경향성을 부추기는 형세가 되고 말았다. 하지만 예수의 종교는 중개자 없는 종교였고 제도 없는 삶을 강조했다. 어디서나 하느님을 직접 만날 수 있다고 가르쳤다. 이는 동서양 종교가 분화하기 이전 인류는 뱀이 자기 꼬리를 무는 '우르보로스' 신화를 공유했다는 종교학자들의 시각과 일치한다. 본래 이 신화는 자신이 자신을 먹어치움으로 본래적 자기로 되돌아오는 것에 대한 종교적 상징이었다. 모든 종교는 자신의 시원을 여기서 찾는 것이 옳다. 물론 종교의 발전과 함께 제도 역시 필연적으로 요청된다. 하지만 은총을 독점한 제도의 종교로 변질된 기독교는 과도한 성직주의의 폐단을 낳았다. 동양의 유불선 철학에서는 우로보로스 신화를 철학적으로 수용, 발전시켰으나 제도로 발전한 서구의 교회는 이를 신비주의란 이름하에 일체 배격했다. 이 점에서는 정도차가 있겠으나 신/구교 모두가 해당된다. 이로써 제도로서의 교회는 그리스도 중심주의를 앞세워 성직주의를 강화시켰으며 '교회 밖 구원'을 부정하는 배타성(주의)을 자신들 근본 에토스로 삼게 되었다. 더군다나 어거스틴 이래로 원죄교리가 생겨난 탓에 구원에 있어 평신도의 능동성은 실종되었고 오로지 은총의 기관이자 제도인 교회, 곧 성직자들의 구원(면책) 기능만이 강조될 수 있었다. 그러나 향후 원죄 교리 역시 본고의 핵심에서 빗겨가는 것이겠으나 재평가 받을 사안이 되었다. 원죄 대신 원복(Original Blessing)을 말하는 신학사조가 등장하여 성서적 정당성을 입증 받고 있는 탓이다. 여하튼 이 과정에서 수행의 개념이 개신교 내에서 결여된 것이 분명하다. 성직자인 목사에게는 예수처럼 신적 대리자, 예언자, 제사장의 직무가 부여되었을 뿐 자신을 성찰하는 수행자의 개념이 원천 삭제된 것이다. 바로 여기에 자본주의에 기생하는 제도교회, 더구나 은총기관의 책임자로서 성직자 타락의 근원이 있다. 절대 권력을 지닌 성직자의 타락이 교회의 존재 자체를 위태롭게 만들며

기독교의 미래를 빼앗고 있는 것이다. 따라서 여기서 말하는 탈(脫)성
직은 성직 그 자체에 대한 부정이 아니라 자기 수행 없는 성직자에 대한
거부를 적시한다. 일회적 안수 그 자체만으로 성직자가 성별된 존재로
머물 수 없다. 자기 수행 없는 성직자에게 더 이상 성직의 역할을 맡기
지 않겠다는 것이다. 말을 바꾸자면 평신도라 할지라도 자기를 갈고 닦
아 선한 열매를 맺는 존재가 되었다면 그 역시 성직자로서 손색이 없음
을 말하려는 것이다. 필자는 이것이 루터가 말했던 '만인제사직'의 아시
아적 본뜻이라 생각한다. 자신을 다스리지 못한(수행 없는) 성직자는 종
교적 의례를 집행할 자격이 없다. 반면 일상을 거룩하게 살아낸 평신도
라면 설교는 물론 의당 종교의례의 주체가 될 수 있는 법이다. 종교성은
제도가 아니라 오로지 삶이 보증할 뿐이기 때문이다. 이 점에서 필자는
이 땅의 제사문화에 주목하여 그것이 '만인제사직'론에 기여할 수 있는
바를 적시할 것이다. 물론 서구적 차원에서도 얼마든지 미완의 과제로
남은 이 교리를 재해석할 수 있을 것이다. 여기서 필자는 유교문화의
잔류량을 가장 많이 지닌 이 땅의 제사풍토를 갖고서 본 과제를 완수코
자 한다. 이 과정을 통해서 은총의 기관이 되어버린 서구 기독교의 한계
도 넘어설 수 있다고 확신한다.

주지하듯 제사문제는 선교 초기부터 한국교회 내에서 논쟁의 불씨
였다. 유교문화에 근거한 제례 일체를 선교사들이 조상숭배, 우상숭
배의 차원에서 부정적으로 본 탓이다. 자연신학 전통을 지닌 가톨릭교
회와 달리 계시를 절대화한 개신교의 경우가 유독 심했다. 하지만 유교
문화의 잔류량이 가장 많은 한국에서 제사와의 불편한 관계를 청산할
때 오히려 선교에 도움이 될 수 있다는 평가도 적지 않다. 제사와 관계
된 필자의 경험 몇 가지를 나누는 것으로 그 실상을 적시해 보겠다. 유

교집안에서 태어난 필자는 축문(祝文)을 읽으시며 제사상 앞에서 눈물로 자신의 불효를 뉘우치는 선친의 모습을 지켜보며 성장했다. 하지만 부모 뜻과 무관하게 신학의 길에 들어 선 필자의 장래를 생각하여 부친은 어느 순간 평생 모시던 제사를 스스로 폐했다. 종손인 선친의 갑작스런 이런 변화 앞에서 주변 형제, 친지들은 난감해했고 점차 종가인 우리 집에 발걸음을 하지 않았다. 각자의 집에서 자기들 방식으로 제삿날을 기억했으나 형제간의 왕래는 실종된 것이다. 신학에 입문했던 당시, 자식 위한 부친의 이런 결단이 고마우면서도 마음이 불편했고 옳다고는 생각되지 않았다. 이것이 바로 제사와 관계된 나의 첫 경험이다. 세월호 참사 3주기를 지나며 필자는 기독교인으로 자식을 잃은 여러 유족들을 만났다. 이들은 사건의 진실 규명을 위해 자신의 모든 것을 희생하며 살고 있었다. 그럴수록 '잊으라' 하는 정부와 천국신앙 내세우며 '그만할 것'을 요구한 교회로부터 내몰리고 있었다. 자식 잃은 부모들에게 잊으라는 것은 살지 말라는 것과 같음에도 말이다. 그간 제사를 우상숭배라 학습해왔으나 아이들 죽음을 기억하는 과정에서 유족들은 예배만으로 부족함을 느꼈다. 이들 부모들은 세월호 참사가 일어난 4월 16일을 맞아 자식들이 평소 좋아하던 음식을 차려놓았다. 자식들을 조금 더 기억하고 위로하고 싶은 마음의 발로였다. 그것이 꼭 전통적인 제사는 아닐지라도 평소 자식들 좋아했던 음식을 차려놓고 망자를 기억하고자 했으니 참으로 자연스러운 일이었다. 신학을 전공한 한 유족 어머니는 "교회로부터 제사를 거부당했고 스스로도 거부해온 지난 과거를 후회한다"라고까지 말하였다. 이런 경험과 현실에 근거하여 필자는 제사의 신학적 재구성에 관심을 갖게 되었다. 제사의 본래 뜻을 수용한다면 예배와 제사는 결코 나뉠 수 없으며 상호 보완적 일 수 있다고 생각한 것이다. 더욱이 종교개혁 500주년을 맞아 3개의 '오직'(sola)교리가 지나치게 강조, 오용되었고 '만인제사직'은 오히려 홀대, 무시되었기에 이를 수정, 보완하기 위해서라도 이들의 관계는 중요할 수밖에 없다. 앞서 말했듯 평신도 역시 종교 의례의 주체일 수 있어야 한다는 판단 때문이다. 따라서 본고를 통해 제사를 예배의 일환으로 생각하여 양자의 결합을 시도해 볼 것인 바, 속(俗)한가운데서 성(聖)을 찾는 평신도의 중요성이 한껏 부각될 것이다.

1. 종교개혁의 미완과제로서 만인제사직론
— 종교의례와 관련하여

주지하듯 500년 역사를 맞는 종교개혁 신학은 중세 가톨릭교회의 복잡 다양한 제반 의례를 세례와 성만찬으로 단출하게 정리했다.[1] 전반적으로 의례보다는 신앙, 즉 신앙적 주체성을 중히 여긴 탓이다. 존재 유비(*Analogia entis*)에 기초한 자연신학에 반해 신앙유비(*Analogia fidei*)를 개신교 신학의 골자로 삼았던 결과라 할 것이다. 한국 가톨릭교회가 중세에 급조된 연옥설의 재구성을 통해 제사문제를 적극 수용하는 것도 일종의 의례에 대한 나름의 긍정에서 비롯했다. 위로부터의 은총뿐 아니라 위를 향한 의례를 통해서도 구원의 길이 가능하다는 것이 가톨릭교회의 기본 생각이었던 탓이다. 하지만 종교개혁 전통의 개신교는 '위로부터의 은총'(Up-down Experience)만 허용했고 '아래로부터의

---

1 J. Dilenberg eds/이형기 역, 『루터 저작선』, 세계 기독교 고전 35 (크리스찬 다이제스트 1994). "교회의 바벨론 포로"란 글에서 루터는 가톨릭 성례전을 비판했다.

수행'(Bottom-up Experience)에 대해서는 냉담했다. 이를 일컬어 아리스토텔레스적인 유기체적 세계관과의 단절이라 말해도 좋겠다. 그럴수록 개신교는 은총의 통로로서 믿음만을 강조한 나머지 의례에는 상대적으로 소홀해졌다. 제의대신 설교(말씀)에 무게중심을 둔 탓도 클것이다. 하지만 말하였듯 가톨릭교회의 7개 성례 중 성찬과 세례만큼은 예외적으로 취급되었다. 신앙의인(以信稱義)이 이런 두 의례를 통해서 발생, 지속된다고 믿었던 까닭이다. 전장에서 말한 제도적 은총이 종교개혁 시기에 이르러서도 완전히 탈각되지 못한 것이다. 그렇기에 이것은 실상 신앙 주체성과 모순되는 것으로서 급기야 만인제사 직 이론과의 갈등을 야기시켰다. 중세와 달리 교회를 성도들의 모임으로 새롭게 정의했고 저마다의 주체적 신앙을 강조했으나 구원의 통로로서 두 의례를 교회란 제도 속 사건으로 한정시킨 탓이다. 물론 여기서도 신앙주체의 결단이 중요하겠으나 동시에 의례를 성직자 고유의 권한이라 여긴 탓에 만인제사직의 본뜻이 상처를 입게 된 것이다. 성직자에게서 초월적 위상을 벗겨내었음에도 그 역할 자체가 구원과 직결되었기에 성직 우선(우월)주의로부터 자유로울 수 없었다. 이로써 말씀과 의례 두 축을 붙잡은 성직의 역할은 여전히 특권일 수밖에 없었다. 이런 종교개혁의 자기모순은 신앙과 성서의 관계에서도 거듭 발생했다. 한 종교사학자가 적시하듯 루터는 성서를 하느님 말씀과 구별했음에도 불구하고 성서를 신앙의 토대이자 객관적 보증으로 여겼던 존재였다.[2] 성서가 오직 믿음의 자의성을 막아 줄 방패라 생각했던 까닭이다. 이로써 성서 의존적 신앙은 본말을 전도시켜 신앙의 개인화, 즉 신앙주권의 무력화를 초래했다. 신과의 직접적 관계를 다양화시킬 수 있는 여지를 애

---

2 울리히 벡/홍찬숙 역,『자기만의 신』(도서출판 길 2013), 31-75.

당초 허락지 않은 것이다. 따라서 종교개혁 신학은 신앙인과 불신자를 양분하는 구조를 낳았고 후자로부터 전자를 지키기 위해 루터 스스로 질서옹호자가 될 수밖에 없었다. 농민 봉기를 주도한 토마스 뮌쩌를 향한 루터의 부정적 평가가 이를 잘 적시한다. 그렇기에 종교개혁 이후 만인제사직이 실상은 당시 기득권자였던 봉건 제후들을 위한 것이었다는 비판은 분명 일리(一理)있다. 근대를 열었다 하나 질서를 명분삼아 제후들 편에 선 것은 분명 소명(Calling)으로서의 성직, 즉 만인제사 직에 대한 자기부정이라 할 것이다.

이를 근거로 이 땅의 개신교는 가톨릭교회 이상으로 성직자 집단에 무게중심을 둔 기형집단이 되고 말았다. 오히려 개 교회 중심주의에 터해 설교와 의례를 독점한 개신교 성직자들의 경우 가톨릭 경우보다 집중된 권력이 막강하다. 성직자 주도하에 세습과 변종 성직매매까지 자행되고 있으니 그 권한의 끝이 좀처럼 보이질 않을 정도에 이르렀다. 물론 다수의 경우는 아니겠으나 이런 지향성을 개신교 성직자들 속에서 찾기란 결코 어렵지 않다. 개신교 성직의 개념 속에 수행자의 의미가 탈각된 실상이 바로 이런 경향성과 무관치 않을 것이다. 여기서 필자가 제사문제를 예배와 연루시키는 것도 탈(脫)성직과 함께 수행적 삶을 강조할 목적에서이다. 지금껏 개신교는 가정보다 교회를 중시했으며 일상보다 안식일(주일) 중심이었고 의례를 주관하는 성직자의 특권화로 평신도와 성직자 간의 존재론적 구별을 당연시 해왔다. 이런 분별은 성직자들에 의해 의도적으로 학습된 경우도 다반사였다. 그럴수록 미완의 과제로 남겨진 탈(脫)성직은 만인제사직에 터해 근본적으로 해체, 재구성되어야 마땅하다. 여기서 탈(脫)성직은 평신도성의 지향, 곧 향

(向)평신도성과 뜻이 같다. 본 사안은 의당 3개의 '오직'(sola) 교리에 대한 비판을 수반하나 여기서 그를 다룰 지면은 없다. 단지 본고의 제목이 말하듯 신앙주권자로서 평신도 역시 의례의 주체인 것에 역점을 두고자 한다. 이를 위해 교회 중심적 사고 틀을 깨고 신앙 공동체로서의 가정의 중요성을 부각시킬 것이다. 동북아 3국 중에서 유교문화의 잔류량을 가장 많이 지닌 탓에 제사문제로 개신교 가정들이 심각하게 갈등하는 것도 한 이유가 될 것이다. 거지반 준(準) 기독교 국가가 되었지만 조상 의례로서의 제사는 이 땅 개신교의 난제 중 하나인 것이 틀림없다. 그렇기에 본고는 최소주의적 시각에서 제사의 본뜻을 밝히고 이어 예배와의 상관성을 논하며 나아가 제사경험에 바탕하여 평신도들 역시 예배 의례의 주체가 될 수 있음을 강변할 생각이다. 여기서 최소주의라 함은 유교 전통에서 생겨난 제사의 허상과 과장을 생략, 제거하고 본질만 취하겠다는 뜻으로 이해하면 좋겠다. 이를 위해 유학의 창시자 공자와 그의 제례를 새롭게 해석한 조선 유학자 정약용 그리고 한국적 기독교 사상가로 공인된 다석(多夕) 유영모의 생각이 중요하게 다뤄질 것이다.

2. 종교적 관점에서 본 조상제례(제사)

제사는 본래 죽음을 극복하려는 유교적 표현이자 방식이었다. 기독교의 부활영생, 불교의 윤회전생과 함께 초혼복귀(招魂複魄)를 말하는 유교 역시 죽음 이후 삶을 관심한 종교라 할 것이다. 제사를 통해 자신이 기억되고 죽음의 순간 나뉘었던 혼(魂)과 백(魄)이 합쳐져 일상으로 복귀될 수 있다고 믿었던 까닭이다. 그렇기에 유교에게 있어 제사지낼 자식이 없는 것은 내세를 실종시키는 일이기도 했다. 여타 종교들이 자기 방식대로 인간 탄생의 신비를 말하듯 유교 역시 인간의 탄생 신비를 자신들 조상과 연루시켜 설명했다. 자신으로부터 40대(代)를 거슬러 오르면 거지반 2천만 명의 조상이 있어야 하는바, 그중 누구라도 그때 그 사람이 아니었더라면 자신이 존재할 수 없는 까닭에 유교는 조상을 존재의 근거라 여긴 것이다.[3] 그렇기에 존재 근거로서 조상을 기독교 서구가 비난하듯 우상이라 여길 수는 없는 노릇이다. 오히려 종교적 경건의 차원에서 숙고할 주제라 할 것이다. 이런 유교적 종교성을 총칭하여 효(孝)라 불렀고 조상제례 역시 효의 일환이다. 살아생전의 효가 죽은 이(死者)들에 대한 제사로 표현될 뿐이었다. 이 땅의 신학자 중에 예수를 모름지기 효자라 불렀던 해천(海天) 윤성범과 같은 신학자도 있었다. 그러나 아무리 거슬러 오른들 조상이 자기 존재의 최종 근거는 될 수 없을 것이다. 그 조상의 조상을 재차 묻지 않을 수 없는 탓이다. 즉 조상의 끝, 조상 중의 조상이 지속적으로 물어질 수밖에 없는 것인데 선진(先秦) 유교는 그것을 바로 天(천)이고 하늘이라 했다. 진화 생물학의 방식으로 답하지 않고 또한 기독교의 창조론과도 다르나 최초 유교는 조상과 하늘(神)관계를 당연시했던 것이다. 이 점에서 조상과 하느님, 유교와 기독교의 대화 역시 필요 막급한 것인바, 동일선상에서 제사와 예배의 관계 역시 물어질 수 있을 법하다.

주지하듯 제사는 혼과 백을 결합시켜 가족들이 사는 공간에서 죽은 조상의 삶을 재생시키는 일이었다. 제사로 인한 혼백(魂魄)의 재결합

---

3 류승국, "관혼상제를 통해서 본 삶의 철학", 『삶의 신학 콜로키움』(대화문화 아카데미편 2007), 13.

이 유교에 있어 다시 삶(기억 됨), 곧 부활이다. 기독교 신앙적으로는 낯설겠으나 그렇게 믿는 사람들이 있는 한 실상 자체를 부정할 수 없다. 기독교 예배 시 하느님 영(靈)의 임재를 간절히 바라며 청원하듯이 유교 역시도 제사를 통해 사자(死者)의 혼을 후손들의 삶의 자리로 초대하는 초혼(招魂)을 중히 여긴다. 초혼재생(招魂再生)의 장으로서의 제사는 조상의 임재를 온몸으로 느끼며 생명의 연속성을 자각하고 가족 구성원들 간의 화합을 이룰 수 있는 의례라 할 것이다. 본래 혼을 불러 백에 복귀시키는 종교적 행위는 보이지 않는 영(靈)의 세계를 강조한 동북아시아 지역의 샤머니즘으로부터 유래했다. 하지만 이런 영의 세계를 기독교는 불편하게 생각했다. 성령 즉 하느님 영의 초월성을 강조할 목적에서이다. 하지만 이들 간의 단절만이 능사는 아닐 것이다. 조상신과 하느님과의 관계는 최근 해방신학자 보프가 말하듯 하느님 영과 성령과의 관계로서 연속성이 없지 않다.[4] 이는 제사를 예배로 수용키 위한 신학적 전제이자 과제라 할 것이다.

유교의 조상제례는 특정 시점에서 완성된 것이 아니라 오랜 세월 걸쳐 발전했던바, 때론 왜곡되어 그 취지를 흐린 적도 많았다. 필자가 본질만을 취하겠다는 뜻에서 최소주의를 택한 것도 이런 이유에서다. 앞서 언급했듯이 유교제사는 고대 중국에 있어 샤머니즘의 영적 세계를 전제할 때 설명가능하다. 조상들 영혼으로부터 아직 태어나지 않은 후손들 세계로 이어지는 생물학적 연속성이 핵심인 탓이다. 죽은 조상들의 혼령과 살아있는 후손들 간의 유기적 관계가 지속된다는 믿음하에

---

4 L. 보프/, 이정배 역, 『오소서 성령이여- 해방과 여성, 문화 그리고 새로운 우주론의 관점에서』 (한국기독교연구소, 2017), 3장-5장 내용 참고.

삶과 죽음의 장(場)을 통합시키려 했던 것이다. 이로써 사자(死者)로서 조상들은 여전히 후손들의 삶에 권위로서 영향을 미치게 되었다. 사자(死者)의 영계와 생활 세계의 연결이 사회질서를 유지하는 수단이 되기도 했다. 삶의 연속성 내지 삶과 죽음의 통합적 이해 속에서 조상들 영혼의 역할이 중요했기에 조상숭배로서의 제사는 불가피했다. 더욱이 자연재해와 같은 화급한 상황에 처할 시(時), 조상들 영혼의 세계는 종종 후손들에게 있어 탄원의 대상이 되기도 했다. 조상들 영혼이 신적 세계와 소통한다는 믿음하에 조상들 영혼의 세계를 더욱 강조했던 결과일 것이다. 유교가 세계의 기원을 논할 때 기독교 서구처럼 '창조'를 말하지 않고 '출산(出産)', '생산(生産)'의 은유를 사용한 것도 조상숭배와 무관치 않다.5 이 단계를 지나 조상숭배가 자연종교들과 합류된 과정이 존재했었다. 누구나 조상을 갖고 있기에 조상숭배는 사실 만민 평등적 종교였다. 그러나 점차 조상신을 능가하는 최고신 개념이 등장하는 과정에서 그 역할은 축소되었고 자연종교로 변용되었다. 즉 최고신의 휘하에서 산.천.사.직(山.川.社.稷)을 관장하는 자연신(自然神)의 역할로 이해되었던 것이다. 기독교 서구는 이를 미신으로 치부했지만 자연을 재(再)신성화하려는 탈(脫)현대적 노력이라 평가하는 것도 나쁘지 않다. 자연을 물질화하는 서구적 병폐, 반(反)생태적 사유를 극복할 여지가 있는 탓이다. 그럼에도 중요한 것은 최고신(帝) 개념의 출현이다. 우주와 사회에 있어 조상신을 능가하는 초월신에 대한 믿음이 생겼던 것이다. 하지만 후일 이것은 왕(王)의 계보와 연계되었다. 조상신을 섬기는 일반 백성과 달리 최고신을 제사하는 일이 통치자 왕의 특권으

---

5 B. 슈월츠/ 나성 역, 『중국 고대사상의 세계』(살림 1996), 48-49. 이 점에서 저자는 조상 숭배를 종교의 근원이자 방향성이라 여겼다.

로 여겨진 것이다. 이렇듯 최고신을 독점한 통치자는 국가를 안정시키는 책무를 감당해야 했다. 그러나 종종 최고신은 통치자의 이데올로기로 변질되기도 했다. 구약성서 속 다윗 왕이 성전을 짓고 하느님을 그 속에 가둔 채 예배를 독점했듯이 말이다. 주(周)나라 시기에 이르러 신적 대상으로서의 조상 혹은 최고신 그 자체보다 인간의 의(제)례 자체에 무게중심이 실리게 되었다. 대상보다 제사를 지내는 인간의 태도를 더욱 중히 여긴 것이다. 제사에 성실과 공경이 없으면 최고신이라 할지라도 인간 요구에 응하지 않는다 했다. 이런 시각은 주나라 말기 공자에 이르러 더욱 확연해 졌다. 오히려 공자는 죽은 조상이 아니라 살아있는 가족공동체들 간의 예(禮)에 더 관심을 두었다. 조상신과 정령들에 대한 예배 이상으로 부/자, 부/부, 형제/자매들 간의 관계의 소중함을 일깨웠던 것이다. "산사람을 옳게 부양할 줄 아는 사람만이 조상신과 자연의 혼령들에게 올바른 예물을 드릴 수 있다"라고 했다. 하지만 본말이 전도될 경우 오히려 '귀신(神)을 멀리하라'는 말도 남겼다. 죽은 자들을 넘어 산자들에 대한 예(禮)를 강조한 것은 조상제례에 있어 획기적인 발상이다. 본 논의는 유교의 제례를 최소주의 시각에서 접근할 수 있는 단초를 제공한다.

3. 최소주의적 시각에서 본 조상제례

보았듯이 유교는 조상신 개념을 도입하여 인간의 죽음을 중히 여겼다. 반면 기독교의 경우 죽음을 죄의 삯이라 본 탓에 본 의미를 축소시켰다. 시간 속에 있는 인간에게 자연적 죽음조차 죄의 결과라 가르쳤던 기독교는 반대로 하느님 안에서의 죽음은 결코 죽음이 아니라고 했다. 오히려 세상 속에서 하느님과 분리된 삶을 사는 것을 죽음이라 칭할 정도였다. 그만큼 자연적 삶과 죽음에 뜻을 부여치 않았다. 물론 기독교는 유교에 비해 죽임의 문화를 극복함에 있어 기여한 바가 크다. 하지만 죽음의 자연성을 폄하하는 것은 반(反)생태적이며 다원화된 종교현실에서 가족불화, 사회해체 등 부정적 영향을 미칠 수 있다. 따라서 기존 교리의 답습 대신 자연적 죽음을 달리 해석할 수 있는 지혜를 찾아야만 한다. 이 점에서 삶의 연속성으로서 자신들 조상의 역사를 이해하는 성서의 족보기록이 크게 도움이 된다. 믿음의 눈으로 조상들이 삶의 계보를 정리한 유대인들과 핏줄을 근거로 족보문화를 강조한 한국의 경우 ―물론 다른 점이 없지 않겠으나― 조상과 후손의 삶을 지금 이곳에서 통전시킨 점에서 차이가 없다. 유교의 경우에도 결코 핏줄의 중요성만 강조되지 않았다. 조상들의 정신적 태도, 충성심 통칭하여 '뜻'에 대한 관심 역시 지대했다. 이런 의미에서 누가복음의 족보가 여기서 대단히 중요하다. 기독교 복음을 이방인을 위한 말씀으로 이해했던 누가의 경우 뜻의 상징인 예수의 족보가 아래로부터 시작하여 노아를 거쳐 하느님에게로까지 소급되어졌기 때문이다. "…그 위는 에노스요, 그 위는 셋이요, 그 위는 아담이요, 그 위는 하느님이시다"(눅 3:38). 여기서 중요한 것은 조상과 하느님에 대한 관계이자 아담의 후손이 가인이 아니라 새로운 조상, 셋이란 사실이다. 즉 누가 족보가 말하는 바는 이방족속일지라도 유대인과 동일하게 궁극적 조상이 하느님 이란 사실과 육체(자연)만이 아닌 정신(뜻)이 생명(삶)을 이어가는 삶 속에서 대단히 중(重)하다는 가르침이다. 하느님이 모든 족속의 궁극적 조상이란 것은 조상의 끝이 하느님인 것을 말하며 생명의 연속성을 기록한 족보에 있어 관건은 자연이 아니라 '뜻'임을 역설했다. 즉 누가가 놋이란 땅에서 도시문명을 일군 가인을 족보에서 제외한 것에 주목할 일이다. 후술하겠으나 유교제사 역시도 조상 앞에서 후손들의 사람됨이 강조되었다. 단지 얼굴이 닮고 발가락(자연)이 닮아서가 아니라 조상들의 '뜻'을 이어 사람 되겠다는 다짐이 중요했던 것이다. 본 족보에 터해 유교와 기독교 간 차이는 물론 제사와 예배 간의 간격도 좁힐 수 있을 것이다.

이런 누가의 족보시각에서 조상제례를 추원보본(追遠報本)이라 했던 정약용의 생각이 크게 도움이 된다. 그는 제사가 예중의 예이고 으뜸가는 효라 했다.6 물론 살아생전 부모의 뜻을 온전히 받들고자 하는 양지(養志)를 효라 했으나 그에게도 여전히 살아서의 효가 죽어서의 제사였던 것이다. 그러나 그에게 제사란 온갖 허례허식을 벗겨낸 것으로 공자의 생각과 맥을 같이했다. 형제간의 제(悌)없음을 부모를 사랑하지 않는 탓으로 이해할 정도였다. 주지하듯 '산사람을 옳게 부양해야 조상신을 섬길 수 있다'는 것이 공자의 제사 론이었다. 살아있는 이들 간의 관계가 그릇되었다면 귀신, 곧 조상의 혼령을 멀리하라고까지 말한 것이 공자였다. 다산의 견해도 결코 이와 다르지 않았다 "제사란 자손이 계속 부모를 공경하여 효를 이어가기 위한 것으로 자기 생명의 근원을 잊지 않고 생시와 같이 효를 극진히 함이다."7 그럼에도 천주교의 직간접적 영향을 받은 다산은 다음 두 가지 점에서 이전 유학과 생각을 달리했다. 최고신의 존재를 인정했으나 조상의 영령을 신상(神像), 신적 실체로 보는 것에 반대한 것이다. 또한 신주(神主)를 죽은 조상을 기억하

---

6 정약용, 『여유당 전서』, I-19, 30a.
7 『여유당 전서』, III-17, 42a.

는 일종의 상징물로 여겼을 뿐 혼령의 거주 처로서 신앙의 대상으로 여기지 않았다. 조상 혼령에 대한 객관(대상)적 흠향(歆饗)보다는 오히려 살아있는 자들의 주체적 성경(誠敬)을 조상제례의 핵심이라 여긴 탓이다. 살아있는 부모 뜻을 받드는 양지가 제사보다 낫다는 말이라 할 것이다. 나아가 신주대신 다른 상징을 이용하여 조상을 기억할 수 있다는 말도 남겼다. 다산의 상제례(喪祭禮)는 조상신과 연루된 자연신 개념도 버렸다. 기독교와의 갈등 요소를 제거한 것이다. 하지만 불교와 달리 조상의 시신(주검)을 강조했던 유교로서 몸(魄)이 묻힐 땅이 소중했고 그럴수록 땅을 관장하는 토지신의 존재를 두려워했다. 유교식 상례에 후토제(后土祭)가 거행된 것도 이런 연유에서이다. 조상혼령의 실체화를 거부했듯이 자연을 신격화하는 자연숭배 역시 버렸다. 이렇듯 지신(地神), 조상신뿐 아니라 일체를 관장하는 천신역시 인정치 않았고 그는 오로지 최고신인 상제(上帝)만을 신뢰했다. 고대 중국에서 발견한 최고신의 존재를 천주학의 상제로 여겼던 결과였다. 과거 전통에서 최고신은 왕족의 조상신이었고 뭇 조상신이 자연신으로 격하되었던 것에 반해 다산에게서 상제는 왕족의 신이 아니라 모두를 위한 최고의 정신적 존재가 되었다. 대월상제(大越上帝), 즉 그 면전에서 누구든지 두려움과 떨림으로 자신의 일거수일투족을 반성하고 성찰해야할 대상으로 여긴 것이다. 홀로 있을 경우를 더욱 두렵게 여기라는 '신독(愼獨)'만이 지천(知天)의 길을 열을 수 있다고 한 것이다.[8] 거꾸로 말하면 상제가 없다면 신독 역시도 불가능하다는 말일 수도 있겠다. 따라서 제사는 신

---

8 愼獨이란 "세밀한 마음으로 조심하여 상제를 섬기되 항상 성신(聖神)이 어두운 곳에 임하여 밝게 비춤과 같이 삼가고 두려워하여 잘못이 있을까를 살피는 마음..."이다. 김승혜, 『다산 사상 속의 서학 지평』, 서강대학교 인문과학원 편, 2004, 72.

독의 경지에서 조상께 드리는 예배가 된 것이다.

이 점에서 다산의 조상제례는 조상(신)과 하느님 관계에 대한 개신
교적 입장을 정립함에 있어 도움을 주었다. 유교의 제례를 최소주의에
입각하여 그 본질(공자)을 회복시킨 탓이다. 다산에게서는 신독이 조상
제례의 본질이 되었다는 뜻이다. 따라서 귀신의 존재(人魂)를 탈각시
킨 채, 하느님(上帝)이 조상들의 조상, 곧 궁극적 조상으로 여겨진 것이
다. 예전부터 전해진 예라 하더라도 시대에 따라 달라질(經權) 필요가
있었다. 얼마 전 타계한 거유(巨儒) 유승국 역시 유교가 하느님(上帝)
을 잊은 것에 대해 애석해 하였다. 기독교가 조상에 대한 효를 잃으면
하느님을 예배할 수 없는 것처럼 유교 역시도 하느님 없이는 자신을 알
수 없다고 한 것이다.9 다석(多夕) 유영모 역시도 본래 유교는 조상만
아는 유(有)의 종교가 아니라 '없이 계신 하느님'을 말하는 무(無)의 종
교라 하였다. 이런 이유로 다산 정약용은 풍수지리에 의해 묘 자리를
구하는 복서(卜筮), 땅의 길흉을 따지는 지관(地官), 제례 시 조상에게
음식을 권하는 유식(侑食) 등을 일체 거부했다. 또한 주자가례에 따른
4대 봉사(奉祀)대신 살아생전 경험할 수 있는 조상을 기리는 차원에서
3대 봉사를 주장했다. 산자와 죽은 자간의 삶의 연대성을 주장하기 위
해서라도 경험된 가족이 더욱 중요하다는 판단 때문이다. 특별히 다산
이 중시한 바는 제주(祭酒)를 받는 수조(受胙)란 의식으로서 생시 부모
가 들고 남은 음식을 자녀들이 먹는 것을 재현하는 일이다. 이를 통해
역시 산자와 죽은 자의 사귐(코이노니아)을 강조하고 싶었던 것이다. 그
래서 제사를 "생시 정성껏 음식을 차려 드실 것을 권하고 남긴 음식을

---

9 류승국, 앞의 글, 25-28.

나누는 절차와 의식의 모방으로서 사사여사생(事死如事生)의 상징적 표현"[10]이라 했다. 사자(死者)에 대한 예를 생자(生者)에 대해 하듯 하라는 말 외에 다른 것이 아니다.

이상에서 조상제례를 공자에로 소급하여 최소화시킨 다산의 제례관을 살폈다. 일정부분 천주교의 영향으로 유교를 다시 본 결과라 짐작할 수 있겠다. 효율성을 좇는 자본주의적 현실에서 죽은 이들이 쉽게 망각되고 그럴수록 죽어가는 자들의 고독이 심각한 현실에서 유교적 제사는 죽음 그 자체보다 두려울 수 있는 잊힘에 대한 두려움을 극복할 수 있게 한다. 개신교의 경우 조상을 기억하는 추모(도)예배가 있으나 의식이 지나치게 말 중심이며 너무 단촐하다. 여타 종교에 비해 제례의식이 발달되지 못한 결과라 할 것이다. 죽어가는 자의 고독을 해결하기 위해서라도 유교제사를 우상숭배라 여겼던 이전 태도를 벗고 최소주의적 시각에서 그 상징성을 적극 수용할 때가 되었다. 삶의 근원을 확인시키고, 육체(몸)으로만이 아니라 뜻(誠敬)의 차원에서 생명의 연속성을 강조하며 산자와 죽은 자가 일상에서 교감하는 유교적 종교성을 기독교가 적극 수용해야 옳다. 유교적 최소주의에 입각할 때 탈(脫)미신적 유교제례는 기독교 신앙과 예배의 의미를 오히려 풍성하게 만들 수 있을 것이다. 조상을 경홀히 여기는 기독교는 보이지 않는 하늘(하느님)도 옳게 섬길 수 없음을 유념할 일이다.

---

10 최기복, "다산의 서학수용과 상제례관", 『근세 한국 철학의 재조명』, 이동준 외 (심산 2007), 610.

4. 예배와 제사의 불이不二성
— 탈脫성직의 척도로서의 '신독'愼獨

이제 마지막 장에 이르렀다. 예배와 제사의 하나 됨, 혹은 예배로서의 제사를 나름 모색하는 지면이 될 것이다. 이렇듯 필자가 예배와 제사의 불이(不二)적 관계에 집착하는 것은 궁극적으로 의례의 주체로서 평신도 역할을 강조하기 위함이다. 제사의 주관자인 평신도가 교회 예배에 있어서도 여전히 주체가 될 수 있고 되어야 한다고 확신하기 때문이다. 기독교의 예배가 그리 했듯이 유교적 제사 또한 '인간을 근원에로 이끄는 하나의 거룩한 끈'11인 탓이다. 미완과제로 남겨진 기독교의 만인제사직은 이런 과정하에서 자기 본뜻을 온전히 실현시킬 수도 있겠다. 하지만 여기서 핵심은 그것이 예배이든, 제사든지 간에 신독에 있다. 신독이란 '홀로 있을 때를 조심하라'는 뜻으로 하느님의 임재 경험과도 유사하다. 제사를 위해 자신에 대한 치열한 성찰과 반성의 순간일 것이다. 앞서 각주에서 밝혔듯이 신독은 평범한 일상(俗)에서 상제를 대하는 마음으로 삼가고 두려워하는 삶의 태도이다. 이처럼 성직제도가 없었던 유교는 제사를 위해서 일반인들에게도 엄격한 수신(修身)을 요구했다. 제사를 모시는 제주가 성직의 기능을 담당했던 것이다. 일년 몇 차례 반복되는 기일(忌日)을 맞아 제주(祭主)는 자기 삶을 성찰하고 반성하지 않을 수 없었다. 제사를 통해 삶의 연속성(孝)을 환기시키고 조상의 현존을 잊고 살았던 것을 용서하는 의례를 지속하기 위해서 필요한 것이 바로 신독이었다. 필자가 어린 시절 보고 경험했던 제사상 앞에서의 부친의 격한 울음은 하느님을 향한 죄책 고백의 감정과 일맥

---

11 이은선, 『유교, 기독교 그리고 페미니즘』 (지식산업사 2003), 375-382.

상통하는 것이었다. 이는 성찬, 세례식을 위해 성직자에게 결혼을 금할 정도로 고행을 요구한 초기 기독교 전통을 빼 닮았다. 단지 성속(聖俗)을 분리시키지 않고 '성의 평범성', 즉 일상에서 성(聖)을 실현시키고자 했을 뿐이다. 유교는 기독교 서구가 강조했던 악의 평범성(H. 아렌트)보다 이은선 교수가 밝혔듯이 성의 평범성을 강조해왔다.[12] 그러나 이 땅의 기독교는 일상 속의 성(聖)을 버렸고 주일 하루만의 종교, 안식일을 위한 종교가 되어 버렸다. 예배 역시 인습적이며 노예화되었고 값싼 은총으로 죄의식조차 실종시켰다. 자본에 종속된 탐욕을 3개의 '오직' 교리를 앞세워 지속적으로 면죄부를 주어왔던 것이다. 자기 수행(愼獨) 없이 허례로서의 의례만 남은 예배에게 제사의 의미가 더해질 이유가 바로 여기에 있다. 또한 자기 성찰 없이 반복적, 기계적으로 의례를 집행하는 성직의 직무에 대한 불신도 여기서 정점을 이룬다. 일찍이 고트족 침입으로 배교한 성직자들에 대한 평신도들의 반발과 저항을 원죄론을 앞세워 물리적, 교리적으로 해결한 적이 있었으나 이제는 그런 봉합이 더 이상 가능치 않다. 강간하고 횡령한 목사를 성직자로 인정할 평신도는 아무도 없다. 그럴수록 일상에서 신독하며 제사를 경험한 평신도 역할이 항차 교회 안에서도 중요할 수밖에 없다. 다행히도 한국내 개신교 내부에서 성례전과 부활신앙을 조상제례 속에서 통전시키려는 시도가 존재했었다. 죽음 역시 통과의례인 까닭에 죽음 이후의 삶을 지금 이곳과 연결시킬 목적에서였다. 이 경우 성례전은 살이 있는 자의 자리에서 죽은 자와의 삶(뜻)의 연대성을 그리고 부활을 하느님에 의한 죽은 자의 기억을 뜻했다.[13] 이런 시도는 일상과 주일을 나누고 삶과

---

12 이하 '聖의 평범성'이란 한나 아렌트의 '악의 평범성'과 짝하는 이은선 교수의 핵심사유임을 밝힌다.

죽음을 분리시켰던 기독교(교회)의 자기비판으로부터만 가능하다. 성 (聖)의 평범성, 일상성을 말하지 않고서는 불가능한 일이다. 그럴수록 요점은 제사의 선결요건인 신독에 있다. 신독만이 일상을 거룩하게 만 들며 제사를 예배와 결합시킬 수 있다. 하느님 앞에서의 경험이 바로 신독이자 경(敬)인 탓이다. 이하 내용에서 신독에 터한 제사를 예배와 결합시키는 한 방식을 배울 수 있겠다. 즉 예배와 제사의 불이(不二)성 을 위해 신독에 터한 종교성이 얼마나 중한 것인지를 말할 것이다. 우선 최소주의에 입각한 제사의 형식부터 달리 생각해야겠다. 우선 유교 제 사에 없어서 아니 될 상징물로서의 신주(神主) 대신 누구나가 쉽게 구 할 수 있는 밤, 대추, 감을 사용한다. 여기서 밤은 자기 근본(조상)을 기 억하겠다는 표증이고, 대추는 자식 낳아 생명을 이어가겠다는 표식이 며, 감은 조상의 뜻 따라 자식을 사람 만들겠다(교육)는 다짐이기 때문 이다. 조상을 추모하는 사진을 옆에 두면 생명의 연속성을 환기시킴에 있어 큰 도움이 된다. 아울러 조상이 생전 좋아 했던 음식 몇 가지를 간편하게 준비하여 상을 차리는 것도 좋다. 하지만 음식 준비에 있어 평소와 다른 마음가짐이 필요하며 제사가 마무리될 시점까지 음식에 손대는 이가 없어야 할 것이다. 하지만 자정에 드리는 유교(전통)적 형 식을 따르기보다는 가족들이 가장 많이 모일 수 있는 시간을 정하여 제 사하는 것이 좋다.

이런 준비가 끝나면 가족과 친지들이 성경책을 갖고 제사상 앞에 무 릎 꿇고 자리한다. 신독하여 준비된 가장(家長)의 인도하에 하느님 영

13 박근원, "한국 그리스도교 죽음의례의 재정립", 『죽음, 삶의 현장에서이해하기』 (한국문 화신학회 7집, 2004), 283.

이 제례에 임하길 바라는 기도를 올린다. 오늘이 조상의 기일(忌日)임을 알리며 살아생전 그들의 삶이 얼마나 고단한 삶이였는가를 하늘에 고하는 일이다. 이 기도는 조상들의 헌신적인 삶을 후손들에게 전달하는 과정이 될 것이다. 아울러 이런 조상들을 하느님께서 잘 보살펴 주실 것을 청원하며 이 땅에서 누리지 못한 복을 하늘에서 누릴 수 있기를 간절히 기도한다. 그런 연후 함께 찬송을 하며 관련된 성경구절을 윤독한다. 이 경우 찬송과 성서는 조상들의 삶의 궤적(軌跡)에 따라 달라질 수 있다. 이에 근거하여 이스라엘 백성들에게 출애굽 사건이 늘 대화의 주제였듯이 자녀들에게 조상(부모)의 삶의 파편들을 소개한다. 예배 절차가 마무리되면 가족들은 차린 상을 향해 공경의 마음을 표한다. 개신교에서 금하는 절을 조상들에게 바칠 수도 있다. 절이란 우상 숭배가 아니라 모질게 살았던 조상들의 삶 앞에서 자신을 낮추어 작게 만드는 행위인 탓이다. 여기서는 남녀노소 누구도 예외가 될 수 없다. 음식공양이 끝나면 조상들에게 제사지내는 구성원 모두의 간결한 기도를 아뢴다. 조상들 수고를 느끼며 옳게 살겠다는 일종의 다짐의 순간이다. 설령 기독교 신앙을 살지 못하고 운명한 경우일지라도 하느님과 함께 하는 삶을 기원한다. 마지막 기도는 항시 제사상을 준비한 집안의 여성 한 사람을 택하여 드리는 것이 좋다. 제사 행위가 멍에가 아니라 생명을 이어가는 장(場)인 것을 강조할 목적에서이다. 그리고 마지막은 함께 드리는 주기도문으로 제사를 폐한다. 이런 방식으로 제사는 하느님께 드리는 예배의 형식 속에 적극적으로 통전될 수 있다. 거듭 말하지만 유교문화 잔류량을 가장 많이 지닌 한국에서 개신교는 유교의 부정적 모습을 지우고(최소주의) 그의 긍정적 모습을 활성화시켜야 옳다. 제례가 효(孝)의 중요성에 대한 강조로서 하느님 안에서 조상을 이해하고 조상의 뜻을 이어가는 의례인 탓에 향후 개신교는 제례의 예배화에 더욱 관심을 기울여야 마땅하다. 그래서 누가가 전하는 예수의 족보가 더없이 중요하다. "...그 위는 에노스요, 그 위는 셋이요, 그 위는 아담이요, 그 위는 하느님이시다"

짧은 마무리: 신독愼獨에 터한 성聖의 평범성, 그것이 평신도를 의례의 주체로 만든다

이렇듯 신독에 터해 의례의 주체였던 평신도들은 향후 교회예식의 주체로서도 자리매김 되어야 할 것이다. 제사를 통해 성의 평범성을 학습한 탓에 교회 내에서도 자신들 신앙주권을 더욱 적극적으로 행사해야 마땅하다. 수행 없는 성직자의 의례보다 신독에 터한 제사행위, 그를 일상에서 경험한 평신도들이 성직자들보다 훨씬 종교적이고 영적일 수 있다. 따라서 평신도가 더 많은 설교 기회를 갖고 성직자 고유 권한에 속한 세례, 성찬에도 평신도가 참여하는 것이 바람직하다. 제도가 보장하는 성직보다 일상에서의 신독 여부가 의례의 집행 여부를 결정해야 옳다. 더구나 성직자의 이/삼중직이 공론화되는 현실에서 본 주제는 피할 수 없는 사안이 되었다. 성직이 존재론적 위상이 아니라 회중 안에서의 역할이란 종교개혁자들의 말이 거짓이 아니라면 말이다. 이것이 현실화 될 때 비로소 미완의 과제로 남겨진 만인제사직이 완성될 수 있다. 물론 그렇다 하여 평신도와 성직자 역할을 온전히 동일시할 수도 없는 노릇이다. 성직자인 까닭에 무조건 의례의 집행자가 되는 것은 참으로 불합리하다. 여기서 요체는 하느님 앞에선 경험, 유교식으로는 성(聖)의 평범성, 곧 신독의 학습 여부이다. 성직자라도 삶이 수반치 못할 경우 의례를 삼가는 것이 좋다. 반면 경건의 훈련, 곧 일상 속 제사를 통해 성의 평범성(愼獨)을 체험하고 학습할 경우, 평신도일지라도 항시 의례의 주체가 될 수 있어야 한다. 이를 일컬어 필자는 신앙주권의 온전한 회복이라 말하고 싶다. 평신도가 의례의 주체자로 우뚝 서는 그 날, 기독교는 주일만의 종교가 아니라 일상 자체를 거룩(聖)하게 만드는 종교로 크게 변화될 것이다. 루터의 만인제자직의 원뜻도 유교식으로 말할 때 '성의 평범성' 곧 신독과 결코 무관치 않을 듯싶다.

평신도교회를 꿈꾸는 공동체라면 의례의 주체로서의 신독의 실천과 제사의 경험을 일상에서 주저함 없이 지속적으로 감당해야 옳다. 자신들 조상을 향한 경건한 종교적 에토스를 예배로 승화시키는 훈련에 익숙해져야 한다. 그런 학습만이 신앙주권을 더욱 의식화시킬 수 있는 탓이다. 하지만 기존교회일 경우 성찬과 세례 집례 시, 성직자와 평신도들이 함께 해도 좋겠다. 이들을 주례자와 보조자로 대별할 이유는 전혀 없다. 누가 더 성례(聖禮)로 불리는 교회예식을 위해 일상에서 신독의 경험을 했는가에 대한 솔직한 고백이 필요하다. 준비가 부족한 성직자보다 제사를 위해 신독했던 평신도가 교회의례의 주체가 될 수 있는 법이다. 이 경우 성례집행에 있어 주(主)/보(補)의 역할은 얼마든지 바뀔 수 있어야 한다. 남녀의 구별도 의당 없어야 옳다. 평신도가 집례하는 성찬예식에서 성례를 받거나 보조 역할을 한다 해서 성직자의 권위가 실추되는 것이 아니다. 오히려 일상에서 신독 경험을 굳게 하는 계기가 되기에 하늘도 기뻐할 일이다. 설교를 비롯하여 성찬과 세례식이 구원의 첩경이라 믿는다면 이를 행하는 주체들의 자기 성찰이 더 한층 깊어지고 예민해야 옳다. 이를 위해 가정에서 평신도들이 제주(祭主)의 역할을 지속적으로 감당할 일이다. 제사와 예배가 결코 둘이 아니라는 누가의 족보를 근거하여서 말이다. 바로 여기서 탈(脫)성직에 대한 아시아(유교)적 성찰이 가능할 수 있다.

그래도 문제는 여전히 남는다. 성의 평범성을 살아내는 신독의 소유자를 어찌 가늠할 것인가의 문제이다. 잘못할 경우는 평신도들의 과한 종교적 욕망으로 성례(聖禮) 자체가 더욱 혼란에 빠질 수도 있겠다. 잘못된 성직자들의 탓이겠으나 장로들의 권력욕이 교회에 난제를 만드는 현실에서 탈성직 영성(慎獨)에 있어 기준이 필요한 상황이다. 신독에 의거 학습된 성의 평범성은 고독, 저항 그리고 상상을 골자로 한다. 고독은 신독의 본질로서 하느님 앞에선 단독자의 경험이다. 복잡한 자신의 마음을 궁극적 하나에로 모을 수 있는 힘일 것이다. 홀로 있으나 언제든 하느님과 더불어 있다는 대월상제의 경험은 세상을 향해 열려져 있다. 자기 폐쇄적인 외로움과 달리 고독은 그 깊이만큼 넓어 세상을 품는다. 이렇듯 고독에 바탕 한 영성은 언제든 현실에 저항한다. 무리(집단)속 일원으로 만드는 세상과 교회를 향해 항거하고 차라리 한 마리 잃은 양 되기를 선호한다. 고독이 중심을 떠나 변방을 지향한다면 저항은 변방을 내치는 중심에 대한 비판이다. 성서가 말하는 하느님 나라 사유가 고독에서 야기된 저항의식의 산물이라 해도 좋겠다. 탈중심화된 의식이 바로 저항인바, 이런 저항으로 탈(脫)성직의 과제를 이룰 수 있을 것이다. 교회 내 변방은 아직까지 평신도 영역일 수밖에 없는 탓이다. 하지만 이런 저항은 상상, 곧 환상이 있을 때 가능하다. 상상력 없는 저항은 무모하고 폭력으로 귀결될 수 있다. 상(환)상이란 체제 밖 사유의 다른 표현이다. 제도 속 인습화된 가치에 수응하기보다 전혀 다른 세상에 대한 동경이다. 동서양의 분화 이전상태인 우로부로스 신화 세계로의 회귀일 수 있겠고 성전휘장이 제거된 새로운 교회상(像)일 수도 있다. 자본주의적 인과관계가 산산조각 나는 대안 공동체에 대한 기대라 해도 좋을 것이다. 이런 교회, 세상에 대한 환상은 고독에서 비롯하며 저항을 부추긴다. 이것이 바로 신독에 터한 성의 평범성의 실상이다. 일상에서의 제사 경험이 그래서 중요하다. 종교개혁 500년 이후(以後) 교회는 모두가 성직자고 모두가 평신도로 머물러야만 한다. 고독, 저항, 상(환)상을 허락하는 신독만이 종교적 영성으로 인정받는 시대가 된 까닭이다. 종교의 시대가 가고 영성의 시대가 온 것을 명심할 일이다.

탈脫성장
: 이슬람의 서구 자본주의 비판

들어가는 글

종교들마다 그 성립 배경의 차이 탓에 존재하는 형태가 서로 다르다. 시간성의 개념에 터해 종교를 이해한 서구와 달리 동양에 있어 종교는 공간 혹은 풍토의 산물로 여겨진다. 물론 어느 것 하나 절대(정형)화시킬 수 없겠으나 지금껏 전자의 시각에서 종교들 간의 차별에 방점을 두었던 것에 비해 후자의 관점에서 차별을 차이로 보는 일이 권장, 요구된다. 흔히 종교(문명)발생지로 몬순형, 사막형 그리고 목장형 풍토가 언급되었다.[1] 각기 그로부터 불교(힌두교)와 기독교(유대교, 이슬람) 그리고 희랍사상이 발원했던 것이다. 풍토가 달랐던 만큼 종교들의 차이 역시 외견상으로도 명백하다. 윤회, 업과 같은 종교성을 사막 풍토에서 기대할 수 없었을 것이며 초월적 유신론이 몬순풍토에서 비롯할 수 없

---

[1] 와쓰지 데쓰우로/박건주 역, 『풍토와 인간』(도서출판 장승 1993). 중국 황하 강을 중심한 유교(노장사상) 문명권에 대한 언급도 이 책 속에 언급되었으나 생략한다.

었을 것이다. 여기서 풍토(자연)는 종교를 발생시킨 세계관의 핵심이라 하겠다. 풍토가 인간의 자기이해를 결정하고 그로부터 종교적 표상이 비롯하는 까닭이다. 해서 세계관과 종교를 물과 물고기의 관계로 비유했다. 양자가 서로 다르나 나뉠 수 없는 하나(不二)의 상태에 있다는 말이다.

1. 모든 종교에 있어서 '허용'과 '금기'

사막풍토에서 비롯한 초월적 유일신 종교 중에서 이슬람은 7세기경 유대교와 기독교를 앞세우며 태동되었다. 특별히 그 자리를 아라비아 반도로 옮기면서 이슬람은 앞선 종교들과 변별되는 과정을 겪었다. 기독교가 유대교를 배경하되 새로운 종교가 되었듯, 이슬람 역시 앞선 배경을 전유했지만 나름 유일신적 특성을 강조했다. 주지하듯 유대교와 이슬람은 예수의 신격화를 거부했고 무함마드란 이슬람 예언자는 유대교와 기독교 모두에 낯설었다. 기독교 내부에서도 유대교의 영향사가 길게 존재했었다. 예수를 하느님 양자(養子)로 여긴 유대적 기독교와 그를 신(神)과 동격화시킨 주류 기독교간의 갈등이 지속된 것이다. 결국 예수를 신이 아닌 아들(養子)로 본 기독교 일파가 후일 초창기 이슬람 형성에 영향을 미쳤다는 것이 기독교 측의 견해다.[2] 이들 세 종교들 간의 상호 교섭사(史)가 존재했다는 사실이다. 하지만 이슬람은 무함마드의 계시를 정점으로 여긴 탓에 앞선 두 종교와 구별되어야 했

---

2 한스 퀑/손성현 역,『한스 퀑의 이슬람- 역사, 현재, 미래』(시와 진실, 2012). 본 책속에 이와 관련된 수십 권의 연구 자료가 소개되었다.

고 더구나 당시 아라비아반도에 만연한 다신론적 종교들과 투쟁할 수밖에 없었다. 특별히 앞선 두 유신론적 종교 이상으로 아라비아 지역 내 미신적 생활풍토에 대한 정화가 급선무였다. 이런 과정에서 무함마드의 계시(꾸란)와 이후 예언자들의 어록인 하디스는 자신들 이슬람 정체성을 위해 규례, 성생활, 먹거리, 노동, 특별히 상거래 등 일체 생활양식을 구체적으로 명시했다.3 이 속에 적시된 것만이 '하랄'이고 그 외의 모든 것을 '하람' 곧 금기사항으로 여겼다. 이슬람은 자신들에게 요구된 '하랄'과 '하람', 곧 허용과 금기를 인류 모두를 위한 보편적인 것으로서 일위일체(一位一體)의 신, 알라가 주셨다고 믿고 있다. 이런 생활양식을 준수하는 것을 '하랄'이라 하기에 이슬람은 교리적 차원에서만이 아니라 일상생활의 면에서 여타 문화와 갈등을 유발하고(할 수) 있다. 지금껏 기독교 서구가 자신의 문화를 보편이라 여겼듯이 이슬람 역시 자신들의 허용과 금기를 보편화시킬 생각을 하는 탓이다. 서구문화의 몰락을 지켜보며 이슬람의 생활양식으로부터 배울 바가 적지 않은 것도 사실이다. 하지만 그것을 일리(一理)아닌 전리(全理)로서 강요할 수는 없는 노릇이다. 더구나 유대인에게 율법이 중요하듯 이슬람 역시 법학이 신학을 대신하는 상황에서 '하랄'과 '하람'은 이웃 종교(문화)들에게 주는 부담이 크다. 윤리, 도덕, 관습을 신앙, 종교와 직결시키는 탓이다. 그럼에도 본고에서는 이슬람의 허용과 금기를 일단 긍정적으로 살펴볼 생각이다. 일상성, 곧 속(俗)의 영역에서 성(聖)을 찾고자 하는 긍정적인 면을 지녔기 때문이다.

---

3 유스프 까르다위/최영길 역, 『이슬람의 허용과 금기』(세창출판사, 2011). 참조.

2. 이슬람 종교에 있어서 '허용'과 '금기' 생태적, 경제적 차원들

이상에서 본대로 이슬람의 금기와 허용은 일차적으로는 생태학적 (풍토적) 차원에서 생각할 주제였고 이차적으로는 앞선, 주변 종교들과 변별되는 과정에서 생겨난 것이었다. '하람'을 피하고 '하랄'을 지킴으로서 온 세상이 유지, 보존, 존속될 것이라는 확신이 이슬람 종교의 핵심이다. 세계 금기음식 연구가인 한 식품학 교수는 금기와 허용의 생태적 차원을 문화 유물론적 입장이라 했고 후자의 종교적 차원을 문화 상징적인 것으로 이해했다.4 주로 먹거리에 관한 연구에 치중했으나 충분히 논의할 가치가 있다고 여겨 관련 내용을 후술할 것이다. 본 장에서는 상술한 두 시각에 근거하여 이슬람 속에서 허용과 금지의 논리가 생겨난 배경내지 원칙을 좀 더 깊게 살펴볼 생각이다.

앞서 본대로 이슬람은 이전 시대의 종교적 상황과 크게 변별될 필요가 있었다. 이슬람 이전의 아랍인들에게 새로운 삶의 지침을 주어야 했기 때문이다. 다신론적 배경에서 아랍인들이 허용한 우상숭배를 비롯하여 인신공양 나아가 음식(술)과 여성 학대 그리고 고리대금을 금해야만 했다. 유일신 종교들인 유대교와 기독교와 공통되면서도 허용과 금기의 원칙을 달리 정한 것이다. 이슬람은 우선 꾸란에 근거하여 허용과 금기의 원리를 생각했다. 인간의 유익을 위하여 유일신 알라가 세상을 창조했다는 것이 기본 전제이다. 이는 유일신 종교들의 경우 모두 공통된다. 일단 모든 것이 허용된다는 대긍정이 기본이 되었다. "알라께서

---

4 정한진, 『왜 그 음식은 먹지 않을까』 (살림, 2014), 4-5.

하늘에 있는 것과 땅에 있는 모든 것이 너희에게 유익하도록 하셨으며…". 이런 절대적 긍정은 하지만 타자에 대한 부정으로 이어졌다. 알라 이외의 다른 종교, 이설 등의 숭배, 추종이 금지된 것이다. 우상숭배, 이웃 종교들은 모두 알라를 부정하는 일로서 '하람' 중 '하람'이었다. 본래 이런 금기는 다신론에 따른 아랍인들의 무질서한 삶을 수정키 위함이었다. 세상을 옳게 구원하려는 의지의 발로라 할 것이다. 절대적 신앙이 바른 삶을 정초할 것이란 확신의 표현이었다. 하지만 신앙행위 외에 세속적 관습행위에 관해서는 인간의 자유에 맡겼고 그의 옳고 그른 사용을 문제시 했다.[5] 따라서 허용과 금기란 인간 자유가 세상을 유익하게 창조했던 알라의 뜻에 합당하게 사용되기 위한 방책이라 할 것이다. 그러나 이슬람은 유대교와 기독교마저 비판하면서 알라만이 할랄과 하람의 유일무이한 결정자인 것을 강조했고 하디스에 그 구체적 사례들을 모으면서 그 중심을 신학에서 법학으로 옮기기 시작했다. 여러 정황하에서의 예언자들 판단과 생각이 알라의 그것과 동일시됨으로써 허용과 금지의 생태적, 경제적 차원은 탈각되고 종교적 의미만 부각, 강조되었던 것이다. "알라께서 금지된 것을 자세히 너희에게 설명하였느니라." 이렇듯 허용과 금지의 일체 기준이 일체 알라의 뜻의 결과가 된 탓에 인간의 자유 역시 상대적으로 약화되었다. 따라서 이슬람은 인간 뜻대로 할랄과 하람을 결정하거나 양자를 뒤바꾸는 일들을 결코 용납하지 않았다. 신앙행위와 관습행위 모두의 차원에서 허용과 금기를 알라의 뜻, 예언자들의 판단에 의존시킨 것이다. 물론 이런 과정을 통해 당대의 삶을 혁명적으로 바꿨던 경우도 부지기수였다. 예컨대 신(神)을 위해 바쳤던 동물(낙타)들을 굶주린 인간을 위해 사용토록 했던

---

5 유스프 까르다위, 위의 책, 20 이하 내용.

것이다.6 이는 근본에 있어 안식일이 사람을 위해 있다는 성서 속 예수의 정신과도 닮았다. 종교의 이름으로 인간을 억압하고 굶주리는 것에 대한 일갈이자 일침이었다. 알라께서 인간에게 허락한 것을 종교의 이름으로 금지하지 말라 한 것이다. 이처럼 알라 뜻에 의한 할랄과 하랄은 당시로선 인간해방적인 의미를 지녔다 하겠다.

이슬람에게서 할랄과 하람은 인간에게 유익한 것과 해로운 것이란 말로 치환해 사용할 수 있다. 알라가 할랄은 물론 하랄을 정한 것도 인간의 유익을 위한 것이었기 때문이다. 그러나 이 와중에서 기독교는 물론 유대교와도 그리고 동양종교들과도 갈등을 겪었다. 인간의 유익이란 것이 지역마다, 생태학적 환경에서 다를 수 있다는 것이 종종 망각된 탓이다. 오늘의 상황에선 인간의 유익뿐 아니라 자연(생태계) 자체의 유익을 위한 시각도 존재할 필요가 있다. 육류자체를 금하는 채식주의 역시 이 점에서 의미를 더할 수 있을 것이다. 여하튼 신앙이 관습을 통제했고 신학이 법학으로 무게중심을 옮겼기에 먹거리 등 관습의 차이가 종교 간 갈등요인으로 자리한 것은 걱정스런 일이다. 주지하듯 이슬람에게 '할랄'에 해당되는 것으로서 유대교에는 '적합'이란 뜻의 '카슈르트'(kashrut)라는 말이 있다.7 이들의 경우 되새김질하고 발굽이 둘로 갈라진 채식동물만 먹거리로 허용되었다. 이슬람과 달리 발굽이 갈라지지 않은 낙타는 식용에서 제외되었다. 이는 구약성서의 증언이기도 했다.8 수중동물 중에서 지느러미와 비늘을 지닌 물고기만 허용되었고

---

6 앞의 책, 27-29.

7 정한진, 위의 책, 58 이하.

8 이정배, "생태학적 관점에서 본 기독교의 먹거리", 제 70차 평화포럼, 종교와 음식문화, 2013, 11-18. 구약성서 레위기 11장을 보라. A.P. 휘트만/홍성광 역, 『성서 속의 생태학』 (황소걸음, 2004). 참조.

갑각류와 조개류는 먹지 않았다. 새와 곤충들 중에서도 먹어서는 아니
될 종류도 많았다. 한 식탁에서 고기와 유제품을 동시에 먹지 않는 것도
관습이 되었다. 돼지고기를 터부시하는 등 많은 부분 유대교와 식습관
을 공유했으나 이슬람은 유대교가 금한 것(낙타, 갑각류 등)을 알라의 징
벌로 이해했다.9 좋은 것을 먹지 않는 유대인의 무지를 어리석다 질책
한 것이다. 낙타가 좋은 고기라는 것을 알라가 정한 '할랄'로 믿기에는
납득할 수 없는 부분이 있다. 오히려 사막 지역에서 운송수단인 낙타의
경우 식용을 금하는 것이 유익한 일이 될 수도 있을 듯싶기 때문이다.
아울러 유대교와 기독교는 포도, 대추야자, 꿀, 보리, 밀에서 추출한 것
일체를 술이라 보고 이를 엄격히 금한 이슬람과 달랐다.10 술이 하느님
과 사람을 기쁘게 한다고 여긴 탓이다. 하지만 이슬람은 술이 지닌 유용
성(할랄)보다 해(하람)가 많다고 판단했다. 이슬람 이전 아랍 사람의 음
주폐해를 극복할 목적에서 그리했을 것이다. 하지만 모든 것을 알라의
뜻이라 여기고 법으로 신학을 대신할 경우 문명충돌은 불가피하다. 이
슬람은 농경 문화권에서 소를 신성하게 여겨 소고기를 먹지 않는 힌두
교와도 갈등할 것이며 돼지고기를 즐겨먹는 이 땅 문화와의 접목도 어
려울 수 있다. 육식의 종말을 선포하며 채식주의 삶을 사는 이들을
알라로부터 징벌 받은 자로 여길 수 없는 노릇이다. 타문화권에서 이슬
람 수용이 어려운 것은 분명 관습과 신앙을 일치시키려는 이슬람의 법
신학적 차원 탓이 크다. 그렇기에 '할랄'과 '하람'을 알라의 뜻이나 법학
차원이 아닌 생태–경제적 시각에서 적극 재론하는 것이 인간의 자유를

---

9 이슬람의 음식계율을 특별히 샤리아(shariah)라고 부른다. 도축하는 방식 역시 두 종교
　가 닮았다. 동물의 고통을 경감시키는 방식을 권장한 것이다.
10 이슬람 전승 중에 술에 대한 호의적인 언급도 많다고 한다. 그러나 초기와 달리 후대로
　갈수록 금하는 경향이 짙었다 할 것이다.

인정한 본래의 취지와도 맞는다. 율법으로는 구원 얻기 힘겹다는 것이
기독교(개신교)의 근본원리이다. 율법이 오히려 금기를 깨고자 인간 죄
를 부추길 수 있다는 것이 기독교의 현실이해라 할 것이다.

　이 점에서 유일신 세 종교들이 공유하는 구약성서 내의 생활방식,
음식문화를 생태, 경제적 시각에서 융통성 있게 살피는 것이 중요하
다.11 구약성서, 특별히 레위기에서 금지 동물 및 곤충 수를 상당수 언
급한 것은 개체 수 보존을 위해 인간 욕망을 제한할 목적에서였다. 동물
들의 선별적 허용과 금지, '할랄'과 '하람'을 부족한 생물학적 자원의 존
속을 위한 것으로 보는 것이 옳다. 앞서 언급했듯이 낙타는 사막풍토의
운송 수단이었고 돼지는 쉽게 부패되는 탓도 있겠으나 인간과 유사한
것을 먹는 탓에 자원낭비를 부추겼기에 '하람'이 되었다. 발굽이 갈라지
고 새김질하는 소의 경우는 거친 풀, 건초 등을 먹기에 인간과 갈등하지
않고 인간 삶에 필요한 영양소를 지녔기에 '할랄'이 될 수 있었다.12 아
마도 이슬람이 낙타를 허용한 것은 유대교와의 변별성을 강조했던 탓
이라 볼 수 있겠다. 하늘과 바다에 거주하는 새나 물고기와 달리 인간과
동물은 동일한 공간, 땅에서 거주하기에 상호 먹거리를 달리해야 평화로
운 공존이 가능했던 것이다. 구약성서가 땅의 지배(Dominium Terrae)
를 말했을 때 인간은 경작을 통해서 짐승들은 저절로 나는 풀을 먹고
살아야 한다는 뜻을 함축했다.13 한 마디로 먹거리를 위해 두 생명체가
상호 경쟁 관계에 있지 않았다는 사실이다. 유대교와 이슬람 모두 양서
류, 특히 개구리를 식용으로 금한 것 역시 병충해를 옮기는 해충들을

---

11 이 점에서 앞서 인용한『성서속의 생태학』의 시각이 중요하다. 이하 내용은 본 책의 관
　점에서 요약 정리한 것이다.
12 정한진, 위의 책, 11.
13 이정배 편저,『생태학과 신학-생태학적 정의를 향하여』(종로서적, 1993), 36-42 참조.

퇴치하는 생태적 역할 때문이었다고 보는 것이 옳다. 이에 반해 병충해를 옮기는 들쥐는 위생을 위해 식용으로부터 멀어져야만 했다. 공중의 새들 중에서 '하람'으로 규정된 것들—독수리, 솔개, 타조, 갈매기, 부엉이, 황새, 박쥐, 타조 등— 또한 생태계를 지키는 위생경찰 노릇 때문일 것이다.14썩은 고기를 먹는 독수리, 들쥐를 잡는 맹금류, 큰 곤충을 먹는 박쥐의 역할이 바로 그랬고 어느 것은 희귀종이라 보호되었을 터이다. 곤충들 중에서 메뚜기는 대량 번식 종으로서 떼 지어 다니며 산하를, 농작물을 초토화시켰기에 식용(할랄)이 되었다. 즉 개체수가 상대적으로 많은 종들이 생태계 안정을 위해 먹거리로 제공된 것이다. 반면 인간이 선호하는 동물들은 오히려 보호할 목적으로 '하람'이 되기도 했다.15이처럼 동서양 종교들이 저마다 신성함/부정함을 이유로 '할랄'과 '하람'을 정해했으나 실상 이것은 인간 및 자연 생태계 보존을 위한 인습적 지혜의 산물이라 할 것이다. 이슬람이 유독 술을 금하는 것은 앞선 아랍문화의 병폐를 치유키 위한 것이겠으나 사실 추운 지역이 아니었기에 가능했다. 더운 사막에서의 술은 인간 심신을 나태하게 만들어 공동체 유지(노동)를 힘겹게 했던 탓이다.

이슬람의 할랄과 하람도 이런 측면에서 이해될 여지가 크다. 이런 생태학적 지혜를 알라의 계시이자 법으로 규정했을 뿐 사실은 생태-경제적 지혜의 산물로서 후일 종교적 의미를 부여 받은 것이라 할 것이다. 그렇기에 이것은 풍토가 달라지면 유동적으로 달리 해석될 여지를 남겨야 옳다. 법이 계시를 대신하여 이슬람의 종교성을 규정하는 정황에

---

14 A. P. 휘트만, 위의 책, 90.
15 유대교의 경우 도마뱀이 대표적인 예이다.

서 '할랄'과 '하람'에 따른 이슬람의 보편성 요구는 오히려 제약될 것이
다. '할랄'과 '하람'을 적용할 경우, 이슬람 역시 많은 예외적 정황을 고
려하고 있는 줄 안다. 그만큼 법 적용에 있어 무리가 따를 수 있다는
것을 인정하고 있는 것이다. 기독교는 이를 상황윤리라 명하며 때론 규
범보다 상황을 더 중시하고 있다. 하지만 법적 조항처럼 되어있기에 '할
랄'과 '하람'을 유연하게 적용할 수 없는 경우도 발생한다. 그렇기에 필
자는 이 점에서 이슬람의 허용과 금기를 생태학적 시각에서 바라볼 것
을 조심스레 제안했다. 법보다 지혜의 차원에서 이슬람을 이해하고 싶
었던 까닭이다. 그리하여 필자는 이전 논문에서 이슬람에게 자신들 경
전(텍스트)에 대해 역사 비평적 주석을 요구한 바 있다.[16]

3. 서구 자본주의와 변별된 이슬람 자본주의
— 이슬람 자본주의로부터 경제를 다시 배운다

이슬람의 할랄과 하람에 대한 역사 비평적 요구에 앞서 필자는 이
땅에서 현실적으로 갈등을 일으키는 이슬람의 상거래에 대해 지면을
할애할 생각이다. 주지하듯 이슬람 상거래 역시 '할랄'과 '하람'의 차원
을 지닌 것으로 오늘날 중동 지역 경제와 이슬람 금융이해를 위해 대단
히 중요하다.[17]상거래에 있어 억울한 사람이 없도록 하는 것이 근본 원
칙이다. 누구도 억울한 눈물을 흘리지 않게 하며 자연을 생명 그자체로

---

16 이정배, "이슬람 종교의 재발견-이슬람과 기독교의 접점은 가능한가?", 『신학, 타자의
   텍스트를 읽다』 (모시는사람들, 2015), 123-166, 특히 158 이하 내용 참조.
17 심의섭, 김종도 외, 『중동경제와 이슬람 금융』 (세창출판사, 2015).

탐하지 못하도록 한 것이다.[18] 이를 위해 일차적으로 이슬람은 상품을 생산함에 있어 허용과 금기를 분명히 명시했다.[19] 오늘날 자본주의 서구가 돈 되는 것이라면 무엇이든 만들고 행하는 것과 크게 대비된다. 예컨대 성산업, 유전자를 조작하는 GMO 사업 등이 이에 해당될 것이다. 과실과 채소를 채 여물기도 전에 밭떼기로 사고파는 일도 금지되었다. 생명이 충분히 영글지 못한 불확실한 것을 돈으로 매점하는 것을 옳게 여기지 않은 것이다. 한마디로 상품 축적과 매점매석에 대한 엄중한 경고였다. 자본과 노동의 협력체계를 구축한 것도 이슬람 경제의 특징이라 할 것이다. 상품 생산과 판매 과정에서 자본가와 노동자가 이익뿐 아니라 손해에 대해 함께 책임지는 구조이다.[20] 이익을 소수가 사유화하고 손해를 전 국민에게 공유시키는 자본주의화된 한국 사회와 많이 다르다. 이슬람 상거래에 있어 사기, 속임수는 철저하게 '하람'에 속한다. 거짓된 상거래로 부를 축적한 자를 이슬람 공동체로부터 축출할 정도이다. 낮은 가격을 받더라도 물건의 상태를 정확히 고지하여 판매하는 것이 이슬람 구성원의 자격이라 여겼다. "질이 좋은 것과 나쁜 것을 구별하여 판매하시오. 우리를 속이고 기만하는 자는 우리의 일원이 아닙니다."[21] 저울의 눈금을 속이는 것도 상거래에 있어 의당 '하람'이다. 저울을 속이는 자는 지상에 해악을 막중하게 끼치는 자로서 알라의 재앙이 그에게 내릴 것을 수차례 경고했다. 한마디로 다른 사람의 권리

18 창세기 9장 1절-8절 까지를 보라. 이 점에서 유일신 세 종교는 동일한 출발점을 지녔으나 이슬람의 경우 종교를 법으로 강화시켜 실생활에 강력하게 적용하고 있다.

19 유스프 까르다위, 위의 책, 291-292.

20 앞의 책, 309-310. 노동자에게 손실이 생길 경우 자본금에서 충당하라는 것이 이슬람법이다.

21 앞의 책, 300에서 재인용.

를 축소, 강탈하는 자로서 공동체를 깨트리는 사악한 자인 탓이다. 유해한 물질을 섞어 수백 명의 어린 생명을 앗아간 가습기 사건, 성분표시를 거짓으로 행한 기업들의 횡포, 수백 명의 직원을 죽음으로 몰아간 슈퍼 대기업 산하 반도체 공장의 현실을 생각할 때 이슬람 상거래의 원칙은 아직도 사문(死文)이 아니라 종교의 이름하에 엄한 법(Saria)으로 작동하고 있는 탓에 자본주의 폐해를 축소 내지 극복할 수 있는 대안이 될 수 있다고 생각한다.

필자가 주목하는 것은 이슬람에서 이자를 '하람'이라 규정하는 부분이다. 이윤추구를 목적으로 하는 자본주의로서는 상당히 낯선 내용일 듯싶다. 정부가 이슬람 자본을 도입코자 했을 때 이 땅의 기독교가 의심스럽게 생각했던 이유도 여기에 있다. 이자 없는 이슬람 자금이 이슬람 선교를 목적한 것이란 의혹을 부추겼던 탓이다. 그러나 이런 의심 이전에 이슬람 자금으로 만들고 이룰 산업이 '할랄'/'하람' 어느 쪽에 속한 것인지를 기독교인들 역시 먼저 묻고 성찰하는 과정이 있었어야 했다. 상거래에 있어 자본주의 폐해를 최소화시키려는 이슬람의 의도 자체를 부정하는 것은 다문화시대를 사는 종교인의 태도는 아닐 것이다. 이슬람 기준으로 '할랄' 산업이 되어야지 '하람'이 될 수는 없는 노릇이다. 이를 두고 이슬람 선교 운운하는 것은 이슬람에 있어 할랄과 하람이 얼마나 보편적 성격을 지녔는지를 모르는 소치라 할 것이다. 물론 필자는 이슬람의 경우 자본이 어찌 축적되었으며 경제가 어찌 운용되는지를 충분히 알지 못한다.[22] 그럼에도 이자를 허용치 않은 것(하람)은 인류

---

22 이에 대해서는 다음 책을 보라. 홍성민, 『이슬람 경제와 금융』, Kuis press 2009. 231. 이슬람의 경제학을 자본주의, 사회주의와 대별되는 제3의 경제학이라 칭하기도 한다.

구원, 특히 가난하고 약한 자들을 위한 이슬람의 골자로서 성서종교와 맥을 같이하는 것이라 판단한다. 구약성서는 물론 예수의 가르침 속에서도 약자를 더욱 힘들게 만드는 이자를 옳다고 보지 않았던 까닭이다.

이슬람이 이자(Riba)를 금지하는 목적은 부익부빈익빈의 사회를 피하기 위함이었다.[23] 이자란 시간을 근거로 남의 재산을 탈취하는 것으로서 성서 종교들의 경우 이자를 하느님의 것을 도적질하는 것이라 여겼다.[24]따라서 신에게 속한 시간을 자신의 것으로 여겨 남의 재산을 취하는 것을 불가하다 여겼다. 재산에게 생명과도 같다는 신성성을 부여한 것도 한 이유였다. 고리대금업이 결국 인간관계를 파괴시킬 것이며 부자를 더욱 부자로 약자를 더욱 약자로 만들 것이란 우려 때문이기도 했다. 그래서 이슬람은 원금에 이자를 붙여서 대부하는 이들을 알라의 저주를 받은 자라 여겼다.[25] 동시에 이슬람은 부채(빚)를 알라가 싫어하는 '하람'이라 생각하였다. 그렇기에 빚 없이 인생을 사는 것을 알라의 축복이라 믿었다. 빚 때문에 인간은 종종 거짓을 범하고 자주 비굴해 지는 탓이다. 그러나 빚 없이 살수 없는 힘든 경우가 언제든 발생할 수 있다. 이 상황에서 이슬람은 이웃들의 일차적인 도움을 강조했다. 형제자매가 자신의 곤경을 빚으로 해결하기 전에 먼저 도우라는 것이다. 부채를 지지 않도록 하는 것이 먼저이고 그 다음이 무이자 융자였던 것이다. 이런 정신은 성서종교들 모두에게 있어 공통적이며 인류 보편적 종교성이라 말할 수 있겠다.

---

23 유스프 까르다위, 위의 책, 305.
24 제레미 리프킨/이정배 역, 『생명권 정치학』(대화출판사, 1996), 40-54. 홍성민, 위의 책, 171-172.
25 유스프 까르다위, 위의 책, 306에서 재인용.

이슬람 사회에서 이자(Riba)는 지금도 '하람'으로 여겨진다. 기독교의 경우 이는 성서 속의 진리일 뿐 실생활에서는 완전 실종되고 말았다. 자본주의를 발생시킨 기독교가 어느덧 자본주의화되었기 때문이다. 중세기(12-13세기) 접어들 때까지도 기독교는 고리대금업자들을 교회에 발 들여 놓지 못하게 하였다. 하느님 것을 도적질하는 자, 가난한 자를 더욱 빈곤케 하는 자라는 부정적 인식 탓이었다. 그러나 16세기 이르러 교회건축 비용이 필요했던 교회는 고리대금업 하는 이들의 족쇄를 풀어 주었다. 이자로 불려진 돈의 힘이 현세와 내세를 보장하는 막강한 힘을 행사하게 되었다.[26] 교회에 대한 돈의 승리, 이것이 일면 중세와 근대를 나누는 분기점이 되었다. 종교개혁자 칼빈에 이르러 이자가 긍정적인 것으로 수용된 것도 이 시기의 에토스라 할 것이다.[27] 이로써 서구 기독교는 자본주의에 추동되어 스스로 자본화되었고 약자에 대한 배려를 상당부분 잃었다. 목하 자본주의는 빚 없이는 작동 불가능한 상태까지 이르렀다. 빚지며 살라고 선전하는 것이 이 땅의 자본주의 실상이며 사람들은 교회에도 빚으로 헌금할 정도가 되었다. 이런 정황에서 이자를 시종일관 '하람'으로 법제화시킨 이슬람을 서구자본주의와 맞설 유일한 정신적 에토스(ethos)라 말해도 좋을 듯싶다. 자본주의와 맞설 수 있는 실질적 힘을 여기서 기대할 수 있을 것이다.

이자 금지법을 말함에 있어 마지막으로 중요한 것이 이슬람 보험제도에 관한 부분이다.[28]자본주의 체제하의 보험회사와 달리 특별히 가

---

26 제레미 리프킨, 위의 책, 50-51.

27 홍성민, 위의 책, 174-175.

28 유스프 까리다위, 위의 책, 312-316.

난하고 곤경에 빠진 이들을 위한 제도라 하겠다. 보험료를 많이 낸 부자들이 더 많은 것을 가져가는 통상적 제도와는 많이 다르다. 이슬람 협동조합에 있어 보험금은 대개 기부금으로 충당된다. 그렇기에 기부자에게 자신의 돈을 되가져갈 수 있는 권리가 애당초 없다.[29] 돈을 돌려받고자 할 경우 '하람'이 되는 까닭이다. 이렇게 모금된 기부금 역시 '할랄' 계통의 사업에만 투자해야 한다는 것도 법적으로 규정되었고 이자를 받고 이를 대부하는 일도 의당 불가하다. 이처럼 이슬람 보험제도는 일정기간 후 이자와 함께 원금을 돌려받는 서구 자본주의의 그것과 전혀 다른 것이다. 이런 보험 제도를 가능토록 하는 것이 바로 자카트(Zakat)라 불리는 이슬람 기금이다.[30] 이슬람 신앙인들은 매년 자기 총 재산의 2.5%를 희사할 책무가 있는바, 이를 자카트라 명명한다. 이를 근거로 과도하게 부채를 걸머진 자, 인재, 자연재해 등으로 큰 손실을 입은 이들의 재기를 도울 수 있다. 자카트 기금을 통해 이슬람 신앙인인 자신의 백성들, 특히 약자들을 지속적으로 배려할 수 있는 것이다. 주지하듯 이런 자카트 기금을 한국 정부가 유치할 계획이고 이를 한국의 기독교 단체들이 거부하고 있다. 이자(Riba) 없는 자본(은행)에 대한 의구심 때문이다. 서구 자본주의에 익숙한 탓에 이슬람 자본이 낯선 것도 사실이다. 하지만 이슬람 은행 자체를 부정하는 것은 어리석다. 자본이 유입될 경우 이슬람은 기금이 어떤 사업(할랄)에 쓰일 것인지를 상세히 관심하면 될 일이다. 한국 측은 이 자금이 자카트 정신에 맞게 사용되도록 배려해야 마땅하다. 이슬람 자금 유입을 무조건 거부, 반대하는 것만이 능사가 아니다. 오히려 자신들 사업계획을 이슬람 시각에서 '할랄'로서

---

29 앞의 책, 314.
30 앞의 책, 316.

납득시켜야만 한다. 물론 이슬람 국가들 역시 자신들 자금이 정의와 평화를 위한 방편인 것을 명백히 할 필요가 있다. 행여나 내심 이슬람의 확산을 목적한다면 이 또한 '하람'이 될 뿐이다. 지금 세계는 각 종교들에게서 진리보다 평화를 원하고 있는 중이다.[31] 자카트 기금이 그 본 정신에 따라 자본주의의 대안으로서 역할할 수 있다면 그것만으로도 충분하다.

그러나 이자(Riba)에 대한 보충설명이 좀 더 필요하다. 이자 없는 자본, 또는 이자가 배제된 은행업에 대한 불필요한 오해를 줄이기 위해서이다. 이자 없음의 본 취지는 앞서 언급했듯이 고리대금 금지에 방점이 있다. 빚과 부채로 삶을 살게 만드는 자본주의 현실에 대한 고발이라 해도 좋겠다. 이슬람 형성 이전, 아랍사회의 병폐를 고치기 위함이었다.[32] 고리대금업을 하느님의 것을 도적질 하는 것으로 여길 만큼 가치투쟁을 한 결과였다. 하지만 현재로선 이슬람 국가들마다 차이가 있겠으나 이자 없는 자본은 다음 뜻으로 이해하면 무리 없다. 즉 화폐(자본) 자체에 대한 이자를 목적하지 않고 투자자와 운용자간의 손익분배의 원칙에 입각하여 경제활동을 한다는 사실이다.[33] 부언하면 투자자와 노동자 어느 쪽에도 홀로 배부르거나 배고프지 않게 하겠다는 것이다. 또한 이슬람 채권인 수쿠크(Sukuk) 역시 서구의 경우처럼 불확실한 위험자산을 담보하지 않았고 오로지 실물에 터한 것이기에 무차별적 이윤추구를 목적한 서구의 그것과 충분히 변별될 수 있다.[34] 한마디로 이

---

31 울리히 벡/홍찬숙 역, 『자기만의 신』(도서출판 길, 2013), 262-263.

32 이슬람 출현 전 메카는 당시 원금의 2-3배에 달하는 고리대금업이 성행했었다. 홍성민, 위의 책, 256.

33 홍성민, 앞의 책, 255,

것은 이익보다는 위험분담을 우선시하여 평등, 복지국가를 만들겠다는 것이다. 따라서 샤리아(法)에 근거한 이슬람 경제정책을 제 3의 경제 형태라 여기는 것도 이 점에서 능히 가능하다. 개개인의 자산을 신성시 하고 노동(근면)을 중히 여기는 종교적 에토스가 뒷받침된 탓이다. 인색함은 물론 낭비와 과다소비(하람)를 신 없는 사회의 특징으로 본 것도 이슬람 경제의 특징 중 하나이다.

4. 신학(종교)의 법학화와 믿음 없는 행위, 무엇이 더 문제인가?

이처럼 이슬람 경제정책은 먹거리와 동일하게 법제화된 '할랄'과 '하람'에 의거하여 인류 복지를 위한 새 길을 만들 수 있었다. 알라의 계시, 곧 종교적 명령과 법이 거지반 등가로 여겨졌기에 상거래 위반 (하람)이 세속적 차원을 넘어 종교적 범죄가 된 까닭이다. 바로 이 점이 서구 자본주의 폐해를 단(斷)할 수 있는 이슬람의 결정적 힘이었다. 하지만 앞서 지적했듯이 종교가 법으로 역할 할 때 역으로 종교자체가 보수화될 공산이 크다. 신학이 법으로 환원될 경우 종교의 역기능이 쉽게 발생될 수 있다는 말이다. 기독교가 유대교의 화석화된 율법주의를 벗고자 했으며 개신교가 가톨릭교회의 공로사상(업적주의)를 폐하려 했던 것도 이 점을 반영한다. 하지만 개신교의 '오직 믿음'의 원리 역시 더 큰 폐해를 가져왔다. 역으로 행위와 분리된 믿음만을 중시했던 탓이다. 하지만 성서는 '행위 없는 믿음'을 말한 적이 없었다. 오히려 '믿음

---

34 앞의 책, 275.

없는 행위'의 문제점을 수없이 적시하고 있을 뿐이다.35 이슬람식으로 말하자면 믿음 없는 행위는 '하람'에 해당 된다. 신앙을 지녔다 하면서도 자본주의적 욕망에 추동된다면 그로 인한 행위는 모두가 '하람'일 수밖에 없다. 이런 점에서 이슬람의 '할랄'과 '하람'은 기독교, 특히 개신교의 '오직 믿음'의 원리에 일침을 가할 수 있겠다. 그럼에도 이슬람은 율법으로부터 자유하고자 했던 기독교의 본뜻을 깊이 숙고할 필요가 있다. 법학이 신학을 대신하여 일상을 지배하는 정교일치체제하에서 종교가 보수화되는 역기능이 우려되는 탓이다. 앞서 필자는 이슬람 경전들에 대한 역사 비평적 작업을 강변했다. 코란 형성 과정에 대한 비평작업이 선결될 때 거기서 비롯한 법들 역시 더욱 시대적합성을 갖는다고 믿는 탓이다.36 물론 이슬람 법 역시 예외적 조항을 두었으나 경전에 대한 역사 비평적 작업이 오히려 '법'의 순기능을 확산시킬 수 있을 뿐이다.

주지하듯 꾸란은 샤리아 중 샤리아이다. 신적 계시의 집적물로서 절대불변의 것으로서 인간사에 있어 최종적 심판자의 역할을 담당한다.37 이어서 꾸란에 명시되지 않은 무함마드의 가르침을 모은 순나(Sunna)와 그를 예증하기 위한 무함마드의 일화와 구전으로 구성된 하디스(Hadith)가 있는데 이 역시 할랄과 하람에 대한 상세한 정보, 기준을 제공하고 있다. 세 번째는 '이즈마'로서 앞선 두 법을 현실에서 적용하고 판결한 이슬람 신학자(Ulama)들의 견해라 할 것이다. 역사적으로

---

35 M.보그& J. 크로산/김준우 역, 『첫 번째 바울의 복음』(한국기독교연구소 2010), 212-213.
36 K. Friedrich Pohlmann, *Die Entstehung des Korans –Neue Erkenntnisse aus sicht der historisch-kritischen Bibelwissenschaft*, WBG press 2012.
37 이하 내용은 홍성민, 위의 책, 103-105를 줄여 재 서술한 것임.

형성된 이런 판결문 역시 법적 효력이 대단하다. 마지막으로 판례법을 뜻하는 '끼야스'라는 것이 있는 바, 이전 법에 명시되지 않는 사건들에 대한 판례를 모은 것으로서 새로운 정황에서 '할랄'과 '하람'을 정하는 기준으로 사용되었다. 즉 많은 예외적인 경우(상황윤리)를 적재하고 있는 법이라 할 것이다. 이렇듯 할랄/하람의 판결은 일차적으론 '꾸란'에, 그곳에 규정 없을 경우 '순나'에, 거기서도 근거를 찾기 어려울 때 '이즈마' 그리고 '끼야스'에 순차적으로 의존한다. 그러나 결국 하느님 계시로서의 '꾸란' 그 자체에 대한 절대(문자)적 신뢰가 없으면 이하 순차적 기준들은 쉽게 허물어지고 만다. 하디스 역시 역사적으로 불분명한 것이 많음에도 '꾸란'의 절대 권위를 보증하는 방편으로 이용되고 있을 뿐이다. 그렇기에 필자는 성서를 비평적으로 보는 성서학의 견지에서 '꾸란'을 바라보는 것이 이슬람의 보편화를 위해 도움이 될 것이라 거듭 말했다.

짧은 마무리: 이슬람에도 의심의 해석학이 필요하다

이제 졸고의 마지막에 이르렀다. 이슬람의 허용과 금기, '할랄'과 '하람'이 시대와 풍토를 가로질러 세계화, 보편화될 수 있기 위해서 한 성서학자의 이슬람에 대한 학문적 제안을 조심스럽게 소개할 것이다. 『꾸란의 형성』(*Die Entstehung des Koran*)[38]이란 책은 크게 4부분으로 구성되었다. 첫째는 꾸란의 역사적 형성층을 밝혔고 두 번째는 성서학의 역사비평 방법을 소개하였으며 세 번째는 성서학의 시각에서 꾸란 텍스트

---

38 각주 36번 참조.

를 읽고자 했고 마지막으로는 꾸란을 새롭게 수용할 수 있는 여지를 탐색했다. 논문 결론에는 꾸란 속에 언표된 예수를 긍정적으로 검토하면서 전통적 기독론과의 거리를 두었다. 기독교적 배타성을 상당 부분 누그러트리며 말미를 장식한 것이다. 한 마디로 이 책은 기독교적 시각에서 이슬람을 보았으나 다시금 이슬람 시각에서 기독교의 본질을 재해석한 것으로서 참으로 뜻깊다. 아직 이 책을 충분히 읽지 못했으나 평소 필자의 생각을 구체화시켰기에 본고 결론에서 '꾸란'을 바라보는 한 성서학자의 학문적 출발점을 간략히 소개한다.

저자는 우선 이슬람을 구약성서와 초기 기독교라는 역사적 배경에서 이해할 것을 강조했다.[39] '할랄'과 '하람'의 경우 히브리 성서와 유사점이 많았던 것도 그 이유일 것이다. 따라서 '꾸란' 역시 아주 오랜 층에 있어 성서 전통의 핵심 부분과 맞닿아 있음을 역사 비평적으로 규명하라고 했다. 성서나 꾸란을 더 이상 흠 없는 하느님의 온전한 계시라 여기는 순진한 생각을 버리란 것이다. 주후 610년부터 632년에 걸쳐 아랍어로 언표된 무함마드의 예언과 선포 그리고 계시가 성서가 그렇듯이 그 자체로 하느님 말씀일 수는 없다. 꾸란과 성서, 이 경전들이 하느님 말씀(계시)에 대한 인간적 응답이기 때문이다.[40] 성서학자의 시각으론 이슬람의 경우 이 점이 지나치게 강조된 듯 여겨졌다. 앞서 보았듯 이것은 신학이 법학으로 무게중심을 옮겼던 탓일 듯싶다. 이슬람이 기독교 근본주의자들처럼 문자 실증주의에 빠지는 것은 참으로 불행한

---

39 이하 내용은 앞의 책, 19페이지까지의 서문을 요약, 정리한 것이다.
40 이 점에서 종교개혁자 루터 역시 성서가 하느님 말씀이 아니라 성서 속에 하느님 말씀이 들어 있다고 했다.

일이다. 경전의 텍스트 출처 역시 불분명한 곳이 많고 자신들 전통에 대한 과도한 신뢰는 이슬람 발전에 있어 족쇄가 될 수 있다. 꾸란 역시도 통일성, 역사성 그리고 그 체계에 있어 불철저한 면을 지녔다. 다양한 시대, 상이한 역사적 층들이 섞여 편집되었기 때문이다. 따라서 성서가 그렇듯이 꾸란도 계시자 한 사람의 책이라 말할 수 없다. 이제 보편 종교로서 이슬람에게 있어 자기 전통에 대한 의심의 해석학이 요청된다. 이데올로기 비판의 형식으로서 자기 전통을 의심하는 것이 이슬람에게 더 좋은 미래를 선사할 것이다. 종교가 언제, 어느 곳에서라도 사람들에게 돌이 아니라 생명의 떡을 주려고 한다면 말이다. 그럼에도 탈(脫)성장을 앞세우며 작은교회 운동에 나서는 우리는 기독교 서구를 능가하는 이슬람 자본주의에 새롭게 눈떠야 할 것이다.

탈脫성별(인간)
: 생태학에서 얻는 전일적 녹색 지혜

들어가는 글

본고는 2010년에 출판된 필자의 책『생태영성과 기독교의 재주체화』[1]에 기초하여 한국적 '작은교회'론의 시각을 확대시킬 목적으로 구성되었다. 주지하듯 환경학자들은 금세기내 지구 온도가 6도까지 상승할 수 있다는 전망하에서 2010년을 기후붕괴 원년으로 선포했다.[2] 온도상승이 종(種)의 다양성을 해쳐 결국은 단 하나뿐인 생명의 공간, 지구를 불모의 땅으로 만들 수 있다고 경고한 것이다. 이로써 향후 지구운명은 인간 삶의 양식, 문명 향방의 급진적 전회와 무관할 수 없게 되었다. 어떻게 사는가에 따라서 기후 붕괴 정도를 완화시킬 수 있기 때문이다. 인류 전체가 지금 우리들처럼 자본주의 욕망을 좇아 살고자 할때 서너 개의 지구로도 부족할 것이라 예견한다. 종교개혁 500주년을 앞둔 시점에서 우리가 탈(脫)성장을 으뜸가치로 내걸고 작은교회 운동을 하는 것도 이런 문명사적인 전망과 유관하다. 지금껏 기독교는 근대

---

1 본 책은 동연에서 출판되었고 당해(2010년) 문광부 우수학술도서로 선정되었다.
2 S. 멕페이그/김준우 역,『기후변화와 신학의 재구성』(한국기독교연구소 2008).

이후로 진보적 발전사관과 등가(等價)로 이해되었다. 자연의 신비를 파헤쳐 인간을 이롭게 했던 진보이념을 기독교가 추동했던 것이다. 그러나 지금 그 반대급부로 인해 가이아(자연)의 복수가 인류에게 가해지고 있다. 더구나 지구 곳곳의 가난한 이들이 그 일차적인 피해 당사자들이다. 이런 정황에서 기독교는 이전의 모습을 벗고 의당 자신을 재(再)주체화시켜야 옳다. 생태적 영성의 소유자가 되어 인습화된 신앙 양태를 단(斷)하는 것이 두 번째 종교개혁의 과제이다. 작은교회 운동도 그 일환일 것이나 아직 자연 생태계를 염려하는 우환의식이 그 속에 뿌리박히지 않은 듯하다. 생태의식은 우리가 관심할 제 분야 중 하나가 아니라 모든 영역에 있어 근간이다. 우리가 바라는 정의는 언제든 생태학적 정의(Eco-Justice)여야 하는 것이다. 우리의 저항과 분노는 이 점에서 먼저 우리들 자신을 향해도 좋다. 환경과 관련하여 우리는 언제든 피해자면서 가해자인 까닭이다. 따라서 '작음'의 가치에 생태학적 시각을 보충하여 그 지평을 확대시켜야 마땅하다. 우리는 6일간의 창조 후 '참 좋다'는 하느님의 환호를 기억한다. 그 환호를 지속시키는 것이 예배요, 교회의 존재 이유라 생각할 때 먼저 우리는 예수를 그랬듯이 지구를 십자가에 매달며 살아왔음을 회개한다. 그럴수록 십자가상의 예수와 함께 십자가에 매달린 지구의 이미지를 중첩시켜 생각할 일이다. 녹색은총의 감각을 망각하면 적색은총의 의미 역시도 퇴색하는 법이다. 목하 한국교회는 생태적 불감증, 생태맹(生態盲)으로 인해 평화와 생명의 케리그마인 십자가의 본뜻을 크게 타락시켰다. 이 점에서 필자는 녹색은총의 의미를 통해 적색은총의 지평 확장을 나름 '생명신학'의 골자로 여기고 있다. 책 제목을 『생태영성과 기독교의 재주체화』로 정한 것도 이런 연유로서 생태위기에 직면하여 기독교를 더욱 보편화시키고 싶었다. 이 점에서 기독교 역시 탈(脫)/향(向)의 과정을 반드시 겪어야만 할 것이다. 한마디로 기독교는 자신의 과거를 반성하며 생태적 수치심을 갖고 스스로를 새롭게 변모시켜야만 한다.

1. '새로운 가난한 자New Poor'로서의 자연

2016, 2017년 두 해 동안의 여름에 우리는 사막 같은 찜통더위로 고통하면서 이상기후를 여실히 체감했다. 한 낮에는 몸이 감당할 수 없는 고온으로 활동 자체가 불가능했다. 전력비상 상태가 선포되었고 에어컨 수요도 급증했다. 그럴수록 전기 누진세의 폐해에 대한 사회적 공감도도 높았다. 기업에게 싼 값으로 공급된 전력을 일반 가정에 높게 공급하는 것은 분명 형평성에 어긋난 일이다. 누진세 무서워 에어컨을 맘껏 틀지 못한 불만의 소리가 곳곳에서 있었다. 누진세 제도를 개혁해야 될 때가 되었다는 정치권의 제도적 판단도 필요한 시점이었다. 그러나 당시 녹색당은 더위를 에어컨으로 해결하고 싼 전기료로 극복하겠다는 우리들의 일상적 발상을 초라하게 만들었다. 기후변동을 먼저 고민하자고 제안했던 것이다. 사실 우리 집에서도 갈등이 있었다. 선풍기 하나를 방 이/저곳으로 옮기며 여름 나기가 용이치 않았던 탓에 에어컨에 대한 유혹이 컸다. 하지만 에어컨은 집안을 차게 하는 만큼 밖(자연)을 덥히는 것이기에 고민 끝에 결국 마음을 접었다. 밀양의 송전탑 사건이 눈에 아른 거렸던 결과였다. 도시로, 공장으로 전력 전송을 위해 거미줄처럼 연결된 송전탑을 목도한 적이 있었다. 송전탑이 건설 후, 평생 모아 산 땅은 헐값이 되었고 그를 비관한 할아버지가 자살했던 사건

도 있었다. 수많은 할머니들이 웃통을 벗고 송전탑 반대시위를 했던 것
이 바로 엊그제 일이었다. 이 현실에 함께 투쟁했던 한 단체에서는 "전
기는 눈물을 타고 흐른다"라는 슬로건을 만들어 호소했다.3 전기는 그
냥 전선을 타고 흐르는 것이 아니라 수많은 경유지 주민들의 피눈물을
타고 흘러 우리들 에어컨을 작동시킨다는 것이다. 전기는 단순 돈(누진
제)의 문제만이 아니었던 것이다. 금번 여름은 우리들 편안함이 생태적
약자를 양산했고 기후붕괴를 가속화시키는 구체적 사례인 것을 경험토
록 했다. 그러나 에어컨 사용을 자제하는 이런 사소한 노력이 기독교
신앙, 생태적 영성과 무슨 관계가 있는가를 묻는 이들이 많다. 환경개
선에 무슨 도움이 되겠는가를 반문한다. 물론 그럴 수도 있겠다. 하지
만 자연 역시도 오늘 우리시대에 '새로운 가난한 자'(New Poor)가 되었
다. 가난의 범주를 확장시켜 자연을 지키는 일이 시급하다. 이 일에 사
소한 것이란 있을 수 없다. 아무리 사소한 노력일지라도 그것은 모든
것을 앗긴 자연을 본래적 상태로 되돌리는 일로서 이를 환경선교라 하
였다. 21세기의 화두인 단순성, 곧 최소한의 물질로 사는 것만큼 생태
적 삶은 없다.4 생태적 영성의 열매가 바로 단순성이다. 자본주의는 삶
을 복잡하게 만들 뿐이다. 장롱 속에 걸려있는 수많은 옷가지들이 반
(反)생태적 삶을 살았던 흔적들일 듯싶다. 이 불편한 진실을 자각하는
것이 '작으나 큰' 생태적 삶의 출발점이다. 그럴수록 손의 창조력을 높

---

3 밀양사태에 대한 보고서의 일환으로 나눔문화 연구원들에 의해 "전기는 눈물을 따라 흐른
　다"는 소책자가 발간되었다.

4 이 점에서 러시아사상가 N. 베르댜에프를 생각하면 좋겠다. 그는 '최소한의 물질로 사는
　삶'을 일컬어 정신적인 삶, 하느님 말씀대로 사는 삶이라 했고 그로써 자본주의와 공산주
　의, 양대 이데올로기를 극복하고자 했다. 성만찬의 식탁 역시 최소한의 물질로 차려져 있
　고 형평성 있게 골고루 나눠진다는 생태학적 상상력의 보고(寶庫)라 여겨질 수 있다.

여가야 한다. 이것 없으면 머리로만 살려하고 돈으로 남의 재능을 부리고자 할 뿐이다. 자본주의적 욕망을 손의 창조력을 갖고 불편을 견디는 생태적 영성으로 맞설 일이다.

필자는 최근 어느 책에서 "백만 척의 방주, 백만 명의 노아"란 말을 배워 그 뜻을 좋게 펼쳐내고자 애쓰고 있다5. 물론 방주 대신 조각배로 교회 메타포를 바꾸자는 교종의 제안이 있었음을 기억한다. 한 곳에 머물며 사람 찾아오기를 기다리지 말고 몸을 가볍게 하여 세상을 찾아다닐 것을 교회에게 요구한 것이다. 이 말의 타당성에도 불구하고 필자는 방주와 노아의 이미지를 생태학적 시각에서 중요하게 여긴다. 원(原)역사의 핵심인물로서 노아는 우선 이 시대의 언어로 생태학적 감수성이 뛰어난 사람, 세상에 대한 우환의식을 깊게 지녔던 존재라 할 것이다. 문명의 위기, 곧 하느님 얼굴을 피해 '놋'이란 곳에서 도시문명을 일군 가인의 후예들의 폭력적 삶의 양식을 성찰한 인물이었다. 자크 엘룰은 도시문화를 만든 최초의 사람으로 가인을 말했고 도시문화에 길들여진 우리들을 일컬어 가인의 후예라 성찰했다.6 도시라는 공간 속에 살고 있다는 이유만으로 우리를 가인의 후예라 한 것이다. 익명성을 보장 받고 자율성에 근거하여 효율성을 최고의 가치로 여기는 공간인 탓에 그 누구도 경쟁으로부터 자유로울 수 없음을 안 것이다. 가인 후예들의 삶이 그랬듯이 도시로 상징되는 인류문명 역시 탐욕으로 사실적 종말에 이르고 있다는 것이 JPIC를 발의한 봐이젝커의 경고였다. 이 점에

---

5 토마스 프리드만/최정임 외 역, 『코드 그린-뜨겁고, 평평하며 붐비는 세계』, 21세기 북스 2008.
6 자크 엘룰/최홍석 역, 『도시의 의미』, 로고스연구원 1992, 참조.

서 노아는 당대의 위기를 체감한 생태적 감수성의 소유자로서 이 시대의 봐이젝커라 할 것이다. 기독교 신앙은 기후붕괴 시대를 맞아 생태의식에 투철한 100만 명의 노아를 키워내는 일과 무관치 않다. 몸(욕망) 줄여 마음(전일적 의식)을 키우는 일이 그래서 중요하다. 이것이 십자가와 부활의 보편적 의미가 되어야 할 것이다. 방주의 메타포 역시 이와 유관하다. 방주는 새로운 미래를 품은 공간이었다. 이속에는 인습적 가치체계와는 무관한 다양한 종(種)들이 함께 있었다. 인간 편에서는 해롭다 할지라도 생태계 전체를 위해선 필요했던 까닭이다. 그로써 방주는 미래를 준비할 수 있는 힘을 지닌 공간이 되었다. 여기서 필자가 강조하고픈 것은 종들의 공존, 이질적인 것들과의 공존이다. 자신에게 낯선 것을 배제하고 악(惡)이라 여기는 현존 교회들 모습과는 크게 달랐다. 배제와 배타의 방식으론 미래를 키울 수 없다. 또한 하느님은 인간에겐 인격의 방식으로 관계하나 지렁이에게는 지렁이의 방식으로 관계함을 알아야 한다.7 우리 외의 관계방식을 모를 뿐 그것을 틀리다, 가치 없다 판단할 수 없다. 이 점에서 교회는 구원을 독점한 기관(제도)이라기보다 오히려 미래를 위한 씨앗을 품은 공간이 될 일이다. 기독교는 100만 명의 노아를 키워낼 100만 척의 방주가 되어야 옳다. 저마다의 카리스마를 갖고 다양하게 존재해야 할 것이다. 생명과 평화의 복음, 즉 복음의 정치학을 통해 물리적 방주를 만들 수 없을지라도 정신적 방주로서의 교회 역할이 필요하다.

---

7 J.B. Mcdaniel, *With Roots and Wings*, Newyork, 1995.

348 두 번째 종교개혁과 작은교회 운동

2. 기독교도 천지인天地人 상관성을 말한다

방주서 나온 노아의 처음 일이 단을 쌓아 예배하고 포도나무를 심는
일이었다. 포도나무를 심는다는 것은 놋(도시)과는 전혀 다른 삶을 살
겠다는 다짐이다. 이런 노아를 향해 J문서는 아담과 하와의 또 다른 아
들 셋의 후손이라 칭했다. 더 이상 가인의 족보가 아니란 것이다. 이런
노아에게 하느님은 새롭게 약속하였다. 처음 때보다 더 큰 축복의 땅을
만들 터이니 다음 두 가지를 약속하라 했다. 사람들 눈에서 눈물을 흘리
게 하지 말 것과 동물을 피(생명) 채로 먹지 말 것을 요구한 것이다. 앞
의 것이 사람들 간의 형평성 문제라면 나중 것은 자연과 인간 간의 정의
라 할 것이다. 사실 이 둘은 동전의 양면처럼 우리들 일상에서 함께 작
동하고 있다. 이 모두는 결국 인간 속에서 작동하는 욕망의 문제인 까닭
이다. 성서는 이 두 약속이 지켜질 수 없었기에 바벨탑을 쌓게 되었고
그로써 인류문명이 다시금 멸망했음을 암시한다. 여기서 더 나은 세상
을 위한 두 가지 단서는 창세기 초반의 선악과에 상응한다. '절대적 한
계'는 지켜져야 한다는 의미에서이다. 일찍이 칸트는 성서의 첫머리에
'…말라'는 명령이 있었음에 주목했다. 인간 삶에서 절대적 한계가 있음
을 가르칠 목적이라 하였다. 마찬가지로 새 계약에 있어서도 이런 명령이
존재했다. 억울한 눈물을 흘리게 말 것, 피 채로 먹지 말 것, 이 두 '말라'는
명령 또한 인류 행복을 위해 필요한 전제들이다. '말라'는 것은 역으로
더 열심히 '하라'는 뜻일 수도 있겠다. 여하튼 성서의 첫 명령이 한계에
대한 자각이었다는 사실이 중요하다. 이 점에서 기독교인은 태초부터
이런 (절대적)한계 속에서 살아가는 존재일 수밖에 없다. 이런 자각은
'참 좋다'는 하느님의 환호를 잇는 길이자 아주 보편적 가치이다. 인간

이면 누구나 행할 수 있고 행해야만 하는 가치이다. 그러나 믿음의 이름
하에 기독교는 오히려 지난 역사를 비롯하여 지금의 현실 속에서 이를
어겼다. 이런 한계를 인식할 경우 기독교는 결코 자본주의와 짝할 수
없다. 4대 보험도 없는 비정규직으로 노동자를 내몰고 유전자 조작으
로 생명 자체를 탐욕대상으로 삼는 자본주의로는 결코 미래를 품을 수
없다는 말이다. 그럴수록 우리가 추구하는 '작음'은 절대적 한계를 지키
며 삶을 살겠다는 다짐이어야 할 것이다. 생태적 영성의 시각에서 현실
을 볼 때 우리는 더욱 보편적이며 포괄적으로 그리고 유기체적으로 세
상을 바라볼 수 있다. '우리를 반대하지 않는 자는 모두 우리를 지지하
는 자'라는 성서 말씀에 잇대어 이웃 종교는 물론 여타 이념들과 더불어
자본주의 이후 시대를 꿈꿔야 할 것이다. 하느님 나라는 본래 체제 밖
사유였음을 기억하면 좋겠다.

성서는 본래 하느님과 인간, 자연이 운명공동체인 것을 말했다.[8] 동
양에서 말하는 천지인(天地人) 상관성에 대한 기독교적 언술이 창세기
에 잘 나타나 있다. 인간이 하늘에 범죄하면 인간 상호 간에 거짓과 평
계가 난무하고 그로써 자연이 인간을 배반하는 결과를 낳았다는 것이
다. 반면 요엘서가 증언하듯 인간이 하느님 앞에 옳게 서면 대머리 산에
서도 강물이 흐른다 했다. 이처럼 천지인 상관성을 우리는 신앙적으로
깊게 성찰할 필요가 있다. 이는 앞서 보았듯, 교회 내에서 적색은총(십
자가)만이 아니라 녹색은총의 감각도 키워야 한다는 말일 것이다.[9] 여
기서 중요한 것은 인간이다. 시편 104편—흔히 생태학적 시편이라 불

---

8 이하 내용은 다음 책을 참고했다. K. Marti, "하느님의 생태학", 이정배 편저, 『생태학과
  신학』(서울: 종로서적 1992).
9 필자는 종래의 구원신학과 창조(자연)신학 간의 분리를 앞서 인용한 멕다니엘의 책을 통
  해 적색과 녹색의 은총의 이름하에 종합할 수 있는 눈을 배웠다.

린다—은 일체 생명의 먹을 것을 두루 관심하는 생태학적 경영자로서
의 하느님을 묘사한다. 먹고 먹히는 먹이사슬 구조하에서 먹이 찾아 울
부짖는, 인간을 비롯한 여타 생명체의 먹거리를 염려하는 하느님의 모
습이다. 여기서 인간은 아침 들판으로부터 늦은 저녁까지 일하면서 이
런 하느님 관심사를 좇는 존재로 자리매김 되었다. 이 점에서 성서가
말하는 하느님 형상은 구약학자 베스터만이 말했듯 인간 내 정적(존재
론적) 속성이기보다 하느님 관심사와 일치하는 행위력이라 보면 좋겠
다.10 세상을 복되게 하려는 하느님의 행위에 상응하는 삶을 살라는 것
이 하느님 형상의 본뜻이란 말이다. 천지인 상관성을 이룰 구체적 주체
로서 하느님이 인간을 부른 것이다. 하지만 인간이 자신의 이런 역할을
감당치 못할 때 본 시편은 인간을 악당이라 하면서 그를 오이코스(집)
로부터 추방한다. 여기서 우리는 죄인으로서의 인간 실상을 직면한다.
사려 깊은 생태학적 경영자인 하느님의 관심으로부터의 일탈, 그를 일
컬어 시편은 죄인이라 한 것이다. 이처럼 성서적 인간은 본래부터 천지
인 상관성 속에서 자신들의 정체성을 생각했었다. 근대 이후 기독교가
서구가 전제한 독아론(獨我論)적 인간상과는 동이 서에서 멀 듯 무관했
던 것이다.

3. '작음'의 가치를 알리는 성서 — 최소한의 물질로 살기

또 다른 지혜 문학서인 욥기를 통해서도 인간을 생태계의 질서에 편
입시키려는 하느님의 의도를 배울 수 있다. 주지하듯 욥기는 유대교의

---

10 C.베스터만/황종렬 역, 『창조』(분도출판사 1992).

신명기 사관으로부터 빗겨난 이방적(?) 시각을 담았다. 의로운 자의 고통을 말하고 있는 탓이다. 하지만 이 관점이 없었다면 예수를 이해하는 데 어려움이 있었을 것이다. 최근 지젝과 같은 철학자는 신구약성서의 연결고리로 욥을 택했고 예수를 이해하는 전거로 삼고 있다. 아담, 모세, 다윗 혹은 이사야서와 관계시켰던 종래의 방식과 크게 다른 양상이다. 그만큼 욥기는 신약의 예수를 이해함에 있어 또한 기독교의 생태적 재구성을 위해서 중요한 단서를 제공하고 있다. 욥기 서문에는 하느님과 사탄의 대화가 기록되어있다. 욥을 두고서 내기하는 장면으로서 여기서의 핵심은 인간을 보는 두 시각의 차(差)다. 인간을 신뢰한 하느님과 인간이란 결국 자신의 생명을 물질로 바꾸는 존재라는 사탄의 시각 간의 대결이었다. 자본주의 체제하에서 종교유무를 막론하고 욕망덩어리로 변질된 인간상(像)을 보면 사탄이 보는 시각이 옳다는 절망감도 든다. 여하튼 이것은 욥기를 성찰하는 또 하나의 시각일 것이다. 이어서 본론은 욥의 고통을 신명기 사관으로 정죄하는 당대 신학자들과 욥과의 치열한 신학적 투쟁으로 구성되었다. 자신의 의로움에 근거하여 하느님의 의를 치열하게 물었던 욥이 신명기 신학자들을 무력화시킨 듯 결말이 나는 것 같았다. 하지만 하느님은 욥의 편이 되지 않았다. 오히려 38장 이하에서 하느님은 절규하는 욥에게 다음의 질문을 던졌다. "내가 이 세상을 세울 때 너는 어디 있었는가?" 이 질문은 이하 3장에 걸쳐 이어지는 뭇 물음을 총칭한다. 세상의 창조 및 유지 존속을 위한 인간 역할에 대한 질문이다. 녹색은총에 대한 감각에 대한 물음이기도 할 것이다. 여성신학자 죌레는 욥의 고통 중에 현현하여 이런 질문을 하는 하느님을 폭군이라 보았으나 필자 생각은 일면 다르다. 지금껏 신정론의 물음은 주로 인간적 차원에서 제기된 것이었다. 인간 중심적 시각에서 비롯한 질문이었던 것이다. 자연재해가 인간 입장에서 큰 고통일 것이나, 자연의 입장에선 필요한 부분이 있다. 태풍과 해일은 인간이 망친 자연을 복구, 재생시키는 힘이 있는 탓이다. 이 점에서 욥기 38장 이하 본문은 인간 고통에 대한 무시가 아니라 인간 외적인 차원(은총)에로의 지평 확대라 할 것이다. 아무리 개인적으로 선할지라도 절대적 의(義)는 결코 그만의 몫일 수 없다. 만물이 상호 의존적으로만 존재한다는 생태계의 으뜸 법칙과 상호 관계성 아닌 것이 없다는 연기설도 이를 적시한다. 천지인 상관성과도 무관치 않다 불교에서는 이를 '자리이타'(自利利他)라 부른다. 자신에게 이로운 것이 남에게도 이로워야 한다는 것이다. 치근에는 이를 '이타자리'(利他自利)로 바꿔 부르기도 한다. 남을 이롭게 해야 자신도 이롭다는 말로서 '이타'(利他)에 방점을 더 두둔 탓이다. 타자 없이는 결코 자기도 있을 수 없다. 그래서 "자기만 알면 자기도 모른다"는 것이 종교이해의 근본 강령이 된 것이다. 현대가 동일성 철학의 종언을 선포하고 타자성의 철학을 전면에 내세운 것도 이런 연유에서다. 동일성에 기초한 서구 기독교가 늘 차이를 차별로 이해했으나 타자성의 철학에서 차이는 이제 초월이라 하겠다. 자연은 더 이상 정복의 대상이 아니라 초월로서의 타자라 할 것이다.

공관복음서 내 산상수훈을 신약성서 속 창조신앙의 보고(寶庫)라 한다. 구약의 창조신앙을 달리 표현한 것이 예수의 산상수훈이란 것이다. 여기서 예수는 들의 백합화와 공중 나는 새를 보라하며 입을 것, 먹을 것, 마실 것을 걱정하지 말라고 했다. 하늘 아버지께서 염려하시는 바, 이를 걱정하면 이방인과 진배없다는 말씀까지 남겼다. 이에 비출 때, 어쩌면 우리는 이방인의 범주 속에 있다 할 것이다. 욕망을 부추기는 자본주의에 추동되어 일상을 걱정하고 염려하며 근심 속에 살고 있기 때문이다. 그럴수록 예수는 우리 눈을 들어 하늘 나는 새를 보라했고 들판의 꽃을 보라고 했다. 자연에로 눈을 돌리라 했던 것이다. 그러나 우리의 눈은 자연을 향하지 않고 이를 기록한 문자에 머물고 있다. 구텐베르크의 활자 발견이 없었다면 루터의 종교개혁이 실패했을 것이란 평가가 있을 정도로 개신교는 활자 문화 덕에 존재했다. 상세히 후술하겠으나 '오직 성서'라는 것이 바로 그것이다. 그러나 정작 성서는 우리 눈을 들어 자연을 보라했다. 자연이 하느님은 아니겠으나 하느님을 보는 창문(아이콘)인 탓이다. 그러나 개신교는 자연을 육(肉)의 영역이라 하여 무시, 홀대했고 그로써 자연을 물질로만 여기게 되었다. 이 점에서 미국의 샤르뎅이라 불리는 토마스 베리 신부는 기막힌 주장을 했다. "한 3년간 성서를 덮고 자연을 맘껏 경험하자"라고 말이다.11 성서 무용론이 아니라 지나친 문자 중독으로부터 일정기간 해방되자는 것이었다. 이를 위해 그는 자연 역시도 성서만큼이나 계시적이라 했다. 빅뱅 당시 초기치로서 부여하는 에너지 밀도에 10의 120분의 1가량의 근소한 오차라도 있었다면 오늘의 지구가 없었을 것이란 사실이 신적 계시가 아니고 무엇이겠는가 물었다. 물론 그 역시 양자를 등가로 보지는 않았으나 자연의 계시적 특성 발견이 얼마나 중요한지를 역설한 것이다. 예수가 육의 영역을 홀대하지 않았다는 증거로 병자를 치유한 사건 역시 예(例)가 될 수 있겠다. 예수의 구원은 단지 영적인 구원이 아니라 몸의 치유를 동반했다. 안식일에도 먹어야만 했던 것이다. 떡과 포도주가 예수의 살과 피가 되었다는 사실 역시 물질과 정신의 상관성을 일컫는다. 물질 없이는 정신도 없다. 단지 성만찬의 식탁에서처럼 모든 것이 나눠질 때, 최소한의 물질로 사는 법을 배울 때 그것이 바로

---

11 토마스 베리/김준우 역, 『신생대를 넘어 생태대로』(에코조익 2006).

정신이자 하느님 말씀이 될 수 있다. 떡과 포도주가 예수 살과 피로 변했다고 고백한다면 우리 몸 역시 예수 몸처럼 나눠져야 마땅한 일이다. 내가 먹은 떡은 내게 물질일 수 있겠으나 남에게 준 떡은 영원히 기억되는 정신이 되는 법이다. 따라서 성만찬은 최소한의 물질(정신)로 형평성 있게 살라는 생태학적 명령이라 말할 수 있겠다.

4. 피조물의 탄식 소리를 듣는 것이 성령 체험이다

바울 신학의 골자는 한마디로 일체 특권을 거부하는 데 있다. 다메섹 체험이후, 유대인의 율법, 헬라의 지혜 그리고 로마의 법(시민권) 일체를 내려놓았던 것이다. 이것이 바울의 부활체험의 핵심이었다. 자신의 동역자 절반을 여성으로 삼을 만큼 가부장제를 버렸고 노예제도의 자발적 포기를 가르쳤다. 이것이 바울에게 덧입혀진 새로운 주체성이었다. 하지만 그의 새 정체성은 특권을 버리는 것으로만 머물지 않았다. 오히려 바울은 유대인에게 유대인처럼, 헬라인에게 헬라인처럼, 여성에겐 여성의 시각에서, 빈자에게 빈자처럼 되는 방식으로 부활 후 자신의 삶을 재(再)정위했다. 필자는 이를 논어에 나오는 '군자불기'(君子不器)의 영성이라 칭했다. 한마디로 동양의 군자처럼 바울 역시도 정형화된 그릇과 같은 존재로 살지 않겠다는 것이다. 이것이 프랑스 철학자 바디유로부터 배웠던 일체 차이를 품는 새로운 보편성, 곧 새로운 종교성(영성)의 길이었다. 이런 새 정체성을 필자는 바울의 자연관 속에서도 살필 수 있었다. 로마서 8장 이하에서 바울은 피조물의 탄식을 누구보다 치열하게 공감했다. 헛된 것들에 굴복하여 삶과 죽음에 기로에 선

피조물들, 이들의 고통을 대신하여 성령께서 탄식하고 있다는 것이다. 이 경우 피조물은 인간을 포함한 전 자연을 총칭한다. 그렇다면 오늘 우리 시대의 성령체험은 피조물들의 탄식 소리를 듣고 그와 하나 되는 길이라 하겠다. 대신 탄식하고 위로하는 성령, 그와 하나 되는 체험을 통해서 기독교는 생태학적으로 재(再)주체화될 수 있고, 그로써 더욱 보편화 될 수 있다. 골로새서에서 바울은 하느님을 만물(panta) 위에 계시고 만물 안에 계시며 만물을 통해 일하시는 분이라 고백했다. 이런 하느님 사유는 전통적인 인격신론만 가지고서 이해하기 어렵다. 하여 범(汎)재신론의 표상을 갖고 성서의 하느님을 다시 보자는 이야기가 대세이다. 역사적 예수연구가인 마커스 보그도 이 점에 적극 동의한다.12 그럴수록 성령론을 갖고서 하느님을 재사유하는 길이 모색되는 중이다. 해방신학자 보프도 2013년의 책, *Come, Holy Spirit*을 통해 이 점을 잘 밝혀 놓았다.13 하느님이 만물 안에 머물고 만물을 통해 일하시는 한, 하느님은 자연 속에서 고통하고 계시다. 인간이 자연을 망가트리고 사실적 종말로 치닫게 했던 결과이다. 따라서 자연 속에서 신음하는 하느님, 곧 탄식하는 그의 영을 체험하는 것이 기독교적 주체성인 것을 거듭 강조해야 지당하다.

불행하게도 종교개혁 신학은 중세기적 유기체 세계관과 이별했다. 아리스토텔레스의 자연개념, 곧 '피지스'(Physis) 개념을 신학 속에서 완전 탈각시켜 버린 것이다. 이는 성상 파괴와 더불어 개신교의 치명적인 근원적 한계로 인식되고 있다. 오늘 우리가 종교개혁 500년 역사를 조명할 때 반듯이 해결해야 될 개신교 신학의 문제사적 출처이다. 물론

---

12 마커스 보그/한인철 역, 『새로 만난 하느님』 (한국기독교연구소, 2007).
13 L. Boff, *Come, Holy Spirit*, NY: Orbis, 2013.

이런 단절을 통해 개신교가 공헌한 점도 크다. 존재유비(*Analogia entis*)
대신 신앙유비(*Analogia fidei*)를 택함으로써 히틀러 정권과 맞서 싸울 수
있는 힘(ethos)을 키울 수 있었다. 하지만 목하 상황에서 자연신학 전
통을 부정하는 것만이 결코 능사가 아닐 것이다. 자연신학과 계시신학
간의 새로운 조화가 필요한 시점이다. 여하튼 개신교는 중세와의 단절
을 위해 유기체적 세계관을 버리고 기계론적 세계관과 짝했다. 종교개
혁이 오직 믿음, 오직 은총 그리고 오직 성서를 말한 것은 바로 이런
토대하에서 가능했다.[14] 주지하듯 근대를 열었던 기계론적 세계관은
자연의 철저한 수동성과 초자연의 유일의 능동성을 기초로 하여 세워
진 세계관이다. 자연 자체의 합목적이란 애당초 불가능했다. 이 점에서
종교개혁이 말하는 3개의 '오직' 교리는 시종일관 자연의 수동성을 전
제로 생겨난 것이다. 자연의 전적 수동성을 개신교는 자연의 전적 타락
의 결과라 여겼던 것이다. 따라서 '아래로부터 위로 오르는 길' 대신 오
로지 '위로부터 아래로의 한 길'만이 기독교 신앙에게 강요되었다. 알기
위해서 믿어야 하는 것이지 믿기 위해서 알아야 한다는 사실 자체가 폐
기되었다. 자연의 수동성에 기초한 기계론적 세계관은 기독교적 에토
스와 만나 소위 근대문명의 초석을 이뤘고 이후 자본주의 태동을 가능
케 했다. 기계론적 세계관과 개신교 신앙 양태와의 상관성에 대한 연구
결과물은 수없이 많다. 이것은 자연을 '마녀'의 메타포로 보았던 중세
그 이상으로 자연을 '창녀'의 은유라 함으로써 자연파괴를 부추길 수 있
었다. 이후 19세기 신학은 이런 바탕에서 이뤄졌다. 자연과 문화를 철
저히 이분화시켜 전자는 사실의 학문으로 후자를 가치의 학문이라 여

---

14 데이비드 C. 린드버그/이정배 외 역, 『신과 자연 – 기독교와 과학, 그만남의 역사, 하권』
   (이대출판부, 1999), 494-520.

기며 대별했던 것이다. 이를 부정했던 20세기 변증법적 신학 역시 자연을 역사나 계시의 부속물 내지 주변으로 여긴 탓에 생태학적 시각에 도움이 되지 못했다. 생명외경 사상을 주창한 A. 슈바이처와 칼 바르트 간의 창조론 논쟁에서 이 점이 잘 드러난다. 신정통주의 신학자들은 자연을 창조로만 볼 뿐 있는 그대로의 자연으로 볼 시각 자체를 갖지 못한 것이다. 자연에 대한 새로운 발견은 사실과 가치를 양분한 학계 현실을 비판한 물리학자들에 의해서 비롯했다. 자연은 고정된, 죽어있는 실체가 아니라 지금도 변하고 있는 과정이란 것이 양자역학을 통해 밝혀진 것이다.

20세기 후반에 이르러 많은 유형의 생태신학자들이 등장했다. 이는 저마다 심층 생태학, 사회 생태학 그리고 여성 생태학에 의지처를 둔 신학적 작업의 결과였다. 심층 생태학은 동양사상과 흡사했고 사회 생태학은 마르크스주의가 진일보된 것이며 여성 생태학은 본래 자연과 여성이 동근원적 운명이라는 자각에 근거, 발전된 이론이었다. 이 모두는 공통적으로 기계론적 세계관과의 단절에서 비롯했다. 물론 이런 새로운 자연관은 중세의 유기체론과도 달랐다. 중세의 정체(목적론)적인 유기체론과 달리 자연은 훨씬 더 역동적이었기 때문이다. 우주가 지속적으로 팽창하는 과정에서 자연은 늘 새롭고 창발적이었다. 혼동 속에서도 질서를 만들어 낼만큼 자기 조직적 능력을 지닌 살아있는 생명체(가이아)였다. 이로써 지구 중심적 세계관도 끝이 났다. 우주 내 생명체를 갖는 지구와 같은 위성이 수없이 존재할 것이란 가설이 실제로 입증되고 있다. 토마스 베리 신부가 말했듯 신학은 이제 우주 속에서 하느님 계시를 지속적으로 새롭게 발견할 과제에 직면했다. 이는 하느님 계시를 성서 66권에 안에 가둬두는 제사장적 확신을 거둘 때 가능한 일이다. 이렇듯 새로운 자연관과 조우했던 신학자들은 생태신학, 환경신학이란 영역을 개척했다. 기후붕괴로 사실적 종말에 이르렀다는 위기의식의 표현이었다. 각론에서는 저마다 상이할 것이지만 총론에 있어 생태신학은 대략 범(汎)재신론을 근간으로 삼았다. 역동적 유기체성을 지닌 자연관을 신학적으로 수용한 탓이다. 앞서 말했듯, 성서 신학자들 역시도 하느님을 초월적 유일신(인격신)으로 한정시키지 않았다. 여하튼 범재신론의 틀하에서 하느님과 세상의 관계는 이전과 크게 달라졌다. 자연을 포함한 전 우주가 '하느님의 몸'이라 여겨진 것이다. 이전처럼 하느님과 세상은 질적 차이만 있는 것이 아니라 상호 나뉠 수 없는 불이(不二)적 관계가 되었다. 이로써 우주 자연도 신적인 속성을 갖게 되었다. 그렇다고 신과 등가적 존재라 말할 수도 없다. 몸은 하느님이긴 하지만 하느님 전체는 아닌 탓이다. 마치 어머니가 자식을 낳았기에 이들 관계가 둘은 아니지만 전적으로 하나라 말할 수 없는 이치이다. 인간에게 몸과 영혼(정신)이 있듯 하느님에게도 몸 이상의 것이 있음을 성찰했던 결과였다. 이런 설명은 모두 생태학적 신관을 범신론(하느님 – 세계 = 0)과 구별키 위한 신학적 노력의 일환이었다. 하지만 일부 신학자 중에는 오히려 범신론을 선호하는 이도 있다. 범재신론이 또다시 몸과 정신을 구별하는 이원론에 빠질 수 있다고 본 탓이다. 그럼에도 범재신론 이상으로 나가려는 시도에 다수 학자들이 제동을 걸고 있다. 여하튼 자연을 하느님 몸이라 할 경우, 자연의 고통은 곧 하느님의 고통이 된다. 인간의 부분별한 자연착취가 하느님을 죽음에 이르게 하는 것이다. 따라서 하느님과 인간의 관계는 자연과 인간의 관계를 통해서 해명될 수밖에 없다. 피조물들과의 사려 깊은 관계가 곧 하느님을 사랑하는 방식이다. 필요 이상의 에너지를 쓰고 살아가는 것이 기후 붕괴시대에 있어 죄인 것이다. 산천을 파헤쳐 거대한 교회를 짓는 일은 하느님 몸(성전)을 위해 하느님 몸(자연)을 부수는 일이다. 우주(자연)를 뜻하는 희랍어 'panta'가 본래는 교회였음을 생각할 때 후자의 몸, 곧 우주, 자연을 더욱 성스럽게 여겨야 옳다. 이렇듯 생태학적으로 재구성된 신학을 통해서 우리는 '작은교회'론을 발전시킬 수 있다. 건물 없는 교회가 더욱 정당성을 부여받을 것이며 마을 생태계 전체를 교회로 여길 수 있다. 앞으로 한국교회는 십자가와 함께 태양광 발전기를 적색과 녹색 은총의 상징으로 가시화시키면 좋겠다. 그로써 100만 척의 방주와 100만 명의 노아란 자의식을 드러내야 할 것이다.

5. 생태영성으로 기독교를 재주체화하라
: 탈脫성별(인간)을 향하여

앞서도 언급했으나 중요하기에 재론한다. JPIC를 발의한 공로로 바젤대학에서 명예 신학박사 학위를 수여하는 자리에서 봐이젝커는 다음과 같은 수상소감을 남겼다. "분배 문제의 불균형, 핵무기의 과다 보유 그리고 자연 생태계의 파괴가 지속적으로 존재하는 한 기독교의 구원 —기독교의 정신—은 아직도 요원하다."[15] 사실 1990년도에 본 대회가 서울에서 열릴 수 있었던 것은 이 땅이 JPIC의 문제가 집약된 세계 유일한 공간이라는 공감 때문이었다. 사드문제를 비롯하여 세월호 비극, 백남기 사건 등은 지금도 계속되는 JPIC의 문제가 더욱 심각해진 결과라 하겠다. 당시 봐이젝커는 공의회(Council)란 이름으로 전 세계 기독교

---

15 폰 봐이젝커/이정배 역, 『시간이 촉박하다』(대한기독교서회, 1987) 참고.

인을 불러 모았지만 처음에는 세계 모든 종교들과 자리를 함께 하고자 했다. OJPIC 주제가 특정 종교만의 힘으로 해결될 수 없음을 알았기 때문이다. 주지하듯 20세기에 접어들며 기독교 신학은 아우슈비츠 사건과 JPIC 문제의식으로 크게 달라졌다. 〈생명평화마당〉이 탄생된 것도 실상은 JPIC 문제의식에로까지 소급한다. 그렇다면 지금 기후붕괴 시대를 살고 있는 지금 종교들 간의 갈등과 대립보다는 종교 상호 간 소통과 협력이 필요하다. 오이코스(oikos), 곧 우주 자연을 하느님의 집이라 여기고 그것을 하느님의 몸이라 한다면 이 공간을 지켜내는 일을 종교의 공통과제로 여겨야 할 것이다. 이를 인정한다면 이웃 종교들 속에 담겨진 생태적 지혜들을 배우고 익히는 것이 도리이자 과제이다. 이미 하버드 대학에서는 "생태학과 종교" 시리즈 책 수 권을 편찬했다. 생태학과 그리스도교를 비롯하여 생태학과 불교, 생태학과 도교, 생태학과 샤머니즘 등등. 동국대학은 '에코 붓다'란 이름으로 긴 여정의 연구를 시작했다. 사실 불교의 연기설만큼 생태학의 원리와 일치되는 것이 없다. 원불교는 대종사가 간척한 수 십 만평의 땅을 유기농 쌀농사를 지으며 GMO 와의 결별을 교단 차원에서 실행 중이다. 천도교, 곧 동학 속에 담긴 "이천식천, 불연기연"(以天食天, 不然期然)의 논리는 얼마나 생태학적으로 가치 있는지 볼수록 놀란다. 이들 동양종교들이 말했던 '身土不二'는 이제 '神土不二'로 발전되어야 할 것이다. 이를 위해 "자기 종교만 알면 자기 종교도 모른다"라는 종교학의 공리가 기독교 신앙 속에 스며들어야 할 듯싶다. 기후 붕괴시대 원년을 지난 지금 어느 종교가 좀 더 생태적일 수 있는가의 선한 경쟁이 시작되었다. 종래와 같은 기독교로는 더 이상 세상의 빛 된 사명을 감당키 어렵다. 공산주의와 적대하는 자본주의, 그와 짝하는 청색의 기독교가 아니라 이제는 생태주의와

한 몸 되는 녹색의 기독교가 되어야 할 것이다. 그래서 녹색 신앙, 녹색 기독교, 녹색 구원, 녹색 교회를 생각할 때가 된 것이다. 하느님은 태초에 세상을 향해 '푸르러라'고 말씀하셨다. 녹색(Green)은 모든 것을 포함할 수 있다.

반복되는 부분이 있겠으나 『생태영성과 기독교의 재주체화』에 나오는 핵심 내용 몇 가지를 소개하는 것으로 글을 맺고자 한다. 지금까지는 이 책을 집필한 필자의 신학적 전제들을 가능한 한 쉽게—주로 성서적 관점에서— 서술했다. 생태적 영성으로 기독교(인)를 재주체화할 의도에서였다. 우선 필자는 기후붕괴 시대를 신학적 주제로 받아들였다. IPCC에 따르면 지금과 같은 추세라면 2070년경 대기 중 이산화탄소 함유량이 550ppm에 달해 한반도 중북부 이상이 불모의 땅이 될 수 있다고 경고했다.[16] 그럼에도 한국은 지금 OECD 국가 중 이산화탄소를 가장 많이 배출하는 나라가 되었다. 이는 욕망지수가 가장 높은 나라 역시 대한민국이란 사실과 결코 무관 치 않을 것이다. 이 점에서 필자는 교우들을 생태맹(生態盲)으로 키워 낸 기독교에게 생태적 수치심을 요구했고 이를 생태영성으로 나가는 첫걸음이라 생각했다. 자본주의 욕망을 좇아 살면서 주일마다 천지를 지은 하느님을 고백할 수는 없는 노릇이다. 'New Poor'로 전락한 자연(피조물)이 자신의 해방을 위해 하느님 아들들의 출현을 기다리고 있음을 기억할 일이다. 자율성과 효율성의 삶이 아니라 신음하는 피조물들이 원하는 방식의 삶을 살아내라

---

16 산업혁명이 발생하던 1750년 경 280 ppm 이었던 이산화탄소량이 오늘날에는 380 ppm에 이르렀고 2070년경 550ppm에 달할 경우 한반도는 온도가 3도 상승할 것이다. 마크 라이너스/이한중 역, 『6도의 악몽』 (세정서적, 2008) 참조.

는 것이다. 아주 불편한 진실 앞에서 조금은 불편한 삶을 사는 것이 옳
다. 이를 위해 '身土不二' 정신을 '神土不二'로 확대시켜 자연의 거룩함
을 토대로 그의 능동성, 창발(創發)성을 강조했다. 우주 자연을 하느님
의 몸이란 유기체로 본 탓이다. 자연속의 야성(野性) 역시 오늘 우리에
게 신성(神性) 체험의 길일 수도 있을 것이다. 이런 생각을 총칭하여 토
마스 베리 신부는 "기독교적 애니미즘"이라 불렀다. 지난 2천 년간 초
월적 계시의 이름하에 기독교가 파괴했던 자연생명, 즉 애니미즘을 기
독교적 방식으로 복원시키고자 한 것이다. 그는 인간을 우주만물과의
친족관계로 정의했다. 다음은 베리 신부가 즐겨 인용한 토마스 아퀴나
스의 글이다. "하느님이 이처럼 많은 삼라만상을 지은 것은 하나의 사
물 속에 부족한 것은 다른 사물을 통해 보충토록 했기 때문이다. 삼라만
상 전체가 어떤 하나의 존재보다 신을 훨씬 잘 드러내며 전체가 모두
신에 참여하고 있는 것이다. 하느님은 자신의 모든 것을 특정한 하나의
존재를 통해 전적으로 전달할 수는 없었다."[17] 여기서 베리 신부는 문
화에 중독되어 자연을 망각했던 생태적 수치심의 중요성을 재차 역설
했다. 인간 중심의 문화중독증을 벗겨내야 한다는 것이다. 이 의식을
갖고 그는 신생대로부터 생태대로 탈주할 것을 요청했다. 그에게는 이
것이 새로운 출애굽이었다. 이를 성서가 말하는 피조물들의 탄식, 그
이후의 자연, 즉 우주적 그리스도가 실현되는 세상이라 생각한 것이다
　　이어서 필자는 이런 서구적 생태의식을 다석(多夕)의 생각을 빌어
한국(토착)적으로 재구성했다. 다석 사상을 통해 생태적 회심의 진수를
보기 위함이다.[18] 주지하듯 그의 사상의 핵심은 '없이 있는' 하느님 이

---

17 토마스 베리, 위의 책, 39-40.
18 이와 비슷한 문제의식을 이은선은 "생물(生物)여성 영성의 신학"의 이름으로 풀어냈다.

해에 있다. 이것은 늘 상 '있음'에 근거하는 서구적 신론과 변별된다. '빈 탕'으로 불리는 바, 서구 내 어떤 주류담론으로도 이해 불가능하다. 없 음을 있음의 근거이자 토대로 생각했고 이에 이르는 길을 하늘로부터 품수된 인간 바탈(本然之性)에서 찾았기 때문이다. 여기서 중요한 것은 빈탕과 바탈의 상관성이다. 없이 있는 하느님에 상응하여 인간 역시도 없이 있어야 할 존재인 것이다. 하지만 일상의 우리는 언제든 '덜 없는' 존재로 살고 있다. 그래서 더럽게 되었는데, 이것이 다석이 말하는바 죄(罪)의 실상이다. '없이 있어야 할' 자신의 바탈을 탐진치로 흐릿하게 만든 탓이다. 이로써 인간은 견물생심(見物生心), 곧 사물을 보고 마음 을 일으켜 소유 지향적 존재가 되어 버렸다. 예(禮)를 잃고 알맞음(中 庸)을 상실한 인간의 적나라한 실상(몸나)이다. 우주와 조화롭게 사는 것을 다석은 예이자 알맞음이라 했던 것이다. 이에 다석은 '一座食一言 仁'[19]의 방식으로 자신의 '덜 없음'을 벗고자 했다. 적게 먹고, 서너 시간 씩 묵상하며, 어디든 걸어 다녔고, 남녀 간 욕망을 줄이는(解婚) 삶을 살았다. 하늘이 준 자신의 바탈을 불살라 이루고자 아주 단순하게 살았 던 것이다. 인류 생존을 위한 21세기의 화두가 단순성(Simplicity) 인 것을 보면 그 역시 시대를 예감한 노아적 감수성의 소유자였다. 여하튼 이것이 다석에게 있어 십자가이며 부활이었다. 몸을 줄여 마음을 크고 넓게 하는 그만의 방식, 곧 제소리였던 것이다. '제 뜻 버려 하늘 뜻 구 한' 예수, 그가 걸었던 길(십자가)이 있었기에 가능했으나 그 역시 길을 가다가 길이 되었다. 대속(代贖)과 자속(自贖)을 불이(不二)적 관계로

그의 책,『한국여성 조직신학 – 聖·性·誠의 여성신학』, 기독교서회, 2004,『한국 여성 생물(生物) 여성 영성의 신학』(모시는사람들, 2011). 특히 앞의 책 6장의 내용과 나중 책 1장의 내용을 보라.

19 필자는 이 말을 고인이 되신 다석의 제자 김흥호 선생으로부터 배워 알았다.

이해한 결과였다. 다석은 대속의 의미를 우주적, 생태적으로 확장시켰다. "내가 먹는 낟알과 채소가 나의 생명을 위해 희생되어 힘을 내게 대속합니다." 혹은 "그리스도가 내 양식이라면 나를 위해 대속하는 만물은 죄다 그리스도입니다."[20] 이 세상을 대속 아닌 것이 없다고 보았기에 우주적 그리스도의 차원을 지녔다 할 것이다. 그럴수록 자신을 산제물로 바치는 일이 중요했다. "쌀 한 알을 심어 천 알, 만 알 수확하는 것도 이득이지만 나 자신을 하느님께 바쳐 하느님 아들이 되는 이득이 더 크다"[21]라고 본 것이다. 삶 자체가 대속이니 남의 생명만으로 살지 말고 제 생명을 바치라 명했다. 한마디로 맛을 좇아 살지 말고 뜻을 좇아 살라는 것이었다. 이것이 바로 빈탕한데 맞혀 놀자고 우리를 초대한 다석의 본뜻이었다. 이로써 자신의 바탈을 탐진치로부터 구했고 스스로도 '없이 있는' 존재가 되었던 것이다. 하느님 안에 들어간 존재가 된 것이다. 이것은 두 가지 결과를 초래했다. 우선 '없이 있는' 존재로서 그는 사물의 본성과 소통할 수 있는 진물성(盡物性)의 상태에 이르렀다. 이는 성리학적 인식론인 격물(格物)의 다석식 표현으로서 사람과 사물 간의 주객도식이 난파된 상태라 할 것이다. 신학적으로 말하자면 하느님이 인간뿐 아니라 새나 지렁이와 관계하는 방식도 알게 된 경지라 말할 수 있다. 이로써 그는 물(物)을 보고도 마음을 빼앗기지 않는 '견물불가생'(見物不可生)의 삶을 얻었다. 맛이 아닌 뜻의 존재로서 자기 비움을 철저히 완성했던 까닭이다. 그는 거듭 "몬(物)에 맘이 살면 맘의 자격을 잃는다"라고 했다. 이는 견물생심이 오히려 마음을 빼앗긴 실성

---

20 다석학회 편, 『다석강의』(서울: 현암사 2006), 567; 김흥호 편, 『다석일지 공부』, 1권 (솔출판사, 2001), 870.

21 『다석강의』, 539.

(失性)한 인간 상태임을 적시하고 있다. 그럴수록 진물성(盡物性)과 견
물불가생(見物不可生)은 인류 미래를 위해 요청되는 생태적 회심의 진
면목이라 할 것이다. 생태적 수치심에서 비롯한 생태영성은 이로써 완
성될 수 있다. 이 점에서 "공생공빈"(共生共貧)을 말했던 한 일본 생태
운동가의 말이 떠오른다.22 함께 살 수 있는 세상은 더 풍요로운 세상이
아니라 가난을 사랑하는 세상이란 것은 분명 역설이지만 피부로 느껴
지는 거부(부정)할 수 없는 실상이다. 그런데 정작 그리스도의 몸인 우
리 교회는 어떠한가? 그리스도의 몸이라 하면서 다석 말대로 '얼나'되
지 못하고 '몸나'의 상태로 '덜 없이' 존재하고 있다. 그래서 교회가 그리
스도, 즉 없이 계신 이를 맘껏 더럽히고 있는 중이다. 맛을 좇아 뜻을
버렸던 탓이다. 산 제물이 되기보다 값싼 대속만 노래하고 있는 까닭이
다. 교회 역시도 '없이 있는' 그분과 하나 되는 지난한 여정을 감내해야
지당하다. 세상사(物)와 잘 소통하여 기후 붕괴시대에 이른 세계의 희
망되기 위해서 말이다. 우리들 작은교회 운동 역시 이 점을 숙고할 필요
가 있다. '작음'의 의미가 무엇인지를 '없이 있는' 그분의 존재 방식과
연관하여 생각해 볼 일이다. 마지막으로 다음 인용 글을 통하여 '없이
있음'이 왜 생태적으로, 문명사적으로 중요한가를 생각하면 좋을 것이
다. 보이는 교회보다 보이지 않은 교회의 중요성, 즉 한 사람 한사람을
예수 제자로 키워내는 일이 우선적으로 떠올려지지 않는가?

꽃을 볼 때 온통 테두리 안의 꽃만 보지 꽃을 둘러싼 허공, 곧 빈탕을
보지 않습니다. 허공만이 참입니다.23

---

22 쓰찌다 다카시/김영원 외 역, 『共生共貧』 (도서출판 흙과생기), 2007.
23 『다석강의』, 529.

맺 는 글

종교개혁 以後 신학으로서의 '역사유비' 신학
: 유대적 사유와 동학의 만남을 통한 기독교의
한국적 재주체화*

들어가는 글: 종교개혁 以後 신학은 가능한가?

종교개혁 500주년을 맞아 루터로 돌아가자는 슬로건이 난무하다. 초대교회로 돌아가자는 그간의 소리가 종교개혁 시기로의 귀환으로 대치된 것이다. 그러나 이런 말을 하는 교회들이 정작 '처음처럼' 되고자 하는 마음이 있는지 많이 의심스럽다. 그 '처음'이 분명 오늘의 교회상(像)과 다를 터인데 자본에 길들여진 상태로 어찌 복귀 및 환원을 말할 수 있을지 모르겠다. 모두가 허울 좋은 표어일 뿐 참이 깃든 절박함이 부재한 듯 보인다. 그렇다고 루터에게로 돌아가자는 의견에도 온전히 동의하기 어렵다. 지난 천 년 유럽역사 속에서 가장 위대한 존재로 여겨

---

* 본 논문은 『종교개혁 500년 以後 신학, 루터 밖에서 루터 찾기』, 변선환 아키브 편 (모시는 사람들, 2017)에 실린 것을 조금 변형시켜 재수록한 것이다.

지나 당대의 난제를 해결하여 근대를 열었을 뿐 오늘을 해명하기에 충
족치 않은 탓이다. 그렇기에 일부 신학자들은 종교개혁가 루터의 시각
에서 자유로울 때 비로소 성서—특별히 로마서—가 제대로 읽혀질 수
있고 '다른' 기독교의 길이 열릴 수 있다고 했다.[1]

크게 보아 루터는 '존재유비'(*Analogia entis*)에 근거한 중세 가톨릭교
회와의 단절을 꾀한 종교개혁가였다. 3개의 '오직'(sola) 교리의 토대인
'신앙유비'(*Analogia fidei*)의 세계관을 갖고서 그는 개신교 신학을 정초
했고 근대적 여명을 밝혔다. 이후 기독교는 신구약성서를 공유하면서
도 이들 신학원리 차(差)에 터해 가톨릭과 개신교, 두 유형으로 달리
전개되었다. 목하 가톨릭교회와 개신교 간의 차이는 오롯이 이 두 신학
원리에서 비롯된 것이다. 그렇기에 이 두 원리는 옳고 그름의 문제로
접근, 판단할 수 없다. 성서를 해석하는 굳건한 두 틀거지가 된 탓이다.
정교회도 기독교를 이해하는 또 다른 패러다임이겠으나 논외로 한다.
여기서 핵심 논제는 3개의 '오직' 교리가 자본주의와 짝하여 야기한 개
신교의 위기상황이다. 이 땅을 찾았던 가톨릭 교종은 정작 "교회의 복
음화 없이 세상 복음화 없다"라며 교회의 자기모순을 적시했으나 자본
친화적인 개신교는 개혁 의지를 잃고 세습 문제로 시끄럽다. 물론 루터
종교개혁은 대응종교개혁을 낳았고 가톨릭교회와 함께 경쟁적으로 근
대를 추동했었다. 2차 바티칸 공의회, JPIC 모임 등을 통해 저마다 자기
변혁을 모색했고 세상과 옳게 조우하고자 노력했던 것이다. 하지만 과
연 이 두 신학원리가 여전히 기독교 이후(以後) 시대의 토대일 수 있겠
는가를 자문한다. 자본주의 폐해가 극에 이른 현실에서 '체제 밖' 사유

---

1 M. 보그 & J. 크로산/김준우 역 〈첫 번째 바울의 복음〉 (한국 기독교연구소, 2010), 211
  이하 내용 참조.

로서 자본주의 이후를 상상할 힘의 부재 탓이다. 1%의 최상층과 99%
빈자들로 대별되는 양극화된 현실에서 기독교의 책임이 결코 작지 않
다. 자본주의를 잉태했으나 자본화된 개신교의 책임은 일층 더 위중할
것이다. 뿐만 아니라 이들 신학원리는 종교 고유한 신비주의를 배격했
고 각기 포괄주의와 배타주의의 틀로서 혹은 근본주의 이름하에 가치
(종교) 다원주의를 부정하며 인류평화와 공존을 위협하고 있다. 자신
들 진리를 평화보다 앞세운 결과라 할 것이다. 나아가 이들 기독교는
진보를 벗 삼은 탓에 발전신앙을 추동했고 지구적 차원의 생태학적 재
난의 주범이란 말까지 들을 정도에 이르렀다. 이런 상황에서 신/구교
모두는 인류 및 지구 생태계 위기에 둔감한 채 자신들 교리체계에 안주
하고 있으니 큰일이다. '사실적 종말' 위기를 아무리 강조해도 교회는
영혼구원을 앞세워 이를 귓전으로 흘리며 자본주의 사회의 승리자 되
기를 축복하는 수준에 머물고 있을 뿐이다.

이런 이유로 필자는 앞선 두 신학원리가 현실과 조우함에 있어 문제
가 있다고 판단한다. 한 마디로 새로운 신학원리가 발견되어 작동할 시
점이 된 것이다. 물론 언급했듯이 '존재유비'와 '신앙유비', 두 원리는 상
호 견제하고 경쟁하며 숱하게 변혁, 진화되어왔다. 그렇기에 저마다 이
원리들을 갖고서 직면한 난제들을 해결할 수 있다고들 확신한다. 하지
만 이런 확신은 부분적으로는 타당하나 전적으로 옳을 수 없다. 이들
모두는 근본에 있어 헬라적 사유방식에 터한 것으로서 아우슈비츠 以
後—나아가 우리의 경우, 세월호 以後—의 현실을 충족히 설명하기 어
려울 것이다. 희랍의 '피지스'(physis) 철학을 탈각시킨 루터가 독일 신
비주의 풍토에 '말씀'(하느님)을 접목시켰으나 '신앙유비'의 원리를 갖

고 神(초자연)/人(자연)관계에 주목했기에 가톨릭신학과의 연속성을 벗지 못했다. '존재유비'가 자연에, '신앙유비'가 인간에 방점을 두었고 신과의 관계에 있어 저마다 닮음과 차이를 강조했으나 이들 모두는 '초 자연'을 상정했기에 신학 구조상 변별력이 없다. 플라톤의 이데아론으로 히브리적 초자연 사유를 강화, 내면화한 것이 개신교 신학의 골자였던 탓이다. 따라서 어거스틴의 '하느님 도성'처럼 루터의 '두 왕국설' 역시 이원론적 양상을 벗을 수 없었다. 20세기 들어 개신교가 십자가 신학으로 전회했으나 그 역시 사변적인 삼위일체 구조하에서였기에 역사속 고통에 대해 실질적으로 답이 되기 어려웠다.

이런 정황에서 필자는 유대적 사유로부터 만들어진 신학적 인식 틀에 관심을 갖고 있다. 루터처럼 유대적 사유를 배척하거나 혹은 유대적 사유를 신학적으로 변형시켜 재구성하는 차원이 아니라 그것 자체를 신학화하는 방식으로 말이다. 주지하듯 2천 년 역사 속에서 기독교는 유대교에 대해 혹독했고 적대적이었다. 성서 기자들조차 실현된 절대적 기독론을 앞세워 당시 경쟁관계에 있던 유대적 사유를 부정하고 흔적을 지우는 일에 앞장섰다. 주지하듯 루터는 유대인을 동물처럼 보았고 그들 율법이 지닌 정당한 의미를 탈각시켰다. 히틀러에 의한 유대인 대학살(홀로코스트)도 실상 이런 이해에 근거한 것이었다. 하지만 이에 편승한 기독교가 오히려 죽었다는 것이 당대 지성인들의 판단이었다. 유대인을 죽였던 기독교, 희랍적 개념에 의존한 이들 신학체계가 아우슈비츠 참사로 인해 오히려 사망선고를 받은 것이다. 따라서 아우슈비츠 以後 신학을 위해 희랍적 사유대신 유대(히브리적)적 사유를 절실히 요청했고 급기야 이 시대의 좌파 철학자들 역시도 이에 터해 '다른' 기

독교의 길을 제시하고 있는 중이다. 이런 경향성이 비운의 유대인 철학
자 W. 벤야민에게서 비롯했음은 주지의 사실이다.2 유대적 메시아주
의를 마르크스 유물론과 결합시켰던 그는 무신론적 신학(神 없는 신학)
을 통해 실패했던 과거 역사를 현재로 소환하여 그를 구원코자 했다.
이는 승리자의 관점에서 기록된 2천 년 기독교 역사 및 신학과의 결별
이라 해도 좋겠다. 여기서 필자는 신(神)없는 시대에서 '타자를 위한 존
재(관계유비)'를 역설한 본회퍼 신학의 철저성을 본다. 초월의 지평을
세속 한 가운데서 찾고 보았던 본회퍼, 그는 타자를 위한 존재로서 인간
을 신적 존재로 여겼고 그리스도와의 관계적 존재인 것을 강변했다. 하
지만 벤야민에게 세속은 개인(인간)을 넘어 역사 그 자체였고 그 속에
서 실패한 자들을 적시했다. 본회퍼처럼 초월은 더 이상 초자연이 아니
었고 초(超)개인적 차원에서 역사가 그의 초월적 지평이었다. 벤야민
은 역사와 자연(생태계)의 대 파국에 직면하여 실증적(닫힌) 진보사관
대신 실패한 자의 시각에서 역사를 재(再)서술했고 역사 및 자연 생태
계의 미래를 '달리' 생각했다. 실패한 과거를 소환하여 기억함으로 예측
불가능한(메시아적) 미래를 열고자한 것이다. 실패한 역사의 구원이 메시
아 도래의 목적이란 말이다. 이는 초자연 혹은 그의 변형인 진보사관에
의존한 이전 두 신학유형과 패러다임을 전적으로 달리한다. 이에 필자는
벤야민 식(式)의 낭만주의적 어법을 다소 비틀어 '역사유비'(Analogia

---

2 이하 본고에서 다뤄지는 W. 벤야민의 사상은 다음 책들 내용을 나름 소화하여 재정리
  한 것이다. 발터 벤야민/최성만 역,『역사의 개념에 대하여 외』(도서출판 길, 2012). 문광
  훈,『가면들의 병기창-발터 벤야민의 문제의식』(한길사, 2014), 강수미,『아이스테시스
  -발터 벤야민과 사유하는 미학』(글 항아리, 2011), 미카엘 리비/양창렬 역,『발터 벤야
  민: 화재경보』(난장, 2017). 특히 마지막 책에서 많은 영감을 얻었다.

historiae)3란 조어를 사용할 생각이다. '존재유비', '신앙유비'를 주창한 아퀴나스, 루터처럼, 벤야민을 '역사유비'의 창시자로 내세워 종교개혁 以後 신학의 가능성을 모색할 목적에서다: 실패한 역사와 메시아(도래) 의 유비.

이를 위해 중요한 것이 벤야민의 성좌(하늘별자리)이념이다.4 여기 서 성좌는 결코 동일성 원리에 종속되지 않는 이질적 현상들의 질서정 연한 배치를 형상화한다. 일회적이고 극단적인 것들로 구성된 하늘 별 자리처럼 역사가 불연속적인 것들도 구성되었으나 이들 간의 연관관계 를 형상화시켜 연구하는 것을 벤야민은 역사철학(이념)이자 신학적 사 유라 했다. 상호 불연속적인 것을 있는 그대로 사유하되 그들 간의 상호 '울림' 관계를 살펴내는 것도 반드시 필요하다. 후일 그가 신학적 사유 와 유물론적 사유의 양 극단을 융화시킬 수 있었던 것도 이런 연유에서 다. 이 과정에서 소외된 것, 평가절하된 것 그리고 뭇 차이들은 언제든 보편에 참여할 수 있다. 개별 특성과 보편 이념들이 독자적으로 반립하 면서도 말이다. 역사가 미래만을 향하지 않고 과거로 결을 거스를 수도 있기에 가능한 일이다. 이렇듯 불연속성을 강조하는 역사이해의 틀로 서의 성좌이념을 종래 신학이 사용했듯 '유비'로 언표하기가 적당치 않 을 수도 있겠다. 하지만 역사 이해에 있어 또 다른 핵심 개념인 '기억'이 과거를 구제하는 메시아 사건과 관계하기에 감히 '역사유비'란 말로 새 로운 신학 틀을 상정해 볼 것이다.

3 물론 여기서 이런 조어(造語)가 사용될 수 있을지 미지수이다. 하지만 지금껏 신학의 골자 였던 신/구교의 두 유비가 초월과 내재의 관계에 터했었다면 역사적 과거를 구원하려는 미래를 메시아적 사유에서 또 다른 유비 구조를 밝혀 사용하는 것도 가능하다 생각한다.
4 강수미, 앞의 책, 27-50 참조.

그럼에도 여전히 토착화 신학자로서 이에 더할 것이 없는 지를 거듭 질문한다. 아시아의 종교문화 전통이 유대적 사유를 풍요롭게 하여 신학의 전회, 종교개혁 以後 시대의 기독교를 좀 더 보편적으로 재정립할 수 있다고 믿는 탓이다. 유대적인 것과 아시아 사유 간에 유사성이 적지 않을 것이란 추측과 판단도 작용했다. 하지만 여기서 핵심은 존재의 집으로서의 언어에 관한 문제다. 주지하듯 '존재유비'와 '신앙유비'의 신학이 각기 라틴어와 독일어로 사유된 것인 반면 유대 신비주의에 바탕한 '역사유비'는 히브리적 세계관(언어)의 반영이라 할 것이다. 천지인 삼재(天地人 三才) 사상에서 비롯한 한글 또한 의당 고유한 신학적, 철학적 뜻을 함축하고 있다.5 언어가 달라지면 사유방식도 함께 변하는 것인바, '역사유비'의 신학을 이 땅 고유한 삼재론 틀거지에서 재구성할 때, 본고의 작업 역시 끝날 수 있다. 이를 위해 성리학을 민중적으로 재해석했던 동학(東學)의 후천 개벽설(後天開闢說)이 중요하다. 실패한 역사와 메시아 도래의 유비는 선천과 후천 개벽의 관계로 치환될 수도 있겠다. 이런 시각에서 마지막 장에서는 '역사유비' 신학을 위한 아시아적 공헌을 기대할 것이다. 실패한 인간 역사뿐 아니라 고통 중인 자연역사의 통전적 구원을 위해서 말이다.

---

5 다석학회 편, 『다석강의』 (현암사, 2006), 이정배, 『없이 계신 하느님, 덜없는 인간』 (모시는 사람들 2009). 동저자, 『한국 개신교 전위 토착신학연구』 (기독교서회, 2003) 참조.

1. '존재유비'와 '신앙유비'를 넘어서
— 두 신학방법론의 형성, 의미 그리고 한계

탈(Post)기독교 시대가 되었고 아시아가 세계의 중심인 시대에 이르렀으나 이 땅 기독교인들 의식은 아직도 중세 혹은 근대에 머물고 있는 듯하다. 박근혜-최순실 게이트로 불거진 촛불 시민들의 성숙한 몸짓과 태극기, 성조기 심지어 이스라엘 국기까지 들고 나와 촛불을 끄려 했던 보수 기독교인들의 그것이 비교되면서 이곳 기독교가 맘껏 초라해진 것이다. 이들 의식 속에서 기독교 종주국인 미국과 성서의 발원지인 이스라엘은 한국을 능가하는 절대적 위상을 지녔다. 이런 사대적 발상은 계시종교로서의 기독교적 배타성이 거듭 지속적으로 학습된 결과였다. 칼 야스퍼스의 지적대로 실존적 차원에서의 무제약적인 신뢰와 실증주의적 배타성 요구가 동일하지 않음에도 계시신앙이 일체 타자를 부정하는 절대적 권위가 된 것이다. 계시신앙에 터한 3개의 '오직(sola)' 교리는 이 땅의 문화와 전통을 거부했고 광장의 평균적 시민의식과도 갈등했으며 약자, 소수자를 불편하게 여기는 풍토를 만들어왔다. 무엇보다 이런 절대성의 요구가 자본주의적 욕망과 결합되어 교회를 기득권 세력들의 장(場)으로 변질시켰으니 성서의 본뜻마저 왜곡, 부정하는 셈이다. 한마디로 기독교적 배타성이 종교(사상)적 사대주의를 낳았고 물질 욕망을 부추겼으며 생각하는 힘을 총체적으로 앗아 간 것이다. 그렇기에 우리는 기독교 즉 계시신앙이란 것이 절대 유일무이한 종교이자 사유체계이고 세계관인지를 다시 묻고자 한다.

앞서 본대로 '존재유비'와 '신앙유비'는 기독교를 설명하고 이해하는 사유체계들이다. 각기 가톨릭교회와 개신교를 근거 짓는 핵심원리로서 저마다의 방식으로 기독교의 절대성을 설명하는 방식이었다. 전자는 포괄주의의 형태로, 후자는 배타주의적 방식으로 기독교 보편성과 절대성을 언표 했던 것이다. 하지만 이런 인식 틀 자체는 선험적으로 주어진 것도 아니며 성서의 본뜻과도 일치되지 않는다. 히브리적 종교성이 각기 다른 풍토에서 적응 내지 토착화되는 과정에서 생겨난 후천적인 산물일 뿐이다. 그렇기에 특정 시공간 속에서 형성된 신학 혹은 그의 인식 틀을 보편적으로 강요할 수는 없다. 저마다 해당되는 시공간 속에 적합했던 것으로서 오늘 우리에겐 새로운 틀거지를 만들기 위한 범례가 될 수 있다. 그렇기에 한 신학자는 신학의 언어란 항시 '그렇지만, 그러나 그렇지 않은'(It is, but it is not)구조, 즉 은유(Metaphor)로서 역할할 뿐이라고 했다.[6] 물론 지금도 '존재유비'로서의 자연신학과 '신앙유비'로서의 변증신학은 여전히 유의미하다. 초월과 내재, 하느님과 인간, 복음과 문화가 유비 혹은 변증의 논거로 해명될 수 있는 탓이다. 하지만 이것도 서구 기독교적 사유 틀 안에서만 가능할 것이다. 기독교 以後 시대와 아시아적 공간에서 적용되어야 할 당위가 될 수도, 될 필요도 없다. 신학은 언제든 특별한 시/공간 안에서 발생하는 것으로서 그의 역사성 나아가 토착성이 자기 본질일 뿐이다. 시공간이 달라지면 인식 틀의 차이도 필히 존재할 수 있는 법이다.

　　주지하듯 '존재유비'와 '신앙유비'는 각기 희랍과 독일적 풍토에서 생겨났다. 히브리적 사유와 희랍적, 특별히 아리스토텔레스의 '자연(physis)' 사유가 만나 형성된 것이 전자이며 유럽문명의 중심이 북서

---

6 S. Mcfague/정애성 역, 『은유신학』(다산글방, 2001).

부로 옮겨져서 독일적 에토스로 표현된 것이 바로 후자의 경우라 할 것이다. 흔히 세계관과 종교의 관계는 물과 물고기의 관계로 비유된다. 이 둘은 서로 같지는 않으나 결코 둘로 나뉠 수 없는(不二) 상태로 있는 탓이다. 물이 바뀌면 물고기도 달라지듯 세계관이 다르면 종교 역시 달라질 수밖에 없다. 세계관을 결정짓는 핵심은 풍토, 곧 인간이 그 속에서 거주하는 자연이다. 풍토에 따라 인간의 자기이해 방식이 달라지고 그로부터 종교적 표상 차(差)역시 생겨나는 까닭이다. 제문명과 차축시대 종교들이 저마다 다른 풍토에서 생겨났음이 이를 실증적으로 적시한다. 인도와 같은 몬순풍토에서 히브리적 초월신관을 기대할 수 없고 자연을 질서(코스모스)로 인식한 희랍에서 '업'(業)이나 '윤회' 같은 종교적 표상을 상상하기 어려울 것이다. 이런 발상은 시간성에 무게를 실은 기독교 서구의 종교이해와는 크게 다르겠으나 부정할 수 없는 진실이다. 풍토에 터해 생각할 경우 특정종교의 배타성과 우월성의 여지는 결코 존재할 수 없다. 하지만 기독교 서구는 사막풍토에서 비롯한 초월신관을 자신들 필요에 맞게 희랍적 풍토와 독일적 풍토에서 각기 다른 방식으로 절대화시켰다. 한스 큉은 5-6개의 패러다임으로 전체 기독교를 대별했으나 필자는 현존하는 가톨릭과 개신교만을 논제로 삼고자 한다.

사실 두 신학유형에 '유비'란 말이 함께 붙었으나 자연신학의 경우와 달리 후자의 경우 '변증(법)'이란 말이 적절하다. 차이에 터한 변증신학이 바로 '신앙유비'의 본질이기 때문이다. 지금껏 서구 기독교는 일천년간을 '유비'로, 이후 5백년을 '변증(법)'을 근간으로(방법론 삼아) 자신들 신학을 절대화시켰다. 전자는 초자연과 자연의 닮음에, 후자는 양자

간의 차이를 강조하며 이 틀을 갖고서 기독교와 기독교 이외의 것 일체를 도식화했다. 최근 들어 가톨릭 신학 역시도 '은유'대신 '역설'(혹은 사이 논리, metaxology)이란 말을 선호하기 시작했다.[7] 하지만 이 역시 차이보다는 실재하는 보편성을 강조할 목적에서 그리한 것이다. 여하튼 '유비'를 역설과 변증(법)으로 달리 이해했을 지라도 이들 각각은 보편성과 차이에 방점을 두고 긴 세월 동안 현존하는 기독교의 두 모습으로 자리 잡았다. 개체를 강조하는 유명론과 보편에 역점을 둔 실재론이 각기 현대적으로 재구성된 모습일 수 있겠다. 이들 개념들에 근거한 신학의 두 형식들은 탈(脫)서구, 기독교 以後 시대에 이르러 이제 재구성을 넘어 그 한계에 직면할 필요가 있다. 익히 알듯 가톨릭의 '유비'는 존재의 일의성에 터해 개체 역시도 초월성을 공유하는 공통존재(res commune)인 것을 강조한다. 그렇다고 이것이 양자 간의 절대적 동일성을 뜻하지 않는다. 다르지만 공통적이라는 의미에서 '유비'는 동시에 '역설'이기도 하다. 존재의 일의성과 다의성(차이)을 함께 긍정하는 탓이다. 이 점에서 유비, 곧 역설은 차이만을 강조하며 존재의 다의성에 무게 실은 개신교의 유비, 곧 변증(법)과 크게 다르다. 존재자체인 초월과 유한 존재간의 공통범주를 허용치 않는 까닭이다. 변증(법)은 본질과 존재의 구별을 전제할 때 가능할 수 있다. 이들 두 유비 모두 모순의 존재성을 인정하나 이를 역설(유비)로 풀거나 존재부정의 변증(법)으로 해결하는 방식으로 각기 기독교를 구성했고 형식화했다. 가톨릭의 경우 초월적 존재는 현실 존재들의 무한한 자기실현에 상응한다. 즉 존재 그 자체가 현실적인 것의 최대 공약수가 된 것이다. 아리스토텔레스의 유기체 철

---

7 슬라보예 지젝·밀뱅크/배성민 외 역,『예수는 괴물이다』(마티, 2013), 178. 이정배,『신학-타자의 텍스트를 읽다』(모시는 사람들, 2015), 212-221 참조.

학으로 보편자와 개별자를 한 범주로 묶은 결과라 하겠다. 이 경우 보편적 실재는 다의적 존재들의 안정성을 보장한다. 일체 대립된 것들을 일치시키는 역설로 인함이다. 따라서 여기서는 모순의 극복 대신 모순율 자체의 폐기가 관건이다. 일자와 다자의 역설적 공존이 우선이란 말이다. 성령은 이런 역설의 신학적 언표가 될 것이다. 반면 개신교의 변증(법)은 현실적 우발성, 혹은 소외개념을 우선시한다. 여기서 십자가는 바로 우발성의 상징이다. 물론 부정될 대상이겠으나 존재 자체와 무관한 현실로서의 이런 대자적 존재는 변증(법)에 있어 으뜸이다. 보편적 실재론에 대한 거부, 내지 부정을 내포했기 때문이다. 우발성, 소외로 인해 존재자의 세계 자체도 의당 부정될 수밖에 없다. 오히려 다의적 우발성(차이)이 세계의 본질이 되었다 할 것이다. 하지만 변증(법)은 일체 차이를 환원할 수 있는, 즉 모순을 부정, 극복하는 힘을 역설한다. 철학은 이를 역사 필연적 운동원리라 했고 신학적으로 신앙이라 이름 했던바, '신앙유비'의 존립 근거라 말해도 좋다.

하지만 목하 현실에서 이들 두 유비는 그것이 역설이든, 변증이든 간에 세상을 옳게 설명할 수 없게 되었다. 우선 보편의 전제하에 일자와 다자의 공존을 말하는 가톨릭적 '역설'로서의 유비는 역사 필연적 변증(법)만큼이나 낙관적이다. 아우슈비츠나 세월호 참사에서 보이듯 다자의 현실은 결코 일자와 공존하기 어렵다. 온갖 차이를 보편 혹은 초월의 이름하에 수렴시키기에 현실 악(惡)과 맞설 힘을 제공치 못한다. 최대공약수란 말을 통해 일자와 다자 간 차이를 논하나 실상 차이는 보편에 흡수, 환원될 수밖에 없는 운명이다. 보편이 초월의 다른 이름인 한에서, 하느님을 성령으로 대치할지라도 신학은 역사를 희생시킬 수밖에

없을 것이다. 그렇기에 가톨릭 '존재유비'는 기독교 이후 시대의 종교상
황, 곧 종교(가치)다원적 현실과도 공명할 여지를 잃었다. 기독교와 이
웃 종교들 간의 최대 공약수로서의 가톨릭적 포괄주의가 하나와 여럿
의 관계를 여전히 하나에 종속 내지 수렴시킨 또 다른 경우라 할 것이
다. 역사와 종교의 문제만큼이나 자연 역시도 보편논리에 희생된 측면
이 있다. 일자와 다자, 보편과 차이를 유기체적 틀거지로 엮었던 결과,
자연의 창발성, 우발성 역시 충분히 설명될 수 없었기 때문이다. 일자
(一者)를 지향하는 과도한 목적론이 인간 역사뿐 아니라 자연 역사를
약화시켰던 결과였다. 결국 가톨릭의 존재유비는 보편, 일자, 초월에
대한 합리적 긍정을 위한 논거였기에 개체, 다자, 역사를 상대적으로
소홀히 다뤘다. 그렇기에 이런 신학적 틀이 자본주의, 군사주의 폐해가
만연된 오늘의 현실에 적합할 수 없을 듯싶다.

　개신교의 '신앙유비' 역시 이와 조금도 다르지 않다. 결과는 같겠으
나 비판의 방향은 서로 다를 것이다. 개체, 다자(다의성), 자연 세계를
철저하게 부정적으로 보았던 것에 대한 이의제기이다. '존재유비'와 달
리 이들 현실을 자기극복 여지없는 절망적 상태로 보는 것의 타당성 여
부에 대한 물음이다. 이런 부정적 현실은 개신교 '신앙유비' 전통 안에
서 신적 초월성과 대비되었고 역사 필연적 이성을 통한 극복의 대상이
었다. 신적 초월성과 역사적 낙관성은 동전의 양면으로서 '신앙유비' 곧
'변증'의 근거이자 내용이었기 때문이다. 여기서 예수 십자가는 초월성
의 대자적 존재로서 온갖 부정성(우발성)의 실상이자 동시에 그를 무화
시킬 수 있는 힘으로서 신학의 요체이다. 가톨릭이 성령으로 '역설'을
언표했다면 개신교의 경우 십자가는 변증(법)을 적시하고 있다. 따라

서 '신앙유비'의 전제이자 토대로서 십자가는 역사의 어둠, 부정성 및 우발성을 말함에 있어 가톨릭 신학보다 우월하다. 역사적 우발성과 대면함에 있어 훨씬 철저할 수 있었다. 하지만 십자가 신앙이 역사 필연성으로 이해되었고 더구나 초월적 신관에 절대 의존됨으로써 가톨릭신학의 경우처럼 여전히 낙관론에 치우쳤다. 신적 초월성이 낙관론을 보장했고 그것을 결정론적으로 수용토록 한 것이다. 여기서 개신교 신학은 몇 가지 점에서 피할 수 없는 한계에 봉착했다. 우선 십자가와 초월적 신(神)과의 관계에서이다. 십자가란 의당 초월적 신의 죽음을 뜻하는 것인 바, 여기서 신은 '사라지는 매개자'일 뿐 결코 회귀할 대상일 수 없다는 것이다.[8] 십자가를 필히 무신론적 시각에서 봐야한다는 논거다. 형이상학적 보증으로서 신(초월)이 실종된 시대에 살고 있는 까닭이다. 두 번째로 신적초월성과 현실부정성의 양립은 타자부정적인 배타적 정체성을 산출했다. 가톨릭 포괄주의와 달리 원천적 타자부정은 종교근본주의로 확대 재생산되어 평화와 공존을 허용치 않았다. 종교의 진리보다 소중한 것이 평화임에도 말이다. 초월적 신관이 근대 기계론적 자연관과 짝하여 생태위기의 진원지가 된 것도 '신앙유비'의 또 다른 한계라 하겠다. 자연의 능동성을 앗아간 기계론적 자연관이 초월신관을 강조한 종교개혁 신학 탓이란 지적도 수없이 많다. 기후붕괴 시대에 이른 지금 생태신학을 위해 새로운 기독교가 필요한 상황이다.

---

8 이정배, 위의 책, 167- 223. 지젝에 관한 필자의 논문 제목은 다음과 같다:"유물론의 기독교적 이해-새로운 보편성을 추구하는 지젝의 유물론적 신학" 특히 182-184를 보라.

2. 기억을 통한 '역사유비'로서의 신학
― 실패한 과거와 메시아 사건의 상관성을 중심으로

이제 본고의 핵심에 이르렀다. 여기서는 '역사유비'란 조어(造語)에 의지하여 실패한 과거를 구원하는 메시아 사건을 다룰 것이다. 존재유비, 신앙유비와 달리 역사유비는 유대적 사유에 충실한 것으로서 초월의 역사적 지평을 강조한다. 여기서 핵심은 실패한 과거와 메시아 사건 간의 상관성이다. 실패한 과거가 자신의 구원을 위해 필히 메시아 사건과 연루된다는 것이 '역사유비'의 핵심이자 관건이란 말이다. 이전 신학의 두 '유비'가 초자연(초월)과 자연 간의 관계를 중시했다면 여기서의 유비는 과거와 메시아적 미래의 관계, 즉 실패한 과거의 구원 내지 회복이 관건이다. 역사 속에 초월이 개입했기에 역사를 통해 초월이 실현될 것이라 믿은 탓이다. 따라서 실패한 과거와 메시야, 상호 이질적인 두 개념이 '기억'을 통해 관계 맺고 그를 통해 과거를 구원할 수 있다는 역사철학(W. 벤야민)의 신학화가 본 장의 주제라 하겠다. 물론 여기서 사용된 '역사유비'란 것은 앞서 말했듯 필자가 만든 조어이다. 하지만 존재, 신앙유비가 있었듯이 기억에 의거한 '역사유비' 역시 사용 못할 이유 없다. 기억을 통해 이질적 두 시제(時制)가 연관되고 실패한 과거를 구원한다는 발상은 아시아적 토양에서도 여전히 의미 깊다. 따라서 본 장에서는 기독교 내부의 앞선 두 유형을 대신하여 역사유비를 통해 기독교 신학의 새 지평을 제시할 것이다. 아우슈비츠 以後란 말이 있듯 세월호 以後 신학을 이 땅에서 말할 목적에서다. 동시에 이것은 두 번째 종교개혁의 가능성으로서 그 실현의 아시아적 지평을 열어젖힐 수 있다.

익히 알 듯 벤야민의 주저『역사의 개념에 대하여』는 독일 낭만주의, 유대 메시아주의 그리고 맑스주의의 세 지평에서 창조적으로 생기했다.9 낭만적 메시아주의와 역사적 유물론의 창조적 묘합(妙合)이라 불리기도 한다. 낭만주의가 메시아사상과 맑스주의 간 연결고리라 해도 틀리지 않을 것이다. 이 과정에서 앞선 두 유비를 앞세운 기독교 서구의 진보사관에 대한 위험이 강하게 적시되었다. 진보가 역사를 파국으로 이끌었다고 본 탓이다. 그렇기에 위 책은 유대 문화와 전통을 옳게 기억하여 그 경험을 바탕으로 역사와 자연을 재구성하고자 했다. 진보의 과정에서 그것이 사람이든, 역사든 자연이든 간에 오로지 실패한 것들, 희생양들을 구할 목적에서다. 앞선 두 유비가 초자연(초월)과 자연 간의 관계에 주목했다면 벤야민의 경우 실패한 과거, 곧 역사 속에서 메시아적 사건을 읽었기에 이런 '역사유비'는 오롯이 유대적 사유의 결과였다. 실패한 과거를 구원치 않고서 인간은 한 치도 앞을 향할 수 없다는 메시지를 자본주의 문명과 그를 추동한 서구 기독교에게 내뱉었다. 이런 점에서 벤야민의 역사철학이 서구 기독교문명에게 전하는 일종의 '화재경보'란 말은 옳다.10

거듭 말하지만 벤야민 역사철학은 시공간을 막론하고 패배했던 역사를 구원하고자 했다. 그렇기에 그의 역사 테제들은 시종일관 기존 종교, 정치, 이념, 역사를 뒤집어 달리 읽도록 촉구한다. 이를 위해 우선 신학과 역사적 유물론, 메시아주의와 마르크스 사상 간의 결합이 필요했다. 역사적 유물론의 역사적 승리를 위해 '체스 기계 속 난쟁이'로 언표 되는 메시아사상이 필히 요청된다. 하지만 신학은 역사 이면에서 비

9 미카엘 뢰비, 앞의 책, 13-44 참조.
10 위의 책, 43

가시적으로 현존한다. 유물론의 조력자일 뿐 그 자체가 목적일 수 없는 탓이다. 하지만 기억 혹은 회억(回憶)과 메시아 구원을 핵심 요소로 삼는 신학은 역사 개념을 새롭게 구성하는 축이다. 즉 비가시적 동력, 곧 영적 힘으로서 이들 두 요소들이 역사적 유물론을 활성화시켜 패배한 과거를 치유하는 까닭이다. 이렇듯 유물론이 실패한 과거와 맞닥트리는 과정에서 신학, 곧 메시아주의는 그의 미래적 변화, 곧 구원을 추동하는바, 여기서 우리는 '역사유비'의 개괄, 곧 총론을 본다. '역사유비'의 핵심은 기억 또는 회억이다. 신학의 한 요소로서 애도(哀悼)적 기억은 종결된 듯 여겨진 희생자, 패배자들의 고통을 현재로 불러내는 탓이다. 역사를 미(未)종결성, 미완의 과제로 보고 그를 구원할 방책으로서 회억, 기억을 말하고 있다. 이는 오로지 과거의 불의를 지양, 폐기시키려는 오롯한 목적, 즉 역사에 신학적 차원을 덧입혀 그를 완성코자 함이다. 이런 과제는 패배한 과거가 현재에게 부과한 의무이자 책무이다. 역사 속 희생자들을 쉽게 잊고 가볍게 여길수록 우리들 현재의 구원도 요원하다. 세월호 참사에 대해 '잊지 않겠노라' 선포한 것도 이런 연유에서다. 그렇기에 애도(哀悼)적 기억(回憶)은 낭만적 회한(悔恨)과 달리 우리들 각자를 지금 메시아적 구원을 이룰 주체로 소환한다. 기억하여 혁명하라는 것이다. 과거의 복원만이 아니라 현재를 변혁시키라는 뜻일 것이다. 하지만 어디에도 이런 구원은 보장되어 있지 않다. 그러나 최소한 구원을 포착, 파악하는 법이라도 깨쳐야 한다. 그래서 기억이 중요한 것이다. 현재를 사는 우리와 실패한 과거가 이런 신학적 관계 속에 놓여 져야 마땅하다. 초자연(초월)과 자연의 연속/비연속을 말하는 이전의 두 유비와 달리 과거와 현재를 메시아적 구원의 장(場)으로 통전시키는 '역사유비'로서 말이다.

이처럼 애도적 기억은 과거와 맺는 신학적 관계로서 '역사유비'의 핵심이다. 그래서 기억을 메시아 사건을 실현시키는 돌쩌귀, 곧 바위 위에 생긴 가는 틈새라 여겼다. 아무리 큰 돌덩이라 해도 틈새로 인해 무너지고 조각날 수 있는 탓이다. 그래서 한 사람의 억울한 고통일지라도 기억하고 애도하는 것이 필요하다. 망각을 벗는 것이 '역사유비'에서 일차적 관건이다. 이런 신학적 사유는 망자에 대한 기억을 본질 삼는 유교의 제사행위와 형식적으로 유사하다. 이 과정에서 인간관계를 비롯해 일체 존재의 회복 역시 공통 관심사일 것이다. 하지만 '역사유비'는 이런 원상회복과 미래적 상태의 유관성 역시 강조한다. 과거 그 자체는 자신의 이전 상태와 결코 동일하지 않다는 것이다. 메시아적 미래가 현재를 혁명적으로 성찰하여 패배한 과거의 역사를 단절시키는 까닭이다. 기억을 통해 혁명적인 메시아적 힘을 받음으로써만 과거는 그 의미를 변화시킬 수 있다. 그러나 동시에 이런 과거가 재차 현재를 위한 힘이 되는 것도 사실이다. 실패한 과거가 메시아적 빛으로 미래를 위한 자양분이 되는 탓이다. 이렇듯 메시아적 사건으로 과거와 현재가 상호 변증법적으로 영향을 미치는바, 바로 여기서 우리는 '역사유비'의 묘미이자 요체를 본다. 과거에 대한 현재의 기억(회억)이 향일성 식물처럼 과거를 미래로 방향 지운다. 이 점에서 성좌(星座)개념이 중요하다. 이질적인 현상들을 질서 있게 배치시킨 하늘의 별자리(星座)처럼 불연속적인 역사들 간의 연관성 역시 이에 터해 형상화된 까닭이다. 이로부터 과거 파편들이 현재와 만나 미래를 형성하는 일련의 관계성, '역사유비'가 비롯했다. 역사와 정치(신학), 회억과 구원의 관계를 적시할 목적에서다. 여기서 핵심은 뭇 야만성을 숨긴 채 승리자들의 도구가 된 역사(진보)주의와의 절연이다. 과거에서 기존 질서를 뒤집는 혁명의 불씨가 점화될 수 있다고 보았던 탓이다. 이는 역사의 결을 거스르는 일로서 패배자, 배제된 자의 시각을 앞세웠던 결과였다. 이런 혁명, 곧 계급 없는 평등사회는 '예외상태'라 일컬어진다. 그럴수록 역사(진보)를 중단시켜 예외를 일상화시키는 것은 메시아적 사건일 수밖에 없다. 따라서 정치, 경제적 평등과 신학적 메시아성이 일방적 환원이 아닌 역전(逆轉) 가능한 호환(互換)적 관계하에 놓여졌다. '계급' 없는 평등사회가 희생자, 패배자들에 대한 회억에 바탕했기에 인류 과거를 품은 미래적 개념이자 보편적인 신학적 구원사의 본질이기 때문이다. 이 점에서 '역사유비'는 현재, 과거, 미래 간의 변증법적 종합의 산물이다. 여전히 관건은 메시아성과 회억에 대한 신학적 관점이다. 본래 미래적 차원인 이것이 패배한 과거를 회억시켜 지금 이곳을 예외상태로 만들도록 추동하는 까닭이다. 그래서 기억을 메시아가 도래하는 틈새와 같은 것으로 비유했다. 실패한 과거, 억울한 역사에 대한 회억 없이 메시아 사건을 기대할 수 없는 것이다. 회억이 미래를 앞당겨 과거와 현재를 구원하기에 그것은 상호 다른 현상을 연관시킨 성좌(星座)처럼 '역사유비'에서 이질적 시제(時制)를 엮는 주체라 하겠다. 따라서 애도적 기억을 그치는 것은 인간 역사에서 메시아성(性)을 빼앗는 반신학적인 행위이다.

하지만 '역사유비'의 신학은 마르크스의 유물사관에 빚졌으나 그를 초극한다. 짐작하듯 역사 배면에서 활동하는 신학적 사유로 인함이다. 그것은 실패한 과거를 구할 뿐 승자의 역사를 지속하지 않는다. 마르크스주의가 진보이념을 표방하는 한, 그 역시 불평등을 양산한 자본주의와 함께 비판될 수밖에 없다. 부를 창출하는 노동에 대한 자본주의의 예찬만큼이나 기술진보에 맹목적인 사회주의 또한 어설픈 낙관주의로 자신의 야만성을 멈추지 않았다. 기술적 진보가 결국 산업숭배로 귀결되었기에 불평등 체제를 낳았고 반(反)생태적 문명을 초래했던 것이다. 문둥병(나병)에 걸린 문명이란 말도 이런 맥락에서 회자되었다. 기술이 자연을 지배했으나 노동의 자발성을 앗아 사회적 퇴보를 가중시킨 결과다. 기술발전으로 촉발된 전쟁, 세계적 차원의 빈부격차로 진보개념은 이제 무용지물로 변했다. '역사유비'의 골자인 예외상태, 즉 현재와 과거 그리고 미래가 엮인 성좌의 한 지점을 결코 창발시킬 수 없는 것이다. 여기서 특별히 강조할 것은 자연생태계로의 역사지평의 확장이다. 실패한 역사, 곧 착취된 노동만큼이나 수탈된 자연에 대한 회억 역시 소중하기 때문이다. 보편적인 신학(메시아)적 구원사에 자연 생태계 역시 포함되는 것이 마땅하다. 따라서 생태적 관심은 실패한 과거에 대한 애도(哀悼)적 기억의 다른 표현이라 할 것이다. 실패한 역사가 중요하듯, 수탈된 자연 역시 다른 현재를 추동하기에 미래적 희망과 분리될 수 없다. 그래서 '역사유비'는 거듭 희생된 과거를 기억할 것을 가르친다. "우리 세대가 남길 유일한 이미지는 패배한 세대의 이미지이다. 그것은 도래할 자들에게 줄 유품이 될 것이다."[11]

　이제 성좌 이미지를 갖고 '역사유비'로서의 신학, 곧 종교개혁 以後의 신학, 무엇보다 자본주의적 진보사관을 극복할 수 있는 새로운 신학 장(場)을 연 W. 벤야민의 생각을 재차 약술, 개관해 보겠다. 이것은 아퀴나스의 '존재유비', 루터 이래로의 '신앙유비'와 견줘도 손색없는 획기적인 신학모형이자 내용을 세월호 以後 한국 기독교에 주는 선물이라 믿는다. 실패한 과거를 현재 속에 농축, 전유함으로 미래로 도약하는 회억(回憶)에 기초한 '역사유비'의 신학은 개혁을 넘어 혁명을 가능

---

11 위의 책, 161

케 한다. 요약하자면 '역사유비'의 신학은 실패한 과거, 역사의 불연속성 그리고 민중의 혁명성이란 개념에 의존해 있다. 패배한 역사는 수없이 반복되었으나 저마다 불연속적이다. 하지만 그것은 회억을 통해 예외적인 사건(혁명)을 지속적으로 발생시켰다. 따라서 '역사유비'의 신학은 예외가 된 이런 역사(전통)를 성좌가 그렇듯 현재 속에서 씨/날줄로 엮어 내야한다. 이런 과거사가 모두 수집될 때 비로소 과거와 미래(메시아性)의 합치가 가능해지기 때문이다. 기억이 개입한 과거와 혁명적 행동을 도발하는 현재 사이에 메시아적 통일성이 있다는 것이다. 메시아적 시간으로 채워진 역사만이 불평등을 낳는 진보, 곧 세계의 흐름을 중단시킬 수 있고 역사를 중단시키는 존재, 그가 바로 메시아인 탓이다. 바로 여기서 '역사유비'의 신학이 성립한다. 불연속적 역사개념에 터해 현재와 과거 간의 연관성을 구축 하는 까닭이다. 성좌의 이미지가 말하듯 역사에서 축출한 예외성은 단자(單子)로서 한 순간이긴 하나 동시에 일체 역사를 충만케 하는 혁명(메시아)적 순간이 된다. 이런 단자가 보편(메시아)적 구원사의 결정체란 뜻이다. 역사는 이렇듯 혁명(가)의 순간에 자신의 모든 시제(時制)를 집결시킨다.

3. 종교개혁 以後 신학으로서의 '역사유비' 신학, 그 한국적 함의와 수용

주지하듯 독일에 아우슈비츠가 있었다면 한국은 얼마 전 세월호 참사를 경험했다. 아우슈비츠와 함께 독일 기독교가 죽었듯이 세월호로 인해 이 땅 기독교 역시 더욱 세차게 몰락 중이다. 유대적 사유가 아우슈비츠 '以後' 신학의 토대가 되었던 것처럼 한국의 기독교도 이제는 새로운 사유에 터 해야 옳다.[12] 기억을 말함에 있어서는 유교의 제사문화가 그리고 역사유비의 신학을 위해서 성리학과 '탈/향(脫/向)'의 관계에 있는 동학(東學)의 후천개벽사상이 필요할 것이다. 이들 한국적 사유들이 세월호 以後 신학으로서 '역사유비'의 원리를 수용함에 있어 좋은 용기(容器)가 될 수 있다. 본장에서는 이런 수용과정을 논의할 것인바, 이들 과정 전체를 필자는 시대 적합한, 혹은 시대 필연적인 신(新)토착화운동이라 일컫고자 한다. 그리고 이를 과감하게 종교개혁 以後 신학이라 통칭할 작정이다. 하지만 이들 모두는 세월호 以後 신학의 다른 이름일 수밖에 없다. 세월호 以後 신학이 향후 토착화신학이자 유대적인 '역사유비' 신학의 한국적 수용이라 믿는 탓이다. 본 논의 속에 유대적 사유와 아시아적, 특히 한국적 사유간의 친화성이 많고 깊다는 필자의 신학적 판단이 작용했다.

하늘이 수여한 인간의 바탈(本性), 곧 신적 씨앗이란 말은 다석 유영모가 강조한 유교의 핵심이다. 신/인(神/人)의 관계를 이렇듯 불이(不二)로 보고 이를 성령론(수행)적으로 풀어낸 것이 다석의 기독교 이해였다. 여기서 바탈은 인(仁), 곧 사랑의 근원처로서 공감력의 보고(寶庫)라 할 것이다. 이후 동학은 오심즉여심(吾心卽如心)이라 하여 하늘과 인간 나아가 인간과 인간 간의 소통할 수 있는 힘을 확장, 심화시켰다. 이런 사유는 유대적 하느님 이해와 많이 유사하다. 의심의 여지없이 이스라엘 하느님은 약자로서의 인간을 위한 존재인 탓이다. 특히 벤

---

12 이정배, "아우슈비츠 以後 신학에서 세월호 以後 신학을 보다", 『세월호 以後 신학』, 한국문화신학회 엮음 2015, 31-52.

야민 류(類)의 사유에 있어 하느님은 실패한 역사, 체제에 희생양 된 이들을 떠날 수 없는 분이다. 기독교 신학이 유일무이한 성육신 사상을 발전시켰으나 이것 역시 약자들, 역사속의 존재인 것을 강조하는데 그 목적이 있다. 성육신은 초월(하늘)을 '초월'하는 것으로서 그 지평은 공간적으로는 땅일 것이고 시간적으로는 역사이며 그리고 하느님에 대해서는 인간인 탓이다. 여기서 인간은 유일회적이기보다 보편적 존재를 적시한다. 이로부터 유대적 사유를 전유한 '역사유비' 신학의 한국적 재(再)전유의 길을 모색할 수 있다. 지속적으로 약자들을 기억하고 그들의 깊은 탄식을 들으며 이들의 과거를 복원시켜 새로운 미래로 이끄는 것이 신학, 곧 메시아적 사유의 책무일 터, 이들 지평을 확대하기 위함이다. 여기서 유대적 사유와 유교적 사유 간의 유사성이 차이보다 훨씬 크고 많음을 강조할 것이다. 더욱이 동학의 개벽사상과 '역사유비'의 사유간의 상당한 친화력을 부각시킬 필요가 있다. 부언하지만 여기서 핵심은 유대적 사유에 대한 성령론적 접근이다. 불이(不二)적 구조에 터한 인간 바탈에 대한 강조가 유대적 사유와 만나야 하겠기 때문이다. 이를 위해 삼재(三才)론, 곧 하늘, 땅(자연) 그리고 인간에 대해 간략한 설명이 재차 요구된다.

삼재(三才)사상은 〈천부경〉의 핵심 요지로서 한글 창제원리이자 한국적 사유방식의 원형이라 회자된다.[13] 다석(多夕) 유영모는 〈천부경〉 전문(全文)을 순수 한글로 풀어낼만큼 중요하게 생각했다. 천지인

---

13 이하 내용은 다음 책을 창조적으로 재해석하여 자유롭게 인용한 것이다. 주요섭, 『전환이야기-열망의 유토피아가 온다』, 모시는 사람들, 2015. 물론 앞서 언급한 『다석 강의』, 『없이 계신 하느님, 덜없는 인간』의 내용 역시 상당 부분 재구성되었다.

(天地人)을 상징하는 모음 셋이 자음에 붙어 한글을 창제했고 그 언어
가 새로운 세상을 창조했던 탓이다. 이 땅 고유한 현묘한도(玄妙之道),
곧 풍류(風流) 역시 삼재(三才)론적 세계관에서 비롯했다. 그의 활동인
접화군생(接化群生), 만물에 접해 생명을 창출하는 힘 역시 삼재론적
세계관의 산물이다. 내유신령(內有神靈), 외유기화(外有氣化) 그리고
각지불이(各旨不移)로 풀이되는 동학의 시천주(侍天主) 또한 이런 삼
재(三才)론에 터한 발상이었다. 본래 삼재론의 핵심은 '인중천지일'(人
中天地一), 즉 하늘과 땅이 사람 속에서 하나가 되었다는 언술 속에 있
다. 사람 속에서 하늘과 땅이 하나가 되었기에 사람의 중요성을 강조한
것이다. 여기서 사람은 단순한 사람이 아니라 우주적 생명을 지닌 존재
로서 그 뜻을 밖으로 펼쳐내야 할 존재이다. 이것이 바로 시천주(侍天
主)이자 인내천(人乃天)의 뜻이고 다석이 말한 '바탈'의 근본 내용이다.
그렇기에 유교와 그의 민중적 해석인 동학(東學)은 모두 사람이 하늘이
라고 말한다. '그대가 바로 나'(吾心卽如心)라는 말은 '인중천지일'의 자
각으로서 세상을 근본적으로 달리 만들 수 있는 동력이겠다. 이런 자각
은 선천(先天)을 마감하고 후천(後天)의 세계를 여는 개벽(開闢)의 실
상인바, 메시아적 사유의 한국적 표현이라 해도 좋다. '오심즉여심'의
개벽사상이 실패한 과거를 구원하려는 유대적 메시아 사유와 조우할
여지가 충분히 있는 탓이다. 이하에서는 기억의 행위로서의 제사의 확
대된 의미와 메시아적 사유로서의 개벽의 본뜻을 살펴 볼 것이다.

　　제사는 본래 죽음을 극복하는 유교적 의식이었으나 살아생전 효
(孝)를 잇고자 하는 발상, 즉 죽은 조상에 대한 기억의 책무로서 점차
축소, 전개되었다. 자기 생명의 근원을 잊지 않고자 생자(生者)의 자리

에서 죽은 조상들을 기억해 내고 그들과의 삶(뜻)의 연대성을 도모하는 일을 제사라 불러도 좋겠다. 이렇듯 공백의 자리에서 슬퍼하며 사자(死者)를 기억(回憶)하는 방식을 우리는 유교로부터 배워왔다. 하지만 이 과정에서 유교는 조상의 끝인 하느님을 잊었다. 다석의 말대로라면 '없이 계신 하느님'을 상실한 유(有)의 종교로 전락한 것이다. 이것이 함의하는 바는 대단히 중(重)하다. 하느님을 잃은 탓에 기억의 대상이 혈연관계로 한정되었고 유교를 조상숭배 종교로 전락시킨 것이다. 이 점에서 유교는 자신의 본질 회복과 함께 유대교적 메시아 사유와 접촉해야 옳다. 자신의 바탈에 근거하여 더 큰 공감력을 행사해야 살길이 있고 미래가 열린다. 약자들에 대한 배려, 실패한 역사에 대한 연민 역시 배울 일이다. 기억하는 의식으로서 제사는 아무리 강조해도 지나칠 수 없다. 더군다나 약자에 의한 약자들에 대한 기억은 더없이 소중하다. 제사로 인해 체화된 기억의 문화에 터해 현재를 혁명해야만 한다. 기억을 매장시키려 했던 정부, 제도적 종교들에 대한 투쟁도 감내해야 옳다. 유교적 제사문화가 망자를 기억하는 일이자 그의 한(恨)을 풀어내는 종교성의 표현인 까닭이다. 제사를 신독(身讀)의 행위로 여겼던 유교의 지혜가 그래서 더없이 중요하다.[14]

이 점에서 동학은 제사의 의미를 더욱 발전시켰다. 향아설위(向我設位)를 통해 유교적 제사(向壁設位)를 철저화한 것이다. 오심즉여심(吾心卽如心)의 상태로서 우주적 자아를 깨쳐 공감력의 지평을 시공간적으로 확장했다. 무엇보다 과거사(史) 속 민중의 고통을 기억했고 이를 개벽의 세계로 접목시켰다. 억압과 착취로 점철된 선천(先天)의 현실

---

14 본 책 3부 첫 논문을 참조하라. 김승혜,『다산 사상 속의 서학 지평』(서강대학교 인문과학원 편, 2004), 72 이은선,『유교, 기독교 그리고 페미니즘』(지식 산업사, 2003) 참조.

을 회억하여 후천(後天)의 세계에서 이들을 품고자했기에 동학의 후천
개벽설은 메시아적 사유와 내용적으로 중첩된다. 선천(先天)과 후천
(後天)간의 변증적 역설로서의 '역사적 유비'가 생겨난 것도 양자 간의
닮은꼴이다. 따라서 우리에게 낯선 유대적 사유에 생각을 맞추기보다
후천 개벽을 통해 메시아적 뜻을 우리(한국)식으로 찾는 것이 훨씬 지
혜로울 수 있겠다. 여기서 후천(後天) 역시 벤야민이 말했듯이 서구적
진보사상과는 전혀 맥락을 달리하는바, 목하 자본주의 문명에 대한 비
판이자 극복이고 대안이 될 것이다.

후천개벽은 억압과 착취로 점철된 선천(先天)의 현실에 대한 기억
에서 비롯한다. 즉 개벽이란 뭇 생명의 아픔을 기억하며 그와 하나 되어
'서로 살림'의 세상을 이루겠다는 종교적 열망의 표현인 것이다. 실패한
과거가 메시아 개입과 짝을 이루듯 여기서 선천(先天)은 후천(後天)과
역설적 변증으로서 유비적 관계를 맺는다. 해원상생(解冤相生)이란 말
이 이에 해당된다. 상극에서 상생으로, 양(남성)의 문명에서 음(여성)의
문명으로의 전환을 위해서다. 이들 두 개념 쌍들은 상반되나 서로 공속
(共屬) 관계에 있기에 양자 간 역사적(변증법적) 유비가 성립한다. '역사
유비'의 신학이 마르크스주의와 유대 신비주의를 넘어선 제3의 길이었
듯이 후천개벽 역시 수구(中華)적 위정척사(파)와 서구 지향적 개화
(파)와 변별된 제3의 길을 갔다. 즉 그것이 중국이든 서양이든 간에 그
것을 선천(先天)의 세계라 여기고 이를 부정하는 '각비'(覺非)에 근거,
한국 고유한 영성적 사회운동을 야기한 것이다. 여기서 핵심은 분명 '궁
궁'(弓弓)이란 말이겠다.[15] 이는 메시아의 개입과 견줄 수 있는바, 자기

---

15 주요섭, 앞의 책, 232-235. 247-248.

속에 내주한 우주적 생명의 발견(자각)을 뜻한다. 앞서 언급한 '오심즉
여심'이란 말과도 다르지 않다. 수탈과 겁박의 대상이었던 민중이 바로
한생명의 존재로서 하늘과 다름없다는 의식의 환골탈퇴인 탓이다. 유
대적 사유는 이를 진정 메시아적 개입이라 했고 동학은 이를 하늘의 소
리라 했다. 이렇듯 '궁궁', 즉 '오심즉여심'은 결코 관념과 추상의 산물이
아니었다. 우주적 생명을 모신 이들이 남/녀, 반/상, 적/서 유/무에 상
관없이 접(接)이라는 공동체를 만들었던 까닭이다. 이로써 후천개벽은
실패한 선천(先天)의 역사를 구(救)할 수 있었다. 천지'비'괘(天地'否'卦)
의 선천역사를 지천'태'괘(地天'泰'卦)의 현실로 개벽시켰던 것이다. 이
는 선천에 대한 애도적 기억(回憶)없이는 불가능한 일이었다. 즉 잘못
된 현실(先天)에 대한 민중들의 '아니'란 생각 즉 각비(覺非)가 지속되
었기에 가능한 결과였다. 수운과 해월이 끊임없이 강조한 수도(修道),
예배, 그리고 신독(愼獨)은 이렇듯 바로 '각비'에 터한 회억의 실상이었
다. 하지만 메시아적 사유와 하늘의 소리인 '오심즉여심'의 자각 사이에
차이가 없지 않다. 전자가 패배한 과거의 이미지를 강조했고 혁명을 예
외적 사건이라 여겼다면 후자의 경우 생활세계 속에서 후천개벽의 현
실을 구현시키고자 노력했던 까닭이다. 예외적 사건의 일상화를 위한
뜻은 동일했지만 낙관(樂觀)의 정도에 있어 동학이 훨씬 강했다고 볼
수 있을 것이다. 물론 후천개벽론 또한 역사 속에서 무참하게 짓밟혔으
나 오히려 21세기에 접어든 지금이야 말로 후천(後天)의 열망을 실현
시켜야 될 적기로 여기는 시각이 확대되고 있다. 그럴수록 후천개벽설
역시 자신들 역사적 실패를 철저히 회억할 필요가 있다. 실패한 역사를
성좌로 엮었던 벤야민식(式) 노력이 이 땅에서 더욱 절실히 이뤄져야
만 할 것이다.

이제 끝으로 '각비'(覺非)에 터한 개벽(開闢)에로의 열망이 유대적인 메시아 사유의 신학화를 위해 공헌할 수 있는 점을 생각해 보겠다. 주지하듯 '역사유비'의 신학 역시 자본주의 비판에 초점을 두었고 생태위기에 대해 깊이 걱정했다. 진보를 추동하는 자본주의가 항시 실패한 과거에 대한 기억을 차단시키기 때문이다. 그렇기에 생태위기를 자초하는 자본주의 역사관을 폐기시키는 것이 메시아 개입의 본질이자, '역사유비' 신학의 존재이유라 생각하였다. 이 점에서 '역사유비' 신학은 그 한국적 표현인 후천개벽 사상으로 강화될 필요가 있다. 말했듯 후천개벽은 상극(相剋)대신 서로 살림(相生)의 생명운동이었던 탓이다. 여기서는 인간 및 자연, 심지어 미물까지도 '한 생명'으로 인식하기에 지금껏 인류가 경험치 못한 영성적 사회혁명을 실험할 수 있다. 자연생명을 포함, 뭇 생명의 아픔에 공감하는 운동이 후천개벽의 본질이자 실상인 까닭이다. 해월의 '이천식천'(以天食天), 즉 '하늘로서 하늘을 먹는다'는 말 속의 생태적 의미는 생명외경을 말하는 어떤 서구 사상도 견줘도 손색이 없다. 더구나 천민(賤民)자본주의가 대세인 정황에서 '궁을회문명'(弓乙回文明), 즉 "내 마음이 그 마음이란 자각이 문명을 바꾼다"라는 그의 말 또한 대단히 귀(貴)하다. 따라서 '오심즉여심'의 세상, 곧 개벽된 후천의 세계는 단언컨대 예수의 하느님 나라와 다를 수 없다. 이는 현실에 대한 각비(覺非)에서 비롯하는바, 체제 밖 사유로서 뭇 대안적 공동체 운동(接)을 불러 일으켰던 까닭이다. 경쟁이 아니라 환대, 이익이 아니라 호혜 그리고 상품이 선물로 바뀌는 공동체가 이에 기초하여 곳곳에서 일어나고 있다. 이런 사유를 실험하는 공동체를 일컬어 비로소 '교회'라 말할 수 있을 것이다. 선천(先天)의 세계 속에 갇혀 신음했던 인간 역사와 자연 역사를 공히 함께 구원하는 일이 교회의 사명이다.

여기서 개벽이란 인간의 깨침이자 하늘의 개입의 동시성, 곧 '줄탁동시'의 사건으로 이해할 수 있겠다. 이를 메시아적 개입과 기억의 상관성이라 여겨도 좋을 것이다.

짧은 마무리: '역사유비'로서의 종교개혁 以後 신학, 무엇이 새로운가?

앞서 필자는 종교개혁 500주년을 맞아 루터에게 돌아가는 것이 능사가 아님을 말했다. 루터는 중세를 마감한 근대를 위한 신학자였고 기독교 세계 속에 시공간적으로 갇힌 존재였던 탓이다. 그가 말한 종교개혁은 가톨릭과의 변별을 위한 기독교 차원의 개혁이었을 뿐이다. 루터적 시각에서 벗어나야 로마서를 옳게 읽을 수 있다는 성서학자들 증언도 있기에 루터 신학을 지금 이곳에서 수용하기가 쉽지 않다. 기독교 이후 시대를 살고 있는 우리에게 루터의 개혁원리, 3개의 '오직' 교리에 한계가 있고 오/남용된 부분도 많다. 하지만 본고에서는 이런 주제를 다루지 못한 채 논의를 크게 단순화했다. 앞선 논문들에서 수차례 언급했기 때문이다. 대신 가톨릭 신학 원리인 '존재유비'와 그를 극복코자 한 개신교 신학원리인 '신앙유비'를 대별하고 이들 두 신학이 오늘을 읽고 풀기에 충분치 못함을 거칠게 서술했다. 두 가지 이유에서 기독교 내 두 지배원리인 이들의 명제를 비판했다. 첫째는 이 두 신학원리가 동서 종교를 초월과 내재의 틀로 도식화시켜 차별한 것에 반발했고 둘째는 가역성/불가역성 차원에서 기독교와 그 밖의 종교를 대별한 것에 대한 이의제기였다. 한 마디로 초월적 실재를 내세워 신과 인간 간의 가역적 관계 대신 중개 내지 대속 종교를 강조한 두 신학원리의 시대적 한계를 적시했다. 초월적 사유, 곧 전통적 신학이 역사 배면(背面)으로 밀쳐져 버린 결과였다. 이렇듯 초월 대신 역사를 전면에 세운 유대적 사유, 곧 아우슈비츠 以後의 신학 사조는 이제 '자기만의 신'(神)개념으로 종교개혁 신학을 비판한 종교사회학자 울리히 벡의 견해와 쉽게 조우할 수 있다.16 오직 '믿음'으로 주체성을 강조했으나 초월(자)을 전제한 탓에 믿음의 유/무에 따라 기독교 안팎의 경계를 만든 루터의 한계를 적시한 것이다. 초월(자)에 대한 응답(믿음)의 표현으로서 3개의 '오직(교리)'을 앞세우는 것을 공히 주체성의 자기 배반이라 여겼다. 믿음이 또 다른 경계를 만든 탓에 기독교 진리는 평화를 일구는 수단이 될 수 없었던 것이다. 그렇기에 초월의 전제 없이, '오직' 교리들 없이도 실패한 역사의 구원을 믿었던 유대적 메시아주의, 그것이 타락한 자본주의와 맞서는 종교개혁 以後 신학의 풍요로운 토양이 될 것이라 믿었다. 이로부터 필자는 앞선 신/구교의 두 신학 원리 대신 '역사유비'란 말을 차용했고 그것으로 세월호 以後 시대를 위한 신학을 상상(구상)했다. 그러나 본고의 핵심은 이런 새로운 신학사조가 유교로부터 동학으로 이어지는 이 땅의 사유방식, 후천개벽의 틀거지에서 더 잘 설명될 수 있음을 피력한데 있다. 애도적 기억(回憶)과 메시아 개입의 관계를 '줄탁동시'(啐啄卽如心)적 차원에서 풀어냈고 실패한 과거와 메시아 개입 간의 변증적 역설을 선천(先天)과 후천(後天)의 관계로 설명했던 것인데, 창조적 발상이라 생각한다. 최종적으로는 후천개벽이 자본주의의 병폐와 자연생태계의 회복을 위해서 더욱 실천적인 논거가 될 수 있음

---

16 울리히 벡/홍찬숙 역, 『자기만의 신』(도서출판 길, 2013), 특히 1장과 4장을 비교하며 보라

을 적시했다. 이 땅에서 일어나는 수없는 생명 공동체 운동이 바로 이에
터한 까닭이다. 이제 종교개혁 以後 신학은 서구적 범주와 개념 없이도
가능할 수 있게 되었다. 선/후천 사상이 '역사유비'의 한 유형인 이상
이것은 기존의 두 신학원리들—가톨릭(존재유비)과 개신교(신앙유비)
—과 상관없이 독자적 신학이라 말해도 좋다. 이로써 일찍이 일아(一
雅) 변선환이 바랐듯 우리들 사유가 본문(Text)이 되고 서구 신학이 각
주(footnote) 되는 실로 신학함에 있어 주객의 도치를 이루게 되었다.
이런 전환에 힘입어 기독교 개혁 500년 역사가 항차 축(軸)의 시대에
태동된 일체 종교들을 개혁할 수 있는 계기가 되었으면 좋겠다. '역사유
비'로 재조명된 동학의 후천 개벽론(論)이야말로 인류 및 지구 생태계
의 미래를 위한 화재 경보인 까닭이다.

부록

—

부록 1

종교개혁 3대 원리의 인문학적 성찰
: 고독, 상상 그리고 저항*

2017년 올 한해는 국가적으로도 종교적으로도 참으로 중요한 한 해가 될 것이다. 촛불혁명과 함께 시작되었으니 많은 변화가 예상된다. 우선 대선이라는 중차대한 국가적 과제를 잘 치러냈다. 아울러 개신교에 국한된 경우이겠으나 종교개혁 500주년이 되는 해이기에 종교인 속의 적폐를 생각할 때도 되었다. 500년 전 종교개혁은 중세로부터 근대로의 이행 과정에서 정치적, 교육적인 차원에서 큰 변화를 가져왔다. 종교가 개혁되면 세상도 같이 개혁될 수 있다는 전례를 남긴 것이다. 그렇기에 종교개혁 500주년을 맞는 2017년에 우리는 신/구교를 막론한 종교개혁을 통하여 정권교체만이 아니라 대한민국을 제대로 바꿀 수 있기를 소망한다.

---

* 본 논문은 2017년 씨튼연구원 종교강좌(17.03.13)에서 강연한 내용을 가감하며 푼 것이다.

말했듯이 종교개혁은 꼭 개신교의 전유물만은 아닐 것이다. 지금은 신/구교의 범주를 넘어 종교 자체의 개혁이 이 땅 종교들의 당면 과제가 되었다. 그런 의미에서 교종께서 방한 중 전했던 말씀이 참으로 중요하다. "교회가 먼저 복음화 되지 않으면 세상 복음화가 어렵다"라는 말씀이다. 여기서 복음은 개별 종교들이 지닌 본질과 같은 것이라 광의로 여겨도 좋겠다. 지금껏 우리는 교회가 의당 복음을 가지고 있다고 생각했다. 교회가 곧 복음이고 복음이 곧 교회이기에 교회 밖에 구원 없다고 말해온 것이다. 하지만 교종께서는 교회와 복음을 하나로 여기지 않았다. 현상은 현상일 뿐 결코 그것이 본질일 수 없다고 본 것이다. 그래서 교회 내에 그 본질인 복음이 없으면 세상의 복음화는 이룰 수 없다고 말씀했다. 모든 종교들이 그 본질을 잃었기에 세상이 종교를 거부한다는 것이다.

이에 덧붙여 교종께서는 교회의 복음화를 어렵게 만드는 사람들로 성직자들을 일컬었다. 성직자들, 종교를 대표하는 직업 종교인들의 탐욕을 적시한 것이다. 故 김수환 추기경은 성직자를 쓰레기통에 비유한 적이 있다. "성직자란 쓰레기통 같은 존재들인바, 자신을 거듭 비워내지 않으면 악취가 나는 존재"라 했다. 따라서 교회 개혁, 종교개혁을 위해서 해당 종교들의 성직자들의 자기 변화가 급선무이다. 그러나 어찌 성직자들만의 문제이겠는가? 신앙을 지닌 종교인들 모두의 문제이기도 하다. '좋은 나무가 좋은 열매를 맺는다'는 성서의 말씀도 동일한 뜻을 지녔다. 좋은 개인이 좋은 사회를 만들 수 있을 뿐이다. 따라서 개인과 사회를 아우르는 사회적 영성의 차원에서 종교개혁이 중요하다. 단지 개신교 내부의 종교개혁 500년 역사를 논(論)하는 것이 아니라, 천주교, 불교, 유교 등을 막론하고 시대가 요청하는 종교개혁의 과제를 인문학적 차원에서 고민해야 할 것이다. 본 강좌의 주제인 "참여와 명상"이란 것도 실상 사람을 달리 만들기 위한 방편이라 해도 좋다. 사람이 달라져야 제도도 달라지며 사회를 변혁시킬 수 있을 것이기에 말이다. 이런 과정 전체를 일컬어 사회적 영성이라 일컬을 수 있다. 자기 종교의 수련인 '명상'이 세상을 바꾸는(참여) 힘이 되지 못한다면 그 종교는 세상에 존재할 이유를 잃을 것이다.

2016년 12월 대림절 예배를 준비하면서 필자는 교회가 밝히는 대림절의 촛불과 광화문 광장에서 뭇사람이 들었던 촛불이 정말 다른 촛불일까를 많이 생각해봤다. 결론은 민주화를 대망한 광장의 촛불과 예수님을 기다리며 점화한 교회의 촛불이 다를 수 없다는 것이다. 최근에 필자가 묶은 글 모음집의 제목 『광장과 교회는 둘이 아니다(不二)』가 이를 적시한다. 광장의 촛불이 바라는 열망과 교회가 기다리는 바람이 결코 다를 수 없는 까닭이다. 하지만 광장 다른 편에서는 촛불을 끄고자 태극기가 펄럭였다. 태극기, 그것은 민족의 상징이자 민족주의의 심벌일 것이다. 기독교는 민족주의 그 이상의 가치를 지녔으나 그와 완전히 결별하기도 어렵다. 민족주의는 입속의 뜨거운 감자처럼 우리들 자산이면서 극복할 과제이기에 말이다. 하지만 태극기 위에 성조기가 달려 있고 성조기 옆에 이스라엘기가 휘날리고 있으니 민족주의가 사대주의에 얹혀있는 모양세가 되었다. 기독교인들이 태극기를 들었고, 성조기를 매달았으며 이스라엘기까지 손에 쥐었다는 것은 왜곡된 민족주의, 정신적 사대주의를 뜻한다. 성조기와 이스라엘기와 결합된 태극기가 삼일 독립운동을 할 때 들었던 태극기와 결코 같은 상징일 수 없다. 이와 달리 세월호 리본이 태극기 곁에 매달린 모습을 광장 촛불집회에서 보았다. 세월호 리본과 만난 태극기야말로 민족주의를 극복한 모습일 것이다. 태극기와 노란 리본의 결합은 태극기의 좁은 의미, 협소한 민족주의를 넘어선 실상을 보여준다. 그래서 촛불은 이전과는 다른 대한민국을 만들 수 있는 힘이 되었다. 약자와 어려운 사람들의 곁에 서고자 노력한 결과이다. 태극기에 세월호 리본을 매단 촛불 집회는 대림절 촛불 밝히는 우리들 심정과 너무도 닮았다. 광장에서 외쳤던 구호가 우리에게는 곧 기도였던 것이다.

본 강좌를 위해 내건 주제는 고독, 저항, 상상이다. 『고독하라, 저항하라, 그리고 상상하라』는 제목으로 얼마 전 한 권의 책도 출판한 적이 있다. 이 세 개념이 기독교를 비롯한 일체 종교를 개혁하는 동력이라 믿기 때문이다. 필자는 이들 세 개념이 종교개혁자들이 사용했던 3개의 오직(sola) 교리, 즉 믿음, 은총, 성서를 대신할 수 있다고 생각한다. 고독이란 신앙, 즉 믿음을 인문학적으로 표현한 것이고 저항은 하느님의 은총을 뜻하는 종교적 언어를 시대적인 차원에서 푼 것이다. 다음으로 상(환)상은, 성서를 상상의 보고(寶庫)로 여길 때 가능한 말이겠다. 화석화된 텍스트가 아니라 새로움을 촉발시키는 말씀이란 차원에서 말이다. 삶을 재단하는 틀이 아니라 영감과 상상력의 원천이란 의미에서 주지하듯 믿음, 은총, 성서라는 말은 기독교인들에게 중요한 말이다. 이것들 없이는 기독교인으로 살아갈 수 없을 만큼 중요한 핵심 용어들이다. 이런 개신교 신학원리를 인문학적으로 풀어낸 것이 바로 고독, 저항, 상(환)상이다.

여기서 또 하나 중요한 개념 쌍을 말해야겠다. 믿음-은총-성서를 고독-저항-상상의 개념 쌍과 병렬적으로 생각한 것에 더해 다른 개념 쌍을 명시하여 연루시키고 싶다. 자기 종교를 옳게 이해하기 위해 필요한 세 가지 눈(觀)이 그것이다. 즉 믿음의 눈, 의심의 눈 그리고 자기발견의 눈이다. 이런 3개의 눈(觀)이 고독(믿음), 저항(은총), 상상(성서)과 짝을 이룰 수 있다는 것이 필자의 확신이다.

마지막 개념 쌍부터 언급하겠다. 첫 번째 눈은 신앙의 눈, 믿음의 눈이다. 종교인인 우리는 객관적인 거리를 유지한 채 자기 종교와 관계하지 않는다. 자신의 종교에 삶을 던졌고 그에 귀의하며 살고 있는 존재들인 탓이다. 우리는 문학적인 시선이나 무신론적 시각으로 신앙을 바라보지 않고 믿음의 눈으로 경전을 읽고 살아간다. "내가 성서를 읽는 것 같으나 성서가 내 삶을 읽는다"라고 고백하는 사람들인 것이다. 성서가 내 삶을 읽고, 어떻게 살아야 할지를 알려 준다고 믿는다. 성서와의 이런 식의 관계를 일컬어 우리는 믿음의 눈, 신앙의 해석학이라 한다.
하지만 믿음의 눈만 가지고는 부족하다. 익히 경험하듯 신/구교를 막론하고 교회는 오로지 믿음의 눈만을 강조하고 강요해왔다. 성도들을 복종시켜 딴 생각하지 않도록 하기 위함이다. 하지만 그래서는 안 된다는 것이 필자의 생각이다. 믿음의 눈과 함께 자기 전통(경전)에 대한 의심의 눈도 있어야만 한다. 수많은 합리적 물음을 포기하는 종교가 돼서는 안 된다. 성서뿐 아니라 그에 근거한 수많은 전통(교리)들은 시대의 산물이기에 비(非)복음적 요소들을 수없이 간직했다. 근원은 샘물처럼 맑으나 우리들 전통은 흙탕물처럼 변한 까닭이다. 이에 대해 의심의 눈으로 바라는 보는 것은 너무도 당연하다. 성서에 대해 무수한 비평의 잣대를 들이 대는 것도 이런 이유에서이다. 자기 전통에 대한 저항은 그래서 필히 요청되는 사안이다. 미국의 가톨릭 여성신학자인 엘리자베스 피오렌자의 *In Memory of her*라는 유명한 책이 있다. 여기서 '그녀'는 누구를 말하는 것이겠는가? 한마디로 성서에 수없이 나오는 여성들 일 것이다. 불행히도 성서 속 수많은 여인들이 기독교 전통 안에서 잊혔다. 결코 망각될 존재가 아님에도 말이다. 그렇기에 여성의 시각으로 성서와 전통을 의심하는 해석학이 필요하다. 교회에서 이러한 의심의 눈을 키워주는 것은 아주 지당한 일이다. 그냥 '신앙'만 가지고 살라고 말해서는 안 된다. 옛날에는 약사가 주는 약을 먹고 아픈 머리가 낳으면 그만이었으나 지금 우리는 약의 성분을 묻고 있지 않은가? 간이 안 좋은데 이 두통약을 먹어도 되는 가를 묻는 시대가 된 것이다. 마찬가지로 성서에 쓰였다는 이유만으로 절대 진리가 된다거나, 무조건 따를 수는 없는 노릇이다. 의심의 눈으로 성서에 저항할 필요가 반듯이 있다. 성서근본주의(문자주의)로는 이 시대를 위한 하느님을 만날 수 없기 때문이다.

다음으로 '자기 발견의 눈'도 있다. 인도 신학자 레이몬드 파니카가 강조하는 내용이다. 의심의 눈이 자기 전통 안에서 자기 전통을 올바르게 깨닫는 과정이라면, 자기 발견의 눈은 자기 전통에 없는 것을 이웃 종교 전통에서 찾아 읽는 눈을 일컫는다. 물과 물고기로 비유되는 세계관과 종교의 관계를 설명하면 이해가 용이하다. 여기서 세계관은 물이고 종교는 그 물 속에서 뛰어노는 물고기로 비유할 수 있겠다. 주지하듯 몬순형, 사막형 그리고 목장형 풍토에서 각기 고유한 종교와 문명이 발생했다. 인도적 문순 풍토에서는 초월적인 하느님 개념이 나올 수 없다. 반대로 사막풍토의 히브리 종교에서 업(業)이나 윤회와 같은 종교적 표상이 성립될 수도 없을 것이다. 모든 종교는 저마다의 풍토(세계관)에서 자기 특색을 갖고 성립된 탓에 자기 종교에서 부재한 개념들을 상대 종교를 통해 발견할 필요가 있다. 이런 차이를 중요하게 바라볼 수 있는 눈을 지닐 때 시대를 위한 풍성한 종교인의 삶이 가능해 진다. 종교 간 대화를 통해 자기 종교에 부재한 것을 발견하여 자기 종교를 더욱 풍요롭게 만드는 것이 인류 미래를 위한 종교의 과제일 것이다. 결국 자기 발견의 눈이란 상상(환상)과 관련되는 주제이다. 오래된 미래로서 종교는 인류 미래를 위한 상상력의 보고(寶庫)인 까닭이다. 이렇듯 신앙의 눈, 의심의 눈, 자기 발견의 눈, 이 세 가지가 함께 있을 때 종교는 자기 본연의 사명을 잘 감당할 수 있다. 이 세 눈은 믿음-은총-성서의 다른 말이자 인문학적으로는 고독-저항-상상과도 그 뜻을 공유할 수 있다. 이런 시각을 갖고 필자는 믿음-은총-성서라는 세 개의 '오직' 교리를 달리 풀어, 당면한 현실 문제를 해결코자 한다. 먼저 고독-저항-상상을 말하고 그 빛에서 믿음-은총-성서의 상관성을 풀어보겠다.

고독, 저항 그리고 상상

우선 고독에 대해 생각해 보겠다. 이 말은 흔히 외로움과 같은 뜻으로 사용된다. 그러나 실상 고독과 외로움은 그 뜻이 상반된다. 영어로 고독은 loneness이고, 외로움은 loneliness로 표현되는데 이들이 함축하는 바가 많이 다르다. 사람은 누구나 고독할 수밖에 없는 존재이다. 저마다 자신의 길을 가기에—가지 않는 길을 남겨놓기에— 누구나 고독할 수밖에 없다. 길을 걷다가보면 때로는 자신보다 우월한, 부러워할 만한 사람도 만나고, 어떨 때엔 자기보다 열등하게 느껴지는 사람도 만날 수 있다. 우월한 사람을 만나도 초라해지지 않고 못한 이들 만나도 우쭐하지 않는 감정 그것이 바로 고독이다. 만약 열등감을 갖거나, 우월감이 느껴진다면 그것은 고독하지 않은 상태이다. 오히려 자신이 걷는 길에 대한 절대적인 신뢰와 확신이 부재한 상태라 할 것이다. 고독은 타자에 대해 깊게 열려있는 감정이다. 고독은 자신과 남을 있는 그대로 바라보기에 결코 폐쇄적이지 않다. 대다수 종교인이 고독할 것 같지만 실제로는 외롭다는 것이 정설이다. 종교인이라 하지만 열린 척할 뿐 오히려 닫힌 감정을 가지고 살 때가 많다. 종교적 삶을 살면서 고독하지 못하다는 것은 불행한 일이다. 열린 감정으로서의 고독은 자기에게 깊어질 때 가능하다. 그래서 고독은 믿음과 상관된 개념이라 하겠다. 깊은 고독 속에서 믿음의 문제가 자리할 수 있기 때문이다. 종교적 삶이 체제 의존적이 되고 교리를 앞세우는 한, 종교와 고독 즉 믿음은 상관이 없다. 닫힌 수도원에 거하면서도 고독할 수 있고 복잡한 세상 속에 살면서도 외로움을 느낄 수 있다. 그러나 교회들이 성도들에게 고독을 훈련시키지 않는다. 외로운 존재로 만들며 욕망 덩어리로 타락시키고 있다. 기막힌 역설이지만 종교개혁 500주년을 맞는 개신교 현실이 이와 같다. 고독을 가르치지 못하고 상전과 노예의식을 추동하는 한 교회는 구원 공동체라 말할 수 없다. '교회 밖에 구원이 없다'고 말하기 전에 '교회에 구원이 있는가?'를 먼저 물어야 할 때가 된 것이다.

저항을 말할 차례이다. 여기서 저항은 일차적으로 자신에 대한 저항일 것이며 나를 구성한 사회에 대한 저항을 뜻한다. 내 전통에 대한 저항이기도 하고 동시에 전통 밖의 낯선 세계를 향한 저항일 수도 있다. 하지만 저항은 흑백도식에 근거하지 않는다. 살면서 적과 아군을 만들고, 익숙한 것과 새로운 것에 대한 분별로 두려움도 생긴다. 이런 분별들을 넘어서는 것이 우리의 과제이다. 갈라디아서 5장 1절 말씀에 "내가 너희를 자유케 했으니 다시는 종의 멍에를 메지 말라"고 쓰여 있다. 이 점에서 저항은 우선 만든 틀에 안주하며 길들여진 삶에 대한 항거이다. 성서의 자유는 이런 저항을 통해서만 가능할 수 있다. 복음서의 예수는 '하느님 나라'를 말했고 이방인 사도 바울은 '하느님 의(義)'를 말했다. 인문학적 상상력으로 말하자면 이 모두는 체제 밖 사유를 뜻한다. 세상에 살면서 체제에 갇힌(길들여진) 사유밖에 못하는 것이 우리들 실상이기에 이를 넘어서라 한 것이다. 교회, 교육, 경제 그리고 정치 체제 등 무수한 체제들이 있으나 이들 모두는 세상 속 사유의 결과물들이다. 그러나 하느님 의; 그의 나라는 체제 밖 사유로서 이들 틀거지를 뛰어넘는 일, 체제 밖의 사유이다. 그렇기에 예수의 하느님 나라 운동은 체제를 향한 저항이 되었고 체제를 넘는 초월이 되었다. 예수의 하느님 나라의 비유 중 겨자씨 비유가 있다. 겨자씨가 하느님 나라의 비유 소재가된 것은 빠른 성장으로 주변을 거추장스럽고 불편하게 만들기 때문이다. 여기서 주변이란 예수가 활동하던 로마제국일 것이고 우리들 사는 자본주의 현실이겠다. 당연하게 여겨지는 체제 자체를 불편하게 만드는 운동, 그것이 겨자씨 비유가 뜻하는 하느님 나라 운동이다. 세상, 곧 체제를 강조하는 권력은, ─그것이 종교권력이든 정치권력이든지 간에─ 체제를 넘어서는 일탈을 죄라 말했고 그로써 사람들을 틀(율법) 속에 가뒀다. 로마 권력과 유대교 종교전통이 예수 시대의 숱한 사람들을 죄인으로 만들지 않았는가? 이 땅의 뭇 정권들, 그리고 교회들 역시 지금도 같은 방식으로 범법자를 양산하고 있다. 자본주의가 빚(debt)에 의존해 발전했듯이 종교 역시 죄 없이는 존재할 수 없는 현실이 되었다. 누군가는 이를 일컬어 자본주의와 종교 간의 공속(共屬)관계라 말한다. 하지만 하느님 나라는 체제로부터의 일탈을 죄라 일컫지 않는다. 오히려 일탈을 추동하며 죄를 지라 말하는 듯하다. 지속적으로 체제 밖의 사유를 추동했고, 체제를 넘어선 삶이 가능하다고 가르치는 까닭이다. 이는 은총이라는 말과 연루되는 바, 이것이 지닌 정치적 함의가 적지 않다. 이런 저항이 있었기에 우리는 다른 길을 만들어 왔다. 이 점에서 광장의 촛불은 하느님 나라운동을 닮았다.

마지막으로 상(환)상을 언급할 순서가 되었다. 인간이 '하느님의 형상'을 가졌다는 말이 무슨 뜻일까를 생각해 보자. 직립하는 인간 모습이 하느님을 닮은 것이겠는가? 아니면 사랑, 인격, 책임 등의 말로 이를 온전히 설명할 수 있겠는가? N. 베르댜에프(Berdyaev)라는 러시아 사상가는 하느님의 형상을 인간이 지닌 상상력으로 이해했다. 상상력을 통해 우주도 갔다 오고 다른 사람의 마음속을 들여다보며, 모든 것들을 느끼고 체험할 수 있다. 그렇고 보니 상상력만큼 하느님을 닮은 것도 없는 듯하다. 상상력을 통해 우리는 하느님이 하시는 모든 것을 다 할 수 있다. 하지만 이 시대를 사는 우리는 상상력이 너무도 빈곤하다. 결핍되었다고 말해도 좋겠다. 시대의 불행은, 물론 민중신학이나 해방신학이 말하는 배고픔의 일이겠으나 상상력의 부재 나아가 그의 부패라 해도 옳다. 이 시대를 사는 우리들, 종교인들의 꿈이 너무 적고 추한 까닭이다. 교회 크게 짓는 일이 꿈이 되었고 천국가고 부자 되는 것에 자신의 삶을 걸고 있으니 말이다. 일찍이 함석헌은 "하늘의 별은 우리가 손에 잡으려고 있는 게 아니라 쳐다보려고 있는 것인데, 손에 넣을 수 없다고 해서 사람들이 별 보기조차 안 한다"라고 탄식한 바 있다. 하늘의 별은 애당초 잡을 수 있는 게 아니다. 잡을 수 없다고 해서 그것을 쳐다보지도 않는 것, 상상력의 붕괴, 부패, 부재, 이것이 오늘 우리시대의 최대 비극이다. 본래 종교경전들은 상상력의 보고(寶庫)들이었다. 그 속에 인간을 자극하고 자신을 넘는 길이 간직되어 있기 때문이다. 기독교인인 우리에게 성서는 의당 상상력의 원천이어야 할 것이다. 성서가 곧잘 근본주의, 교리주의로 변질되어 상상력을 고갈, 부패시키는 도구로 오용되는 경우가 많다. 기독교 진리를 교리로 축소시키고, 틀로, 제도로 기독교를 대신하는 교권주의가 득세하는 탓이다. 하느님의 형상이 상상력과 관계된다는 사실을 교회가 인정하지 않고. 오히려 그것을 부담으로 여기고 있으니 큰일이다.

이상에서처럼 고독, 저항, 상상은 이 시대를 위한 중요한 개념이다. 고독은 자기 자신으로 깊게 들어가는 일로서 하느님 앞에 단독자 되는 것이다. 하지만 고독, 곧 신앙은 주관적 상태에 머무는 게 아니라 하느님처럼 세상을 사랑할 수 있는 신비적 사건이다. 저항은 세상의 틀에 안주하지 않고 체제 밖을 지향하는 삶이 것이다. 자본주의, 천민자본주의가 모든 것 중 모든 것이 된 현실에서 이것은 더욱 요청된다. 브라질의 헬더 까마라 주교 이야기가 떠오른다. 가난한 사람을 도와줄 때 성자라 칭송하던 사람들이 왜 가난하게 되었는가를 알려주자 주교인 자신을 빨갱이라 배척했다는 것이다. 이처럼 자본주의가 우리 삶에 너무도 깊게 뿌리 내리고 있다. 하지만 인류의 역사를 하루라 치면 자본주의는 오후 11시 59분 47초에 생겨난 이념일 뿐이다. 비판이 불허되는 사회지만 그럴수록 다른 삶의 양식을 말해야만 한다. '대안적' 삶을 만들어가는 이들이야 말로 이 시대 하느님의 사람들이다. 교회 안에 머물며 자본주의 욕망을 확대 재생산하는 이들에게 구원은 없다. 하느님 나라 운동이 오히려 교회 밖에서 일어나는 현실에 교회는 크게 놀라야 마땅하다. 교회가 주는 물에 뭇 사람이 목말라하지 않는 이유도 여기에 있다. 상상력이 부재한 교회가 되었기에 저항할 수 있는 힘도 없고 체제에 순응하고 있으니 말이다. 이런 교회 안에 과연 복음이 있고 구원이 있는 지가 참으로 의심스럽다. 역사적으로 기독교가 로마를 기독교화했는가? 아니면 로마가 기독교를 로마화했는가를 재론해야 한다. 신학자들과 달리 역사가들은 로마가 기독교를 로마화했다는데 이의가 없다. 로마라는 한 정치적 제국에 이데올로기가 필요해서 기독교가 수용되었다는 것이다. 우리로서는 아픈 지적이고, 한편으로 과장이 있겠으나 일리가 있다. 개신교가 자본주의를 기독교화하지 못하고 정반대 상황을 초래했기에 우리도 같은 운명에 처해있다. 자본주의를 잉태한 기독교가 자본의 노예가 된 것이다. 교회의 존재방식 자체가 완전히 자본주의 체제를 닮았다. 어마어마한 대형교회와 지하 작은교회가 공존하며 대기업 사장 봉급 받는 성직자와 3, 4중직의 일을 해야 먹고 사는 목회자가 공존한다. 택시기사, 퀵 서비스를 하면서 성도를 섬기며 교회를 지키는 이들이 적지 않다. 이렇듯 현실교회의 존재방식이 완전 자본주의화 되었다. 한 건물 안에 교파를 달리한 교회들 서너 개가 입주한 채 경쟁하는 모습도 눈에 띈다. 그럼에도 이런 현실에 저항하지 않는다. 다른 길이 없다고 여기며 이 체제에 순응하는 이들이 다수이다. 그럴수록 우리는 "교회의 복음화가 없으면 세상의 복음화 없다"라는 교종의 말에 귀를 기울여야 할 것이다.

가톨릭교회에도 잘 알려진 JPIC라고 하는 공의회 차원의 개신교들 모임이 1990년 서울에서 개최된 적이 있다. JPIC는 Justice, Peace,

412 두 번째 종교개혁과 작은교회 운동

and Integrity of Creation이란 말의 약자이다. 주지하듯 JPIC는 아우슈비츠 사건과 함께 20세기 신학을 근본적으로 뒤바꾼 계기가 되었다. 경건한 유태인들 6백만 명이 살해당한 사건과 더불어 JPIC 대회가 신학의 패러다임 자체를 바꿨다. 세계 내 산재한 정의, 평화, 생태계 파괴의 문제를 구원의 문제와 직결시켰기 때문이다. 정의는 분배문제의 불균형을 극복하는 일이다. 아프리카에는 200만 명의 절대 빈곤층이 있다. 1세계와 3세계 간의 빈부문제의 극대화, 곧 부정의의 문제가 극도로 심각하다. 평화는 1세계들 간의 핵무기 과다보유에 관한 것이다. 지구상에는 지구를 네 번이나 망가뜨릴 수 있을 만큼의 핵이 보유되어 있다. 핵 강대국이 되어 군사적 우위를 점할 목적으로 이런 결과를 초래한 것이다. 창조질서의 보전 역시 화급한 주제가 되었다. 생태계의 급속한 파괴로 지구생명 자체가 위험에 처한 탓이다. 대한민국에서 가장 빠르게 기후 붕괴 조짐이 보이고 있다는 것이 정설이다. 그렇기에 JPIC를 발의한 C. 바이제커라는 물리학자는 "JPIC 문제가 해결되지 않고서는 기독교의 구원은 요원하다"라고 말했다. 교회 안에서는 구원이 남발되고 하늘나라를 보장하나 JPIC 사안이 해결되지 않고는 기독교 구원이 멀었다는 것을 기독교 지성인들이 고발하고 있다.

이런 상황 속에서 어떻게 참여와 명상이라는 두 주제를 함께 생각할 수 있을까? 참여를 더 잘하기 위해 명상이 필요할 것이다. 명상만을 위한 명상은 의미가 없다. 현실 참여를 옳게 할 목적으로 명상을 하는 것이다. 명상을 통해서 세상이 더욱 하나라는 확신을 얻을 수 있기 때문이다. "모두가 자유로울 때까지 누구도 자유로울 수 없다"라는 WCC 부산대회의 표어도 이를 웅변한다. 이런 점에서 '광장'과 '교회'는 결코 둘이 아니다(不二)라는 확신이 필요하다. 광장의 촛불과 교회의 촛불이 결코 둘일 수 없다. 무조건 같다고 할 수 없지만 이 둘을 함께 생각할 수 있는 힘이 신앙인들에게 생겨나야 할 것이다. 이런 이유로 고독, 저항, 상상은 믿음, 은총, 성서의 이야기로 다시 풀어질 수 있을 듯싶다.

믿음, 은총 그리고 성서

종교, 특히 기독교의 경우 가장 중요한 믿음을 이야기할 때 단연코 로마서가 으뜸이다. 믿음에 대한 결정적 단서가 많이 기록되었기 때문이다. 많은 사람들이 로마서 읽다가 은혜를 받고 개종했던 역사도 한몫했다. 성 어거스틴이 그랬고, 마틴 루터도 그랬으며 감리교 창시자 존 웨슬리도 그런 경우였다. 하지만 그들 해석이 절대 옳았는가는 토론의 여지가 있다. 오늘을 사는 우리가 로마서에 관해 루터, 어거스틴보다 더 많은 지식을 갖고 있는 까닭이다. 수많은 성서학자들이 로마서에 관한 엄청난 연구결과를 쏟아 놓고 있다. 최근에는 유럽 철학자들도 바울을 새로운 보편성의 사상가로 칭송하고 있다. 로마서를 읽을 때 가장 중요한 것은 로마서가 쓰인 정황, 역사적 배경에 관한 이해라 할 것이다. 로마서는 로마가 지배하는 제국주의 상황에서 쓰였다. 그 점을 잊어버리면 로마서가 오독되기 십상입니다. 거대한 제국이 지배하는 시대에 로마서가 쓰였고, 그 세계 속에 교회가 있었으며 교회의 구성원 될 자격이 바로 '그리스도 안의 존재됨'(Sein in Christo), 곧 믿음이었다. 이런 상황에서 믿음이 무엇이었는가를 논해야만 한다. 믿음은 역사 속에서 전혀 새로운 하느님 의(義), 곧 그리스도가 나타났음에 대한 믿음이었다. 하느님은 예수 그리스도에 앞서 유태인들에게는 율법을, 이방인들에게 양심을 허락했다. 하지만 이들은 율법과 양심을 갖고 세상을 옳게 만들지 못했다. 이런 실패로 생겨난 것이 가부장제와 노예제로 유지되던 로마라는 제국이었다. 유대인들 역시 제국구조 하에서 안주하는 것이 고작이었다. 이렇듯 율법과 양심이 무기력해진 제국의 현실에 하느님의 의가 새롭게 나타났다고 바울은 확신했다. 하느님의 의가 예수 그리스도를 통해 나타났다는 것이다. 그렇기에 바울은 하느님 의를 갖고서 로마가 지배하는 제국과 전혀 다른 세상을 꿈꿨고 이를 위해 교회를 세웠으며 교회에게 서신을 보냈다. 하느님의 의로움으로 타락한 세상(제국)의 구원을 위해 우선 유태인과 이방인이 하나 되기 바라서이다. 당시 세계 속에서 가장 큰 범주인 이방인과 유태인을 하나로 만드는 것이 가장 큰 과제였다. 다음으로는 유태인과 기독교인을 묶는 일이었고 마지막으로 이방인 기독교인과 유태인 기독교 신자들 간의 연대였다. 이들을 묶어 로마와는 전혀 다른 세계를 만드는 일이 바울의 꿈이었다. 이를 위해 그는 인간이 하느님의 의로 덧입혀지기를 바랐고 그런 존재를 일컬어 그리스도 안의 존재(sein in christo)라고 했으며 이 과정을 믿음으로 설명한 것이다. 즉 바울에게 믿음은 '하느님 의'의 나타남에 대한 확신이었다.

여기서 핵심은 '그리스도 안의 존재'라는 것의 실상이다. 로마라는 제국적 삶의 양식과 전혀 다른 삶의 양식을 갖고 사는 존재를 바울은 그리스도인이라 불렀다. 제국과는 다른 삶을 살아가는 사람들, 그가 그리스도 안의 존재였던 것이다. 당시 제국은 가부장제와 노예제도를 정당화했다. 힘 있는 사람이 힘없는 사람을 노예로 부릴 수 있었다. 남자들은 여성들을 더구나 여성노예인 경우 소유물처럼 다루었다. 가부장제와 노예제는 로마라는 제국을 뒷받침하는 합법적 제도였던 것이다.

이런 정황에서 '그리스도 안의 존재'가 되었다는 믿음은 지금껏 누려왔
던 노예제, 당연시했던 가부장제와의 단절을 뜻한다. 제국과는 다른 세
상을 만들어야 했던 까닭이다. 하지만 그리스도인이 되었어도 노예를
부리고 가부장제를 인정하며 사는 사람들이 여전히 존재했다. 제국의
가치관을 떨쳐내는 일이 쉽지 않았던 탓이다. 그리스도 안의 존재라 여
기면서도 제국의 가치, 지금 우리의 경우 자본주의적 에토스를 갖고 살
고 있었던 것이다.

　　이 점에서 우리는 종교개혁자들이 생각했던 '오직 믿음'이란 말을
다시 살필 일이다. 그간 루터 이래로 종교개혁자들 시각에 갇혀 있었다.
중세기 타락한 가톨릭교회를 극복할 목적으로 사용된 신앙관을 타락한
개신교가 반복하고 있었던 것이다. 개신교 내부에는 행위 없이 오직 믿
음만으로 구원을 받는다는 극단적인 교파도 생겨났다. 제국적 상황에
서 로마서는 결코 행위를 결여한 믿음을 말한 적이 없었다. 그리스도
안의 존재가 되었다는 것은 이미 제국적 삶의 가치관을 버리겠다는 다
짐이기 때문이다. '오직 믿음' 안에는 당연히 행위가 전제되었다. 행위
가 없는 믿음은 단연코 없다. 동양식으로는 사람은 행하는 것만큼만 아
는 것이다. 오로지 로마서는 믿음이 없는 행위가 문제인 것을 수차례
언급했다. 교회 안에 머물러 있으면서도 제국의 가치관을 그대로 따를
경우 그것이 바로 믿음 없는 행위의 실상이다. 그래서 예나 지금이나
믿음이 없는 행위가 문제이다. 자본 만능 시대에 이르러 우리는 돈으로
성(性)과 생명도 살 수 있고 천국행도 보장받고 있다. 천민(賤民)자본
주의가 지금 우리시대의 제국이 된 결과이다. 로마보다도 더욱 무섭고
강력한 자본이 지배하는 제국의 시대에 살고 있는 것이다. 그리스도 안
의 존재, 곧 믿음을 지녔다 하면서 자본주의 욕망에 따라 산다면 그것은

바울이 염려한 대로 믿음 없는 행위의 전형이다. 우리들 믿음 속에 자본
(욕망)을 거스르는 행위가 결여되어 있다면 자신들 기독교인 됨을 다시
생각할 일이다. 루터파에 속한 본회퍼 목사는 '예수의 제자(그리스안의
존재)를 만들지 못하고 교인만 양산하는 기독교는 예수를 한갓 이념이
나 영지주의로 만드는 것'이라 혹독하게 비판했다. 종교개혁자들이 말
한 '오직 믿음'이 이처럼, 오해, 남용되는 일이 없어야 할 것이다.

　이런 맥락에서 믿음을 새롭게 정의해 본다. 믿음은 하느님의 의에
대한 아주 치열한 고민이었다. 세상을 전혀 다르게 만들고자 하는 하느
님의 뜻이 나타났기 때문이다. 바울은 예수를 주님(Lord)이라고 불렀
다. 로마제국 시기 '주님'이라 불리던 사람은 사실 로마 황제 한 사람뿐
이었다. 로마황제에게 해당된 이 명칭을 바울이 예수에게 붙인 것이다.
제국의 황제 그가 주님이 아니라 예수가 새로운 주님이란 고백과 더불
어서 말이다. 여기에는 전혀 다른 세상을 기대하던 바울의 염원이 담겨
있다. 예수의 하느님 나라가 바울에게서 하느님 의가 실현된 새로운 세
상이었던 것이다. 이를 위해 세워진 교회는 제국의 입장에서 볼 때 겨자
씨와 같은 존재였으며 불편한 존재였다. 여기서 물음이 생긴다. 과연
오늘의 현실에서 자본이란 제국과 교회가 맞서고 있는지. 우리 교회가
자본주의란 제국에 맞설 힘이 있는가 말이다. 오히려 자본의 힘에 굴복
하며 자본을 주님이라 고백하고 있는 것이 아닐까? JPIC의 문제가 해
결은커녕 확대 재생산되는 현실에서 그리스도교 공동체는 과연 어떤
존재여야 하는가? 다행히도 작은 규모이나 교회 안팎, 수많은 곳에서
새로운 공동체 운동이 일어나고 있다. 자본주의를 거슬러 오르려는 힘
겨우나 뜻깊은 대안 운동으로서 말이다. 러시아 사상가 베르댜에프의

말을 떠올려본다. "사람은 물질이 없으면 한순간도 살 수 없는 존재이다. 먹는 것 입는 것 모두가 다 물질인 탓이다. 하지만 최소한의 물질로 살려고 할 때 최소한의 물질은 물질이 아니라 정신이다. 그렇기에 사람은 물질로 살아가는 존재가 아니라 정신으로 살아가는 존재여야 하는바, 이것이 바로 성서가 말하는 대로 사람은 빵으로 사는 게 아니라 하느님 말씀으로 산다는 것의 의미이다." 이 말대로라면 '단순성'이란 것이 중요하다. 자본주의를 욕망하는 시대에 최소한의 물질로 산다는 것은 제국의 시대의 노예제, 가부장제를 벗겨내고 그리스도 안의 존재로 살려고 했던 그 당시 그리스도교인들 모습만큼이나 어려운 일이다. 전 인류 차원에서 이런 삶의 양식, 곧 단순성을 최고의 가치로 여기지 않으면 JPIC의 문제를 해결할 수 없다. 이방인과 유태인이 하느님 안에서 하나가 되었듯이, 교회는 이런 가치를 갖고 세상을 하나로 만들어야 할 책임이 있다. 그렇기에 명상과 참여는 양자택일의 문제일 수 없다. '오직 믿음'에는 반드시 행위가 동반되어야 마땅하다. 믿음은 반드시 당대의 지배적인 가치와 맞서 싸우는 개념입니다. 믿음이 없는 행위는 아무리 그럴싸해 보여도 오늘 결국 예수를 주님이라 고백하는 새 세상을 만들 수 없다. 주일만 기독교인으로 살고 나머지 날은 제국을 주님으로 섬기며 살고 있는 한, 우리들 믿음 없는 행위가 세상을 더욱 위태롭게 할 것이다.

　종교사회학자들의 이야기 한 꼭지를 소개하겠다. 종교와 사회의 역학 관계를 논하는 이들 연구에 따르면 특정 지역에 특정 종교를 믿는 사람들 4명 중 1명 정도의 비율로 존재할 경우 그 지역은 의당 해당 종교의 문화가 지배적이어야만 한다고 말한다. 하지만 서울의 강남지역은 개신교와 가톨릭 신도를 합치면 인구의 40%에 이르는데, 불행히도

이 지역을 기독교 문화라 여기는 사람은 아무도 없다. 오히려 강남 지역
은 향락 문화의 특징이 대단히 농후하다. 실컷 먹을 곳이 많고 맘껏 뺄
수 있는 목욕 문화가 넘쳐나며 그것은 반듯이 향락 문화로 연결되고,
사람은 죄만 짓고 살 수 없기에, 실컷 용서받을 곳이 많다는 것이다. 한
마디로 이 지역의 교회는 고작 사람들의 향락 문화를 유지 존속시키는
하부구조 역할을 하고 있다는 사실이다. 기독교적 생명문화를 만들지 못
할망정 욕망의 찌꺼기를 치우는 종교로 전락했으니 참으로 충격적이다.

　이렇듯 '오직 믿음'이란 것이 잘못된 자본주의에게 면죄부를 주고
있다. 그래서 '오직 믿음'이 새로운 면죄부가 되었다는 말도 회자된다.
뭘 믿는지도 모르고 믿으면 된다고, 구원받고 천국 간다고 말하는 값싼
복음이 우리 시대의 화근이다. 그러나 정말 우리가 믿고 따를 것은 예수
를 통해 나타난 하느님의 의(義)이다. 그 '의'는 당시의 제국과 달랐고
우리 시대의 자본(주의)에도 낯선 새로운 가치관을 지녔다. 그것으로써
양심으로도, 율법으로도 실패한 세상을 다시 만들고자 한 것이다. 교회
는 이 일을 위해 존재한다. 교인을 넘어 예수의 제자로 양육되는 곳이
바로 교회인 것이다. 그렇기에 기독교인들에게 참여와 명상은 고독과
저항처럼 동전의 양면과 같다. 믿음 자체가 이미 저항을 포함한다. 깊
은 고독, 곧 하느님 의에 사로잡힘이 세상을 향한 열린 길을 만들고 세
상과 소통케 하여 다른 피조물의 아픔을 자기 아픔으로 삼는 세상을 만
들 수 있다.

　'오직 은총'이라는 종교개혁 신학의 두 번째 원리를 생각해 보겠다.
은총은 종교, 특히 기독교에 있어 대단히 중요한 개념이다. 제 힘으로
못하는 것을 하늘 도움으로 이룰 수 있다는 것이기에 종교인들이 제일

사랑하는 개념이기도 하다. 하지만 기독교의 경우 은총은 항시 인간의 전적 타락이란 말에 기초해서 사용되었다. 인간의 전적 타락, 즉 원죄 개념과 동전의 양면처럼 사용된 것이 바로 은총이란 말이다. 인간 스스로 아무것도 할 수 없고, 하느님의 은총을 통해서만 구원을 받는다는 것이 핵심이자 본질이다. 창조 시 허락된 자유의지의 타락으로 절대적인 하느님 은총에 의해서만 인간은 자유로울 수 있다는 것이다. 이런 은총론은 급기야 하느님과 인간 간의 자연적 접촉가능성을 완전 부정하고 말았다. 개신교의 신학원리인 '신앙유비'는 바로 신적 은총과 원죄 간의 대립에 근거한 이론이다. 인간의 신앙(믿음) 역시 오로지 은총에 의해서만 주어질 수 있다는 것이 정론이다. 이처럼 '오직 은총' 교리는 원죄설을 전제 한다. 그러나 이와 다른 은총론도 있다. '오직 믿음'에 대한 이해가 달랐듯이 이 또한 달리 해석될 여지가 많다. 그간의 오독과 남용을 막기 위해서라도 다른 해석이 필히 요청된다.

인간이 하느님 앞에서 죄인이라는 사실과 교리로 확정된 원죄설 간에는 차이가 있다. 누구도 하느님 앞에서 죄인된 것을 부정치 못할 것이다. 하지만 그것은 원죄설과는 다른 차원에서이다. 원죄설을 교리로 확정지은 사람은 성 어거스틴이었다. 이 교리가 만들어질 때의 특별한 상황을 간과할 수 없다. 원죄설을 교리로 확증할 당시 로마제국은 천지가 뒤바뀌는 엄청난 역사적 혼동 속에 있었다. 일종의 대지진과 같은 사건이 발생한 것이다. 어거스틴에 이르기까지 기독교 제국인 로마는 실로 하느님의 나라처럼 여겨졌다. 로마제국이 곧 하느님 나라였고 천년왕국이었다. 하지만 북쪽으로부터 야만스런 고트족이 침입하여 하루아침에 로마를 초토화시켜버렸다. 한 순간에 로마제국이 붕괴된 것이다. 고트족들이 지배하던 짧은 기간에 수많은 신부, 주교들이 그들의 무력에 굴복, 배교했다. 정치적으로 로마가 붕괴되고 신학적으로 성직자들이 배교한 상황은 경천동지할 일이었다. 이후 고트족을 내쫓고 로마가 평정되었음에도 로마는 결코 옛적 상태로 돌아 갈 수 없었다. 많은 신앙인들이 배교한 신부, 주교들을 용납할 수 없었던 까닭이다. 배교한 성직자들을 살해하고 교회를 불사르는 과격한 행동이 이어졌다. 당시 백성들이 겪은 충격은 오늘 우리 시대의 무엇과도 비교할 수 없을 정도로 컸다. 이런 혼동을 신학적으로, 정치적으로 해결할 사람이 필요했던바, 그가 바로 어거스틴이었다.

어거스틴은 다음 두 교리를 가지고 그 상황을 평정했다. 우선 하느님 나라에 대한 공간적 이해를 달리하였다. 하느님 도성은 현 세계가 아니라 공간적으로 다른 세계에 존재한다고 말한 것이다. 여기가 아니라 저기, 낯선 공간을 신의 영역이라 했다. 이를 위해 어거스틴은 인간의 전적 타락, 곧 원죄설을 말할 수밖에 없었다. 하느님 앞에서 생물학적으로 죄성을 갖고 태어난다는 원죄설이 바로 그의 작품이다. 태어날 때부터 죄인들이기에 그들이 일군 이 세상이 하느님 나라가 될 수 없다고 본 것이다. 하지만 어거스틴 이전 교부들은 창세기 1~3장을 근거로 인간의 자유의지를 찬미하고 긍정했다. 이는 유대인들의 성서해석과도 내용적으로 다르지 않았다. 자유의지에 터해 기독교인들은 성적으로 문란한 로마 제국을 이길 수 있었다. 절제하고 금욕하면서 건전한 삶을 살아낸 결과였다. 하지만 자유의지를 역설한 이 본문이 어거스틴에 의해서는 완전히 반대로 해석되었다. 자유의지가 원죄설로 완전히 탈바꿈된 것이다. 날 때부터 태생적으로 죄를 지녔기에 하느님 앞에서 고개

를 들 수 있는 존재가 아니라고 했다. 원죄의 인간은 교회 성직자들에
의해 구원받을 존재이지 그를 심판, 정죄할 자격이 없다고 가르치기 시
작했다. 이로써 어거스틴은 당시 어려운 신학적, 정치적인 상황을 해결
할 수 있었다. 이후 지금까지 어거스틴의 원죄설이 신학에 있어 정설로
되었으나 오히려 그것을 성서의 왜곡이라 봐도 좋겠다. 그렇기에 최근
원죄가 아니라 원복(Origonal Blessing)이 성서의 본뜻으로 여기는 신
학자도 많아졌다. 종교개혁자들 신학 역시 이에 터해 있기에 그들 시각
으로부터 자유롭게 될 것을 성서신학자들이 강조한다.

　이처럼 인간의 전적 타락과 원죄론에 근거하여 그와 전적으로 다른
하느님 은총이 말해졌다. 그러나 말했듯이 '원은총' 혹은 '원복'이란 이
라는 말을 선호하는 신학자도 많다. 종래와 같은 원죄보다 원복을 더욱
근원적인 성서적 인간이해라 했다. 원복이 본질이고 그 일탈로서 원죄
를 말해야 한다는 것이다. 이에 더해 '참여'와 '명상'의 주제를 위해 은총
개념을 조금 더 확장시키면 좋겠다. 은총이 얼마나 현실, 곧 이 세상을
위한 개념인가를 밝히기 위해서이다. 무엇보다 하느님의 은총은 성서
가 말하는 하느님 나라, 즉 하느님의 의(義)와 다르지 않다. 하느님의
의, 그것은 한 번도 인간 세상에서 경험하지 못한 전적인 새로움, 체제
밖 사유로서 그것이 우리 앞에 나타났기에 그것 자체가 바로 은총이다.
은총이 하느님의 의라 한다면, 이것은 당대의 로마법과 같은 소위 일체
의 세상의 법과 대립될 수밖에 없다. 우리 시대의 실정법과 대척점에
있는 것이 바로 하느님 의로서 은총이다. 이것이 바로 바울이 로마서를
통해 바울이 말하려 했던 것이다. 어떤 세상의 법도 감당할 수 없는 '체
제 밖 사유', 그것이 바로 은총이다.

   거의 20년을 외국에서 공부하고 돌아와 청주에서 이주노동자와 살고 있는 한 사람의 경우를 소개한다. 노동현장에서 팔과 손이 끊어지고 아무 대가도 못 받는 현실을 보고 공부한 것 접고 지금 이주노동자들을 위해 살고 있는 50대 목사의 이야기다. 주지하듯 이주노동자들 대다수는 이 땅에 불법으로 체류하고 있다. 취업기한이 끝나면 내보내야 하는 게 실정법상 옳으나 돈을 더 벌 욕심에 이주민들도 원하고 기업들 역시 값싼 노동력을 얻기 위해 이들 불법체류를 도와주고 있다. 이런 상태에서 사고가 나면 이주노동자들은 보호 받을 곳이 없다. 기업들도 이때는 나 몰라라 하거나 이들의 불법을 행정당국에 폭로하는 식으로 문제를 해결해왔다. 하지만 이런 상황에서 이 목사는 이주민을 위해 싸워야 했다. 하느님의 의(義)의 시각에서 실정법과 맞서 싸웠던 것이다. 이주 노동자 편을 든 목사를 정부 입장에서는 범법자로 여기겠으나 그이야 말로 하느님 의를 실현하는 은총적 존재라 말해야 옳다.

   우리는 더 이상 은총을 원죄의 개념과 상반되게 보는 희랍적 시각을 더 이상 인정할 수 없다. 하느님 앞에서 죄인인 것을 부정할 수 없겠으나 시대적 정황에서 하느님의 의가 곧 은총인 것을 수용해야만 한다. 하느님의 의, 하느님 나라가 우리에게 주어졌다고 하는 것, 비록 그것을 감당하지 못하지만 그런 실재가 있음을 알기 때문에 그 길을 믿고 갈 뿐이다. 그 길을 가다보면 실정법과 맞서 범법자가 되는 경우도 생길 수 있다. 그것이 그리스도의 남은 고난에 참여하는 길이다. 그런 길에 나설 수 있는 용기가 바로 믿음이자 은총이다. 하느님의 의와 실정법인 로마법은 결코 하나 될 수 없다. 그렇기에 당대 기독교인들은 노예들을 해방시켰으며 가부장제 속에서도 여성들의 자유를 인정해 주었다. 물론 실정법 체제 안에서 살면 자기 삶의 안정을 보호받을 수 있기에 좋고 편안하다. 하지만 주변에는 법을 따라 살 수 없는 사람들이 많다. 기륭전자, 쌍용차 노동자들, 세월호 유족들을 비롯한 수많은 이들이 그들이다. 세종대왕상에 올라가서 세월호를 인양하라고 외쳤던 감신대 제자들에게도 총 3,500만 원의 벌금이 떨어졌다. 약자의 희생을 강요하는 기업, 세월호 참사에 대한 국가권력의 폭압에 맞선 결과이다. 로마서가 제국적인 상황에서 제국과 맞서는 삶의 방식을 그리스도 안의 존재라 했다면 하느님 의의 실현을 위한 이들의 애씀은 달리 이해되어야만 한다.

마지막으로 '오직 성서'를 말할 차례다. 앞서 논한 '오직 믿음'이 행위와 불가분 관계에 있듯이 '오직 은총' 역시 반드시 저항을 동반한 개념이었다. 이제 다룰 '오직 성서'는 이런 저항을 가능케 하는 상상 혹은 환상에 해당된다. 한마디로 성서란 상상력의 보고라는 말이다. 성서를 교리적으로, 문자적으로 해석해서는 이런 뜻을 포착할 수 없다. 앞서 말했듯이 성서를 이해할 때에는 신앙의 눈과 의심의 눈과 자기 발견의 눈이 필요하다. 그럴 경우 비로소 성서가 상상력의 원천이자 보고가 될 수 있다. 개신교의 경우 성서를 66권으로 한정했으나 가톨릭교회는 73권을 성서로 인정한다. 개신교보다 가톨릭의 경우 하느님 계시의 지평을 넓게 생각한 결과일 것이다. 사실 제국의 종교가 되기 전 통용되던 성서는 이보다 훨씬 많았고 다양했다. 로마 제국하에서 기독교는 하나의 이념체계로 기능했기에 정경화 과정이 필요했다. 하나의 정치제도 속에 통일된 종교이념을 만들기 위해 다양한 경전들을 일정 기준에 따라 취사선택을 한 것이다. 당시로서는 필요했던 절차와 과정이었다. 하지만 지금은 정경화 과정에서 제외된 문서들을 되찾아 복원시켜야 한다. 이것이 본래적 기독교의 모습을 회복하는 길이자 더 큰 상상력을 얻을 수 있는 길이다. 당시 정경의 기준은 제국적 기독교를 위한 정경의 순기능 여부였다. 가부장적이고 교권적이었으며 일탈을 허용치 않았기에 제외된 문서들이 많았다. 여성의 종교성을 강조하는 마리아 복음서나 차라리 한 마리 잃은 양될 것을 말하는 도마복음서 등이 우선 제외되었다. 제국의 종교가 되기 이전까지 마리아복음서는 이단이 아니었으나 가부장적 제국의 종교로서 기독교는 이를 배제했다. 도마복음서의 경우도 동일한 운명에 처했다. 차라리 한 마리 잃은 양이 되라고 말했기 때문이다. 제도화된 교회, 화석화된 교리 체계로부터 자유할 것을 가르친 결과였다. 획일적인 제국의 시대에 기독교는 이런 다양성, 급진성을 수용할 수 없었다. 마가복음서 역시도 정경에서 제외될 뻔 했다는 것이 정설이다. 교회의 제도화 과정에서 핵심이 된 예수 부활이야기가 원 마가서 안에 없었던 탓이다. 마가복음 16장 9절 이하의 부활 이야기는 2세기경에 덧붙여졌다고들 한다.

이런 우여곡절 끝에 성서의 정경화 과정이 완결되었다. 토마스 알타이저라는 한 신학자의 말에 귀 기울여야 한다. "성서 66권 안에 하느님의 계시가 완전히 있다고 믿는 제사장적 확신이야말로 우리 시대 가장 큰 미신이다." 이런 차원에서 우리는 당시 제외된 문서들의 가치를 다시 복원시켜야 옳다. 팔만대장경을 가진 불교처럼 우리의 경전을 더욱 다양하고 풍요롭게 만들어야 한다. 더 큰 상상력과 조우할 목적에서이다. 지금보다 훨씬 다양한 길이 기독교 안에 있었음을 찾아내야만 할 것이다. 성서에 한 두 마디 기록되었다는 이유로 현실을 긍/부정하는 단순한 문자주의적 태도는 더더욱 지양될 일이다.

예수 형제회에 속한 토마스 베리 신부는 "그간 우리 기독교인들이

성서를 너무 많이 보고 읽었으니 이제 앞으로 한 3년간은 성서를 서고
에 넣어 두고 대신 자연만을 바라보자"라고 역설적으로 말했다. 이런
놀라운 말이 수긍되는 것은 성서가 우리에게 "들판의 백합과 공중의 새
를 보라"고 말씀하고 있기 때문이다. 성서는 우리를 자연으로 초대하나
우리는 쓰인 문자만을 읽고 있으니 베리 신부의 말이 틀리지 않다. 하느
님이 먹이고 입히는 자연의 신비를 보며 하느님을 느끼라 했는데 죽은
글만 보고 있으니 우리 모두는 생태맹(盲)들이다. 그렇기에 베리 신부
는 성서를 접고 자연을 보라 했다. 자연 속에서 지금도 계속 발생하는
하느님의 계시를 발견하라는 것이다. 종(種)의 멸종 속도가 새롭게 생
겨나는 속도보다 훨씬 빨라서 그렇지, 종의 생성 과정 속에서 계시적
사건은 지금도 계속 일어나고 있다. 한 천체물리학자의 말을 소개한다.
그는 지구가 위치한 태양계의 크기를 전 우주에 견줘 다음처럼 비유했
다. "거대한 지리산 자락에 눈썹 하나 떨어진 정도"라는 것이다. 전 우
주가 지리산 자락의 크기라면 지구가 속한 태양계를 눈썹 하나 크기로
본 것이다. 외계인이 현대 신학의 한 주제가 되는 것도 이런 이유에서이
다. 외계인이 있다는 사실을 누구도 부정할 수 없게 되었다. 지구 외 생명
체를 인정하지 않을 수 없는 까닭이다. 이렇듯 과학을 통해서도 우리는
우주의 신비를 충분히 이해할 수 있다. 그렇기에 이전보다 더 많이 자연
을 살펴야만 한다. 자연이 하느님의 또 다른 계시지평이기 때문이다.

마지막으로 인도 신학자 파니카 신부의 말대로 '자기 발견의 눈'을
가지고 자기 종교에서 없는 것을 이웃 종교들 속에서 발견할 과제가 남
았다. 상상력의 보고로서 '오직 성서'는 이웃 종교 속에서도 의미를 갖
는다. 앞서 우리는 세계관과 종교의 관계가 물과 물고기 관계라고 했다.
물이 달라지면 물고기도 달라지듯이 세계관이 달라지면 종교도 상이해

진다. 주지하듯 세계관의 핵심은 바로 자연, 곧 풍토에 있다. 풍토에 의해 종교의 성격이 규정되는 경우가 많다. 자연환경에 따라 인간이 자기를 이해하는 방식도 달라지고 종교이해도 변한다. 힌두교, 불교는 몬순형 풍토에서 비롯했다. 업이나 윤회 관념도 이들 지역의 산물이다. 사막형 풍토는 히브리적 종교를 잉태했다. 생존을 위해 강력한 의지가 필요했던 이 지역 사람에게 초자연적인 초월 신이 중요했던 것이다. 목장형 풍토(희랍)에서는 종교보다는 철학이 발달했다. 자연을 질서(cosmos)라 여길 정도로 합리성이 인간 자기 이해의 본질이 된 결과이다. 이후 유럽 문명의 중심이 북서부로 이동되면서 또 다른 종교성이 발달했다. 일조량이 부족한 탓에 자기 내면으로 침잠하는 일이 잦았던 탓이다. 신비주의 전통이 강해진 것도 이런 맥락에서다. 히브리적 초월신관이 희랍토양과 만나 가톨릭 자연신학 전통을 만들었고 이것이 독일식 신비주의와 접하여 개신교 신학의 모태가 되었다는 것이 정설이다. 종교가 풍토로 인해 결정된다는 풍토결정론을 강조할 필요는 없겠으나 이를 부정할 수도 없는 노릇이다. 그렇다면 이제 우리는 종교개혁 500주년을 맞아 히브리적 종교성이 아시아적 풍토에서 어찌 재구성될 것인지를 물어야겠다. 새로운 기독교의 탄생을 기대하면서 말이다. 가톨릭신학과 개신교적 기독교 '以後의 신학'을 물을 일이다. 이를 위해 더욱 자기 발견적 해석학(觀)이 필요하다. 특히 아시아 종교들 속에서 성서에 부재한 새로운 가치를 묻고 찾는 일이 중요해졌다. 서구적 기독교로부터 희망을 말하는 일이 버겁다면 이제 아시아적 기독교로부터 평화와 공존을 구할 수도 있다. 아시아적 경전들 역시도 '오직 성서'의 지평에서 적극 수용되어 그 뜻이 재발견될 수 있기를 소망한다.

종교개혁 500년을 맞는 독일
'교회의 날Kirchentag'
— 500년 미완의 과제를 풀기 위한 독일 교회의 노력

1. 교회의 날 행사에 이르기까지

2017년 5월 20일(토)부터 30일(화)까지 독일 베를린과 비텐베르크에서 열린 '교회의 날'(24-28일) 행사에 다녀왔다. 오가는 일정까지 감안하여 대략 10일 가량 독일에 체류했고 글을 쓰는 지금은 귀국 후 몇 날이 지났으나 시차로 여전히 혼미한 상태이다. 세계 곳곳을 다녀보았으나 유럽과 한국 간의 시차 적응이 가장 어려운 듯하다. 사실 유럽에서 공부했지만 '교회의 날' 행사는 이번이 처음이다. 30년 교수생활 이후 은퇴한 상태에서 처음 경험했다. 긴 세월 신학대학에 몸담고 살면서 '교회의 날'에 대한 경험을 나누지 못했으니 게을렀다는 생각이 든다. 많은 배움이 있었기에 더욱 그렇다.

'교회의 날' 행사에 대한 관심은 지난해 10월 재독한인교회연합회 임원 수련회에 강사로 초빙되면서 불거졌다. 후학이자 제자들로서 한 때 우성감리교회에 함께 몸담았던 두 목사님들, 보쿰의 추용남, 뒤셀도르프의 김재완의 요청으로 오랜만에 독일 땅을 밟게 되었다. 집회 마지막 날에 세월호 기억저장소를 위해 후원금을 모아주었고 이 일의 연장선상에서 '교회의 날' 행사에 세월호 유족들의 참여를 독려 받았다. 베를린 한인교회 조성호 목사님의 도움이 컸음을 밝힌다. 이런 연유로 필자의 경우 유족분들과 함께 '교회의 날' 행사에 참여하는 일이 당연지사가 되었다. 기억 저장소 어머니들도 좋아했기에 독일 한인교회와 연락을 취하면서 이 일을 성사시켰다.

이와는 별도로 올 초 이은선 교수는 독일교회 내 지인 목사님으로부터 '교회의 날' 행사를 위해 논문 발표 요청을 받았다. 종교개혁 500주년을 기념하는 '교회의 날' 행사이기에 관련 주제를 부탁받은 것이다. 우리 부부는 '교회의 날' 행사에 함께할 수 있는 기회라 여겨 기쁘게 응했고 감사했다. 그때부터 복잡한 메일이 오갔으며 논문 준비에 박차를 가했다. 국제적 행사라 영어가 공식 언어로 되었기에 비교적 익숙한 독일어를 접고 영어로 준비하는 일이 버겁긴 했으나 덕분에 그곳 유럽 사람들은 물론 한인들에게 기독교를 아시아적으로 이해하는 가능성을 생각거리로 남기고 왔다. 논문을 준비하는 과정에서부터 이은선 교수는 '교회의 날' 발표를 통해 우리들 아시아적 시각을 서구에 전하자는 뜻을 굳게 가졌다. 나 역시 그 뜻에 동조했기에 의미 있는 여행이 될 것을 맘껏 기대하며 떠날 수 있었다. 함께하는 여행으로선 참 오랜 만의 일이었다. 물론 단순한 사적 여행이 아니었지만….

조성호 목사님 소개로 '교회의 날' 행사가 열리기 전까지 2-3일간 민박집에 머물며 인근 명소를 둘러 볼 수 있었다. 첫날(21일) 베를린 한인 교회에서 설교한 후 독일 국회 의사당, 메르켈 총리 관저, 전쟁 포격의 상흔을 그대로 간직, 보관한 교회를 찾았다. 이어서 통독 이후 베를린에 정착한 감리교 선교사 이병희 목사님 부부 안내로 베를린 북쪽에 위치한 나찌 수용소도 방문하였다. 폴란드의 아우슈비츠 수용소의 축소판이라 불릴 정도로 닮았다고 한다. 히틀러 정권에 끝까지 저항했던 마틴 니믈러 목사가 머물렀던 방도 눈에 띄었다. 노동력을 상실한 유대인들을 죽이던 가스실, 그 옆에 세운 기념비 인근에 이스라엘 국기와 함께 방금 놓고 간 듯 보이는 싱싱한 꽃다발이 놓여 있었다. 돌아오는 길에 지금은 기념관으로 변한 본회퍼 목사의 부모가 살았던 집도 들러보았다. 어린 시절 본회퍼가 뛰놀던 공간이었으리라. 이은선 교수가 근처에 놓인 작은 돌멩이 하나를 어느새 주워 보여주었다. 니믈러와 본회퍼 목사가 없었다면 독일 기독교는 세상에 얼굴을 들 수 없었을 것이다. 다음 날(22일)은 시내 지도를 보며 지하철을 타고 시내 중심부를 돌아다녔다. 옛적에 공부하던 바젤에서의 경험에 근거, 낯선 독일 시내를 어렵지 않게 나다닐 수 있었다. 무작정 다니다가 우연히 발견한 곳이 훔볼트대학이었다. 분단 시 동독에 속했던 이 대학을 찾은 것이 무척 반가웠다. 신학부 건물에 들어섰을 때 슐라이에르마하와 본회퍼 흉상과 함께 벽면에 새겨진 그들의 말을 읽을 수 있었다. 내 식대로 해석한 것을 기억나는 대로 적어본다.

역사의 매듭은 풀려짐 없이 함께 가는 것인바, 기독교와 이웃 종교들이, 신학(학문)과 불신앙(미신)이 그렇다(슐라이에르마하).
기독교는 구조적인 문제로 인해 희생된 사람들에게 무한 책임을 져야 한다. 그들이 기독교인이건 아니건 간에 말이다(본회퍼).

앞의 것이 신학의 근대적 과제를 말한 것이라면 후자는 20세기 산업사회의 병폐를 염두에 둔 글일 듯싶다. 시대가 달라지니 신학의 핵심과 골자도 이렇듯 달라졌다. 신학부 앞에 위치한 서점에서는 프랑스 철학자들의 책이 잔뜩 전시되어 있었다. 판매하는 이에게 물으니 훔볼트 대학에서 지젝, 바디유, 아감벤 그리고 아렌트 책들이 많이 읽힌다고 한다. 신학적 동향이 또 다시 달라졌다는 반증이다. 그곳에서 우리는 자본주의를 비판한 바디유의 책과 한나 아렌트가 서문을 쓴 W. 벤야민의 책을 각기 한 권씩 사들고 나왔다.

이튿 날(23일) 우리는 다시 그곳을 찾았다. 베를린의 중심이었기에 박물관과 미술관 등이 많았기 때문이다. 동독의 생활양식을 전시한 박물관을 보았고 종교 개혁 500주년을 기념하며 그 전후의 독일 역사를 정리한 독일 역사박물관도 긴 시간동안 살폈다. 너무 볼 것이 많아 빠르게 다녔으나 지난 2천 년간 독일이 어떤 경로를 거쳐 오늘에 이렀는가를 분명히 볼 수 있었다. 수없이 국경을 달리하면서 흥망성쇠를 거듭하다 세계적 문제를 책임지겠다고 나선 오늘의 독일이 많이 부러웠다. 루터의 종교개혁이 이런 독일을 만든 이유 중 하나였을 것이다. 그렇기에 금번 교회의 날 행사는 루터의 종교개혁 500년을 내세울 수 있었다. 물론 그것 자체는 미완의 개혁이었음에도 말이다. 주변에 예술품을 전시한 박물관도 있었으나 시간 없어 입장하지 못했고 거대한 돔(Dom)들 몇 개를 살펴보며 넓은 잔디밭 위에서 햇볕을 즐기는 뭇사람들을 실컷 구경했다. 사람을 살펴보는 일(Mindfulness)이 이처럼 신나는 일인지를 새롭게 알았다. 그날 저녁 우리는 '교회의 날' 행사 주최 측이 소개해준 베를린 근교의 가정집으로 거처를 옮겼다. 특별히 아시아 사람을 손

님으로 원했다는 이 가정집에서 우리는 일흔을 넘긴 두 부부의 헌신적
인 사랑을 받았다.

2. '교회의 날' 행사에 첫발을 들여놓다

다음 날 수요일(24일)은 교회의 날 행사가 시작되는 날이었다. 등록
을 마친 후 우리는 '교회의 날' 프로그램을 담은 두툼한 안내서를 받았
고 행사 기간 동안 사용할 수 있는 교통카드를 얻었다. 본 행사가 한
곳에서만 열리는 것이 아니라 베를린 전 지역에서 동시다발적으로 개
최되기에 수없이 지하철로 이동해야 했던 탓이다. 우리 부부가 발표하
게 될 행사장도 사전 답사해 두었고 오가는 거리, 소요되는 시간도 체크
했다. 우리 외에도 몇 사람의 한국인들이 발표하는 것도 안내서를 통해
서 알게 되었다. 경동교회 채수일 목사, 장로교의 이홍정 목사 그리고
뜻밖에도 인명진 목사가 한국교회의 개혁을 주제로 발표한다는 사실도
알게 되었다. 얼마 전까지 한국당내 비대위원장으로 활동하던 그가 교
회개혁을 주제로 발표한다는 것이 생뚱맞기까지 했다. 그러나 신학논
문을 발표하는 한국인은 우리들뿐이었다. 채수일 목사는 한국교회의
에큐메니칼 운동에 대해서 소개했고 이홍정 목사는 아침 성경공부 시
간에 '야곱과 에서' 본문을 갖고서 신자유주의 문제를 풀고자 시도했다.
우리는 이분들의 발표시간에 함께 참여하고 경청했다. 상당 수 재독 한
인 목사님들도 함께했다. 사랑하는 제자들, 추용남, 김재완 목사를 비
롯하여 교환교수로 와있는 배재대 교목실장 이성덕 박사 그리고 이은
표 목사 부부를 만난 것도 뜻깊었다. 개회식은 통일의 상징인 브란덴부
르크 성문(광장) 앞에서 성대하게 열렸다. 수십만의 사람이 왔다 하여

서로들 놀란 듯 했으나 한국의 촛불을 경험한 우리로서는 결코 경이롭지 않았다. 그러나 젊은이들이 함께 모여 '교회의 날' 행사를 맘껏 즐기며 참여하는 것을 보면서 독일교회가 결코 죽지 않았음을 실감했다. 매주일, 그 엄청난 교회 공간을 텅 비웠던 이들이 본 행사에 참여하여 교회의 책임을 논하고 느끼고 있음을 보았던 탓이다. 더구나 종교개혁 500주년을 기념하는 베를린 '교회의 날' 행사의 대회장이 스위스 바젤 대학에서 공부한 여성 목사인 것을 알고 놀랐다. 이에 더해 그녀는 스위스인이었다. 민족, 성별을 떠나 이렇듯 중대한 행사에 여성이 대회장되어 개막 강연을 멋지게 하는 것을 지켜 본 것이다. 그녀의 강연은 본 행사의 주제인 "Du siehst mich", 즉 "당신이 나를 본(살핀)다"라는 창세기 말씀(16장 11절)에 근거했다. 하느님이 신음하는 하갈을 살폈듯이 가난하고 힘든 이웃, 특히 난민, 소수자들을 마음 다해 살펴, 도움이 되라는 것이다. 하느님이 세상을 좋게 창조했으니 그의 피조물인 인간들도 그런 세상을 만들어 가야한다고 말했다. 결국 세계적 차원의 재난, 빈곤에 대해 독일 교회가 책임을 져야 한다는 호소였다. 이슬람 지역에서 온 탄자니아 출신 흑인 목사의 설교도 인상 깊었다. 난민문제로 야기된 갈등을 해결하고 싶었을 것이다.

다음 날(25일) 아침은 첫날과 동일한 장소에서 세계적인 강연회 및 토론회가 있었다. 전날 강연한 대회장 여성목사의 사회로 전(前) 미 대통령인 오바마와 메르켈 총리의 대화가 광장을 메운 사람들 앞에서 행해졌다. 비교적 이른 시간 떠나 앞자리를 얻은 우리는 이 두 사람의 얼굴을 멀리서나마 볼 수 있었다. '교회의 날' 행사에 자국 수상과 미국 대통령이 와서 축하하고 행사 주제에 관해 토론하는 모습을 지켜보는 것만으로 신나는 일이었다. 수십만의 독일 젊은이들이 이들 대화에 환호했었던 바, 그 모습은 실로 장관이었다. 이들 토론의 핵심 내용은 세계적 차원의 문제를 풀어감에 있어 정치와 종교가 상호 협력하는 방식에 관한 것이었다. 비록 현직 대통령인 트럼프에 의해서 방향이 틀어졌으나 이들 두 정치인은 세계적 차원의 재난에 책임을 함께 지자는 입장을 취해왔었다. 그러나 때론 종교와 정치가 상황에 따라 갈등할 때, 종교인으로서의 개인과 정치인으로서의 자신이 모순을 겪을 때 어떤 해결이 있을까를 논쟁했고 솔직히 고민했다. 하지만 기독교는 가난과 전쟁이라는 정치적 모순에 대해 언제든 말해야하는 종교란 인식에 공감한 것 같다. 유럽과 미국이 콜럼부스와 루터 두 사람으로 인해 관계 맺게 되었다는 오바마의 말이 흥미로웠다. 전자에 의해서 착취와 억압의 역사가 일어났으나 후자가 그것을 종식시켜야 한다고 말하면서 루터 종교개혁 500년의 역사적 의미를 언급한 것이다. 메르켈 총리가 동독 출신이란 것도 —비록 그녀가 기독교민주당(CDU)라는 보수정당에 속했으나— 오늘의 난제를 풀어가는 데 도움이 되었을 것이란 판단도 있다. 여하튼 '교회의 날'을 맞아 기독교인인 두 정상들은 교회에게 세계적 차원의 책임을 피할 수 없다는 강력한 메시지를 남겼다.

3. '교회의 날' 주제, "당신이 나를 본다"(Du sichst mich)에 대하여

앞서 말한 대로 '교회의 날' 행사는 창세기 16장 13절에 나온 말씀을 표어로 삼았고 행사장은 물론 유서 깊은 교회 예배당에 내걸었다. 길을 가다가도 심심찮게 이 구절을 접하는 경우가 많았다. 이 말씀의 주인공은 아브라함의 몸종 하갈이다. 본래 아이를 낳지 못한 본처 사라의 허가를 받아 몸종의 신분으로 임신했으나 본처 역시 임신케 되자 그녀의 질시와 학대를 견디지 못해 죽음의 땅인 광야로 내몰리는 여인이었다. 갈증으로 목말라 죽을 지경에 이르렀을 깨 우물을 만나게 했기에 하갈은 하늘을 향해 '당신은 나를 살피시는 분'이라 고백했다. 곤경에서 자신을 살펴보시는 분, 그가 하갈에겐 하느님이었다. 금번 행사의 주제인 "You see me"는 바로 이런 맥락에서 나온 말이다. '교회의 날'은 이보다 한 걸음 더 나아간다. 하느님만이 아니라 누구라도 '당신'이 될 수 있고 되어야 한다는 것이다. 수많은 이들의 고통과 절규가 있는 한 그들을 세심하게 듣고 보아야 할 책임이 기독교에게 있다는 말이다. 이것을 종교개혁 500주년을 맞아 미완의 상태로 있는 기독교의 자기개혁 과제라 여겼다. 앞서 언급한 훔볼트 대학 신학부 벽면에 새겨진 본회퍼의 말도 이 점에서 다시 상기할 필요가 있다. 이는 결국 유럽의 걱정거리인 난민에 대한 독일교회의 현실적 시각을 반영한다. 자국의 정치적 후진성 탓이기도 하겠으나 그런 상황으로 몰아간 유럽의 책임을 숙지하면서 그들 난민들을 수용할 것을 교회가 국가에게 말하고 있는 것이다. 여기서 중요한 것은 '마음 다하기(Mindfulness)'의 영성이다. 살피다, 본다는 것은 마음을 다하란 말이기도 하다. 마음이 없을 때 세상의 고통은 보이지도 들리지도 않는 법이다. 세상을 향해 마음을 다하는 일이 신앙이다. 성서가 말하는 하갈은 총체적으로 이슬람을 상징한다. 하느님이 보살펴 난 하갈의 아들이 이슬람 조상인 까닭이다. 압복강변에서 하느님과 싸워 야곱에게 이스라엘이란 새(新) 이름이 주어진 것과 비교해 보자. 현재 기독교와 이슬람간의 싸움은 '하느님을 이긴 자'와 '하느님의 보살핌을 받은 자' 간의 싸움이라 할 것이다. 기독교 서구는 이슬람을 가난한 자의 차원에서 관심할 뿐 이슬람 자체를 긍정하지는 않는다. 자신들을 하느님조차 이길 수 있는 특별한 능력의 소유자로 여기는 탓이다. 살피시는 하느님의 역할을 자신들 역할로 인정하는 것은 옳은 일이나 그에 앞서 하갈을 쫓아냈던 자신들에 대한 반성이 앞서야 할 것이다. 이 점에서 최근 계몽시기의 작품『현자 나단』(레싱 著)이 다시 주목받는 현실을 유념하면 좋겠다.

여하튼 "Du sichst mich"와 짝을 이루는 다른 하나의 말이 눈에 자주 띄었다. 그것은 "Ich war dabei" 로서 앞의 말에 대한 반응이었다. 즉 곤경 속에서 '당신이 나를 살핀'고 말하는 하갈에게 하느님은 '너와 함께 있다', '그 때 그곳에 있었다'고 말씀하신 것이다. 어느 상황에서든 하느님은 고통하는 자를 홀로 두지 않는다는 성서의 증언이다. 이런 확신을 갖고서 종교개혁 500주년을 맞는 교회가 세상의 책무를 떠안아 슬픔을 경감시키자고 했다. 하지만 공교롭게도 행사장에서 A. 슈바이쩌의 말이 새긴 우편엽서를 나눠주는 집단이 존재했다. 번역해 옮기자면 이런 뜻이다. "우리가 배울 것이 없는 사람은 세상에 한 사람도 없다 (Es gibt keinen Mensch auf der Welt, von dem man nicht etwas lernen Koennte)." 난민을 구제의 대상으로만이 아니라 배움을 주는 주체로 받아들이라는 의미일 것이다. '교회의 날' 행사에 이런 뜻이 부족했다고 여겨 아프리카에서 '생명외경' 사상을 발견한 슈바이쩌를 따르는 사람들이 이런 글을 갖고 나왔던 것이리라. 티벳 난민이 발생했을 때 바젤의 신학자 오트는 그들을 수용하는 것은 그들의 오랜 (불교)문화를 수용하는 것이기에 스위스에 큰 덕이 될 것이라고 했다. 아무리 난민일지라도 상호 호혜적 관계성 차원에서 접근하는 것이 더욱 신학적이고 종교적이며 생태적일 듯싶다.

4. '교회의 날' 행사의 시원과 구체적 내용 및 규모에 관하여
— 평신도 운동으로 시작하다

주지하듯 독일 '교회의 날' 행사는 2년마다 한 번씩 도시를 바꿔 열렸다. 가톨릭교회와 개신교가 번갈아 가며 행사를 주관하기에 그리 된 것이다. 올해는 루터 종교개혁 500주년을 기념하는 축제로서 루터와 관련된 도시들이 협소한 관계로 지근거리에 있는 베를린이 주도했다. 개막식은 베를린에서 하되 폐막식은 종교개혁 장소로서 95개조가 발표된 한 시간 거리의 비텐베르크에서 열기로 합의한 것이다. 1949년 독일이 분단되던 해에 평신도 운동으로 시작된 '교회의 날' 행사는 분단 역사 속에서도 지속되었고 통독 과제를 비롯하여 교회의 대 사회적 책임에 역점을 두어왔다. '교회의 날'을 주창한 사람은 라이놀트 폰 타넨-틀리글라프라는 사람으로서 에큐메니칼 의식과 경건주의 의식을 소유했던 그의 영향으로 이후 교회의 날 행사 성격이 나름 규정되었다. 무엇보다 독일 교회가 히틀러의 국가사회주의에 동조했던 것에 대한 반성에서 '교회의 날' 행사가 시작되었다고 볼 수 있다. 루터 이후 국가 교회의 성격을 지닌 독일 교회가 '교회의 날' 행사에 있어 후견인 역할을 했던 것도 주목할 필요가 있다. 특별히 금번 행사는 우리에겐 낯설나 그들에겐 익숙한 '그리스도 승천일'(Himmelfahrt Christi)의 연휴기간 중 열렸기에 많은 관심과 호응을 받았다. 60-70유로를 내고 등록한 사람 수만 17만이라 하니 실제 부스에 참여한 사람, 단순 방문자를 포함하면 몇 곱절은 많을 것이다.

한마디로 베를린 시 전체가 '교회의 날'을 위한 축제의 장이었다. 몇 층으로 된 서너 개의 행사장을 비롯하여 도시 내 수많은 교회들, 관공서 내지 대학 건물에서 수많은 강연회, 토론회, 음악회, 에큐메니칼 예배 성서연구 등이 열렸다. 국내외에 참가자 수십만 명의 숙박을 위해 크고 작은 호텔, 민박은 물론 가정집, 근교의 학교 건물 등이 필요했다. 동서 와 남북을 지상, 지하 철도로 연결한 독일 지하철은 "당신이 나를 본다" 라는 글귀가 쓰인 주황색 바탕의 천을 두른 참가자들로 인산인해를 이 뤘다. 기독교 관련된 수많은 부스들이 운영된 것도 필자를 놀라게 했다. 그냥 눈길로만 스쳐 지나간다 하더라도 부스관람에 하루는 종일 걸려 야 할 정도였기 때문이다. 세월호 기억 저장소와 위안부 할머니들 부스 가 베를린 독일 교회의 부스와 함께 자리 잡아 많은 이들의 주목을 받을 수 있었다. '세상을 위한 빵'(Brot fuer die Welt)이라는 독일 자선단체 의 참여부스도 눈여겨보았다. 보고 싶은 부스와 듣고 싶은 강연, 그리 고 즐기고 싶은 음악회, 또한 배우고 싶은 새로운 형식의 예배 등이 너 무도 많아 선택하는 일이 힘들었다. 이들 행사가 동시다발적으로 열리 는 탓에 모두를 경험하기란 불가능했던 것이다. 대략 필자가 눈여겨보 았던 강연 주제들을 열거하면 다음과 같다. "Du sichst mich"를 주제 로 한 국제적인 만남의 장, 인권을 주제로 한 강연들, 전쟁과 테러에 반 대하는 비폭력주의, 경계 없는 교회, 다원주의 시대의 기독론(기독교) 재구성, 유대교와 기독교(루터), 이슬람과의 공존의 길, 여성 안수의 문 제, 지구를 위한 소금이 되자, 세계적 가난의 문제를 줄이기, 종교들 속 의 페미니즘, 하나의 세계가 가능한가? 루터의 '오직 은총'—정의와 관 련하여, 공존을 위한 관용, 평화를 위해 더 큰 책임 감당하기, 하느님 은총으로 해방되기, 종교적 자유, 교회와 정치 등이었다. 전체 프로그 램은 여기 열거된 것들보다 수십 배는 많은 양이다. 시간에 쫓겨 가며 이곳저곳을 넘나드느라 내용을 충분히 숙지 못했고 언어부족으로 이해

가 충분치 않았음에도 분위기와 방향은 옳게 가늠할 수 있었다. 교리가
아니라 실천이 중요했으며 진리보다 평화가 요청되는 현실을 충족히
인식할 수 있는 계기가 되었다. 이 시대에 교회가 무엇을 위해 필요하며
왜 존재하는가를 물었고 그 답도 얻었다. 그것은 '세상을 위한 교회'로
서 자폐증에 걸린 한국교회를 위한 처방이 될 것이다. 어떤 에큐메니칼
예배에서는 간디의 텍스트와 달라이라마 글을 갖고서 설교하고 묵상하
는 경우도 있었다. 이처럼 광대하고 다양했으나 필자의 시각에선 '교회
의 날'이 여전히 유럽 중심적이었다. 유대교와 이슬람에 대한 관심이 고
작이었고 아시아 문화와 종교에 대한 관심이 상대적으로 빈약했다. 과
거 유대민족에 대한 죄책, 현재 이슬람 난민 수용 문제가 대세였다고
할 것이다. 아프리카적 시각도 상대적으로 적었다. 생태, 환경 문제도
활발하게 논의된 것 같지 않았다. 물론 자본주의 비판, 인권, 평화의 항
목에서 본 논의가 없지 않았겠으나 핵심주제는 되지 못한 것 같다. 이
점에서 우리 부부가 맡은 과제가 중요했다. 기독교와 한국 유교의 상관
성 속에서 종교개혁 이후 신학을 모색하는 작업이었기 때문이다. 세월
호 어머니들과 함께 한국의 촛불을 말하고 세월호 이후의 삶을 논한 것
도 의미 깊었다.

5. '교회의 날'에서 발표한 이은선, 이정배의 글과 세월호 기억저
   장소

주최측으로부터 논문을 처음 요구받았을 때부터 이은선 교수는 다
부진 결심을 피력했다. '교회의 날' 행사에 단지 '배우러 가지 않고 알려
주고자 간다'고 말이다. 당찬 생각에 격려하면서도 나 자신은 솔직히 자

신 없었다. 영어가 공식 언어였기에 독일어가 편한 나에게는 조금 버거운 과제였다. 하지만 이은선은 대학에서 'Asian study'를 가르친 경험이 있었던 탓에 조금 달랐다. 그럼에도 우리 두 사람에게는 학문적 공통점이 있었다. 기독교를 재해석했듯이 유교도 재해석(구성)하여 '**다른 기독교**'와 '**다른 유교**'를 상호 만나게 하자는 것이었다. 그간의 작업에 근거하여 종교개혁의 3대 원리와 만인제사장론을 비판적으로 재구성하자고 생각을 모았다. 이은선은 종교개혁이 말한 3개의 '오직(sola)'을 3개의 성, 즉 聖, 性, 誠으로 재해석했고, 필자는 유교의 제사원리를 최소주의에 입각하여 만인사제설로 발전시켰다. 평신도도 설교는 물론 의례의 주체가 될 수 있음을 신독(愼獨) 개념에 터해 재해석한 것이다. 이에 대해서는 많이 다듬고 수정하여 본 책 3부의 첫 번째 글로 수록하였다. 지금껏 3개의 'sola'가 오용되고 과장되어 자본주의 논리로 변질되었다면 만인제사직은 제대로 논의조차 되지 못한 채 사장되고 말았던 탓이다. 〈생명평화마당〉에서 활동하면서 우리는 탈성직, 탈성장 그리고 탈성별을 한국적 '작은'교회론의 가치로 여겼고 세 개의 '탈'(脫)을 통해 종교개혁 500주년을 맞고자 했기에 우리의 이런 작업은 한국에서도 수차례 토론되었다. 독일교회 목사들, 그곳의 신학생들 그리고 한인 유학생들 다수가 참여하여 논쟁했으나 일정부분 설득되는 분위기였다. 외국어로 난해한 과정을 상세히 설명하려니 한계도 많았으나 의사는 소통된 듯싶었다.

세월호 기억저장소 어머니 두 분을 모시고 간 것도 큰 기쁨이자 수확이었다. 추진할 때와 달리 정부가 바뀐 탓에 분위기가 달라졌으나 어머니들은 세월호 기억저장소를 알리기 위해 혼신의 힘을 다했다. 세월호 유품들은 수없이 생겨나는데 그를 보관할 공간은 없고 추모관 건립에 안산 시민들이 앞서 반대하는 상황에서 어머니들은 기억저장소 활동이 자신들만을 위한 것이 아님을 역설했다. 독일에서 아우슈비츠 참사를 기억하는 방식도 열심히 배웠다. 세월호를 통해서 촛불 민심이 생겨났고 그것이 한류 중 한류가 되어 세상의 희망이 된 것도 강조한 것이다. 우리 역사상 '기억'의 중요성을 이처럼 중시하게 된 것도 분명 세월호 참사로 인함일 것이다. 그래서 벤야민은 기억을 메시아 사건이 발생할 수 있는 돌쩌귀(돌의 틈새)와 같다고 말한 것이다. 세월호로 인해 우리는 촛불로 대변되는 직접민주주의 열망과 기억의 중요성을 배웠다. 이것이 지닌 종교적 가치는 아무리 강조해도 지나칠 수 없다. 벙어리와 같았던 유족 어머니들의 입이 열려 세상을 흔든 예언자의 소리가 된 것도 부정할 수 없다. 우리는 이를 일컬어 또 다른 부활이라 명명했다. 조그만 부스에서 어머니들은 강력하게 메시지를 전했다. 누가 그들을 고등학교도 나오지 못한 소시민, 무지렁이라 말할 수 있겠는가? 그들은 강한 자들, 배운 자들을 부끄럽게 하는 메시야 소리를 담고 있었다.

사실 세월호 기억저장소의 부스활동은 베를린 한인교회 50주년 행사를 위한 부스에 한 발을 담금으로서 시작되었다. 본 교회는 독일교회와 밀접한 관계 속에 있는 한인 교회로서 50년 역사를 기념하기 위해 어렵사리 부스를 확보했다. 그러나 필자의 부탁으로 부스 일부를 세월호 유족들에게 내주었고 나중에는 정신대 대책위도 함께 했다. 협소한 공간에서 세 단체가 부스활동을 했으니 교회로서는 많이 불편했을 것이다. 그럼에도 기쁘게 공간을 나눠준 교회에게 깊이 감사한다. 이 교회는 초기 파견된 광부들의 생존(노동)권을 인권 차원에서 회복시킨 역사를 갖고 있다. 이후라도 세월호 기억저장소를 위해 자신들 몫을 다

감당하겠다는 조성호 담임목사의 전화를 귀국하여 받았기에 공유한다. 유족들과의 대화 기사가 지난 6월 2일자 한겨레신문에 베를린 특파원 발(發)로 실렸다. 두 분 어머니들은 '베를린 행동'이란 시민단체와 연결되어 보쿰, 런던 그리고 뮌헨을 거쳐 우리보다 한참 후 귀국하였다.

6. '교회의 날' 행사의 피날레
― 비텐베르크에서의 폐회예배를 중심하여

베를린에서 개회한 '교회의 날' 행사는 루터가 95개조 항목을 써 붙였다는 비텐베르크 시에서 폐막했다. 도시가 협소한 관계로 수십만이 모이는 폐회예배는 도시 인근 넓은 초원에서 드려졌다. 안타깝게도 도심에 이르지 못해 먼발치에서 비텐베르크 교회를 바라보는 것으로 만족해야만 했다. 내리쬐는 땡볕을 견디며 수십만의 사람들이 모여들었다. 남아프리카 공화국에서 온 목사의 설교가 있었고 독일 대통령의 마지막 인사가 있었으며 오병이어의 기적을 꿈꾸며 성만찬 예식을 거행했다. 관현악단과 합창단의 멋진 음악이 백미였다. 선포된 메시지 내용을 떠올리며 'We shall overcome' 노래 4절까지를 모두 합창했다. 우리 이웃을 더 잘 살펴보겠다는 다짐을 하면서 말이다. 수백 대의 차량(버스)이 줄지어 오가는 모습도 장관이었다. 주차 후 3-4킬로미터를 걸으면서 서로에게 인사하는 모습도 각인되었다. 우연한 기회에 '교회의 날' 행사를 이끈 대회장인 스위스 여자 목사를 만나 대화하고 사진 찍으면서 바젤동문임을 함께 기뻐했다. 2년 후 '교회의 날'이 보쿰에서 열린다는 소식과 함께 4박 5일의 여정이 마무리 되었다.

행사에 참여하느라 몰랐던 소식을 머물렀던 집에서 본 일간지를 통해 접했다. '교회의 날' 행사가 진행되는 동안에도 독일 TV채널에선 과연 이런 행사를 지속해야 옳은가에 대해 장시간 토론을 했다는 것이다. 국가 교회로서 독일 교회가 막대한 예산을 치르면서 이런 행사를 지속하는 것에 대한 이의제기가 없지 않음을 알게 된 것이다. 그럼에도 50-60년 이상 지속된 것은 본 행사에 정당성을 인정하는 사람들이 많기 때문이다. 무엇보다 젊은이들이 모여 독일 교회의 사명과 미래적 과제를 진지하게 토론하는 것이 독일의 앞날에 유익하다는 판단에서일 것이다. 세상의 고통을 독일 교회가 감당할 수 있기를 바라는 젊은이들이 있는 한 한국교회는 유럽 교회의 텅 빔을 비웃을 자격이 없다. 이들 문화 속에 남아있는 기독교 정신은 결코 소멸되지 않았다. 여타의 모든 것들은 다른 분야가 감당할 수 있다. 의료, 복지, 교육 등이 그렇다. 그러나 세상에 대한 책무를 가르치는 종교(기독교)의 역할은 이와 별도로 여전히 존재하는 법이다.

행사 첫날(24일) 베를린 일간지에 한 무신론자의 시각이 실렸다. 종교개혁 500주년을 축하하는 '교회의 날' 행사에 대한 일종의 관전평이었다. 그의 말을 요약하자면 이렇다. "루터보다 더 중요한 것이 종교개혁이다. 가톨릭이냐 개신교의 관계보다 더 중요한 것이 있다. 그것은 동구권의 좌파와 탈(脫)교회성이 예수와 훨씬 친근하다는 점이다. 이런 예수를 말하는 한 무신론자인 자신도 교회의 날 행사를 지지한다. 한마디로 종교개혁은 지속되어야만 한다. 현재의 기독교는 세상을 품을만한 규범(Norm)을 갖고 있지 못하다. 루터의 종교 개혁지 비텐베르크의 개신교 인구가 18% 미만인 것을 숙지하라." 종교개혁 500주년을 맞는 개신교에 대한 엄중한 충고였다.

7. '교회의 날' 행사를 위한 감사!

벌써 '교회의 날' 행사를 마치고 온지 오랜 시간이 지났다. 많은 것을 배운 자리였다. 올해로 5년차 준비하는 '작은교회' 박람회(한마당)를 위해서도 생각거리를 많이 주었다. 배운 생각들을 많이 반영하면서 더욱 좋은 모임으로 성장시킬 것이다. '교회의 날' 발표 자료를 준비하면서 박효식 목사에게 신세를 졌다. 모든 자료를 몇 번씩이나 고쳐 복사해주었다. 필자의 글을 영어로 번역해준 이성호 박사에게도 은혜를 입었다. 독일서 만난 제자들 후학들에게도 고마운 마음 전한다. 힘겹게 목회하면서도 세월호 유족들을 만나겠다고, 옛 선생을 보겠다는 일념으로 1천 킬로 이상을 달려와 준 목사들에게 고마움을 전한다. 이들 교회에서 세월호 기억저장소를 위해 큰 도움을 주었다. 또한 우리들 강연을 듣고 기쁘게 응답해준 임재훈 목사께도 인사를 드린다. 세월호 부스를 나눠 함께 쓴 베를린 한인 교회 성도들이 특히 고맙다. 창립 50주년 행사가 이로 인해 더욱 빛나길 기도한다. 무엇보다 우리 부부의 가스트 게버(Gast Geber)가 되어 준 독일 부부에게 깊이 감사하고 싶다. 이들은 교회의 날 행사로 아침 6시에 떠나는 우리를 위해 손수 아침상을 차려주었고 떠나는 날 공항까지 데려다 주었다. 그곳서 나눈 아침 식사를 잊을 수 없다. 아시아적 시각을 존중하고 좋아하면서 넉넉한 대화로 우리를 격려한 그분들을 기억할 것이며 우리도 이전보다 환대하는 삶을 살 것이다. 끝으로 금번 여행 속에서 일상을 꼼꼼히 챙겨주었고 학문적 자극과 옳은 길을 거듭 추동한 이은선 교수에게도 감사의 마음을 전한다. 독일 '교회의 날'에 대한 기억이 종교개혁 500주년을 생각하며 집필하는 내게 큰 영감을 주었으니 참 좋다. 교회의 날 행사 중 들려온 제자 종화의 단식 소식은 기간 내내 마음을 아프게 했다. 이들의 미래를 빼앗는 어른 목사들의 죄가 하늘을 찌른다. 우리들 앞에서 밥 먹듯 거짓을 말하는 그 입으로 어찌 강단에서 설교하느냐고 물었던 어린 후배의 말을 다시 기억해 주길 바란다.